増補第三版

アダム・スミスの自然法学

スコットランド啓蒙と法学の近代化の帰結

・

田中正司

御茶の水書房

はしがき

アダム・スミスの経済学は、周知のように、道徳哲学の一分野として、その中から分化・独立してきたものであったが、そうした道徳哲学的基礎をもつスミスの社会科学体系に対する関心が、改めて世界的な高まりをみせている。それにはさまざまな原因が考えられるが、最大の要因は、現代社会の当面する課題に応ええなくなった社会科学の全般的危機状況の中で、「富と徳性」問題の解決を主題にしていた経済学の原点に帰って、社会科学の在り方を根源的に問い直そうとする気運が強まってきた点にあるといえよう。

他方、こうしたスミスの道徳哲学に対する関心に触発されて活発化した最近におけるスコットランド啓蒙研究の進展の結果、スミス研究自体も大きく変容し、戦後確立された〝古典〟的なスミス像は、より広い視角から問い直される必要に当面しているということができるであろう。

本書は、こうした新しいスミス像を求める試みの一つとして、当然のことながら上述のごとき最近のスコットランド研究の研究成果を反映していることはいうまでもない。しかし、必ずしもその産物ではない。

私の研究者としての出発は、アダム・スミスではなく、ジョン・ロックであった。経済学系の学生として私が最初に読んだ専門書は『国富論』であったが、戦後はじめて公開されたロックの『自然法論』研究を契機に、私はロック研究者としての道を歩むことになったのであった。その最初の成果が六八年に未来社から公刊された自然法論と所有権論を主体とする『ジョン・ロック研究』であったが、その内実をなす認識論と市民社会論への研究の深化・拡大の成果をまとめたものが、七九年に御茶の水書房から上梓された『市民社会理論の原型』である。この書物は、所有権論を根幹とするロックの「市民社会」論のうちに一八世紀の市民社会の歴史理論の原型をみることを通して、一八世紀の社会科学がこれまで一般に考えられていたように一七世紀の自然法思想や自然法学と矛盾・対立するものではなく、逆に、近代自然法の主題の継承・展開、その歴史的経験化論に他ならない次第を明らかにすることを主題としたものであった。その論証の手段として、ロックの「市民社会」論をR・カンバーランドやプーフェンドルフとの対比において検討しているうちに私は、プーフェンドルフ―ロックにおける「法と統治」の問題が直接スミスの『法学講義』の主題につながっている次第を了解するようになったのであった。

その時期にたまたま公刊されたのが、当時全世界のスミス研究者待望の原資料であった『法学講義』の新ノートである。当然のこととして、私も『原型』公刊後、直ちにそのAノートを通読してその本格的研究をはじめた次第であるが、その過程で私は、スミスの師フランシス・ハチスンの『道徳哲学体系』がスミスの注解の対象をなしている事実とともに、ロック―スミスの媒介者としてのハチスンの道徳感覚理論のもつ意義に大きく注目することとなったのであった。

その視点からハチスン―スミスの対比的研究を行ったのが、八三年に発表した「アダム・スミス『法学講義』研究序説」(横浜市立大学紀要)である。この研究は、プーフェンドルフ―ロックを踏まえたハチスン―ヒューム―スミスの視角から『法学講義』正義論の主題と構造を解明することを通して、スミスの『道徳感情論』と『法学講義』が文字通りワンセットのハチスン道徳哲学体系の批判的注解としての構造をもっている次第を明らかにするとともに、『法学講義』が『道徳感情論』の論理の展開でありながら、同時に『道徳感情論』と異なる独自性をもつものとして、

『国富論』体系の直接の基礎をなした次第を論証しようとしたものであった。しかし、この論文は正義論のみを対象にしたもので、『講義』の行政論《ポリース》は未完の「第五章」の主題とされていたので、一橋に移ってからの私は、この主題を解き明かすため、『国富論』を踏まえた行政論の研究に取組んだ結果、行政論が『講義』の正義論の主題＝そこにおける歴史的批判の論理の理論的論証である次第を確認することになったのであった。その視点から行政論の出自と成立過程と、行政論の主題と構造を解明したのが、八五・八六年に一橋大学の研究年報に発表した「経済学の生誕と『法学講義』」という副題をもつ二論文である。

『法学講義研究序説』段階で構想していた私の『法学講義』研究は以上でほぼ大枠が出来上った形になったので、私はその後これまでの研究を一本にまとめて公刊するための検証作業に着手したのであった。その過程で私は、それまで研究の一貫性と独立性を保つため半ば方法的に禁欲してきた最近のスコットランド啓蒙研究の代表的成果を通読して、『市民社会理論の原型』や『法学講義研究序説』における私の問題提起と同様な接近が西欧の研究でも行われはじめていることを確認する一方、コンテクスト分析の不十分さに気付いて、フレッチャーやケイムズの原典に取組むことになったのであった。その結果、私は改めて一七—一八世紀思想、とりわけスコットランド啓蒙思想の「正義」論としての主題の一貫性と、その間におけるスミスの思想主題についての理解を深めることができたのであった。その成果が本書の第一部を構成する三論文であるが、それ以前に執筆した『法学講義研究序説』その他の本書の第二部所収の諸論文も、本書に収録するに当っては第一部の叙述に照応させるため大幅に加筆・改稿し、新節を付加したほか、一部章・節の表示も改めた。他方、本書の第三部に相当する行政論の具体的展開は、正義論と行政論が密接不可分の関係にありながらも、同時に相対的独立性をもち、スミスの思想主題を解き明かすには正義論をそれ自体として独立に考察し、行政論それ自体の展開は別建にした方が却って好ましい面もあると考えられるため、一冊の書物には到底収容しきれないという量的な関係もあり、最初の計画を変更して、本書では全面的に割愛した次第である。この主題については、近い将来刊行予定の別の書物で改めてより詳細に論究することにしたいので、事情悪しからずご了承いただければ幸いである。

スミス思想の文脈分析の鍵をなすスコットランド啓蒙思想の研究は、D・フォーブズも指摘しているように、これまでは主としてシヴィク・パラダイムに関心が集中し、スコットランド自然法学の研究は、まだほとんど未開拓のままにとどまっているといわざるをえない状態にある。しかし、一八世紀のスコットランドを舞台に展開された自然法学の道徳哲学（道徳感覚主体）化の過程とその内実は、啓蒙の社会科学の動向を大きく規定したもので、社会科学の経験・主体化に不可欠の役割を果していたのであった。その伝統が正しく伝えられず、その本質が理解されていないために、一七―一八世紀思想の継承関係だけでなく、一八世紀思想と一九世紀思想との関係も不明確なままにとどまっているのではないかと考えられるが、自然法の経験・主体化を通して経済学の生誕への道を拓いたスミスの『法学講義』研究の進展に伴って、こうした研究史の現状はこれから徐々に変ってゆくことであろう。

本書の基本テーマは、スミスの思想主題が自然法を道徳感覚主体化することによって合邦以降のスコットランド社会が当面していた「富と徳性」問題にリプライする点にあった次第を当時のスコットランド思想のコンテクスト分析を踏まえたハチスン―スミスのテキストの対比的考察を通して明らかにする点にあるが、この主題に対するスミスの科学的解答を見出すためには、当然行政《ポリース》論が問題にならざるをえない。『国富論』につながる行政経済論こそ、この問題に対するスミスの理論的解答であったからである。その上でさらに、そうした経済の論理だけでは済まない問題をもすべて広義の「正義」論の主題として考えようとしたのがスミスの「法学」であったのであるが、本書は、こうしたスミスにおける法学と経済学の問題をハチスン―ヒューム―ケイムズ―『道徳感情論』―『法学講義』の共通主題をなしていた正義論中心に解明しようとしたもので、こうした正義論としてのスミス経済学の視界の再検討・その具体的論証は、既述の理由で別著に譲ることにしたものである。

なお、事項索引は、機械的・形式的な厳密性よりも、内容見出し的機能をもちうるように心掛け、参照・分析に役立つ個所を中心にノンブルを表示し、それ以外の個所は省略した場合が多い。その点、あらかじめお含みの上、ご活用いただければ幸いである。

ロック研究から出発してスミスへ研究の輪を拡げてきた私は、本書の公刊を前にして改めて、思想史研究のこわさとむつかしさを噛みしめている次第である。法学を根幹に成立したスミスの社会科学体系を理解するためには、グロティウス以来の自然法学の伝統に関する法学的教養はもとより、一八世紀の社会や思想の動態についても十分な知識がなければならない。そうした点についての理解が不十分なままに、個別をこえて貫く思想の本質にどこまで迫りうるか。研究が進むほど逆に不安になるのも、むしろ当然であろう。しかし、真理は〝書く〟ことを通してみえてくるもので、書かなければ個別の認識自体が深まらないし、全体を踏まえぬ個別研究は生命のない樹でしかないことは明らかである。著者としては当然のことながら、本書の認識が本質的には歴史の検証に耐えうることを念じながら、あえて第一部で展開したようなスコットランド啓蒙の思想主題に関する大胆なスケッチに基づく一試論を提示した所以はここにある。こうした本書の試論的限界は、経済学者や哲学・政治学・歴史学者とだけでなく、法学者との研究交流を通して止揚されてゆく必要があることはいうまでもないが、本書とほぼ時を同じくして北樹出版から刊行されることになった若手・中堅の経済学史・社会思想史研究者諸氏の手になる『スコットランド啓蒙思想研究』が本書の欠陥・弱点を側面から是正・補強してくれることになったのは、著者にとっては望外の幸せである。

本書は、著者のこれまでの研究生活の一つの総括として、故太田可夫、高島善哉、内田義彦、小林昇、水田洋氏をはじめとする内外の多くの研究者の学恩と、「ヒュームとスミスの会」所属の若手研究者との交流によるところが大きいが、より直接的には横浜市立大学、一橋大学、慶応義塾大学の経済・社会・法学系大学院における十数年に及ぶTMS⇒LJ（A）⇒JL（B）⇒WN の輪読会の産物である。毎回詳細なレジュメを作って報告してくれた院生諸君と自由に討論する機会がなかったならば、本書のような貧しい成果すら私には産出不可能であったことであろう。記して参加された多数の院生諸君と討論にご参加いただいた千賀重義、只腰親和、坂本達哉氏らに心から謝意を表する次第である。

おわりに、今日のきびしい出版事情の下で、出版人としての確たる見識と信念の下に本書の出版をご快諾いただいた御茶の水書房社長橋本盛作氏と校正の労をおとりいただいた同社の編集担当の方々にも厚く御礼申し上げたい。

一九八八年二月

田中正司

第二版序

マルクスとケインズの左右両翼から挟撃されて長らく停滞していた欧米のスミス研究は、『国富論』刊行二〇〇年記念事業が行われた一九七〇年代以降改めて活発化し、かつてない活況を呈している。「アダム・スミス　ルネサンス」と呼ばれるこの動向は二一世紀に入っても続いているといえるであろう。二百数十年にわたって一貫して引照されてきただけでなく、その意義が改めて問われているのは、経済学の世界では稀有のことである。

こうしたアダム・スミス復興の背景は、現代世界が直面している資本主義文明の危機的状況の中でスミスの道徳哲学のもつ意義が改めて再評価され、スミスの経済学説の中に垣間見られる経済学の本来の主題や人間の経済生活の本来的な在り方に対する関心が高まっている点にあるといえよう。とりわけ、『道徳感情論』の共感理論が日本でも大きく注目されていることは、最近刊行された岩波文庫版が発売早々から増し刷りされていることなどにも示されているといえよう。

アダム・スミス復興のもう一つのより内発的な契機としては、『国富論』の刊行二〇〇年記念事業の一つとして企画されたグラスゴウ版新全集の刊行、とりわけ、その中の一冊として、戦後新たに発見された『法学講義』のAノートが一九七八年にはじめて公刊された事実と、アダム・スミス復興とほぼ同時的に活発化してきたスコットランド啓蒙研究の進展があげられる。

フランス啓蒙思想に先立って一八世紀の初頭から中葉にかけて展開されたスコットランド啓蒙思想は、社会の商業化に伴う「富と徳」との矛盾・対立の克服を中心主題とするものであった。それはイングランドとの合邦に伴う特殊スコットランド問題であると同時に、現代にもつながる普遍的問題であるが、当時のスコットランドの思想家たちは、国際商業法としての自然法学を導入する一方、シヴィク・ヒューマニズムの思想に依拠することで、この問題に対処しようとしたのであった。社会の商業化による富の増大のためには自然法の知識が不可欠であるが、商業化に伴う道徳の腐敗を防ぐためには、シヴィク倫理に頼る要があると考えられたのである。スミスの経済学は、こうした当時の思想動向の中で大多数の啓蒙思想家が依拠していたシヴィク・パラダイムへの応答として展開されたものであった。

スミスの『道徳感情論』と『国富論』は、従来、倫理学と経済学という別個の分野の著作のように解されてきたが、実際には上の主題に応答するための著作として共通の問題意識に立脚するものであったのである。その次第をスミス自身のといってよいテキストに即して内在的に検証する鍵をなすのが『法学講義』である。『道徳感情論』と『国富論』の中間に位置する『法学講義』の主題と論理を当時のスコットランドにおける自然法の受容動向に即して仔細に検討すると、『道徳感情論』と『国富論』の両著に表現されたスミスの道徳哲学の主題が何であったかがよりクリアに見えてくることとであろう。スミスの『法学講義』のもつ最大の意義はそこにあるが、その次第を明確にする手掛りになったのが戦後新たに発見された法学講義の「Aノート」である。

『法学講義』Aノートの発見は、『道徳感情論』をはじめとするスミスの道徳哲学の中核主題が彼の師フランシス・ハチスンの自然法学批判にあり、『道徳感情論』とAノートをワンセット的に読むときはじめてスミスの講義の理論的整合性が理解できる構造になっている次第を確証することになったのである。スミスの経済学がポーコックのいうようにシヴィク的近代化論への批判的応答として登場してきた次第も、Aノートによりクリアに示されている「法学講義」の論理を『感情論』と『国富論』との間に挟んで見るとき、より説得的に理解されることとであろう。

今日までのスミス研究においては実際にはなぜかこうした『法学講義』のもつ意義は内外とも必ずしも十分にとらえられているとはいいがたい。Ｂノートと異なるＡノートのもつ意義は公刊前から編者たちの間で注目され、公刊後はさまざまな論者によって論究の対象とされる一方、スミス法学の背景をなすスコットランド法にもスポットがあてられるなど、今日では『修辞学・文学講義』ともどもスミス研究の必読文献になっている。しかし、その実態は、多くの場合それぞれの研究者の主題と問題意識に応じた一面的な利用にとどまり、Ａノート自体のそれ自体としての内在研究は未展開のままに終わっている。より以上に、Ａノートの公刊によってより明確に理解できるようになった法学研究を媒体とする『道徳感情論』から『国富論』に至るスミスの思想展開をスコットランド啓蒙思想の展開過程、その動態に即してとらえるためのテキストの文脈分析はごく不十分にしかなされていない。しかし、自然法学を舞台とするスミスの思想形成には、ハチスンとヒュームだけでなく、ケイムズの諸著作なども深くかかわっているので、スミスの意図や思想主題を正しく理解するためにはコンテキスト分析が不可欠である。ということはもとよりテキストの内在分析の意義と必要性を何ら否定するものではないが、コンテキスト分析をぬきにしたテキスト分析だけでは、論者の意図や善意の如何にかかわらず、論者の主観的な問題意識に基づく一面的な裁断に堕するか、既成の枠組の中での学説史的新解釈しか生まれぬ次第が注意されるべきであろう。

私の『法学講義』研究は、初版の「はしがき」にもあるように、一九八〇年ごろから本格化し、八三年に正義論、八六年には行政論に関する三論文を公表することができたのであった。本書は、右の正義論研究にその背景をなすスコットランド啓蒙思想研究の成果を加えたもので、行政論研究は『国富論』研究の進展を待って「アダム・スミスの経済学」という形で上梓することにしていたのであった。しかし、私の関心は、本書の公刊後スミスの道徳哲学の根幹をなす神学と倫理学の方に移ってしまったため、行政論に関する研究成果をまとめる作業は中断したままになっていたのであった。今回、これまでの行政論研究を『経済学の生誕と『法学講義』』という題名で一本にまとめて本書の姉妹編として上梓することになった機会に、行政論における経済学の生誕のベースをなす本書を改めて再刊することにしたものである。スミスにおける経済学の生誕の秘密、その背景をなすスコットランド啓蒙の思想動向の中でのスミスの思想形成の動態は、『道徳感情論』や『国富論』それ自体よりも、『法学講義』の正義論から行政論に至る論理展開のうちによりよく示されているので、正義論研究と行政論研究とを合わせて通読していただければ何よりの幸いである。

再刊にあたっては、誤植訂正を行ったほか、二・三用語を変更し、補足的な説明を付加した個所があることをお断りしておきたい。

二〇〇三年一〇月

田中正司

増補第三版序文

自由概念の歴史的考察から本格的な研究を始めた私は、一九六八年にその最初の成果として『ジョン・ロック研究』（未来社）を公刊した。それから二〇年後の一九八八年には、本書の初版をなす『アダム・スミスの自然法学』（御茶の水書房）を刊行することができたのであった。ロック研究から出発して、一七七〇年代の代表的思想家であったプーフェンドルフとカンバーランドの研究を踏まえて、アダム・スミスにたどりついた訳である。その間に私も変わったがスミスも変わった。

スミスは、一七五九年に『道徳感情論』を刊行し、七六年に『国富論』を出版した。両著の初版はいずれも人間の自然の感情に基づく自由な活動がおのずから「富裕と徳性」の実現につながるとするものであった。スミスは、「自然的自由のシステム」分析を主題にしていたのである。

スコットランドの東海岸のカーコーディの美しい浜辺で生まれ育ったスミスにとっては、当然の感慨でもあったといってもよいであろうが、大学町オックスフォードに出てきて、商人や製造業者の実態を知るにつれ、自然的自由のシステムの担い手と想定していた彼らの腐敗の現状に対処するためには、自然的自由のシステム分析だけでは済まない人間の主体性確立の必要性を痛感することになったのであった。スミスが死の直前に発表した『道徳感情論』六版改訂の主題はそこにあったのであった。スミスが、自然的自由のシステム分析から主体形成論に移行した最大の契機はそこにあったといえるであろう。

私自身も、本書の初版刊行時には気付かなかったスミス自身の思想展開過程における腐敗問題の根幹性認識が、『道徳感情論』六版改訂の中心主題であった次第を改めて確認し、旧稿に『道徳感情論』六版改訂の主題をテーマとする新稿を付加した次第である。

本書の再刊に多少なりとも意義があるとすれば、自然的自由の現実に直面したスミスの苦悩を私たち自身の問題として受け止める必要がある次第を自覚させる点にあるといえるであろう。

二〇一九年八月一五日

田中正司

増補第三版　アダム・スミスの自然法学

目次

目次

(4) ヒューム (56)

第二部　共感法学の展開

凡　例

『道徳感情論』と『国富論』ならびに『法学講義』A—B両ノートその他のアダム・スミスの著書・論考からの引用は、原則としてグラスゴウ版全集（The Glasgow Edition of the Works and Correspondence of Adam Smith, Oxford at the Clarendon Press）により、引用ページ表示は同全集各巻の編・部・章・節（『道徳感情論』の場合には、部—〔編〕—章—節、『国富論』の場合には、編—章—〔部〕—節）記号を本文中に略記する。例示すれば、『道徳感情論』第二部第二編第三章第一パラグラフからの引用は、TMS, II. ii. 3. 1 と表記される。『国富論』第一編第六章第一パラグラフの場合は、WN, I. vi. 1 となり、『法学講義』の場合は、LJ（A), iv. 1. または LJ（B), 203 というように表示される。

ただし、『道徳感情論』第三部は、初版と全集版の依拠する第六版とでは構成が大幅に異なるので、初版の論理を展開するさいには一七五九年刊行の初版（*The Theory of Moral Sentiments*, by Adam Smith, London, 1759）の部・編番号とページ数を本文中に表記する。その他、前記原則と異なる場合には脚注をふする。

グラスゴウ版全集以外のテキストないし邦訳と照合されるさいは、お手数でも右全集版の編・部・章・節表示を手掛りに該当個所を検索していただければ幸いである。

増補第三版 アダム・スミスの自然法学

――スコットランド啓蒙と法学の近代化の帰結

序章　『道徳感情論』と『国富論』

一　『国富論』の基礎をなす『道徳感情論』の意義

(1)　アダム・スミスの二つの著作の間に矛盾ないし立場の相違があるのではないかという、いわゆる「アダム・スミス問題」は、今日ではすでに過去のものとなっている。(1) 論争の焦点をなしたのは、共感の道徳哲学者スミスがフランス唯物論の影響によって利己心の経済学者に変化したのかどうかという問題であったが、この疑問は、彼がフランス旅行以前に書いた『グラスゴウ大学講義』(『法学講義』Bノート)の発見によって、完全に決着がつけられたのであった。他方、スミスの『道徳感情論』の中核をなす共感概念の理解の深化は、スミスの共感概念が必ずしも利己心と矛盾するものではなく、むしろ、共感概念こそスミスの全体系の礎石をなすものとして、道徳＝法＝経済のいわゆる三つの世界の媒介者としての役割を果たしていることを明らかにすることとなったのであった。かつての〝アダム・スミス問題は、「まったく架空のものにすぎず」、「彼は理想主義者から唯物論者に変ったのではなく」、『国富論』の人間は『道徳感情論』のそれであった(2)〟というモロウ的な見解は、今日では一般に広く承認されているといってよいであろう。しかし、こうした両著作の一体性を承認することは、水田洋の指摘するように、スミスの「道徳哲学のなかに矛盾または変化がな」く、「『道徳感情論』から『国富論』への展開が、なにも矛盾または変化をふくまない」(3)ことを意味するものではない。アダム・スミス問題は、「決して解決しておらず」、『道徳感情論』は全体として『国富論』と衝突するだけでなく、(4)今日のわれわれは、「『国富論』は自然法媒介の接近を要求しているのに、シヴィク・モラリストの文脈は『道徳感情論』に適合している」という「新しい……アダム・スミス問題に当面している」(5)というような見解が生まれる所以も、実はそこにあるといえるであろう。そのような見解がどこまで正しいかは別にして、これまでのようにスミスの両著作が矛盾しないことを説くだけでは問題が前進しないことは明らかである。スミスの思想は、最近のスコットランド啓蒙思想の研究動向が示しているように、何よりも彼が生きていた当時のスコットランドの現実の中でスミス自身が当面した思想課題と彼自身の思想形成の動態に即してとらえられねばならないが、そうしたスミス思想のより深められた理解に進むためには、その前提として、スミス思想の基本的枠組そのものが『道徳感情論』—『法学講義』—『国富論』の三者の関係において正しくとらえられねばならないことはいうまでもない。

本書は、このような観点から、以下の本論の「序説」として、スミスの『道徳感情論』の『国富論』に対してもつ意義を新たに発見された『法学講義』との関連において再検討することを通して、スミスの思想をより新しい視角の下にとらえることの意義と必要性を明らかにしようとするものである。

(2) スミスの『道徳感情論』は、共感を道徳判断の基準とすることによって、人間の行為や感情の社会的妥当性を明らかにしようとしたものであるが、彼が『感情論』で解決しようとした究極の主題はホッブズの提出した利己心の問題にあった。彼は、個々の共感主体が「想像上の立場の交換」を通して「公平な観察者」(としての街頭の見知らぬ人)の立場に立つ点に行為や感情の適宜性の基準を求めることによって、利己心を社会的に揚棄しようとしたのである。スミスの『感情論』が「市民社会の道徳哲学」といわれる所以はそこにあるが、(6)こうした『感情論』の市民社会倫理としての性格は、その初版の主題をみるとき、より明らかになることであろう。

周知のように、スミスは『道徳感情論』の中で共感原理によって基礎付けられる主要な徳性として、慎慮・正義・慈恵の三つの徳をあげている。大河内一男以来の伝統的解釈によれば、これら三つの徳のうち「スミスにおいては、利己的本能に基づく『慎慮の徳』が最も根源的なものであり(7)」、「正義の徳は、この〔慎慮の〕徳を基礎付ける消極的な条件にすぎない(8)」とされている。しかし、スミスが慎慮の徳について積極的に論及したのは、『国富論』の出版より十数年後の一七九〇年に改訂・増補された第六版の第六部第一編においてであり、一七五九年に公刊された初版の構成をみるとき、『感情論』は、上の三つの徳のうちでは正義論を主体とするものであったことが確認される(9)。この事実は初版における彼の関心がはじめから市民社会倫理にあったことを示すものとして興味深い。彼は『感情論』初版で正義の問題を共感の社会哲学の中心主題とすることによって、商工業の発展による富裕の実現の条件としての正義とはなにかを明らかにすることを課題としていたのである。しかし、このことは、『感情論』の主題が正義の法の確立にあったことを意味するものではない。スミス正義論の主題と特色は、彼が正義そのものを「想像上の立場の交換」に基づく共感理論によって基礎付けることによって、正義の遵守を個々の共感主体の内面モラル化した点にある。そうしたスミス正義論の特色は、彼が権利を侵害された被害者の憤慨と、それに対する観察者の共感原理によって正義を感情論的に基礎付ける一方、正義の担い手を自己の「内なる裁判官」としての「公平な観察者」に求めていた点にも示されている。このスミスの正義論は、人間の利己心や自己偏愛性《パーシャリティ》の抑制原理を「人間本性の共通諸原理に反して、一定目的のために人為的に案出された(10)」正義の法の強制に求めていたヒュームやグロティウス以来の近代自然法論者の正義論に対し、正義そのものを個々人の共感感情の上に基礎付けることによって、強制されずとも正義の法を遵守する商品交換主体相互の社会的交通の倫理を確立しようとしたものとみることができるであろう。それは、平和で、国家統制が最少の社会において最もよく繁栄する、商業のための自発的な秩序形成の可能性を証明したものであった。[11] スミスは、そうした法的強制から自由な「自然的正義」の可能性を「想像上の立場の交換」に基づく共感と観察者の立場の理論の上に導くことによって、重商主義的国家権力の干渉から自由な「自然的自由の体系」の確立を主題とする『国富論』への道を準備することとなったのである。

(3) このようなスミスの考え方は、彼が『感情論』の中で共感と観察者の立場の論理の上に行為の「一般的諸規則」の自然的形成の論理を導いていた事実とともに、『感情論』の主題が市民社会主体としての人間個々人の道徳感情（共感原理）に基づく自由な社会秩序形成の可能性の論証にあったことを示すものといえるであろう。スミスは、『感情論』において、共感と観察者の立場の原理に基づく「自然的」な社会秩序形成（さらにはその経験的・帰納的認識）の可能性を論証することによって、『国富論』への道を用意していたのである。しかし、『感情論』の『国富論』に対してもつ意義を考える場合、より以上に注目すべきは、彼がハチスンやヒュームの正義論批判に関連して、いわゆる欺瞞理論を展開している点である。

周知のように、スミスは、『感情論』と『国富論』の中で、有名な「見えない手」の理論として知られている欺瞞理論を展開している。彼が『感情論』の中で展開している思想によれば、富や権力に対する憧れ（歓喜への共感感情）から生まれる富追求の欺瞞こそ、「人類の勤労をかきたて」、「地球の全表面をまったく変化させ」るとともに、「高慢で冷酷な地主」や金持が、その「生来の利己心と貪欲にもかかわらず、……見えない手に導かれて、大地がそのすべての住民の間で平等な部分に分割されていた場合になされていたのとほぼ同一の生活必需品の分割を行い、それを意図することなく、それを知ることなしに、社会の利益をおしすすめる」（TMS, IV. 1. 10）ことを可能にするものであるという。この欺瞞理論は、アリストテレスによって理論的に精密化された行為の作用因と目的因の区別に立脚するものであるが[12]、彼はそこで自然はその目的を実現するための手段を「われわれの理性の緩慢で不確かな決定にゆだねないで」、人間にそのための本能を与えた（TMS, II. 1.5.10）とすることにより、個人的性向の追求がかえって社会の利益を促進する結果になる次第を明らかにしたのであった。

この欺瞞理論は、いっけん『道徳感情論』の主題とはトーンを異にし、上述の正義論解釈とも矛盾するかにみえる。「見えない手が諸個人の自己愛を制御する究極の統轄者」とされ、また「われわれがそれほど完全にだまされるなら、われわれには自己改良の望みはないように思われる[13]」からである。しかし、このことは、必ずしもこの欺瞞理論が『感情論』の共感と観察者の立場の理論と矛盾することを意味するものではない。その間の経緯は、『感情論』が、ハチスンの目的因説や、ヒュームの法理論に対する対決を基本にするものとして、それまでの思想が大なり小なり前提していたハチスン―ヒューム的な社会全体の効用⇓正義論の背後にある目的因の論理を個々の被害者の憤慨⇓復讐感情に対する観察者の共感理論によって批判することをその暗黙の主題としていた次第を知るとき、おのずから明らかにされることであろう[14]。こうした『感情論』の論理構造は、スミスにおける行為の作用因と目的因の論理、ないしそれに立脚する欺瞞理論が、『感情論』の基調をなす共感と観察者の立場の理論と無縁なものではなく、人間の「私的・自己偏愛的・利己的情念」の自己統制のうちに徳の成立をみる『感情論』の主題と必ずしも矛盾するものではないことを示すものに他ならないからである。

スミスの欺瞞理論は、このように作用因の論理に従う各共感主体が、正義の法に反しない限り、自らの本能のままに「彼自身の配慮」に努めることがかえって全体の富裕を実現する結果になる次第を明らかにしたものであったが、この欺瞞理論は、たんなる自然法的効用主義ないしハチスン―ヒューム的功利主義批判にとどまるものではなく、富追求の欺瞞が富裕の実現につながるプロセスについての考察を含むものであった。換言すれば、それは「高慢で冷酷な地主が、……彼の奢侈と気まぐれから、生活必需品」を「人びとの間に分配」し、「富裕な人びとが……彼らの生まれつきの利己性と貪欲とにもかかわらず、……自分たちのすべての改良の成果を貧乏な人びとともに分割する」[15]（TMS, IV. 1.10）に至る富の循環ないし生産物の配分の過程についての考察に進むべき必然性をはらむものであった。現にわれわれは後述のように、『国富論』の世界がこうした欺瞞理論の経済学的精密化である次第をみることであろう。内田義彦がこの欺瞞理論のうちに「スミスによる富の世界の法則的な把握のモデルが示されている」[16]として、スミスにおける作用因と目的因の論理のうちに経済学独立の論理的契機を求めていたのは、卓見であったのである。

しかし、『感情論』においては、『講義』や『国富論』の場合とちがって、このように自然に瞞着されて私利を追求する人々が構成する経済活動の世界が分業においてとらえられていない。そこに自愛心の交換社会としての市民社会認識を分業においてとらえていた『講義』や『国富論』と『感情論』との一つの決定的なちがいが存在することは明らかである。にもかかわらず、『感情論』の欺瞞理論ないし作用因の論理も、実際には分業社会を前提し、分業社会認識を導くべき契機をはらむものであった[17]。彼が『感情論』において、「社会は、なんら相互的な愛情や愛着がなくとも、その効用についての感覚から、さまざまな人々の間で、さまざまな商人たちの間でのように、存立しうる。……それは、ある一致した評価に基づいた善行の金銭的な交換によって、依然として維持されうるのである」（TMS, II. ii. 3.2）という市民社会認識を導くことができたのも、そのためであった。そこには、文明社会では、人間はたえず多数の同胞の助力を必要とするが、「われわれは〔それを〕彼らの人間愛〔や慈愛〕にではなく、彼らの自愛心に訴える」（WN, I. ii. 2）とする『講義』や『国富論』の市民社会認識と本質的には同じ思想がすでにはっきりと展開されていたのである。

スミスは、このように『感情論』においてすでにそれなりの市民社会認識にたどりつき、その原理としての正義の徳の涵養を『感情論』の主題としたのであるが、『感情論』の欺瞞理論はまた、自由放任《レッセ・フェール》に思想的基盤を提供するものとして、「想像上の立場の交換」の論理に基づく市民社会倫理とともに、経済的自由主義への道を準備するものであった。後述のように、彼が『国富論』の中で、特権、独占、奨励金制度等を意図と結果の論理によって批判し、その独占批判を欺瞞理論の経済学的精密化という形で行っていることも、この点を傍証するものといえるであろう。『感情論』のうちには「自由放任の原理の明確な表現はない」にもかかわらず、「スミスがすでに自然的自由の体系の解説者であった[18]」といわれる理由の一つはここにある。

二　新講義ノートの主題と『国富論』

(1)　スミスの『道徳感情論』は、このようにその共感原理と欺瞞理論とを通して、商業のための自発的な社会形成の可能性を証明することにより、主体＝客体の両面から『国富論』への道を準備するものであった。しかし、『感情論』は、スミス「経済学の原型[19]」（スミスにおける『経哲手稿』）ではありえても、法の科学そのもの（『ドイツ・イデオロギー』）ではない。それはあくまでも既成の市民社会における市民の社会的自覚の倫理の確立を基本主題とするものであった。しかし、彼が『感情論』の事実上の中心主題とした正義の徳は、他の諸徳とちがって厳格な遵守を必要とし、分業＝交換の拡大による富裕の実現のためには、例外なく守られねばならぬことから、彼は『感情論』につづくグラスゴウ大学における『法学講義』においては、「正義の厳格な執行」としての司法とその基礎、ないし「すべての国民の法の基礎たるべき一般諸原理の探求」（LJ（B）, 1）に進むこととなったのであった。それは、『感情論』最終節の言葉によれば、「正義の自然的諸規則とはなにかという探求」（TMS, VII. iv. 37）を意味するものであったが、正義の原理の解明それ自体は実際にはすでに『感情論』において遂行されているので[20]、彼は『講義』においては共感原理に基づく正義の法の具体的特定化を意図する一方、その基礎をなす市民社会そのものの歴史的探求に向かうこととなったのである。

スミスの法学の主題についての従来の一般的見解によれば、キャナン版『講義』の第一部の「正義」論がスミスの道徳哲学体系の第三部門の「正義」論に相当することから、あたかも『法学』の主題が「正義」の原理そのもののそれ自体としての研究であるかのごとく考えられてきたが、スミスの『講義』ないし未完の『法学』の真の主題は、『感情論』の共感原理に基づく正義の「法と統治」の基礎と起源の探求を通して、市民社会の自然法を明らかにすることによって、それに即さぬ市民法を歴史的に批判する点にあったのであった。スミスが新講義ノートにおいて法学の目的を「さまざまな統治体系の基礎をしめすこと」（LJ（A）, i. 1）に求め、法と「統治の起源と、そのいくらかの発展」の考察に力点を置いていたといわれる[21]所以はここにある。新しく発見された講義ノートは「法学は、市民政府がそれによって導かるべき、諸規則についての理論である」（LJ（A）, i. 1）という言葉ではじまり、キャナン版の第一編「公法」論に照応する第四・五冊も、「統治の発生と発展の歴史的説明」ではじまっている。このような「法と統治」の起源と発展の歴史的考察こそ、彼が『感情論』の最終節で「他の論述」の主題として約束した「法と統治の一般諸原理と法学の歴史の記述」（TMS, VII. iv. 37）の内実をなすものであったのである[22]。しかし、このような「法と統治」の基礎と起源の考察それ自体は、近代自然法、とりわけロックの主題に他ならない。スミス固有の問題は、こうした「法と統治」の考察に道徳感情論を導入した点にある。たとえば、彼はキャナン版『講義』においても、『感情論』の「歓喜への共感」論によって、権威の原理を説明し、所有権も感情原理によって基礎付けるかたわら、憤慨⇓共感論による刑罰の基礎付けを行っている。それどころか、スミスは、スコットが極めて初期のエディンバラ講義に関連するものとしていた法学に関する手稿においては、「正義の自然的諸原理」を扱う「自然法学ないし法の一般諸原理に関する理論」は、「道徳感情に関する理論の極めて重要な部分をなす[23]」として、「〃道徳感情の理論〃という語句を〃法の一般諸原理論〃と同様なものとして使用[24]」していたといわれる。スミスは、このように法学も道徳感情論の対象領域であるとして、法学そのものを感情論的に基礎付けようとしていたのである。しかし、こうした「法」や「権利」の感情論的基礎付け自体は、『感情論』でも行っていたことで、なんら『講義』の独自性を構成するものではない。

『講義』の真の特色は、市民倫理の確立を基本主題としていた『感情論』とちがって、未開⇓文明の四段階分析を通して、所有の増大と分業＝交換の発展に伴う「法と統治」の形態の歴史的考察を中心にしていた点にある。そのための社会経済発展の四段階分析こそが、新講義ノートの中核をなしている点にある。ミークによれば、『講義』の「新ノートにはキャナン・ノートにおけるより、より明確・広範かつ鮮明に」四段階論が出ており、「それはスミスの議論の主要部分がその中に組み込まれている基本的な概念的枠組として姿を現わしているといってもおそらく過言ではない[25]」といわれる。道徳哲学の第三部門の「正義」論の主題は、未開から文明への法の漸次的進歩の跡をたどり、生活資料と財産の蓄積に及ぼす法の影響を指摘する点にあったというミラーの証言も、この事実を確証するものに他ならない[26]。スコットが極めて初期のエディンバラ講義の一部であるとしていた（が、実際には六〇年代のものと考えられる）「哲学者とポーター」で知られる「断片A[27]」からも、四段階のそれぞれの段階ごとの「生存様式、社会の大きさ、分業[28]」（ないし、人口＝分業＝交換）の関連分析が極めて生き生きとなされていたことを知ることができる。以上のような諸事実は、新講義ノートの中心主題が、「法と統治」の基礎と起源を明らかにすることを通してその現状を歴史的に批判するための四段階分析の展開、換言すれば、分業＝交換範疇による市民社会の自然史の感情論的考察を通して、法と統治の現状を歴史的に批判する点にあったのではないかとの推測を可能にすることであろう。内田義彦が「これらの文明国のいろいろの段階において、分業による生産力の発展に応じて『法』がいかに発展してきたか、そのあとを追求することこそ、彼の終生のプラン」[29]であったとしていたのは、やはり正しかったのである。いずれにしても、彼がこうした形で「法と統治」の基礎と起源の歴史的考察の課題を四段階分析を通して展開するさいに、その中心基礎範疇として使用した分業概念が、経済学を生誕に導く一つの契機をなしたことは確かである。道徳感情論（倫理学）一般とは異なる「正義」の法と統治の基礎と起源（ないし「法の基礎をなす一般諸原理」）の探究を意図したスミスが、四段階論を概念的枠組とする『講義』を通して経済学へ進んだ所以はここにある。いな、この分業論を基軸とする未開⇒文明の四段階論こそ、後述のように、『国富論』体系におけるスミスの市民社会分析の視角を導くものとなったのであった。『法学講義』（とくに、新ノート）のもつ意義は、その意味ではそこに経済学が含まれている点にあるというより、そこにおける「法と統治」（=「政治社会としての市民社会」）の基礎と起源の探求、そのための分析の道具としての四段階論が経済学の成立を導くべき契機をはらんでいた点にあったのである。

(2) スミスの主著『国富論』は、この『講義』の四段階分析を土台にして、その第四段階論として展開されたものであった[30]。『国富論』が商業社会としての市民社会を（すくなくとも、その出発点における）分析の対象としていることはいうまでもないが、それは『講義』の四段階論を前提したものであったのである。彼が『国富論』のなかでも折あるごとに未開—文明の対比的考察を行い、それを基礎にして、その上に市民社会の経済的分析を展開していたのは、そのためであったのである。スミスが、内田の指摘するように、市民社会の表象的把握の基礎を未開—文明論に求めていたことも、この事実を傍証するものに他ならない[31]。『講義』は、もとより、法と「統治の起源」論として、四段階そのものの歴史的考察を基本としていたのに対し、『国富論』は、第四段階論であるため、四段階そのものの歴史的考察よりも、未開―文明の対比的考察による「文明社会」としての市民社会の経済的分析が中心になっている。彼が『国富論』で狩猟⇒牧畜⇒農耕の三段階を一括して「商業の拡大と製造業の改善に先立つ社会の未開状態」(WN, V. iii. 1)と規定し、それと専門化に基づく「完全な分業」が成立した商業国との対比的考察を行っていたのも、そのためであったといえよう。スミスは、このようにして、未開社会に対する文明社会に関心を集中することによって、「市民社会の科学的分析」の武器としての「価値＝剰余価値論の完成と、再生産論の確立[32]」に進んでいったのであった。そこに『法学講義』と『国富論』とを分つ距離があることは明らかであるが[33]、「分業論を枢軸とする『国富論』体系の分析視角」そのものは、『講義』段階で未開―文明の四段階分析を通して、すでにはっきりと確立されていたのである。

三　道徳哲学の発展と変質

(1)　『国富論』は、このように『講義』の四段階分析の市民社会分析の科学への発展を示すものであった。『国富論』の直接の母体をなしたのは、そのかぎり『感情論』ではなく、『講義』であったのであるが、しかし、この事実は『感情論』の『国富論』に対してもつ意義をなんら減じるものではない。『感情論』は、前述のごとき意味で第四段階の商業社会における主体の倫理を確立する一方、富の世界の法則的把握への道を準備したものとして、歴史的・発生史的接近としての『講義』とともに、『国富論』の基礎をなしているだけでなく、その共感原理は、『国富論』の世界にも直接生きているからである。

たとえば、スミスが『国富論』の「自然的自由の体系」の条件とした「自然的正義の諸規則」は、前述のように人が、「想像上の立場の交換」に基づく各人の共感活動の上に自然的に形成されるものであった。このことは、スミスのいう「自然的自由の体系」が、個々の共感主体の共感活動を前提するものであったことを示すものといえるであろう。各人が「自然的正義」の徳に従って自由な経済活動を営む『国富論』の「自然的自由」の世界は、たんなる物象関係のみから成るものではなく、商品としてのプロパティ交換関係の底に、プロパティ（人格＝所有）主体としての個々人が、「想像上の立場の交換」に基づく共感作用を通して相互に社会的に交通し合う関係を含むものであったのである。

共感は、もとより、諸個人の異なった活動を支える規制力ではあっても、「自己の状態を改善しようとする願望」を支配原理とする『国富論』の世界における経済の論理とは異なるものでしかない。しかし、スミスにおける「共感と利己心は、個人が一方を感じるときには他方を感じえないような排他的な情念ではない[34]」ばかりでなく、経済の原理としての競争は、彼がヒュームの宗教政策を批判している個所でのべているように、われわれが自然に他人を尊敬し互譲することを教えるもの[35]であることが注意される要がある。自由競争に基づく「自然価格」の世界が「公平な観察者」の立場を表現していることも、この事実に対応するものに他ならない。同じことは、道徳感情成立の基盤をなす世間の評判が、それ自体商業原理として、われわれに「誠実と几帳面」（LJ（B），303）の徳を教えるものであることからも知られよう。街頭の見知らぬ人の共感を行為や感情の適宜性判断の基準とするスミスの共感論[36]は、それ自体こうした商業社会の精神を体現したものであったのである。いな、スミスにおいては、われわれの経済活動の誘因をなす財産追求願望自体、『感情論』の「歓喜への共感」論に基づくその説明にみられるように、利己心そのものよりも、他人の是認願望に基づくものとされていたのであった[37]。『国富論』の自然的自由の世界は、このように、利己心に動かされる人間が、それぞれ想像の上で立場を交換（共感）することを通して、観察者の目で、つねに動いてやまない具体的な状況（situation）を考察するところに成立する世界であったのである。[38] 観察者の目（共感と観察者の立場の理論と、それに基づく行為の一般諸規則に関する帰納的な社会理論形成への志向）は、『国富論』の世界においても生きているばかりでなく、この観察者の目こそ、『感情論』と『国富論』を一貫するスミスの方法原理をなしているといわれる所以はそこにある。[39]「想像上の立場の交換」に基づく共感と観察者の立場の理論は、このように商品交換の論理の基底にあるものとして、『国富論』の世界にも生きていたのであるが、『国富論』の独占、特権、奨励金批判は、こうした共感主体の自由な経済活動（私利追求）による自然的自由（⇒富裕）の実現を妨げる一面的《パーシャル》な利害を批判することによって、「公平な観察者《インパーシャル・スペクテーター》」の立場を実現しようとしたものといえるであろう。独占的不正義が存在しなければ、「見えない手」の導きによって経済の改善が実現されるという『国富論』の周知の経済原則は、不正義が除去され、正義が保証されるならば、各個人の道徳感情だけで個人と社会が改善されるという『感情論』の考え方に照応するものであったのである。[40]

(2)　しかし、『国富論』の世界に『感情論』の精神が生きているということは、『感情論』と『国富論』との間に変化・発展がないことを意味するものではない。両者を対比する場合、大きく注目される点は、宇宙の究極的調和に関する信仰ないし形而上学（神の宇宙計画《デザイン》論）に立脚していた『感情論』の欺瞞理論が、『国富論』では欺瞞の経済的メカニズム分析に移行している事実である。換言すれば、「『感情論』では」、ヴァイナーやビッターマンが指摘していたように、「自然の計画と人間の動機の関係」が直接的、一般的に説かれていたのに対し、「『国富論』では、この関係はせいぜい暗黙の仮定にとどまり[41]」、欺瞞の経済過程の経済学的分析による、自由放任の可能性の経済学的論証が中心になっていることが注目される。たとえば、『感情論』で欺瞞の例証としてあげられていた地主や金持の貪欲（贅沢とむら気）がかえって人々を養い、富の平等分配を可能にするという議論は、『国富論』では姿を消している。

この『感情論』の欺瞞理論の例に相当する議論は、『国富論』では、商業の拡大と製造業の改善以前の社会の未開状態では、大収入のある人間はできるだけ多数の人間を養う他ないが、商業国では奢侈についやすことができるので、多数の人間を直接養う代りに、彼の買う商品の価格を支払うことによって、間接的により多くの人間を養うという議論になっている。[42] これと本質的に同じ考え方は、素型的には『講義』にもみられるが、[43] この『国富論』の議論は、『感情論』の欺瞞理論を未開―文明の対比的考察を通して経済学的にとらえ直したものといえよう。スミスは、彼における経済学の生誕の母体をなした『感情論』の欺瞞理論を『講義』以来の未開―文明の四段階分析を契機として、経済学的にとらえ直すこととなったのである。ということは、必ずしも彼が『国富論』においては欺瞞の観念を棄て去ったことを意味するものではない。彼は、『国富論』では「見えない手」の出てくる欺瞞理論の典型として国内商の例をあげている。[44] しかし、そこでは実際には金持でも法外でもない企業者が自らの利益の極大を考えて行動することが、社会の富を増大させる結果になる次第がのべられているにすぎない[45]だけでなく、輸出商の場合には、その利害がその国の人民大衆の利害と反することがありうることさえ指摘されていたのである。[46]

いずれにしても、スミスは、こうした形で欺瞞の経済学的論証を行うことを通して、人為的な政策をとっても、その意図に反する結果になることを明らかにしたのであった。彼は、『感情論』の欺瞞理論を『講義』の四段階分析を契機に経済学的に深化することによって、経済的自由主義の可能性を具体的に論証するとともに、その実現を妨げる封建的慣習と重商主義的特権、ならびに、シヴィク的徳性主義を批判しようとしたのであるが、彼はこうした経済学的分析の深化に伴って、逆に、上述の輸出商の例が示すように、自然に瞞着される人間の経済活動の自然調和の可能性に例外があることを認めることとなったのである。[47] しかし、スミスと同じ「見えない手」の観念をもっていたバトラーやケイムズその他の神の宇宙計画《デザイン》論者と異なるスミスの独自性は、あくまでも彼がデザイン論を経済学的に証明した点にあったのである。[48]

(3)　こうした科学的認識の進展は、当然『感情論』との間に微妙なズレを生む可能性をはらむと考えられるが、両者の間には、その一体性を認めた上で、次のような微妙なニュアンスのちがいが感じられる。

第一は、『道徳感情論』が市民社会倫理の確立を主題とするものとして、想像上の立場の交換に基づく共感の社会哲学の通用する等質的な社会における市民の道徳感情を問題にしているのに対し、『国富論』は、「慣習的共感」感情に支配される国際的な市民社会を分析の対象とするため、道徳感情（想像的共感）論ならぬ道徳感情（自然的共感）論中心の議論が基本になっている点である。[49] たとえば、『国富論』では『道徳感情論』のような「想像上の立場の交換」に基づく利己心や自己偏愛性《パーシャリティ》の克服ではなく、各人の立場（situation）のちがいや人々の私的利害や偏見などがそのまま前提されている。[50] そればかりでなく、誰もが植民地貿易をやれる場合には、商人の数が多くなり、その立場も分散するので、団結が妨げられ、法外な儲けは不可能になる[51]という形で、立場の交換ならぬ立場の分散が考えられている。このように『国富論』では、「想像上の立場の交換」の論理による利己心の揚棄を中心主題としていた『感情論』とちがって、各人のおかれた立場の相違をそのまま前提した上での道徳感情中心の客観分析が基本になっている。たとえば、エディンバラの人間がグラスゴウの住民より怠惰なのは、『講義』では住民の独立心の欠如に求められていたのに、『国富論』では資本の欠如に求められている。[52] 同様に、『国富論』では、不正義や独占の倫理的克服よりも、かりに不公平《パーシャル》な政策をとっても、その意図に反する結果になる次第の経済学的論証が主体になっている。[53]

こうした『感情論』と『国富論』との性格のちがいをより端的に表現しているのが、『国富論』では商業や競争そのもののもつ浄化力がかなりはっきりと肯定されている事実である。たとえば、彼はヨーロッパ人によるアメリカ原住民収奪にふれた個所で、商業がもたらす知識と改良の交流こそが、そのような不正義をなくす道であるとしている。[54]

彼は、クロプシーの指摘するように、僧侶の世俗的権力を駆逐することができるのは、「技術と製造業と商業の漸次的改善」のみであり、商工業の力によってのみ「文明が中世的野蛮にとって代りうる」と考えることにより[55]、文明化の旗手としての商業の力を信じていたのである。スミスは、ヒュームに従って、商業⇒自由の論証を『講義』と『国富論』の基本主題の一つとしていたのであるが、『国富論』の論理の示すように商業や競争がそれ自体人間の独占根性やエゴを浄化する力をもつ（というより、商業や競争の力によってしか人間の利己心や自己偏愛性《バーシャリティ》の克服ができない）とすれば、そこではもはや道徳感情は不用ということになるであろう。現に、彼はさきにあげた国内商の場合には、彼らも人びとを害するほど買占めることはできず、かりに彼が過度に貪欲だとしても、その場合には売れ残ってしまうとのべている[56]。彼は、『国富論』においては、経済の自然法則（Natur=Gesetz）の結果、不正な試みがおのずから崩壊せざるをえない次第の経済学的論証を主題にしていたのである。これまでのスミス研究において、「スミスにおける法の世界、正義の世界は、消極的なもので、……経済の世界……が成立すれば、存在理由をもたなくなる[57]」といわれてきた理由の一つはここにある。

『国富論』においては、こうしたこれまでの見解の示すように事実上は経済が法と倫理に対して優位していたのであるが、こうした法や倫理に対する経済の優位は、「商業社会においては、……市場の動きの中心である自然価格をもって簡明に行為者の動機を計測することができるから」、共感（の働き）を通して「相手の動機を忖度する」必要はないことからも知られよう[58]。「自由市場は公平な観察者の普遍的支配であり[59]」そこでは市場が「公平な第三者」の役割を果たしてくれるから、個々の経済主体がいちいち観察者の立場に立って共感する必要は事実上はまったく存在しないのである。このことは、経済の世界では、『感情論』の共感と観察者の立場の理論は、理論的には前提されえても、事実上は必要ないというに等しい。事実、商業世界では、すでにみたように、自由競争がそれ自体徳の実現を可能ならしめるものであった。このように商業こそが新しい徳性を生み出すという観念がすでに『講義』にあったことはよく知られた事実であるが[60]、『国富論』においては、「商業が徳の代替物である[61]」という観念がよりつよくなっているといえよう。彼は、『講義』において商業の発達⇒富裕の実現の条件としての正義の「法と統治」の確立を主題とし、『国富論』においてもその重要性を説いているが、同時に、富裕の実現なしには治安（正義）の維持はありえないという『講義』の有名な思想の示すように、商業の発展こそが徳（正義）の実現の条件であると考えていたのである。「正義と慈恵は、商業文明の拡大の原因であるよりも、むしろ、その成果である[62]」という見解が生まれる根拠はそこにある。『国富論』の中には「商業社会は大多数の人間の幸福と安楽に資する[63]」という観念が含まれていたのであり、スミスは当時のスコットランド啓蒙思想家の共通課題であった「富と徳性」の両立の可能性を基本的に確信していたのである。

(4)　しかし、このことは、必ずしも彼が手放しの商業至上主義（よりマルクス的にいえば、商業＝ゲマインヴェーゼン論）をとっていたことを意味するものではない。『講義』以来、商業の疎外面をもすでにそれなりに自覚していたスミスは[64]、商業主義そのものに重大な道徳的欠陥があることを知り、全体としては文明化の旗手としての商業を擁護しながらも、同時に、徳の名において商業文明そのものを批判していたのであった[65]。こうしたアンビヴァレントなスミスの態度は、「商業が徳の代替物である」という自らの理論自体に疑いをかけるものであったが、それはまた『感情論』⇒『国富論』の過程で経済の論理に吸収されたかにみえる道徳感情論のもつ意義と必要性を改めて問い直す契機となったのであった。彼が『国富論』より十数年後、死の直前に『道徳感情論』の大幅な改訂・増補を行ったことの一つの背景は、そこにあったのではないかと推察される。『感情論』第六版が「道徳哲学から経済学への発展の成果を、すくなくとも部分的には、ふたたび道徳哲学にとりいれたことを意味する[66]」ことは、水田洋の指摘する通りであるが、それはより以上に彼の道徳哲学そのものの帰結としての『国富論』の商業主義、その疎外面に対する彼の批判を意味するものであったのである。

たとえば、スミスは、『感情論』六版において第三部の良心論を大幅に拡大し、「良心と世論との間に争いがありうることを示唆[67]」している。あるいは、「称賛への愛好」と「称賛に値することへの愛好」とが区別さるべきことを改めて強調している。これがカラス事件の影響であることは、水田の指摘する通りであるが、それはまた、他人の評判を原理とする商業主義への批判を意味するものであったとみることもできるであろう。彼はまた六版で新たに追加された六版六部の「徳性」論の中で、すぐれて商業的な徳としての慎慮の徳に積極的に論及している。この六版六部の慎慮論は、彼が第一部第四編（六版では第三編）に六版で追加した有名な「中流および下層の地位においては、徳性への道と財産への道とが……幸いにしてたいていの場合ほとんど一致している」（TMS, I. iii. 3.5）という思想が、『国富論』第五編の厳格な道徳体系についての思想を原型にしていた事実や[68]、彼が同じく六版で追加した自己規制論の中で、文明社会においては「世間の雑踏と事業」こそが「自己規制の偉大な学校である」（TMS, III. 3.25）としている事実とともに、『国富論』の思想が『感情論』に影響を与えたものとみることができるであろう。しかし、彼が六版で追加された第一部第三編第三章で、「富裕な人びと、上流の人びとに感嘆し、貧乏でいやしい状態にある人びとを軽蔑または無視するという、この性向によってひきおこされる、われわれの諸道徳感情の腐敗について」（TMS, I. iii. 3.1）論じる一方、第三部への追加分と六版六部で「自己規制」の徳について積極的に論及し、「経済人の倫理」としての慎慮論をも自己規制論と結びつけて展開していたのは、『国富論』の商業主義、その商業文明論に対するスミス自身の批判を意味するものであった。そのようなスミスの姿勢は、彼がアンスパックの指摘するように、六版六部で集団的忠誠のマイナス面、その独占的性格を批判していたことからも窺えよう[69]。

市民社会における人格相互の社会的交通の倫理確立要求から出発したスミスは、「商業こそが自然的には」諸個人・諸国民間の「結合と友愛の絆」（WN, IV. iii. c. 9）であり、人格相互の社会的交通の媒体であるとしながらも、実際にはそれが疎外されたゲマインヴェーゼンでしかないことに、すでにそれなりに気がついていたのである。のちに本論で詳しく論証するように、ひたすら富のみを追求する重商主義的富国観とその批判者としてのシヴィク的徳性主義の両面批判を意図していたスミスは、ポリティをエコノミーに解消させながら、クロプシーがいち早く指摘していたように、エコノミーに吸収しえないポリティの問題が存在することを明確に認識していたのである。[70] 最近のスミス研究が、「富と徳性」、エコノミーとポリティの緊張を生きていた一八世紀のスコットランドの思想風土の中でスミスの思想課題をとらえ直そうとしているのは、こうしたスミス思想の内実を踏まえたものといえるであろう。戦後新たに発見された『法学講義』Aノートを中心にスミスにおける経済学の生誕の秘密を解き明かそうとする私たちのスミス研究が、スコットランド啓蒙の思想課題の解明から出発しなければならぬ理由もそこにある。

（1）アダム・スミス問題については、高島善哉、大河内一男、大道安次郎らの戦中以来の周知の諸論考を参照されたい。

（2）G. R. Morrow: *The Ethical and Economic Theories of Adam Smith*, 1923, Kelley Rep., pp. 8-9.

（3）水田洋「市民社会の道徳哲学」『季刊社会思想』三巻一号、一九七三年、一四四頁。

（4）R. Anspach: The Implications of the *Theory of Moral Sentiments* for Adam Smith's Economic Thought, *History of Political Economy*, Vol. 4, No. 1, 1972, pp. 176, 203. このような見解の古典的代表としては、Cf. J. Viner: Adam Smith and Laissez Faire, in *Adam Smith, 1776-1926*, Kelley Rep. esp., p. 120. なお他の研究者も、『道徳感情論』と『国富論』の比較研究による両著作の結合原理探求の試みが、問題を解決するよりも、問題を出すだけに終っていることを認めている。Cf. H. F. Thomson: Adam Smith's Philosophy of Science, *Quarterly Journal of Economics*, Vol. 79, No. 2, 1965, p. 212 note. J. R. Lindgren: Adam Smith's Theory of Inquiry, *Journal of Political Economy*, Vol. 77, No. 6, 1969, p. 898.

（5）D. Winch: Adam Smith's 'enduring particular result': a political and cosmopolitan perspective, in *Wealth &*

Virtue, ed. by I. Hont & M. Ignatieff, Cambridge, 1983, p. 263.

(6) 以上の諸論点については、詳しくは、水田洋「十八世紀思想とアダム・スミス」(大河内一男編『国富論研究II』所収)その他、同氏の諸論考と、拙稿「スミス同感論における社会的自己意識の論理」(『横浜市大論叢』二五巻三・四号、一九七四年)を参照されたい。

(7) 大河内一男『スミスとリスト』一九四三年、日本評論社、一二〇頁。

(8) 前掲書、一二一頁。

(9) この点の詳しい論証は、拙稿「アダム・スミスの正義論」『横浜市大論叢』二六巻一・二号、一九七四年、第一章参照。

(10) D. Hume: *A Treatise of Human Nature*, ed. by A. L. Selby-Bigge, Oxford, pp. 532-533. 大槻春彦訳(四)一二四頁(傍点引用者)。なお、スミスの正義論とヒューム正義論のちがいについては、内田義彦『経済学の生誕』一九五三年、未来社、一一一―一一四頁。拙稿「同感論におけるヒュームとスミス」『思想』五九三号、一九七三年一一月、とくに、八八頁以下参照。

(11) Cf. Anspach, op. cit., p. 188.

(12) Cf. Thomson, op. cit., p. 227.

(13) A. L. Macfie: *The Individual in Society*, London, 1967, pp. 101, 125. 水田洋ほか訳『社会における個人』一四〇、一六六頁(訳文一部変更)。

(14) この点、詳しくは、内田義彦、前掲書、一一一―一一四頁、拙稿「アダム・スミスの正義論」三四―三五頁参照。

(15) アクトンは、ここに富の循環に関するケネーの影響をみている。Cf. H. B. Acton: Distributive Justice, the Invisible Hand and the Cunning of Reason, *Political Studies*, Vol. 20, No. 4, 1972, p. 428.

(16) 内田義彦、前掲書、一二四頁。

(17) この事実は、彼が『国富論』の第一編第二章の冒頭でのべているように、分業が「本来、それが生み出す一般的富裕を予見し意図するなんらかの人知〔これは『講義』キャナン版では「慎慮」、新ノートでは「政策」となっている〕の結果ではない。それは、なんらかのそのような広範な効用を眼中におかない人間本性のある傾向の……必然的帰結である」(WN, I. ii. 1. 傍点引用者)ことからも知られよう。

(18) Viner, op. cit., p. 126.

(19) 水田洋「市民社会の道徳哲学」一四五頁。

(20) キャンベルも、正義論は、『感情論』、『講義』、『国富論』に共通する主題であるが、『感情論』だけが正義論を含んでおり、『講義』にはスミスの正義論そのものについてはヒント以上のものは含まれていないとしている。 Cf. T. D. Campbell: *Adam Smith's Science of Morals*, London, 1971, p. 186.

(21) 水田洋「アダム・スミスの講義ノート」(下)『経済セミナー』一九七四年一一月号、九六、九八頁。(傍点引用者)

(22) Cf. D. D. Raphael: Adam Smith and 'The Infection of David Hume's Society', *Journal of History of Ideas*, XXX, No. 2, 1969, p. 241.

(23) Ibid., p. 234.

(24) Ibid., p. 243.

(25) R. L. Meek: Smith, Turgot, and the "Four Stages" Theory, *History of Political Economy*, Vol. 3, No. 1, 1971, p. 12.

(26) Ibid., pp. 12-13.

(27) W. R. Scott: *Adam Smith as Student and Professor*, Kelley Rep., pp. 379-385. R. L. Meek & A. S. Skinner: The Development of Adam Smith's Ideas on the Division of Labour, *Economic Journal*, Vol. 83, No. 332, 1973, pp. 1111-1113. より詳しくは、拙稿「治政論の出自と分業論の成立」一橋大学研究年報『社会学研究』23、一九八五年、第四節参照。

(28) Cf. Meek & Skinner, op. cit., pp. 1108-1109.

(29) 内田義彦、前掲書、二〇五頁。内田のこの節の思想は、新講義ノートの発見された今日、改めてその本質直観力の素晴らしさが感じられる卓見というべきであろう。なお、『感情論』にはこのような未開⇒文明の四段階論はなく、わずかに未開人と文明人の徳性のちがいがその立場《シチュエーション》の論理を通して展開されているにすぎないが(Cf. TMS, V. 2. 8-11.)、ミークによれば、スミスが四段階論を唱えたのは、エディンバラ期の後半、少なくとも五五年には『講義』と同じことを考えていたとのことである。 Cf. Meek, op. cit., pp. 16-19.

(30) Cf. Meek & Skinner, op. cit., p. 1109.

(31) 内田氏によれば、「スミスの市民社会観と、分業論を枢軸とする『国富論』体系の分析視角」は、いわゆる『国富論草稿』

（ミーク＝スキナーによれば、これは、『国富論』の草稿というより、一七六三年四月以前の法学講義の経済部分を書物にするための試論といわれる。Cf. Meek & Skinner, op. cit., pp. 1102-1103）の未開—文明論の中に『国富論』以上に明瞭に示されているといわれるが（内田、前掲書、一九五頁）、この見解の基本的正しさは、『国富論』を新『講義』ノートの四段階論の発展と考えるとき、改めて確証されることであろう。

（32）内田義彦、前掲書、一九六頁。より詳しくは、拙稿「『法学講義』治政論の主題と構造」一橋大学研究年報『社会学研究』24、一九八六年参照。

（33）しかし、その反面、このような『講義』の四段階論の市民社会分析の科学への進展は、前述の「断片A」の最後の数ページが『国富論』では削除された事実に象徴されているように、彼が割愛部分で明示的に展開していた四段階のそれぞれにおける生存様式＝社会の大いさ＝分業の関連分析の成果を曖昧化する結果になっていることに注意されたい。Cf. Meek & Skinner, op. cit., pp. 1108-1109.

（34）R. B. Lamb : Adam Smith's System : Sympathy not Self-interest, *Journal of History of Ideas*, Vol. XXXV, No. 4, 1974, p. 682.

（35）Cf. WN, V. i. g. 3-8.

（36）スミス共感論のこうした性格については、「スミスにおける観察者の優位」を明らかにした水田の所論がとくにすぐれているといえよう。水田洋「市民社会の道徳哲学」一四六―一四八頁参照。

（37）Cf. TMS, I. iii. 2. 1.　水田訳七二―七四頁。Lamb, op. cit., esp., p. 682.

（38）武田正二「アダム・スミスの方法意識について（一）」『経商論纂』四九号、七七―七八頁参照。

（39）Cf. Macfie, *op. cit.*, p. 107.　邦訳一四六頁参照。

（40）Cf. Lamb, op. cit., p. 681.

（41）H. J. Bittermann : Adam Smith's Empiricism and the Law of Nature, II, *Journal of Political Economy*, Vol. 48, p. 719. Cf. Viner, op. cit., pp. 125-130.

（42）Cf. WN, III. iv. 4-11, V. i. g. 22-25, V. iii. 1-3.

（43）Cf. LJ（B）, 35-36, 59-60, 139-140.　邦訳一二二、一四七―一四九、二三三頁参照。ただし、『講義』では、『国富論』の場合のように、問題が十分経済学的に論証されていないが、『感情論』のような欺瞞理論による自由主義の形而上学的基礎付けもなされていない。この事実は、スミスが『講義』段階では、四段階分析に媒介された経済学的考察の進展に伴い、欺瞞理論をより経済学的にとらえ直そうとしていたことを示すものといえよう。

(44) WN, IV. ii. 4-9.

(45) Cf. Acton, op. cit., p. 428.

(46) Cf. WN, IV. v. b. 38.

(47) Cf. Viner, op. cit., pp. 134-136, 138.　Bittermann, op. cit., pp. 719-720.

(48) Cf. M. L. Myers: Philosophical Anticipations of Laissez-Faire, *History of Political Economy*, Vol. 4, No. 1, 1972, esp., p. 169.

(49) スミスにおける二つの共感概念と、国際間には「想像的共感」論が通用せず、「慣行的共感」感情に支配される点については、拙稿「アダム・スミスの正義論」二七―二八頁参照。

(50) Cf. WN, I. x. c. 19, IV. vii. c. 106, V. i. f. 50, g. 38, V. iii. 1, 68.

(51) WN, IV. vii. b. 24.

(52) Cf. LJ(B), 204-205.（邦訳三一四―三一五頁。）WN, II. iii. 12.

(53) Cf. WN, IV. ix. 49-51.　なお、『感情論』でも、経済事象の説明には「歓喜への共感」論が使われ、さらに六版では「慣行的共感」論が利用されているが、『国富論』では、このような自然的共感（道徳感情）論を基礎にした経済事象の説明が基本になっているといえるであろう。

(54) WN, IV. vii. c. 80.　同様な例としては、Cf. WN, III. iv. 16-18, IV. iii. c. 9, vii. c. 83, V. i. g. 8.　ただし、彼はときには競争の浄化力を否定していたといわれる。Cf. Viner, op. cit., p. 154.

(55) Cf. J. Cropsey: *Polity and Economy*, The Hague, 1957, pp. 94-95. WN, V. i. g. 24-25.　なお、ハイルブローナーは、このクロプシーの見解に反対している。Cf. R. L. Heilbroner: The Paradox of Progress: Decline and Decay in the Wealth of Nations, *Journal of History of Ideas*, Vol. XXXIV, No. 2, 1973, pp. 257-258.

(56) Cf. WN, IV. v. b. 3, 24-25.

（57） 水田洋訳『道徳感情論』訳者「解説」五三八頁。

（58） 高木正雄「『国富論』と『道徳情操論』との交渉（下）」神戸商大『商大論集』第二六号、四二一四三頁。

（59） Lamb, op. cit., p. 681.

（60） Cf. LJ (B), 205, 303, 326-328. 邦訳三一四―三一五、四二五、四五二―四五四頁参照。なお、『感情論』でも同様な思想が展開されている（TMS, I. iii. 3. 5. 水田訳九七頁）が、これは六版での追加にすぎないことに注意されたい。

（61） Cropsey, *op. cit.*, p. 92.

（62） W. F. Campbell : Adam Smith's Theory of Justice, Prudence, and Beneficence, *American Economic Review*, LVII, 2, 1967, p. 577.

（63） Heilbroner, op. cit., p. 245.

（64） こうした商業社会のひきおこす疎外の問題に関する関心は、最近のスミス研究の一つの焦点といえよう。Cf. E. G. West : The Political Economy of Alienation, *Oxford Economic Papers*, XXI, 1969. N. Rosenberg : Adam Smith on the Division of Labor : Two Views or One ?, *Economica*, May 1965. Heilbroner, op. cit., etc.

（65） Cf. Cropsey, *op. cit.*, pp. 89-98.

（66） 水田洋「市民社会の道徳哲学」一四五頁。

（67） *Adam Smith 1723-1973, Commemorative Symposium*, Kirkcaldy, 1974, p. 65. 水田洋「社会思想家および道徳哲学者としてのアダム・スミス」『科学と思想』一〇号、一九七三年、一三六頁。

（68） *Ibid.*, p. 65. 前掲論文一三六頁。

（69） Cf. Anspach, op. cit., pp. 190-191.

（70） Cf. Cropsey, *op. cit.*, ditto, Adam Smith and Political Philosophy, in *Essays on Adam Smith*, edited by A. S. Skinner & Th. Wilson, Oxford, 1975, p. 152.

（初出　経済学史学会編『国富論の成立』岩波書店　一九七六年）

第一部　スコットランド啓蒙と近代自然法学

第一章　スコットランド啓蒙の思想課題

一　フレッチャーの提起した問題

(1)　経済学は、一般に、アダム・スミスの『国富論』と共に生誕したとされている。しかし、体系的な経済理論の登場は、必ずしも『国富論』が最初ではない。経済循環把握ないし経済世界の自然法則認識の成立をもって経済学の生誕と考えれば、「経済科学の創造」者の栄誉は、いうまでもなく『経済表』（一七五八）の著者フランソワ・ケネーに捧げられねばならない。一七六七年に公刊されたスミスの同国人ジェームズ・ステュアートの『経済の原理』のうちにも明確に「経済学体系」がみられる。スミスの『国富論』は、彼らより一〇〜二〇年近くもおくれて上梓されたものにすぎない。にもかかわらず、一般に経済学の生誕が『国富論』に代表されることには、さまざまな理由が考えられるであろうが、その主たる理由の一つは、スミスの経済学が道徳哲学の中から文字通り分化・独立・生誕してきた点に求められる。

周知のように、スミスの経済学は、道徳哲学の一分野として展開されたものであるが、このように道徳哲学の中から分化・独立してきたスミスの『国富論』は、社会の商業化に伴う道徳問題に当面していた一八世紀のスコットランド社会の共通主題であった「富と徳性（Wealth & Virtue）」の問題に答えるために書かれたものであった。一八世紀のスコットランド啓蒙思想の研究が今日経済学研究者の共通の関心の対象になりつつあるのも、ひとえにそれがスミス経済学の生成過程や『国富論』の主題と構造を彼の生きていたスコットランド社会の当面していた課題に即してとらえるために不可欠な手掛りを提供しているために他ならない。最近におけるスコットランド研究の進展は、スミスの思想主題を当時の思想の文脈《コンテクスト》と当時のスコットランド社会の当面していた思想課題に即してとらえることを可能にすると共に、スミスが『道徳感情論』と『国富論』で解明しようとしていた問題が、当時のスコットランド人の当面していた「富と徳性」問題に対する解答であった次第を明らかにする道を開きつつあるのである。後に詳しく論証する『国富論』の「正義論」としての出自と構造や、そのことのもつ意味も、こうした文脈の中でみるときより明確になるが、こうした視角からするスミス経済学の主題と視界の問い直しは、たんなる訓詁趣味に基づくものではなく、現在その存在理由そのものが問われている社会科学の本質・在り方の根源的反省にも資することであろう。

(2)　スミスの経済学はもとより、当時の後進国スコットランドの特殊経験にのみ基づくものではない。スミスの社会科学体系が、より以上に古典古代以来のヨーロッパ思想の「共通の蓄積」の所産であったことは、改めて指摘するまでもない周知の事実である。スミス自身の視野も、スコットランドにのみ局限されていたのではない。スミスの目は、「スコットランドの経験」をこえて、イングランド重商主義の世界的拡大に伴って、それへの対応を迫られていた世界各国、とりわけ、非西欧諸国民の動態にもそそがれていたのであった。彼は、そうした世界史の流れの中で、環大西洋思想圏における二重の先進・後進問題に当面していた自らの祖国スコットランドの現実を冷静に見据えていたのであるが、そうした「スコットランドの経験」に即した自らの世界史認識の進展に伴って、彼の視座もフランス旅行以後、一段と拡大していったことはいうまでもない。しかし、スミスにおける経済学の生誕は、こうしたスミスの視座の世界史的拡大の所産ではない。スミスの『国富論』は、後に詳しく論証するように、一八世紀初頭以来のスコットランド社会が当面していた特殊スコットランド的主題への「解答」として、『法学講義』「正義」論の主題の理論化の過程で形成されていったものであった。スミスは、「天才の温床（hotbed of genius）」[1]であったといわれる当時のスコットランドの思想風土の下で、スコットランドの経験に即して自らの主題を展開しながら、その過程で経済学を生誕に導いたのである。スミスにおける経済学の生誕を主題とするわれわれの探究が、一八世紀のスコットランドの現状認識から出発せざるをえない所以はそこにある。

(3)　「一七世紀末のスコットランドは、経済的破綻と政治的衰頽に当面していた」[2]といわれる。当時のスコットランドは、「一六九〇年代の経済危機」に象徴される極度の貧困にあえぎ、苦境に直面していたのであるが、それは当時のスコットランドの経済的後進性とイングランドに対する政治的従属関係によるところが大きかったといえるであろう。

こうしたスコットランドの貧困と後進性、その原因としての政治的従属関係を打破して、スコットランドの独立と自由と繁栄を実現するにはどうしたらよいか。それが一八世紀初頭以来のスコットランド人の共通主題であったが、その方法をめぐる論争の契機になったのが、一七〇七年に行われたイングランドとの合邦の可否をめぐる論争であった[3]。スコットランドの経済発展は、イングランドとの合邦による先進参加なしには不可能でないか。いや、合邦は、スコットランドの現状の救済策たりうるものではなく、逆に、イングランドへの依存・従属を強化するだけである。それどころか、合邦によって、スコットランドが経済的に発展し豊かになるとしても、その結果、人民が道徳的に堕落して奢侈に走り、常備軍＝専制支配下におかれるとしたら、どうなるか。それが、合邦をめぐる論争当事者たちの最大の争点であった。

この問題をめぐって、クロマティ（G. Mackenzie, Earl of Cromarty）その他の合邦主義者が、「独立と経済改革は、合邦による新しい自由の原理の導入に依存する」[4]としていたのに対し、リドパス（George Ridpath）、アバークロンビィ（Patrick Abercromby）、ベルハーヴェン（Lord Belhaven）らの大多数の合邦反対派は、スコットランドの「過去の武勇」を強調するたんなる精神論にとどまっていたのであった。その中にあって、より広い歴史的展望の下に合邦反対論を展開したのがアンドリュウ・フレッチャー（Andrew Fletcher, 1653-1716）である。[5]

(4)　フレッチャーは、一七世紀末以来「スコットランドの経済と政治の長期的再構成[6]」を目的とする一連の論考を発表したが、そこでの彼の主要関心は、いかにしてスコットランドの「経済的後進性と政治的従属」の悪循環を断ち切り、先進参加＝経済発展に伴う道徳の腐敗・堕落の危険を喰いとめ、国民の自由と独立を確保するかという点にあった。この課題を環大西洋圏世界における先進国と植民地、ブリテン内における先進—後進という二重の先進—後進関係の中でいかに解決するか。それがフレッチャーの当面したスコットランドの基本問題であったが、フレッチャーは一六九七年に刊行された『民兵・常備軍論[7]』で、この課題に対する彼の基本的な見解を展開している。このパンフレットの特色は、一六九七—九八年のイングランドの常備軍論争と対比するとき直ちに明らかになるが、フレッチャーの意義と独自性は「民兵と常備軍の問題を広い歴史的展望の下においた[8]」点にある。

彼によれば、一五〇〇年以降のヨーロッパ諸国の政治の変容は、四〇〇年ごろ確立された領主《バロン》—家臣関係を主体とする制限王政の崩壊⇒それに代る国王権力の絶対化に集約されるが、その原因は、印刷術の発明と羅針盤の発明に基づく新大陸との交通が、奢侈とその社会的帰結としての領主の没落と、それに代る傭兵⇒絶対主義＝自由の喪失をもたらした点にあるという。ブリテンだけは、「海を国境とする境遇（situation）のお陰で[9]」、「領主の力がなくなっても、傭兵軍はまだ確立されていない[10]」ので、例外的に自由を享受しているが、ブリテンでも常備軍は危険で、「常備軍は、かの偉大な〔古代ローマ〕国民をも奴隷化した」ものに他ならないとして、民兵のみが徳＝自由＝繁栄をもたらすことが強調されている。[11]

この歴史観には富の増大⇒奢侈⇒腐敗⇒常備軍は、国民の徳性＝自由と相容れないという、フレッチャーの基本思想がすでにはっきりと示されているが、その前提をなす商業⇒奢侈⇒領主の没落⇒専制論と、それに対するブリテン例外論は、D・ヒュームやW・ロバートスンらのスコットランド啓蒙思想家の歴史認識の共通基盤をなしているもので、スミスの『法学講義』もその例外ではない。むしろ、スミスの『法学講義』は、のちに具体的に論及するように、フレッチャーのこうしたシヴィク的な民兵中心の歴史観をはっきりと前提しながら、その富⇒奢侈⇒腐敗論とその帰結としての常備軍否定論に対する反論として展開されたものであった。

ヒュームやスミスもフレッチャーの歴史認識を前提していたのであるが、フレッチャーは、その翌年の一六九八年に書かれた『スコットランド問題二論』では、スコットランドの過去と現在の対比的考察を行うことによって、昔は民兵制度の下で自由と繁栄を享受していたのに、今ではイングランドへの政治的従属関係のために常備軍出費を強いられ、それが貨幣不足と、その帰結としてのトレードと製造業の衰退によるスコットランドの貧困化の原因になっている次第を描き出している。彼は、イングランドの13分の1の富、40分の1の地代収入しかないスコットランドがいつまでも貧困状態を脱却できないのは、その僅かな富をトレードや製造業に投入できずに常備軍維持費に充てねばならぬためであると考えていたのである。[12]

スコットランドの現状の歴史的分析に基づくこの常備軍批判は、経済的後進性と政治的従属との悪循環に悩む後進国のジレンマをついたものであるが、この『スコットランド問題二論』でも、後述の『法学講義』と同じ「以前は……、しかし今は……」の歴史的対比と、ケース―環境分析が行われていることが注目される。[13]

スコットランド啓蒙思想の特色をなす歴史的方法の一つの源流は、フレッチャーのこうした批判方法そのもののうちにあったと考えられるが、フレッチャーは一七〇三年の「政府規正論」や「議会演説」でも、ロンドンのような大都市の自由と繁栄が、巨富をもたらす反面、マナーの腐敗と国民を奴隷化する常備軍を帰結するのに対し、民兵が「自由な政府の政治体制の主要な要素である」[14]次第を強調している。その一方、これまでの「王冠連合（Union of the Crown）」がスコットランドの交易の衰退とイングランドへの貨幣の流出による製造業の破壊をもたらした次第を明らかにすることを通して、合邦が現状の救済策たりうるものでないだけでなく、合邦の結果促進されるイングランドやイギリスの植民地との自由貿易も、「スコットランドの人民をさらに疲弊させる」[15]危険があるとして、大国主体の合邦のマイナスを指摘している。その上で、その対案として、シヴィク的な三権分立と、統治と防衛とへの市民参加に基づくスコットランド議会の主導権の確立と、ヨーロッパの平等分割による「連邦制連合（Federal Union）」構想が展開されている[16]。

これらの論考にはイングランドの首都ロンドンの繁栄に象徴される、徳性を犠牲にしてひたすら富を追い求めるイングランド重商主義の本質とその危険性に対する認識がほのみえるが、こうしたフレッチャーの見解が必ずしも後向きでない証拠は、スコットランドの貧困と進歩のおそい（Slow Progress の）原因が、「トレードや漁業の軽視」よりも農業に求められ、法外な農業地代と現物納制度が資本《ストック》の蓄積を妨げ、土地改良（improvement）を阻害している次第が明確に認識されている点にもみられる[17]。彼はこうした現状の改善策として、利子と大土地所有（「奉公人《サーヴァント》を使って耕作しうる面積以上の土地所有」）の禁止による中農育成と奉公人《サーヴァント》制による土地の改良を考えていたが[18]、以上のような農業重視のフレッチャーの見解は、ヒュームやスミスの経済発展論や制度改革構想にも影響を与えたものとして注目される。

(5) 合邦で「フレッチャーのヴィジョン」は敗れたにもかかわらず、「スコットランドの社会的政治的条件に関する論争が、彼自身の時代にものちの啓蒙期にも、彼が規定したタームで行われるのが常であった[19]」のは、フレッチャーの理論がこうした内容をもっていたためであったといえるであろう。問題は、その認識と対策のシヴィク性にある。フレッチャーの基本思想は、「民兵・常備軍論」に展開されていた歴史観にあった。この歴史観は、民兵（militia）の没落で歴史を切り、民兵の復活に徳＝自由＝富裕の実現の保障を求めるものであったが、一七〇三年の「政府規正論」その他でも、都市が巨富⇓奢侈⇓腐敗を生み出す次第が強調されると共に、その対応策として農本的《アグレリアン》な「富の平等分配」論と、民兵参加＝徳＝自由のシェーマが繰り返されている。このようなフレッチャーの思想が、古典的な共和主義を理想とするシヴィク思想に基づくスコットランド独立論にすぎないことは明らかである。より注目すべきは、フレッチャーには合邦主義者にみられたような法学思想が基本的に欠如している点である。フレッチャーの思想は、個人的権利ないし権力からの自由の観念に立脚する法学の伝統とは本質的に異なる「公共生活への参加の自由としてのシヴィク的な自由概念[20]」に立脚するものであったのである。クロマティやシートン（William Seton of Pitmedden）らの合邦主義者が「スコットランドの窮状に関するフレッチャーの診断を是認し」、「フレッチャーの挑戦の説得力を承認」しながら、「彼の解決は幻想的なものとして割引かれねばならない[21]」とした根本の理由はそこにある。

(6)　フレッチャーの思想は、近代の商業社会の論理と本質的に相容れぬ原理に立脚していたのであるが、にもかかわらず、フレッチャーが一八世紀の啓蒙思想家に「深く永続的な衝撃[22]」を与えた理由の一つは、彼が社会の商業化に伴う経済発展は必然的に「腐敗（corruption）」を生み出すという「富と徳性（Wealth & Virtue）」の緊張問題をイングランド重商主義批判とからんで提出した点にある。フレッチャーがイングランド重商主義の首都ロンドンの自由と繁栄のうちにその典型を見出したこの富と徳の問題は、近代の商業社会の本質にかかわる問題で、決してイングランドにだけ特有の問題ではなく、一八世紀のスコットランドにおいても、この問題が「政治社会の物質的基礎と道徳的制度的上部構造を損うおそれのある世俗的な力の変化に敏感な「シヴィク」伝統」の下で、「政治制度と経済発展との間の潜在的矛盾関係[23]」をいかに解決するかとの視点から、大きく問題にされたのであった。商業の生み出す腐敗防止対策としての民兵論が、一八世紀のスコットランド啓蒙思想家たちの共通基本主題をなしていた理由の一つもそこにあるが、この富と徳性問題に対するフレッチャーの解答は、前述のようにシヴィク理想で商業社会の問題に対処しようとしたものであった。フレッチャーは、新大陸との交通に基づく商業の発展＝奢侈の増大を歴史の必然として受け止めながら、いまだその法則性を認識しえなかったため、古いシヴィク（公民）道徳論で商業社会の現実を批判する他なかったのである。ヒュームやスミスがフレッチャーの提出した問題を自らの思想主題として受け止めながら、それに批判的に対決しようとした所以はそこにあるが、フレッチャー思想の根幹をなすシヴィク的発想は、フレッチャーのみの問題ではなく、後進国スコットランドのみの特殊現象でもない。

二　シヴィク・パラダイムの意義と限界

(1)　フレッチャーが依拠したシヴィク思想は、純粋政体は必然的に腐敗して堕落した形態に転化しやすいが、混合政体も腐敗をまぬがれないので、腐敗を防ぐには「市民」の徳を保存しなければならぬという、古典古代、とりわけ、アリストテレスの政治思想に由来するものであった。それが、近代初頭以来の商業の発展に伴って、改めて経済発展に伴う腐敗（corruption）の問題として取上げられ、「古典的な徳と財産、徳と腐敗との対立に、第三の徳と商業との対立が結合された[24]」ことにより、いわゆる「シヴィク・ヒューマニズム」の思想として定式化されることとなったのであった。

古典共和国の復活を理想としたマキァヴェルリから始まったシヴィク・ヒューマニズムの思想が、マキァヴェルリの影響を受けたモンテスキューやルソーをへて、アダム・ファーガスンや独立前後の合衆国の共和主義に影響する一方、「古典的・ルネサンス的共和主義ないしシヴィク・ヒューマニズムの英国の歴史的・国家体制的範疇への主たる翻案者としてのハリントン（James Harrington, 1611-77）[25]」に代表されるジョン・ミルトン、マーヴェル（Andrew Marvell）、ネーヴィル（Henry Neville）、シドニー（Algernon Sidney）等の共和国人の第一世代や、モールズワース（Robert Molesworth）、フレッチャー、トーランド（John Toland）等の新ハリントン主義者たちにまで広く国際的に受容された一つの共通の背景はそこにある。問題は、そうしたシヴィク的思想伝統が、「一六九八―一七一四期に、ジョン・ポコックの教えるように、フレッチャー的なスコットランドの合邦反対論やウィッグ共和国人やカントリー党反対派と共に復活した[26]」だけでなく、カーマイケル、ハチスン、ターンブルらのスコットランド啓蒙の第一世代から、ヒューム、スミスらの啓蒙の哲学者やジョン・ミラー、ケイムズ卿にまで及んでいた点にある。マキァヴェルリからはじまった「シヴィク伝統」が、一八世紀のスコットランド啓蒙思想の共通の枠組をなすものとして大きく注目されるに至った理由はそこにある。今日のスコットランド研究の隆盛も、ポコックの提出したシヴィク・パラダイムに対する関心に基づくところが大であることは明らかである。

(2)　シヴィク伝統とは、「公共生活への全市民の自由な参加」のための〝正規の政体〟(regular constitution)と〝民兵〟と〝参加〟の〝徳〟、それを台無しにする〝腐敗〟を強調する思想伝統であるが[27]、シヴィクの本質は、「個人が市民として行為する場合にのみ、自己完成に向っての個人の成長が可能になる[28]」とのポリス思想にある。それは、「人間の人格は、政治的動物（zoon politikon）のそれであり、積極的な徳としての市民権（citizenship）の実践を通してのみ十分に表現される[29]」という、古代のポリス的人間像に立脚するものであった。「正義や法の支配も」徳なしには

「国家の腐敗を防ぎえない」[30]というモンテスキューやハリントン、さらにはハチスンらのすぐれてモーラルな政治観も、こうしたポリス的社会観に対応するものであったのであるが、シヴィク思想の特色は、こうした道徳的統治(moral government)の実現を妨げる奢侈⇒腐敗の解毒剤として、公共精神、徳の実現、そのための公共参加、武勇の精神、立法者等の観念が重視されている点にある。vivere civile, virtus, regular constitution, luxuries, corruption, militia, legislator[31] 等の用語が、シヴィクの鍵用語をなす所以はそこにある。

(3) 一八世紀のスコットランド思想は、大なり小なりこうしたシヴィク観念に立脚するものとして、フレッチャーの思想に最も典型的に表現されていたように、社会の商業化=経済発展の必然的帰結としての奢侈⇒腐敗⇒常備軍⇒専制の危険に対し、土地均分法(Agrarian Law)と民兵によるシヴィク(公民)的徳性の再建を通して、商業化のもたらす富と徳性の矛盾を克服しようとしたのであった。一八世紀のスコットランドにおいて民兵論が不変の中心主題をなしていた理由の一つはそこにあるが[32]、シヴィク思想の基本的難点は、商業社会の生み出す富と徳性の矛盾をハリントン的な農本モデル(agrarian model)によって解決しようとした点にある。[33] ヒュームやスミスが強調したような「奢侈」や「商業」のもつ意義に対する認識がみられず、「平等」の経済的効果に何らの疑問がもたれていないのも、同じようなシヴィクの弱点と考えられるが、こうしたシヴィク思想の反近代性を最も端的に象徴しているのは、シヴィク伝統には新しい商業社会関係が要請する法的な権利・自由ないし所有観念が基本的に欠落している点である。法学の基礎概念は「権利と所有(jus et dominium)」で、権利は所有にかかわるが、シヴィク・モラリストのいう市民の権利ないし自由は、公共生活に「参加する政治的自由」で、「権威からの個人的・法的自由」ではない。[34] シヴィクの基本概念は、徳(virtus)で、シヴィクは、個人の権利主張ではなく、公共生活への参加のうちに共同体の一員としての個人の徳の完成=自由の実現をみていたのである。このような自由概念が法的でないことは明らかである。シヴィク思想には近代の商業社会関係の要請する個人的権利・自由・所有の観念、換言すれば、「事物や他人に対する権利（jus）と所有権（dominium）」の観念が基本的に欠落していたのである。[35]「マキァヴェルリ、グイチャルディーニやハリントンに法学的な用語法や仮定を見出しにくい」[36]のも、この事実に対応する。ハリントンやハチスンやモンテスキューが所有権を認めたのは、第一義的にはあくまでも「それが市民権の自由な行使に必要な物質的独立を授与するため」[37]でしかなかったのである。シヴィクが既述のように「正義も法の支配も、」徳なしには「国家の腐敗を防ぎえない」と考えていたのも、このような非法学的な思想伝統に立脚していたためであったといえよう。

(4)　シヴィク思想は個人的な権利（Right）の観念に立脚する法学の伝統とは基本的に相容れない古典的な共同体思想に立脚するものであったのであるが、こうした反法学的なシヴィク思想が一八世紀ブリテンの政府状況の中で大きな意味をもったのは、ポコックのいうように、「それがウィッグ寡頭独裁批判の様式として使われた」[38]ためである。ウィッグ政体は、トレードの拡大と軍事力増大のための公債体制と政治的パトロン制度と、スコットランドを英国議会寡頭制の従属下に置くことを可能にした合邦による大ブリテン王国を確立したが、シヴィクが「徳と商業との緊張」を強調したのは、この現実を批判するためであった。ウィッグ重商主義とウォルポールの財政システムの批判者たちは、ウィッグ政体の下での商業の発展は寡頭独裁的でしかなく、従属を拡大するものにすぎないことをみていたのである。シヴィク思想がコート（ウォルポール）に対するカントリー（ボリングブルック）イデオロギーとして機能し、「急進・真正ウィッグ」がシヴィクであった理由はそこにある。[39] ウィッグ体制の批判者たちはシヴィク論理でイングランド重商主義の支配に対抗しようとしたのであるが、シヴィク思想がスコットランドでとくに強く支持されたのは、上述のようなウィッグ重商主義体制の下で「フレッチャーの恐れていた害悪のいくつかが〝不平等〟合邦の帰結として生まれた」[40]ために他ならない。シヴィク・モラリストがハリントン的農本主義に注目し、「古典的市民理想を主張し」[41]たのも、こうしたウィッグ商業主義の帰結に危惧を感じたためであったといえるであろう。

シヴィク思想は、このように一八世紀の政治動態の中でウィッグ寡頭独裁貿易論のもたらす〝従属〟拡大批判のための体制批判イデオロギーとして登場したものであった。シヴィク思想が法学思想（自然法＝市民社会論）とちがって、後進的・反体制論的性格をもち、後進国スコットランドで花開いた所以はそこにあるが、それはウィッグ重商主義の先進エゴに対するそれなりに正しい批判を含むものであったといえるであろう。問題は、こうした古典的な共同体思想に立脚した農本的な、反法学的なシヴィク概念では、合邦後のスコットランド社会が当面していた商業化の現実の下での経済発展の要請に十分に対応しえない点にある。

三　スコットランド啓蒙思想の課題と特色

(1)　一七三〇年代から顕在化しはじめたスコットランド「啓蒙」思想の課題は、一言でいえば、こうした合邦以降の商業社会化の現実の中で、商業化の不可避性と経済発展のための封建制打破の必要性を認めながら、フレッチャー以来のシヴィク思想家の提出した「富と徳性」の緊張（矛盾）の問題にどのようにしてより前向きの応答《レスポンス》をするかという点にあったといえるであろう。「一八世紀全体にわたって、どうしたら都市の商業社会の個人が、自由で、有徳な、とりわけ腐敗しない市民たりうるかを説明しようとする試みがたえまなく行われた証拠がある」[42]といわれる所以はそこにある。一八世紀スコットランドにおいて「商業と自由をめぐる主題」がヒューム、ケイムズ、ファーガスン、スミス、W・ロバートスン、J・ミラー等のスコットランド啓蒙思想家の市民社会論の共通のライトモティーフとなり[43]、「ポリスの代りに洗練（politeness）、オイコスの代りに経済が代置され、古典的市民の代りに……ホモファーベルとメルカトール（商人）が現われた[44]」のも、同じような時代背景に基づくものであった。こうした傾向は、もとよりスコットランドのみの特殊現象ではなく、「アディスン、スウィフト、ポープ、ジョンスン等のオーガスタン時代の文学者たち[45]」や、モンテスキューその他のフランス思想の共通主題でもあったが、スコットランドの啓蒙思想家たちは、こうした時代思潮の下で、富と徳性との緊張を解決するため、「経済的な改良と同時に道徳的な改良をも[46]」実現するという二重の課題に取組むこととなったのであった。そうした共通関心の下に当時のスコットランド人が教会や大学やクラブその他で行ったさまざまな活動が、大なり小なりすべて今日「スコットランド啓蒙」という言葉で総称されるスコットランドの啓蒙・近代化のための思想運動の一部をなしていることはいうまでもない。三〇年代以降の啓蒙思想家たちが徐々に批判・克服の対象とするに至ったシヴィク・ヒューマニズムの思想それ自体が、富と徳性との緊張解決のためそれなりに経済的・道徳的改良を意図していた限り、スコットランド啓蒙の一翼を担うものとして、「啓蒙」と無差別に考えられてきた所以もそこにある。しかし、三〇年代以降のスコットランド啓蒙の真の特色は、あくまでも社会（経済システム）の近代化の要請と、それに伴う道徳感情の腐敗の問題という二重の課題に応えるために、古いシヴィク的公民社会論に代る新しい市民社会の倫理と論理の構築の必要に迫られていた点にある。

(2)　一八世紀の「スコットランド社会思想が……シヴィク〔公民〕的徳の実践と一体化された古典的な人格理想に対するイデオロギー的代替物として現われた[47]」といわれる根拠はそこにある。その代表者としてのヒュームやスミスが行ったことは、こうした時代背景の下で、社会の商業化に伴う政治制度と経済発展との緊張（摩擦）を農本的なシヴィク（公民社会）・モデルに代る新しい市民社会モデルで解決することであった。ポコックの言葉を借りていえば、「われわれは、スコットランド思想をこのようにシヴィク・ヒューマニズムのパラダイムに対する応答と考えるとき、アダム・スミスが『道徳感情論』から『国富論』へどのように移ったかについても、より十分な理解をうる[48]」ことができることになることであろう。スミスの社会科学は、一言でいえば、シヴィクに対する「解答《リプライ》」であり、『国富論』の経済学は、後向きの重商主義批判者としてのシヴィクに対する「返答《リプライ》」として生誕したものであったのである。(49)その次第は、のちに詳しく論証するように、『国富論』の主題が『法学講義』「正義」論におけるシヴィク的平等・奢侈観とその対極をなす重商主義的独占・特権の両面批判の論理の理論的論証であった点にも示されているが、こうした新しい市民社会理論形成の媒体としてヒュームやスミスに理論的武器を提供したのは、グロティウス以来の近代自然法の伝統、とりわけ、プーフェンドルフとロックであった。

スコットランド啓蒙の社会理論の母体をなしたのは、グロティウス以来の近代自然法の伝統であったのであるが、自然法がこうした機能を果しえたのは、それが法的な権利＝所有の原理に立脚するものとして、社会の商業化の要請に応える論理としての構造をもっていたためであった。これに対し、ポコックによって定式化されたシヴィク・パラダイムは、一八世紀スコットランド思想と、その中から成立した社会科学の主題と文脈・用語・読者を理解する上で不可欠の役割を果しはしたが、(50)哲学や法学のようにスコットランド啓蒙思想とその一つの帰結としての経済学の〝生誕〟の秘密とその内実を解き明かすための「本街道（high road）」をなすものではなく、ポコック自身が認めているように、せいぜいそのための「トンネル掘りにたとえられる」「坑道史」(51)としての意義をもつものにすぎないものでしかなかったのである。ポコックやウィンチその他のシヴィク派の研究者が、一八世紀スコットランド思想研究におけるシヴィク・パラダイムの意義を強調しながら、一様に経済学の生誕の問題に沈黙し、スミスがなぜ経済学を構築したのか、スミスだけがなぜ経済学を生誕させえたのかに答ええない根本の原因はそこにあるといえるであろう。

しかし、一八世紀スコットランド啓蒙思想の意義と特色は、社会の商業化の要請に応えるための論理としての自然法を導入した点それ自体にあったのではない。フレッチャーその他のシヴィクの提出した「富と徳」の緊張問題への対応を迫られたスコットランド啓蒙思想の真の特色は、市民社会の論理としての一七世紀以来の近代自然法の論理を道徳哲学化することによって、[52]「富と徳性」問題に応答しようとした点にある。これこそ商業化の渦中にあったスコットランド「啓蒙」の真の中心主題をなすものであったが、この課題に対する啓蒙思想家の対応の仕方には二つの対極的な道があったようにみえる。教会内の穏健派知識人や常識哲学者その他の多数派と、ヒュームとスミスのそれである。

(3)　穏健派知識人の一員であったファーガスンや、ケイムズとリードに代表される常識哲学者その他の多数派の道徳哲学の共通の特色は、フレッチャーと同じように富（Wealth）より徳（Virtue）を重視し、道徳哲学で経済問題に対処しようとした点にある。彼らがほぼ一様にハチスン的仁愛論を採用し、配分的正義の政策的実現を意図していたのはそのためであるが、一八世紀中葉の啓蒙思想家は、文明（商業社会）化の歴史的必然性をそれなりに認めた上で、その現実に対処しようとする傾向を強めていたようにみえる。

たとえば、アダム・ファーガスンは、五六年の「民兵論」で、フレッチャーに従って、領主―家臣関係に立脚していた民兵制度が通用しなくなった時代の変化を指摘しているだけでなく、そうした時代の変化をもたらした商業の誇るべき成果を積極的に承認することから筆をときおこしている。彼は、「商業が富を増大し、富が大々的に卓越と名誉の印となった[53]」時代の趨勢をはっきりと肯定していたのであるが、同時に、そうしたアーツと商業の発展に伴う生活様式《マナー》の変化が、民兵を困難ならしめるだけでなく、武勇を軽視して、「トレードと製造業だけがわが国では唯一必要な事柄であるとの意見[54]」すら生み出すに至った次第をみていたのである。ファーガスンは、こうした現実認識から商業と防衛のジレンマを解決し、「軍事精神と世俗的・商業政策とを適合させる[55]」方法として、労働者階級と民兵奉仕の担い手としての自由土地保有者層との機能の分割を説くこととなったのであった。彼が民兵奉仕を自由土地保有者を主体とする自由民に制限して、「小屋住み農や、日雇労働者や奉公人たちはすべて除外した」[56]のは、そのためであった。

ファーガスンは、一七六七年に公刊された彼の主著『市民社会史論』でも同様に、ロバートスンの指摘するように、未開から文明への移行に伴う分業の発展が、中産階級の価値を改善する次第をはっきり承認しながら、同時に、それが「政府の世俗的機能と軍事的機能の分割」[57]に伴う市民の道徳的腐敗をもたらすことから、商人階級と統治階級の機能の分離と、上級身分による軍事訓練の必要を強調している。

このようなファーガスンの見解が、商業化の意義と必然性・その帰結をはっきりと認めた上で、富と徳の両立を意図したものであることは明らかである。しかし、ファーガスンがこれらの論考で展開した商人（労働者）と市民の機能分担論は、必ずしもフレッチャーの提出した「富と徳性」問題に答えるものではなく、逆に奉公人に労働を行わせ、市民階級に軍事訓練を課すことによって富と徳の両立を図ろうとしたフレッチャー的なシヴィク民兵論の伝統を復活させたものにすぎない。彼がスパルタの例を市民社会に妥当させようとしていたこともその一つの証左である。こうしたファーガスン思想の実態は、彼がヒュームの道徳的楽観主義に反対し、「戦時には人口や資源の多さが有利になるが、にもかかわらず、国の力は、富や人民の数の多さからではなく、国民の道徳的性格から引き出される」ものであり、「徳性こそ国の力の不可欠な構成要素である」[58]としていたことにも示されているといえよう。ファーガスンは、一八世紀中葉の市民社会思想家として文明化の歴史的必然性をはっきりと承認しながらも、いまだヒュームやスミスのように中産階級における富と徳性の両立の可能性を信じることができなかったため、フレッチャーの提出した問題に超越的な道徳主義で対処する他なかったのである。

法学を欠如していたマキァヴェルリやフレッチャーとちがって、近代自然法の論理に基づく道徳哲学の構築を意図しながら、なおかつ「正義」の問題を「仁愛」原理で解こうとしていたハチスンや、コモン・ローの商業社会的改革を主題としながら奢侈に否定的な態度をとっていたケイムズやミラーの道徳哲学も、本質的にはファーガスンと同じような道徳主義に立脚するものであったといえるであろう。

(4)　こうした多数派の道徳哲学に対し、ハチスン道徳哲学の批判的継承を意図したヒュームとスミスは、シヴィク的仁愛市民社会論と異なる交換的正義論を市民社会の原理とし、商業が自由と徳性をもたらす富＝徳の可能性を社会科学的に論証することによって、経済学の生誕への道を拓くこととなったのであった。ヒュームとスミスは、穏健派知識人や常識哲学者その他の大多数の道徳哲学者たちとちがって、商業社会の問題をより社会科学的に解明することによって、富と徳の矛盾を社会科学の論理で解決しようとしたのであるが、こうしたヒュームとスミスの接近がスコットランド啓蒙思想全体の展開過程の中でどのような位置を占めるかは大きな問題である。ましてや、それをスコットランド啓蒙の必然的帰結とみることにはより以上に異論があることであろう。スコットランド啓蒙の主流をなしたのは穏健派知識人で、その最後の代表者は常識哲学者たちであった。しかし、そのことは、必ずしも少数派のヒュームやスミスがスコットランド啓蒙の思想運動の中では異端であったことを意味するものではない。ヒュームとスミスも、フレッチャーが提出した問題をファーガスンその他と同様、正面から受けとめながら、その課題に答えるための解答《リプライ》の探求の過程で啓蒙の社会科学を生誕に導いたのであるが、こうした結論のちがいが生まれた根本原因は、自然法の道徳哲学化の武器としての「道徳感覚」の受容の仕方が、ヒューム－スミスとそれ以外の思想家とではちがっていた点にあったように思われる。しかし、こうした経済学の生誕の鍵をなす主題を理解するためにも、われわれはまずスコットランド「啓蒙」の基調をなしたスコットランドにおける自然法学の系譜を知らねばならない。

四　自然法学の系譜

(一) スコットランドの法学者たち

(1)　これまでのスコットランド啓蒙研究ではシヴィック・パラダイムに関心が集中し、スコットランド啓蒙における自然法の系譜は明らかにされていない。D・フォーブズの言葉を借りていえば、「スコットランド啓蒙では自然法はドック入りしていて……視界から見えない嫌いがあった[59]」のである。「アダム・スミスの思想の非体系性を強調することを好む人が出る」理由もそこにあるが、スミスが「意図していた自然法学の体系の光りに照らしてみれば、スミスの思想は、意識的に非体系的であるというよりもむしろ断片的であるという方がよい[60]」ことが分かるであろう。これまでの研究史には「初期自然法思想家の世俗性を誇張し、その経験性を否認する傾きがあった[61]」が、私がかつて論証の主題とし、フォーブズその他の最近の西欧文献でも指摘されているように[62]、一八世紀思想は、「自然法の先祖から伝えられた〝経験的〟伝統をより精密に経験化する試みであったという方がより正しい[63]」のである。とりわけ、「一八世紀のスコットランドほど一七世紀自然法の諸テキストが多くの関心をもって受容された地域はどこにもなく、フランシス・ハチスンもデヴィド・ヒューム も、トマス・リードもケイムズ卿もアダム・スミスもみな、所有権の本性や、所有権や平和、繁栄、自由と徳性との関係に関する自らの理論を展開するために自然法の伝統を使い、その方法に従っていた[64]」のであった。スコットランドにおける「社会科学への新しい関心は、自然法を葬り去ろうとする願望よりも、それを近代化し、救い出そうとする願望に発していた[65]」のであり、「グロティウスとプーフェンドルフとその信奉者たちの自然法は、実際にはスコットランド啓蒙の社会理論の母体であった[66]」のである。アダム・スミスの思想体系が、のちに本論で詳しく論証するように、「スコットランド啓蒙が受け容れていたそれまでの自然法学との完全な断絶であるよりも、むしろ、それをはるかに徹底的に洗練した形で継続したもの」に他ならず、「文明進歩に関するスミスの段階理論も、特定環境への自然法原理の適用問題の単純化〔私のいう特定自然法の展開〕とみられうる[67]」ことも、この事実を確証するものといえよう。

(2)　スミスに集約されるスコットランド啓蒙の社会科学の中心主題は、一言でいえば、自然法の経験（主体）化にあったのであるが、その出発点をなしたのは、ザミュエル・プーフェンドルフの自然法学である。しかし、プーフェンドルフの『義務論』がアリストテレスやヘンリ・モアに代って道徳哲学の指定テキストとして使われるようになったのは、名誉革命以後のことで[68]、スコットランドの法学者たちは、それ以前からローマ法の強い影響下にあったのであった。スコットランドには、クレイグのいうように、イングランドその他とちがって、固有の「成文法が著しく不足していたため、いろいろな問題について自然にローマの市民法に従う[69]」場合が多かったのであるが、スコットランドにローマ法が組織的に導入されるようになったのは、P・スタインによれば、一五三二年以降のことで、それまではカノン法の力を借りた「ローマ法化されたカノン法の訴訟手続」に従っていたのが、以後はカノン法を媒介にした間接的な形より、ローマ法から直接スコットランド法に組み入れられる場合が多くなった[70]」とのことである。

ローマ法の導入によってスコットランドの法律に最初に原理的な基礎付けを与えたのは、クレイグ（Thomas Craig, 1538-1608）の『封建法』（*Jus Feudale*, 1655. 執筆は一六〇三年頃）である。彼は「ばらばらな封建法を一つの調和のとれた全体にまとめるモルタル[71]」にローマ法を使ったが、その趣旨にそってスコッツ法の統一をしたのがステア（James Dalrymple, Lord Stair, 1619-95）と、マッケンジー（George Mackenzie, 1636-91）である[72]。ステアは、自然法学者として自然的秩序の存在を信じ、「法は〝理性の命令〟である[73]」と考えていたが、ローマ法に依拠する根拠をローマ法の衡平性に求める一方[74]、「有名な〝四段階〟理論」の先駆的な思想を展開していた[75]ことが注目される。同様に、ローマ法のスコットランド化に貢献したアースキン[76]（John Erskine, 1695-1768）にも、純粋な自然状態に適用される第一自然法と、所有権のような国家の成員に適用される後天的外発的な第二自然法との区別に基づく所有権の歴史性認識がみられるが[77]、彼らは契約遵守の義務を神聖視する一方で、所有権を公共の利害に基づく制限に従属させる自然法の伝統に従っていたのである。

ローマ法の多くの規則は、これらの法学者の力でスコットランド法に合体されたが、ローマ法が一般的に適用されたのは、先占（occupatio）、添付（accessio）、譲渡（traditio）、混和（commixtio）等の動産と契約に関する法律で、土地は封建法によった。しかし、不動産についても、封建的権利と関係がないものについては、ローマ法が一般原理とされた[78]。スコットランド法は、「その元になったローマの諸制度に関する知識なしには十分には理解しえない」といわれるほど「歴然とローマ法の特徴を備えていた[79]」のであるが、これらのローマ化されたスコットランド法が英法と共にケイムズの法学やスミスの『法学講義』の議論の一つのベースになっていることは明らかである。

これらの法学者も、哲学者たちと同様、グロティウス、プーフェンドルフ、カンバーランド（Richard Cumberland, 1631-1718）を大量に引用していたが、双方の間には接触がなく、「ハチスンとヒュームは、アースキンが彼らのことを知らなかったように、ステアのことを知らないようにみえる[80]」とのことである。この二つの潮流を合致させたのはスコットランド法の原理的改革を意図したケイムズであったが、両者の共通の基盤をなしていたプーフェンドルフをスコットランドに広く紹介することを通して、スコットランド道徳哲学の転換に決定的な役割を果したのは、カーマイケル（Gershom Carmichael, 1672-1729）である。

(二) カーマイケル

(1) カーマイケルは、グラスゴウ大学の道徳哲学講座の最初の担当者で、ハチスンとスミスの前任者として一七二七年にグラスゴウ大学の道徳哲学教授になったスコットランド哲学の創設者の一人である。彼は、その間、プーフェンドルフの『義務論』を「道徳哲学」の指定テキストとして使用したが、カーマイケルの名を不滅にしたのは、彼がテキストにつけた「序文」と「注記と補遺」である[81]。ハチスンはこの注記をテキスト自体よりも価値があるとしていたが、このノートはプーフェンドルフの法学には神学的基礎が欠けていることをきびしく批判したライプニッツに影響されたものであった。プーフェンドルフは、道徳哲学ないし倫理学が自然法学、すなわち、「事物の本性と環境に基づく人間と市民の義務の論証」に他ならないことを明らかにしたが、ライプニッツは、このようなプーフェンドルフの自然法観を人間の行為の外面しかみず、その「動機や意図」をみないものとして批判し、法学は神学と結びつかねばならぬとしたのであった。その線にそってプーフェンドルフの自然法学を再構成したのが、『義務論』を教科書にしたカーマイケルの「道徳哲学」講義である。彼はそこで「道徳哲学は自然神学の上に建設されねばならない」としてデザイン(神の宇宙計画)論を展開しているが、彼はこの宇宙計画論を物質界よりもむしろ道徳・政治界に適用し、マールブランシュに従って、人間は、感情や本能を通して知覚界と結びつき、「他人の感情を模倣し共感する本能的傾向」によって他人と結びつくが、このような他人と共生する能力は、人間が自ら発明したものではない自然的な本能ないし感情によるものなので、それは摂理に基づいていると考えたのである[82]。

このカーマイケルの思想は、ハチスン、ターンブル、ケイムズの自然神学、それを支柱とする道徳感覚理論の基礎をなすものとして、スミスの自然神学とそれに立脚する『道徳感情論』の倫理学を理解する大きな手掛りをなすと考えられるが、このような自然神学を根拠にしたプーフェンドルフ法学の倫理学的とらえ直しの意図が、後述のハチスン、ターンブル、ケイムズ、スミスらの道徳哲学（自然神学を基底にした自然法学の内面主体化）の契機をなすものとなったのであった。プーフェンドルフの『義務論』のカーマイケル版が注目される所以はそこにあるが、彼の意義は、たんにこうした形でスコットランドにおける自然法学の導入と、その道徳哲学化の基礎を築いた点にのみあったのではない。

(2) カーマイケルの所有権論と統治論は、ハチスンのそれと同様、プーフェンドルフの法学にロックの政治論を結合させたものであるが、彼はプーフェンドルフが「消極的共有」論の上に「同意」を導く矛盾をみ、ロックの労働所有論の正しさをはっきりと認識していたのであった。ハチスンやターンブル、ヒュームらが「先占（occupation）」の理論として描いたのは、この労働所有理論であり、「アダム・スミスやヘンリ・ヒュームその他の人びとが、これまで未占有の世界を人びとが占有しはじめたとき、どのような種類の労働、どんな仕事（occupation）に従事していただろうかを問うた」[83]のも、そのためであった。一八世紀のスコットランド人たちは、カーマイケルを通してロックの所有論を学んでいたのであるが、[84]カーマイケルはこのような所有権論の上に政府論を展開していただけでなく、プーフェンドルフの契約説の虚構性に対する批判に答えて、所有権と支配権を区別し、ロック的な所有権論を基軸にした政治社会起源論を展開しさえしていたのである。[85]

カーマイケルは、プーフェンドルフとロックに代表される近代自然法の伝統をスコットランドに伝える上で決定的な役割を果していたのであるが、こうした形で紹介されたプーフェンドルフとロックの思想をベースにしながら、カーマイケルのノートの線を発展させることによって、一八世紀の道徳哲学に新たな道を切り拓いたのが、スミスの師フランシス・ハチスン（Francis Hutcheson, 1694-1746）である。

(三) ハチスン

(1) ハチスンは、一般に「道徳感覚」理論の創始者として知られ、研究もその方面に集中しているが、当時のヨーロッパでハチスンが注目されたのは、一般的には道徳哲学よりもむしろ政治学の領域においてであったといわれる。(86) キャロライン・ロビンズは、そうしたハチスン思想の政治学的意義を強調して、「一八世紀思想に対するハチスンの最も独自な貢献は、疑いもなく政治学の領域においてなされた」(87)ものであるとのべている。この解釈はかなり一面的であるといわざるをえないが、ハチスンの同僚であったリーチマンも、ハチスンの『道徳哲学体系』の「序文」の中で「彼が毎年講義の中で統治の起源を説明し、そのさまざまな形態を比較するさいに、人類の幸福に対する市民的・宗教的自由の重要性を説くことに……特別の関心を払っていた」(88)次第を強調している。ハチスンは、その人生の前半をアイルランドですごし、後半をスコットランドに捧げた人間として、当時のスコットランドやアイルランドの現実に深い関心をもち、祖国の現状を「改善（improve）」するための「世俗権力に関する最良の設計図を考案すること」(89)を『道徳哲学体系』の主題としていたのである。彼が、契約説や抵抗権説を主張し、奴隷制をきびしく批判していただけでなく、(90)議会改革提案や長子相続制度の廃止を主張していた理由もそこにある。彼は、ロビンズのいう「急進・真正ウィッグ」として、自由と独立に深い関心をもっていたのであるが、こうした急進ウィッグとしてのハチスン政治論の一つの特色は、そのシヴィク性にある。

(2) ハチスン思想のシヴィク性は、彼がハリントン的な権力と所有のバランス論に立脚する道徳的政治観を展開している点に最も端的に示されている。(91) 彼が、政府だけが大社会の「安逸と富と奢侈のもたらす腐敗」を防ぐことができるとして、(92)政府形成の誘因を「人びとの恐れる侵害に対する防衛の獲得と、大衆の協力による全般的幸福の増進」(93)

に求めていたのも、同じような考え方に基づくものに他ならない。ハチスンは、商業社会の「富と奢侈」のもたらす不平等と腐敗に対し、政府の力による腐敗の矯正と配分的正義の実現を考えていたため、政府の任務を侵害防止（交換的正義の維持）に限定することなく、全般的福祉の増進（配分的正義の実現）をもそれに含め、「賢明な法律は、マナーを文明化し、人びとの気質を改善して有徳ならしめさえする」[94]と考えていたのである。彼が、その道徳哲学体系の中で、すぐれてシヴィク的な奢侈⇒腐敗論や、[95]「少数者の手中への富の不適切な増大を妨げるような土地均分法（Agrarian Laws）」[96]提案、さらには、シヴィク的な「立法者」[97]論や民兵教育論[98]を展開していたのも、この事実に対応するものといえるであろう。「あらゆる法の目的は、一般的善と人民の幸福にあるが、それは主として彼らの徳性に依存しているので、立法者は、あらゆる正当で効果的な方法によって、徳の真の原理を増進させることを職務とすることにより、人びとがあらゆる尽力（good offices）をつくし、それぞれの地位で彼らに託された信託に忠実であるようにするために、彼らを敬神と同胞に対する正しく平和的で親切な性向に導かなければならない。犯罪が犯されたときにそれを罰するだけでは貧しい行政（poor policy）にすぎず、貴族のなすべき職務（noble art）は、悪を防ぎ、そのような情念を規制し、悪徳に走ることのうちに大きな幸せがあるという誤った考えを矯正するような教育や指導や訓練をあらかじめ工夫することである」[99]という彼の言葉は、こうしたハチスンの考え方を象徴したものに他ならない。彼が無記名投票（ballot）や順番制による人民参加を柱とする議会改革論を展開していたのも、モールズワースかハリントンの影響によるものであった[100]ことが注意される要がある。彼は、シヴィクの伝統に従って、「人類の腐敗は、市民政体をより必要ならしめるようにみえる」[101]として、富と奢侈のもたらす腐敗を防ぐための「政治体制の適切な設計図（good plan of polity）」ないし「世俗権力に関する最良の設計図（best plans of civil power）」[102]を構想していたのである。

(3)　しかし、ハチスン思想の意義と特色は、彼がこうしたシヴィク的な moral government 論を展開する一方で、プーフェンドルフとロックの自然法を基軸にした近代的な political government 観に立脚する新しい市民社会の倫理と論理を手探りしていた点にある。彼が、その道徳哲学体系の第二巻で、のちに詳しく論証するように、プーフェンドルフに従って、正義の対象としての「完全権（perfect Right）」と仁愛の対象としての「不完全権（imperfect Right）」とを区別する一方[103]、ロック的な労働所有原理に基づく近代的な所有権の基礎付けの上に、スミスの『法学講義』の基礎をなした自然法学体系を展開していたのが、その何よりの証左である。ハチスンは、少数者の手中への富の集中に反対し、「多数の人民の自由と安全は、少数の家族の快楽とはそれが無害なものでも決して秤にかけられてはならない[104]」としていたが、そのことは必ずしも所有権に対する生存権原理の優先を意味するものではなく、彼は「完全無制限な所有権」をそれなりに承認していたのである[105]。

　このようなハチスンの思想は、彼が合邦以来のグラスゴウの繁栄に象徴される商業化の意義と必然性をはっきりと承認した上で、それに見合った近代的な権利《ライト》＝法の理論を近代自然法の論理に従って展開しようとしていたことを示すものに他ならない。ウィンチが、ハチスンの意義を、彼がシヴィクでありながら、同時に、自然法の伝統にも属していたという、二つのパラダイムを体現した希有な例である点に求めたのは[106]、こうしたハチスン思想の両極性をついたものといえないことはない。しかし、ハチスンの意義は、彼がウィンチのいうようにシヴィクと自然法の二つのパラダイムを一身に体現していた点それ自体にあったのではない。

(4)　ハチスン思想の本当の意義と特色は、のちに第二部で詳論するように、彼が近代自然法の論理を道徳感覚理論によって経験主体化することによって新しい市民社会の道徳哲学を構築しようとした点にある。「ハチスンがスコットランド啓蒙の〝父〟として一般に認められ[107]」、ターンブルと共に、自然法の経験的伝統の経験化の担い手の一人であった[108]とされる理由もそこにある。こうした道徳感覚原理に基づく自然法の経験主体化とそれによる新しい道徳哲学の展開の努力こそ、「デヴィド・ヒュームの注意を喚起した哲学の新しい方向」としての「倫理学の分野への経験的方法の適用」の道を拓いたものとして、ヒューム、ケイムズ、スミスらのスコットランド啓蒙思想の共通の基底をなすものとなったのであった。スミスの自然法学理解にプーフェンドルフ—ロック—ハチスンの線が大きく注目さるべき根拠もそこにある。ハチスンは、ハリントンやイングランドの共和主義思想の伝達者であったモールズワースからつよいイデオロギー的影響を受けながらも、理論的にはグロティウス、プーフェンドルフ、ハイネキィウス（Johann Heineccius, J. G., 1681-1741）やカンバーランドらと、ロックとシャフツベリの影響下に、自然法学の道徳感覚主体化を主題としていたのである。[109] [110]

これまでの西欧のスコットランド研究においては、ロビンズの先駆的業績にもかかわらず、——というより、正しくはロビンズがハチスン思想の政治性を一面的に強調したため——ハチスン自然法学の研究はようやくその緒についたばかりで、『富と徳性』にはハチスン論はなく、『アダム・スミスの政治学』でハチスン—スミス関係にいち早く注目したウィンチも、ハチスンの「道徳感覚」理論がハチスン—スミス関係の根幹をなしている次第はみていないが、[111] ハチスンが創始した道徳感覚（感情）原理に基づく自然法学の展開こそ、後述のごとく『道徳感情論』から『法学講義』をへて『国富論』に至るスミスの社会科学体系を理解する上での最大の鍵をなしている次第が大きく注目される要がある。

(5)　問題は、彼がこうした形で自然法の道徳感覚化による新しい市民社会の道徳哲学の構築を意図していたにもかかわらず、いまだヒュームやスミスのように（道徳）感覚原理に基づく自然法の法則性を認識しえなかったため、市民社会の矛盾の解決をシヴィク論理に求めざるをえなかった点にある。彼が『体系』の第二編で前述のような自然法論を展開しながら、同じ『体系』の第三編の「市民政体」論では、既述のように商業＝奢侈のもたらす腐敗の危険を説き、政治の力による徳性の実現を強調した所以はそこにある。彼が、ロック的な所有権原理に立脚する「正義」の法の構築を自然法学の主題とし、「不完全権」と区別された「完全権」を正義＝法＝市民社会の原理としながら、正義論そのものの中に仁愛原理を導入し、より高次の正義は不完全権を含むとしていたのも、同じ理由に基づくものに他ならない。ハチスンは、商業社会の規制原理を自然法に求めながらも、いまだその法則性を信頼しえず、ましてや、それを現実批判の武器となしえなかったため、自然法の論理にシヴィク論理を混入し、シヴィク論理で自然法＝市民社会の論理の矛盾・限界を揚棄しようとしたのである。「経済と政治の関係に関する彼の論評が、実際上は権力と所有を均衡させるには農地均分法が必要であるとする少数のハリントンの命題に限られているかのごとくみえる理由も、そこにある。[112]

このような論理展開は、ハチスンの思想世界においてはいまだ自然法の論理が当時のスコットランドの当面していた実践課題に対する理論的解答たりえなかったため、ライト（Right）の原理に立脚する自然法の世界の統轄者としての政治論の世界にシヴィク的な徳の論理を導入することによって、「富と徳」の問題を解決せざるをえなかったことを示すものといえるであろう。「啓蒙の第一世代の教授たち――カーマイケル、ターンブル、ハチスン――が、彼らの近代化された法学と社会道徳の体系をロックだけでなく、ハリントンとシドニーのような共和主義者や共和国人の作品とも統合させようとした仕方と理由[113]」を理解する一つの鍵はそこにある。ハチスンは、自然法の論理の道徳感覚（経験主体）化による市民社会の歴史的分析を意図しながらも、その論理そのものが未成熟で、ヒュームやスミスのように自然法原理を体制批判の歴史理論にまで高めえなかったため、その法学体系の中にシヴィク的な moral government 論を導入し、シヴィク論理で市民社会の問題をとく他なかったのである。ハチスンの道徳哲学体系の中核をなす自然法学が、当時のスコットランドの現実に対する実践性をもたぬ抽象論理でしかなく、彼が道徳哲学者として実践的な政策提案をするときには、シヴィク・モラリストとして発言していた根本の理由はそこにある。ハチスンは、合邦以後のスコットランドの当面していた課題により前向きに応えるスコットランド啓蒙の基礎を築きながらも、理論そのものが未熟で理論と実践とが分裂していたため、のちのヒュームやスミスのようにフレッチャーの提出した課題に理論的に解答《リプライ》することができずに、当時の人間が当面していた「富と徳性」の両立、そのための経済的・道徳的改良という二重の実践課題にシヴィク的な応答《レスポンス》をする他なかったのである。

　こうしたハチスンの理論的限界を揚棄してハチスンの開拓した道徳感覚原理に基づく自然法の論理によってフレッチャーの提出した問題に解答することが、ハチスンの道徳感覚理論の影響下に出発したヒューム、ケイムズ、スミスの共通課題となったのであった。彼らは、ハチスンの市民社会理論から仁愛原理を排除した「正義」論の構築を通して、この課題に接近することになったのであるが(114)、その第一打者がデヴィド・ヒュームである。

(四) ヒューム

(1) ヒュームは一般に懐疑主義者として知られ、自然法の存在そのものを否定したかのごとく解されているが、ヒュームも実際にはシャフツベリ以来の反懐疑主義的な道徳的伝統に属するものとして(115)、シャフツベリが提唱し、ハチスンが理論化した道徳感覚原理に基づく自然法の経験主体化を主題としていたのであった。彼はその主題をハチスンの道徳哲学体系の基礎をなしていた「道徳感覚」理論の実体性を除去し、その認識機能を継承した共感理論の構築を通して展開したのであるが、こうした認識批判に基づく自然法の歴史的経験化に大きな役割を果したのが、ヒュームの神学批判である。

　グロティウスとプーフェンドルフの自然法観が「神学的仮定」に立脚していたことは周知の事実であるが、ヒュームがその思想形成の出発点にしていたハチスンも、「自然法の経験的基礎をなす社会的人間本性」は、神を究極原理とする「より大きな体系（system）の一部」をなすと考え、「人間本性を〝経験的に〟研究するということは、実際にはそれを一つの構成された体系ないし全体として研究することに他ならない[116]」と考えていたのである。しかし、ヒュームは、こうした「道徳的〝ニュートン主義〟は真に経験的ではなく、……人間を〝体系〟として研究するのは、存在（'is'）と当為（'ought'）を混同することである[117]」として、ハチスンにも根強く残存していた自然法の神学的仮定を批判することを通して、宗教的仮定から自由な科学的・経験的自然法の建設を意図したのであった。ヒュームは、ハチスンの道徳感覚理論から出発しながら、その実体性と形而上学的独断をきびしく批判することによって、「自然法を地上に降ろし」、「人間の社会的本性の観察された事実のうちに自然法のより堅固な真に経験的な基礎を求め[118]」ようとしたのである。彼が「高次の正義は不完全義務を含む」と考えていたそれまでの支配的な自然法観における法と倫理の混同を訂す一方、所有権＝正義を（道徳）感覚原理に基づいて心理学的に基礎付けたことの背景には、このような宗教批判があったといえるであろう[119]。

(2)　このような『人間本性論』の認識批判とそれに基づく社会理論がスミスの思想に大きな影響を与えていることは明らかであるが、ヒュームは『人間本性論』に続く『道徳・政治試論集』や『政治経済論集』では、こうした認識批判に基づく経験的自然法観をより具体的に展開している。彼はこれらの論考で「自然法」の原理としての「人間の社会的本性（man's social constitution）」の内実を明らかにするため、人間本性の歴史的社会的環境分析を行うことになったが、それがヒュームにおける社会科学の成立を可能ならしめることとなったのであった。

その成果を集約的に示しているのが『政治経済論集』の「商業論」と「奢侈論」に代表される、農―工分業を支柱とする商業⇒自由論である。この商業⇒自由論は、当時の民兵論争を契機とするものとして[120]、商業と奢侈を試金石とする古代と現代の比較・両者の差異の論証を通して、フレッチャー的な経済発展⇓奢侈⇓腐敗⇓常備軍⇓専制のシヴィク・パラダイムに対して社会科学的な解答を与えたものであった。[121] たとえば、彼は、『政治経済論集』の第一論文「商業について」で、農業の剰余を奢侈に向けずに大艦隊の建設に使った古代国家の政策の誤りを指摘し、「商業と奢侈」とそれを支える製造業のないところでは、「剰余生産物を自分たちの快楽や虚飾に役立ちうる財貨と交換することが全くできないから、……おのずから安逸の風習がひろまり」、「土地の大部分も未耕のままに放置される」[122]が、「奢侈の快楽と商業の利益とを知るようになる」と人々は安逸から立ち上り活動的になる[123]ので、商業や奢侈を否定することが却って人民の幸福に有害になる次第を明らかにしている。第二論文の「奢侈」論（この論文は、六〇年以降「技術における洗練について」と改題された）では、「経済進歩の社会的・道徳的帰結」がより直接的な主題とされ、技術の洗練やそれに伴う奢侈や商業は自然的に人間を堕落させ尚武の精神を失わせるものではなく、反対に、アーツの進歩と奢侈と商業こそが「イギリスの自由」と繁栄をもたらしただけでなく、人間の「精神と肉体とに新しい力を増し加え」道徳的にも有益な効果をもたらす次第が、具体的に解き明かされている。[124]「奢侈は、道学者が訴えるような人を腐敗させる力をもつものであるどころか、社会のマナーと価値とを積極的に高める」ものであり、「商業とアーツの進歩は、徳性だけでなく自由をも促進する」[125]と、ヒュームは考えていたのである。

このようなヒュームの思想は、彼がシヴィク伝統とちがって「商業と奢侈」が富の増大に役立つだけでなく、道徳的にも有益な効果をもたらすと考えていたことを示しているが、この商業⇓自由論が、ウォーレス的な俗流ウィッグ批判であると同時に、フレッチャー的な「富と徳性」論への応答であることは、「ヒュームがアンドリュ・フレッチャーが始めたあの初期のスコットランド人の論争の諸段階をたどり直していたとみられうる」[126]ことからも傍証される。

ヒュームは、フレッチャーの提出したシヴィク・パラダイムに対し、農業余剰⇓奢侈⇓農工分業を核とした市民社会理論を展開することによって、商業と奢侈が経済発展（富裕）だけでなく、自由な政府と人民の道徳的自由をも帰結する次第を論証しようとしたのである。

このようなヒュームの商業自由論がスミスの思想、とりわけ六〇年代の『法学講義』正義論に大きな影響を与えていることは明らかである。たとえば、上述の奢侈の経済的効用論や、市民間の平等が逆に「交易と製造業の発展を妨げ、中間層の出現を不可能ならしめる」[127]次第を論じた「古代人口論」の議論などが、契約説批判や、権威と功利の原理による王政と民主政の区別などと共に、『法学講義』の思想に影響を与えていることは、両者を対比するとき直ちに明らかにされる事実である。スミスが『法学講義』で展開した古代―現代の環境の差異の歴史的対比による商業と奢侈擁護の視角は、いずれもヒュームから学んだもので、スミスはヒュームから市民社会分析の論理と方法を共に学んでいたのであるが、以上のようなヒュームの歴史社会理論がシヴィク・パラダイムと基本的に相容れないことは、すでに繰返し指摘した通りである。ヒュームは、ハチスンが具体化しえなかった自然法の歴史的経験化による現実分析の徹底を通して、フレッチャーが展開したスコットランド問題のシヴィク的解決の限界を明らかにし、商業社会の現実に即した新しい市民社会の倫理と論理を構築することによって、当時のスコットランド人の当面していた富と徳性問題にフレッチャーや俗流ウィッグとは別の解答を提出しようとしていたのである。

(3)　しかし、ヒュームがこうした問題意識をもっていたということは、必ずしも彼がすでにシヴィクの限界をこえていたことを意味するものではない。彼は、現実の経済社会認識では上述のようにシヴィクの限界をこえた商業＝ゲマインヴェーゼン論を展開していたにもかかわらず、いまだシヴィク伝統から離れえず、スミスのように共感原理に基づく新しい市民社会倫理を構築するに至らなかったため、モーラルな理想はシヴィク的伝統概念にとどまっていたのであった。彼が、法学の伝統に基づく「個人的利益追求」の自由を主張する一方で、そのための「法の下での自由

(liberty under the law)」を「シヴィク的な参加の自由を享受するための前提条件である[128]」と考えていた一つの根拠はそこにある。彼は、J・ロバートスンのいうように、「商業が、長期的には各人が市民の権利義務《シティズンシップ》の物質的・道徳的必要条件を満足させることを可能ならしめるであろう[129]」として、シヴィク的な市民理想を個人主義的な法理論と両立させようとしていたのである。彼が「幸福に必要不可欠な国家における一般的徳性と良き倫理は、どんなに洗練された哲学の教説からも、最もきびしい宗教の命令からさえも決して生まれるものではなく、賢明な法と制度の結果である青年の道徳教育に全面的に基づくにちがいない[130]」としていたのも、同じような考え方によるものに他ならないといえるであろう。彼は、近代自然法学の伝統に従って法の基礎を所有権に求めながら、その一方ではシヴィクの伝統に従って「政府は、社会全体の風紀と品性に全般的責任を果さなければならない[131]」と考えていたのである。

「ヒュームが立法者の職分を高く評価し[132]」、立法者の手による「完全な共和国についての設計案」を構想していたことも、同様に彼がフレッチャーの継承者としてシヴィク伝統に属していたことを示すものとして注目される。フレッチャーは、既述のように、経済発展と政治制度との矛盾を制度改革によって実現しようとしていたが、ヒュームはフレッチャー的な「良い制度」ないしハチスン的な「良い政治体制の設計図(good plan of polity or, best plan of civil power)[133]」の実現を「完全な共和国」構想に託していたのである。この設計案は、ハリントンやフレッチャーのそれとはちがって、進化的(evolutionary)な現実分析を踏まえたもので、「ハリントンの『オセアナ』を改良する」ことによって、問題を歴史的経験化しようとしたものであった[134]。彼は、「共和国と王国双方の現状に適用可能でありながら、同時に、経済発展の〝自然の〟要請とも……両立しうる」「商業社会のための政府のモデル形態」を「統治の歴史的経験から抽出[135]」しようとしていたのであるが、なおかつ、そうした「完全な共和国」についての人工的な設計案を構想していた事実それ自体に「ヒュームの政治的思考が最後までシヴィク伝統の枠組の内部に留まっていた[136]」といわれる所以がある。ヒュームは、合邦以後のスコットランドの当面していた「富と徳性」問題に商業＝自由（富＝徳性）論で答え、政府の形態そのものもすぐれて歴史的・進化的にとらえながらも、経済発展と政治制度との緊張を解決するにはあくまでも制度改革が必要であるとして、フレッチャー的な制度改革による経済発展を志向していたのである。

(4) ヒュームは、フレッチャーに従って制度改革による経済発展を意図していたのであるが、スミスの道徳哲学も、当時のスコットランド社会が当面していた富と徳性問題、ないしそれに集約される経済発展と政治制度との緊張の解決を主題としたものであった。スミスもヒュームと同様、フレッチャーの提起した問題を自らの思想課題としていたのであるが、スミスの場合にはヒュームのような制度改革による理想の人為的実現構想はみられず、市民社会のメカニズム分析による制度批判が主になっている。ヒュームの「完全な共和国」論は、現実の政府批判のための理想の政府構想をしたものであったが、スミスは、のちに詳しく論証するように、四段階分析に基づく制度や慣習・特権の歴史的批判から、その理論的根拠としての経済理論の構築に進んでいったのであった。ヒュームとスミス間の距離がそこにあることは明らかであるが、こうした差異が生まれた一つの原因としては、ヒュームの場合には市民社会の自然法則認識が理論的にはいまだ成立していなかった点が考えられる。その点を典型的に示しているのが、ヒュームにおける共感論と正義論との分裂である。

周知のように、ハチスンの道徳感覚理論を共感論に組みかえたヒュームは、共感をコミュニケーションの原理とし、共感原理に基づく社会理論の展開を意図していたにもかかわらず、所有権の秩序原理である正義は効用に基づくとして、正義論から共感論を排除したのであった。ヒュームは、ハチスンの道徳感覚理論を非実体化したより経験的な社会理論を展開しようとしながらも、社会理論の中核をなす「正義」論では共感原理は妥当しないとしたのであるが、これは、（道徳）感覚原理に基づく社会理論、よりスミス的にいえば、共感原理に基づく自然法の社会科学的認識可能性の原理的否定を意味するものに他ならない。彼が正義＝公益（Public Utility）の実現を行政《ポリース》の主題とし、経済進歩のための制度改革を意図したのも、こうしたヒュームの論理に対応するものであったといえるであろう。ヒュームは、スミスに先立ってフレッチャーの提起した「商業社会の道徳問題」の社会科学的分析を志向し、伝統的シヴィク概念を法学の伝統と調和させ、「シヴィク概念の根底的な修正[137]」を行うことによって、新しい市民社会の倫理と論理を構築しようとしたのであるが、彼はスミスとちがっていまだ共感を正義（自然法）の原理とはなしえなかったため、フレッチャー的な制度改革論の枠を完全には克服することができなかったのである。

(5)　ヒュームが「シヴィク伝統の限界線に立っている[138]」といわれる根拠はそこにあるが、こうしたヒューム正義論の限界を克服して、啓蒙の第二世代の共通の目標であったハチスン道徳哲学体系批判の課題を完成することが、スミスの思想主題となったのであった。スミスが、のちに詳しく論証するように、ヒュームにおける共感論と正義論との分裂を揚棄した共感原理に基づく正義の自然法の客観的可能性の科学的論証によるシヴィク的徳性主義と重商主義的富裕観との両面批判を『道徳感情論』から『法学講義』をへて『国富論』に至る彼の社会科学体系の中心主題とした理由はそこにある。その成果としての『国富論』の主題も、のちに理論的に論証するように、交換的正義さえ守られれば、社会全体の配分的正義（エクイティ、ないし自然的正義）はおのずから実現されうる次第を科学的に論証することによって、社会的正義や徳性を犠牲にしてひたすら富のみを追い求める重商主義的富国観と、その批判者としてのシヴィクの提起した「富と徳性」問題に社会科学的に返答《リプライ》する点にあったのであった。スミスの自然法がフランソワ・ケネーやジェームズ・ステュアートのそれとちがって「主体的自然法」と呼ばれ、スミスの経済学には人間が生きているといわれる一つの背景もそこにある。この事実は、スミスの社会科学が道徳感覚原理による「富と徳性」問題へのリプライである次第を知るとき、より明らかになることであろう。

しかし、スミスにおける経済学の生誕は、ハチスンとヒュームのみを直接の素材・対象にしていたのではない。ハチスン—ヒューム—スミス間には、当時の先行経済学者以外にさらに、ヒュームやスミスと同じくハチスンの「道徳感覚」理論から出発しながら、それを「共通感覚」化することによって、トマス・リードへの道を拓いたケイムズ卿ヘンリ・ヒュームがいたことが忘れられてはならない。スミスは、ヒュームの懐疑主義とそれを否定したケイムズの常識哲学の両面批判の上に自らの思想を展開したのであるが、ケイムズは、ヒュームにおける共感論と正義論との分裂をいち早く批判する一方、スミスの正義論に具体的な素材を提供した法学者として、スミスの思想形成に大きな役割を果しているので、次に章を改めて少しく具体的に論及することにしよう。

（1）　Cf. *A Hotbed of Genius, The Scottish Enlightenment 1730–1790*, ed. by D. Daiches, P. Jones & J. Jones, Edinburgh, 1986, preface.

（2）　Robertson, John: *The Scottish Enlightenment and the Militia Issue*, Edinburgh, 1985, p. 1.

（3）　この論争については、Cf. *Ibid.*, Ch. 2, esp., pp. 41–52.

（4）　*Ibid.*, p. 48.

（5）　フレッチャーの思想に論及した文献としては、Cf. Robbins, C.: *The Eighteenth Century Commonwealthman*, Cambridge, Massachusetts, 1959, pp. 180–184. Pocock, J. G. A.; *The Machiavellian Moment*, Princeton, 1975, pp. 427–36, Robertson, J.: The Scottish Enlightenment at the limits of the civic tradition, in *Wealth and Virtue, The Shaping of Political Economy in the Scottish Enlightenment*, ed. by Hont, I. & Ignatieff, M., Cambridge, 1983, pp. 141–151. Robertson: *The Scottish Enlightenment & the Militia Issue*, pp. 22–59. 竹本洋「合邦前のスコットランドの経済と経済思想—A・フレッチャーの社会改革論」アダム・スミスの会会報、No. 53, '86・8.

(6) Robertson: The Scottish Enlightenment at the limits of the civic tradition, p. 143.

(7) このパンフレットは、一六九七年に、A Discourse concerning Militias and Standing Armies: with relation to the past & present government of Europe & of England in particular という表題で発表されたが、翌九八年の第二版では改訂・増補され、表題も A Discourse of Government with relation to Militia's というより一般化した題名に変えられている。本書では *The Political Works of Andrew Fletcher, Esq.*, London, 1732 所収の第二版を使用した。以下、フレッチャーからの引用は、すべてこの Works による。

(8) Robertson: *The Scottish Enlightenment & the Militia Issue*, p. 22.

(9) Fletcher: *Works*, p. 48.

(10) *Ibid.*, pp. 20-21.

(11) *Ibid.*, p. 48.

(12) Cf. *Ibid.*, pp. 97, 385.

(13) *Ibid.*, pp. 80, 86.

(14) *Ibid.*, p. 346.

(15) *Ibid.*, p. 402.

(16) Cf. *Ibid.*, pp. 423-448.

(17) Cf. *Ibid.*, pp. 154-163.

(18) Cf. *Ibid.*, pp. 163-171.

(19) Robertson, *op. cit.*, p. 16.

(20) *Ibid.*, p. 50.

(21) *Ibid.*, pp. 46, 47.

(22) *Ibid.*, p. 39.

(23) Robertson: The Scottish Enlightenment at the limits of the civic tradition, p. 137.

(24) Pocock, J. G. A.: Cambridge paradigms and Scotch philosophers: a study of the relations between the civic

humanist and the civil jurisprudential interpretation of eighteenth-century social thought, in *Wealth & Virtue*, p. 237.

(25) Winch, Donald: *Adam Smith's Politics*, Cambridge, 1978, p. 32.

(26) Ignatieff, M.: John Millar and individualism, in *Wealth & Virtue*, p. 320.

(27) Cf. Robertson, op. cit., p. 138.

(28) Campbell, R. H. & Skinner, A. S. (eds.): *The Origins & Nature of the Scottish Enlightenment*, Edinburgh, 1982, p. 1.

(29) Pocock, op. cit., p. 235.

(30) Ignatieff, op. cit., pp. 330-331.

(31) 「立法者」用語は、シヴィク徳性観と対をなすシヴィク的な概念で、権利（jus）概念に立脚する法学の伝統では、legislatorの代りにmagistrate or sovereignが登場することに注意されたい。Cf. Pocock, op. cit., p. 249.

(32) 民兵問題は、限嗣封土権（entail）問題と共に、ヒューム、スミスらの創意ではじまった選良協会の最大のテーマであったといわれる。Cf. Robertson: *The Scottish Enlightenment and the Militia Issue*, pp. 86, 96 note.

(33) 一八世紀の「アングロ・アメリカ品種のシヴィク・ヒューマニズムは、本質的に農本的（agrarian）で、新ハリントン主義的性格をもち」（Campbell & Skinner, *op. cit.*, p. 1）、「シヴィク概念を農業社会の歴史的環境に適応させた」（Robertson, *op. cit.*, p. 14）ハリントンの影響下にあったことに注意されたい。

(34) Robertson, *op. cit.*, p. 12.　法学の基本概念とシヴィクのそれとの差異については、Cf. Pocock, op. cit., pp. 248-9.

(35) Pocock, op. cit., p. 249.

(36) Ibid., p. 248.

(37) Ignatieff, op. cit., p. 330.

(38) Pocock, op. cit., p. 236.

(39) Cf. Winch, *op. cit.*, pp. 31-32.

(40) Robbins, C.: When It is that colonies may turn independent: An analysis of the environment and politics of Francis Hutcheson (1694-1746), *William & Mary Quarterly*, Third Series, Vol. XI, No. 2, 1954, p. 228.

(41) Pocock, op. cit., p. 237.

(42) Pocock, J. G. A. : *Politics, Language and Time,* 1972, p. 101.
(43) Cf. Winch, *op. cit.,* pp. 70 ff.
(44) Pocock : Cambridge paradigms & Scotch philosophers, pp. 242-3.
(45) Winch, *op. cit.,* p. 72.
(46) Horne, T. A. : Moral and Economic Improvement : Francis Hutcheson on Property, *History of Political Thought,* VII-1. 1986, p. 118.
(47) Pocock, op. cit., p. 245.
(48) Ibid., p. 242.
(49) ポコックは、自分たちのシヴィク研究の意義をシヴィクが「スコットランド人から新しい政治経済学の形成を助けた返答を受取った」(Ibid., p. 246) 次第を示す点に求めているが、スミスにおける生誕のプロセスについては何も語っていない。
(50) たとえば、スミスの公債、常備軍、分業疎外論等は、ウィンチが『アダム・スミスの政治学』でQ・スキナーとポコックの方法論を使って明らかにしたように、シヴィク伝統の中でのみ正当に評価されうる側面をもっており、シヴィク・パラダイムは、シヴィクの枠を抜け出た反シヴィクとしてのスミス思想の主題や枠組、「スミスの用語や備忘録のシヴィク的・共和主義的含意」(Winch, D. : Adam Smith's 'enduring particular result': a political & cosmopolitan perspective, in *Wealth & Virtue,* p. 262) の明確化に不可欠である。シヴィク研究の意義がそこにあることは明らかである。
(51) Pocock, op. cit., pp. 246, 247.
(52) Cf. Robertson, *op. cit.,* p. 75.
(53) Ferguson, A. : *Reflections previous to the Establishment of a Militia,* London, 1756, p. 9. 本書は、全文、名古屋大『調査と資料』第六二号、一九七七年、一—二七ページに収録されている。
(54) *Ibid.,* p. 12.
(55) *Ibid.,* p. 3.
(56) *Ibid.,* pp. 50-51. Cf. Robertson, *op. cit.,* p. 91.
(57) Robertson, *op. cit.,* p. 204.

(58) Ferguson, A.: *An Essay on the History of Civil Society,* 1767, ed. by Forbes, D., Edinburgh, 1966, pp. 61, 225.
(59) Forbes, D.: Natural Law and the Scottish Enlightenment, in *The Origins & Nature of the Scottish Enlightenment,* p. 187.
(60) Ibid., p. 187.
(61) Ibid., p. 202.
(62) Cf. MacCormick, N.: Law and Enlightenment, in *The Origins & Nature of the Scottish Enlightenment,* pp. 160-163, Forbes, op. cit., esp., pp. 189 f., 202.　拙著『市民社会理論の原型』(御茶の水書房) 一九七九年、第一部第一—二章参照。
(63) Forbes, op. cit., p. 189.
(64) Horne, op. cit., p. 115.
(65) Ibid., p. 115.
(66) Forbes, D.: Hume and the Scottish Enlightenment, in *Philosophers of the Enlightenment,* ed. by S. C. Brown, Sussex, 1979, p. 97.
(67) Forbes: Natural Law and the Scottish Enlightenment, p. 201.
(68) Cf. Moore, James & Silverthorne, Michael: Natural Sociability and Natural Rights in the Moral Philosophy of Gerschom Carmichael, in *Philosophers of the Scottish Enlightenment,* ed. by Hope, V., Edinburgh, 1984, p. 2.
(69) Stein, Peter: The Influence of Roman Law on the Law of Scotland, *Juridical Review,* Vol. 8, 1963, p. 219.
(70) Ibid., p. 215.
(71) Ibid., p. 218.
(72) James Dalrymple, Lord Stair: *The Institutions of the Law of Scotland,* Edinburgh, 1681.　Mackenzie, George: *The Institutions of the Law of Scotland,* Edinburgh, 1684.
(73) MacCormick, op. cit., p. 152.
(74) Cf. Stein, op. cit., p. 221.
(75) MacCormick, op. cit., p. 160.　ホーンによれば、「ステアは、所有権の起源に対する〝勤勉と労働〟(他の個所では〝熟練と勤勉」)の役割をロックとは独立に発見していた」(Horne, op. cit., p. 116)とさえいわれる。

(76) Erskine, John : *The Principles of the Law of Scotland,* Edinburgh, 1754. *An Institute of the Law of Scotland,* Edinburgh, 1773.

(77) Cf. MacCormick, op. cit., p. 162. Stein, P. : The General Notions of Contract & Property in Eighteenth Century Scottish Thought, *Juridical Review,* vol. 8, 1963, p. 5.

(78) Cf. Stein : The Influence of Roman Law on the Law of Scotland, esp., pp. 226-242.

(79) Ibid., p. 245.

(80) Stein : General Notions of Contract & Property, p. 2.

(81) *De Officio Hominis et Civis juxta Legem Naturalem,* Libri Duo. Supplementis et Observationibus in Academicae Juventutis usum auxit et illustravit Gerschomus Carmichael, Glasgow, 1718, Edinburgh, 1724. なお、このテキストについては、次の二種の英訳がある。Cf. Moore, J. & Silverthorne, M. : *The Political Writings of Gershom Carmichael,* unpublished translation of Carmichael's preface and notes to his edition of Pufendorf's *The Duties of Man and the Citizen.* Gershom Carmichael's supplements and Appendix to Samuel Pufendorf's *De Officio Hominis et Civis Juxta Legem Naturalem Libri Duo* as well as The Introduction to the 1769 Edition and the 1727 *Acta Eruditorum* Review of Carmichael's Notes, compiled by John N. Lenhart, Translated by Charles H. Reeves, 1985.

(82) Cf. Moore, J. & Silverthone, M. : Gershom Carmichael and the natural jurisprudence tradition in eighteenth-century Scotland, in *Wealth & Virtue,* pp. 76-79. カーマイケルについては上記と注(68)の他、J. McCosh : *The Scottish Philosophy,* London, 1875, pp. 36-42. H. Medick : *Naturzustand und Naturgeschichte der bürgerlichen Gesellschaft,* Göttingen, 1973, SS. 299-305, その他数編の論稿があるが、以上の解釈は主として Moore & Silverthorne の研究に依拠したものである。

(83) Moore & Silverthorne, op. cit., p. 82. ditto, Natural Sociability & Natural Rights in the Moral Philosophy of Gerschom Carmichael, p. 8.

(84) ムアーとシルバーソーンによれば、一八世紀のスコッツ思想家は、カーマイケルを通してロックを受容していたのであるが、彼らがロックに言及しないのは、彼らがカーマイケルを通してしかロックを知らなかったためで、ヒュームやスミスの契

第二章　ケイムズとスミス

一　道徳感覚理論と正義論

(1)　ケイムズ卿ヘンリ・ヒューム（Henry Home, Lord Kames, 1696–1782）はヒューム、スミス、ファーガスン、ミラー、リード等のスコットランド啓蒙の立役者たちとだけでなく、ボズウェル、タッカー、フランクリンらとも交友のあったスコットランド啓蒙の大立物である。彼は、G・ターンブルと共に、トマス・リードとD・ステュアートに代表されるスコットランド常識哲学の先駆者の一人とされる一方、モンテスキュー、スミスとならぶ法の自然史の創始者として知られているが、教育論や文芸批評などをも含む哲学と、法学と歴史学、さらには経済問題にまで及ぶ多面的な業績を残している。[1] ケイムズは一八世紀のスコットランド啓蒙の中心人物にふさわしいアンシクロペディストであったのであるが、こうしたアンシクロペディストとしてのケイムズ思想の全貌は、一七七四年に公刊された『人間史素描』に最もよく示されているといえよう。しかし、彼の中心主題は、あくまでも高名なスコットランドの法律家としての経歴の示すように、[2] スコットランド近代化のための法改革にあった。ケイムズの法思想がわれわれの関心の対象になる所以もそこにあるが、ケイムズの法思想を理解するためには、その基礎をなす彼の哲学そのものから出発する要がある。

一七五一年に公刊された彼の哲学上の主著『道徳・自然宗教原理試論集』(*Essays on the Principles of Morality and Natural Religion*, Edinburgh, 1751. 以下『試論集』と略称)は、自然法道徳論と認識論からなっているが、彼はその第一部で「道徳感覚」原理に基づく自然法の理論を展開している。彼がそこで展開した道徳理論は全体としてハチスンの祖述にすぎず、「ケイムズは、道徳論では自分がシャフツベリ、ハチスン、バトラーの徒であることを明らかにしている[3]」が、彼は道徳判断の基礎を感覚ないし感情に求めるハチスンの「道徳感覚」理論の主観主義的性格と、神のデザインを否定したヒュームの宗教批判に対する反撥から[4]、「道徳感覚」の認識的機能よりも良心的性格を強調することとなったのであった。彼が、「良心ないし道徳感覚は、何らわれわれの行為の原理をなすものではなく、その道案内であり指導者であるにすぎない」が、「良心の権威は、……われわれが対象に直面するときに抱く直接的感情から生まれるもので、……道徳感覚はわれわれの内なる神の声(the voice of God within us)である[5]」としていたのも、そのためであった。「ケイムズは、ハチスンとちがって、道徳感覚が動機原理であることを求めないで、それを行為の権威ある道案内とみ」、バトラーの「良心」に近いものと考えていたのである[6]。彼がターンブル(George Turnbull, 1698-1749)と共に、トマス・リードへの道を拓いたスコットランド常識哲学の礎石を築いた思想家であったといわれる一つの理由はそこにある[7]。彼は、ヒュームやターンブル、スミスらと同様、ハチスンの道徳感覚理論から出発しながら、それを万人共通の「良心」として実体化することによって、道徳感覚の客観性を保障しようとしたのである。彼が、後述のように、未開人と文明人との差異を「趣味《テイスト》の洗練」度の差異に求めていたことも[8]、同じような考え方に基づくものであったといえるであろう。

(2) ケイムズの「道徳感覚」理論はハチスンのそれと微妙な差異をもっていたのであるが、彼はこのような道徳感覚理論の上に道徳の原理としての「自然法」論を展開している。この自然法論も「主としてハチスンの道徳論に示唆された[9]」ものであるが、ケイムズはハチスンの自然法論をそのまま鵜呑みにしていたのではない。その点を象徴的に示しているのが「自然法」論の第三章における正義と仁愛の区別である。彼によれば「仁愛と寛大は、正義よりもより美しく、愛と尊敬をよりひきつけるが、社会の維持にはそれほど必要でないので、それらは是認の喜びという一般的な関係にまかされる。しかし、正義、信仰、真理は、それらなしには社会は全く存立しえないので、上述の特殊な感情の対象になる[10]」。ケイムズは、こうした仁愛と正義の差異の認識から「正義その他の主要な徳性」と「仁愛その他の二次的な徳性[11]」とを区別し、「正義〔その他の第一の順位の道徳的行為〕は、寛大よりも社会の秩序と存立に本質的なので」強制・刑罰の対象になるが、「第二の順位のそれは、社会の改良に貢献はするが、その存立に厳密には必要ではないので、われわれ自身の選択にまかされる[12]」としている。スミスの『道徳感情論』第二部における正義と仁愛の区別がこのケイムズの議論に示唆されたものであったことは、スミスの『法学講義』の編者その他が一様に指摘する通りであるが[13]、このような正義と仁愛、ought と may の区別がハチスンの仁愛論的正義論を批判の対象にしていたことは、両者の思想関係をみれば直ちに明らかになる事実である。しかし、こうした ought と may の区別によるハチスン批判は何らケイムズの独創ではない。それは、むしろ、「ハチスンの社会的・経験的方法の拡大」としての「ヒュームの正義論[14]」の主題であった。ケイムズの独自性は、彼が「正義と不正義について」と題する第七章でヒュームの正義論そのものを直接批判している点にある。

ケイムズはそこでヒューム正義論の基本的難点としてヒュームの正義＝コンヴェンション論を批判し、ヒュームは「所有権の観念はコンヴェンションによって正義が確立されたのちに生まれる」というが、「所有権は自然の原理に基づいており、その侵犯には悔恨と義務違反の感覚が伴う[15]」とした上で、そのようなコンヴェンションに先立つ自然権としての所有権の基礎を「人間と彼の勤労の果実との間の特有の関連[16]」に求めている。このようなケイムズの理論がスミスの『法学講義』の所有権論と基本的に同じ考え方に立脚していることは明らかであるが、彼はさらにヒューム正義論のより大きな難点として、ヒュームが「すべての徳性を共感に分解しながら、……同じ原理を正義の基礎とすることを差し控えている[17]」ことの矛盾を指摘している。ケイムズはヒューム正義論の最大難点としての共感論と正義論との分裂の事実をいち早く認識していたのであるが、彼はヒューム正義論のもう一つの問題点として、ヒュームの効用正義論の弱点をも批判している。「正義が共通利害の一般的感覚に基づくものにすぎないとすれば、それは当然人間本性の最も弱い感情ということになり、不正義が見知らぬ人になされた場合にはとくにそうだということになるが、……これはすべての経験に反することで、不正義の感覚は、人間性に属する最強の感覚の一つで、……犯された悪に対しては刑罰に値するという感情を伴うものである[18]」と、ケイムズは考えたのである。

このようなケイムズの思想がスミスのそれと多分に共通する側面をもつことは明らかである。スミスが『感情論』と『講義』の共通の主題としていた共感原理に基づく正義論の構築による効用正義論批判は、直接的にはケイムズのヒューム正義論批判の主題を継承・展開したものであったのである。「スミスの自然法学理論……が、ヒュームの自然的正義論に対するケイムズの明示的・暗示的批判の具体化であり展開である[19]」といわれる理由はそこにある。スミスの『道徳感情論』の共感正義論は、ハチスンの仁愛市民社会論を批判したヒューム正義論の難点をついたケイムズの主題の展開であったのである。しかし、スミスの正義論がこのようにケイムズのハチスン、ヒューム批判の展開であったということは、スミスの『感情論』がケイムズの『試論集』の思想のたんなる継承・展開にすぎなかったことを意味するものではない。反対に、スミスの『感情論』は、ケイムズの正義論とその基礎をなしていた『試論集』の認識論との批判をかくされた主題の一つとするものであった。その次第を明らかにするため、次にケイムズの認識論そのものを考察することにしよう。

(3)　ケイムズは、『試論集』の第二部で七試論からなる認識論を展開している。この認識論は、「外的対象の実在性を否定することによって、感覚の権威を根底からくつがえし、そうすることによって最もいまわしい懐疑主義への道を拓く」[20]バークリや、ヒュームの懐疑主義に対し、触覚や視覚その他の感覚や本能のもつ意義を問い直すことを通して、道徳と宗教を擁護することを目的としたものであった。彼が第二部の第三論文その他で感覚の欺瞞性をはっきりと承認しながら、「こうした経常的欺瞞の存在するあらゆる場合に、自然は真理に到達する手段を提供している」だけでなく、欺瞞の外見それ自体が有用な目的に役立ちうるように「賢明に工夫されている」[21]とした上で、触覚その他の「外部感覚」のもつ「感覚の権威（the authority of our senses）」を確証した所以はそこにある。ケイムズは、「われわれが自分の感覚に信頼をおくように生まれながら作られ〔自然によって構成され〕ている」[22]事実、そうした「自然の構造」への信頼の上に、万人共通の感覚の権威を基礎づけていたのであるが、彼はこうした「感覚の権威」への信頼と「力の観念」その他の検討とを通して、神に関するわれわれの知識を論証しようとしたのである。

このようなケイムズの認識論がスミスに大きな影響を与えていることは、スミスの「外部感覚論」の検討を通して篠原久が明らかにした通りである。[23]スミスは、人間の認識能力そのものを「自然の構造」に即してとらえるケイムズの認識論、その根底をなす自然神学から、さまざまなことを学んでいたのである。しかし、スミスがケイムズの常識哲学の影響を受けているということは、必ずしも「外部感覚論」その他の論考におけるスミスの哲学的考察の主題がケイムズ、リード的常識哲学の一面的受容にあったことを意味するものではない。スミスの主題はむしろ、「自然の構造」に由来する「感覚の権威」をそれとして認めながら、同時に、そうした感覚、とくに知覚の信頼性を確かめ、問い直す点にあったように思われる。ケイムズのように触覚や知覚その他の感覚が万人共通の「共通感覚ないし共通感情（common sense, and common feelings）」[24]として直接真理に至りうるように自然によって構成されているとすれば、常識＝真理となり、大衆の偏見がそのまま真理として罷り通る場合が出てくるからである。スミスが『哲学論文集』や『道徳感情論』その他の諸論考の中で、「人類の諸行為と行動を抽象的で哲学的な見方でみ、」「抽象的で一般的な方法で考察する」（TMS, IV. 2. 2）「哲学者」たちの思索の抽象性をきびしく批判し、「大衆」の感覚への信頼性を表明する一方、さまざまな「大衆的偏見」（ED, 11）を伴った「大衆の目」（LJ（A）, vi. 33）には「決して適合するようにみえない効果を生むことを可能にする」（LJ（A）, vi. 42-43）「哲学者」の努力の優位性を強調していた理由はそこにある。[25] スミスは、カーマイケル、ハチスン、ターンブル、ケイムズらの自然神学観に従って、自然の構造に即した本能や触覚のもつ独自の意義に大きく注目しながらも、ケイムズのように感覚の権威に全面的な信頼をおき、万人の「共通感覚と共通感情」をそのまま肯定することなく、知覚の主観性をしっかりと見据えながら、そうした感覚の一つとしての道徳感覚原理に基づく自然法の認識可能性の探究を主題としたのである。

スミスが『道徳感情論』で観察者の共感のうちに正義の法の原理を求めた理由もそこにある。彼は、前述の「外部感覚」とならぶ「内部感覚」の一つとしての「道徳感覚《モラルセンス》」が万人共有の良心として「共通感覚《コモンセンス》」化されると、個々人の個別的な道徳感覚が即自的に正当化されてしまうことから、「観察者の共感」に道徳判断の「状況に即した適宜性（Situational Propriety）」を求めることによって、ケイムズ的常識《コモンセンス》哲学の独断を揚棄しようとしたのである。しかし、観察者の共感も、のちに詳論するように、所詮は主観的・相対的なものでしかないため、スミスは『法学講義』では、共感⇒法のケース—環境分析のうちに、道徳感覚に基づく法の客観化の可能性を手探ることとなったのである。

このようなスミス共感論の基本構造が、道徳感覚の客観性の保障（道徳感覚の主観性揚棄の道）を「道徳感覚」自体の客観性の論証（本能や感覚の権威、「共通感覚と共通感情」の普遍性論証、道徳感覚の良心化）に求めたケイムズの道徳感覚理論と基本的に性格を異にすることは明らかである。スミスは、ケイムズが「自然の構造」をもとに基礎づけた常識哲学の意義をそれとして承認しながら、それを絶対化することなく、「道徳感覚」のもつ認識機能とその主観性をじっくりと見据えることにより、ヒュームが断念した道徳感覚原理に基づく正義の法の可能性を論証しようとしたのである。『道徳感情論』の共感理論が、認識論的には、ヒュームの懐疑主義とケイムズの常識哲学の両面批判であったのではないかと考えられる一つの根拠はそこにある。[26] スミスは、観察者の共感を原理とする人—人関係倫理を共感⇓法のケース—環境分析によって客観化することによって、共感原理に基づく自然法の可能性を否定していたヒュームを批判する一方、人間に生得の道徳感覚がそのまま客観的な道徳判断原理たりうると考えていたケイムズの常識哲学的独断をも批判の対象としていたのである。

スミスが共感を唯一の原理とする自らの方法をニュートン的と規定したことの背景にも、その意味では同様に、人間の行為の原理をゴタゴタと羅列し、共感を感謝、仁愛などとならぶ行為の原理の一つと考えていた[27]ケイムズに対する批判的含意があったのではないかと推測される。スミスは、こうした認識批判（『感情論』における認識論の確立）の上に改めて後述のようにケイムズ法学の常識哲学的帰結をきびしく批判すると共に、それに代るより経験的な倫理学と法学を展開することとなったのである。その成果が『道徳感情論』と『法学講義』であることはいうまでもないが、このようなスミスの思想展開がケイムズ批判を契機としていたことは、正義論そのものの内実からも傍証される。

(4)　既述のように、ケイムズは正義と仁愛、ought と may を一応はっきり区別していたが、しかし、彼は「仁愛の対象が困窮である場合には、仁愛が義務になる」[28]として、法の対象としての ought の義務に属するもののうちに、①他人の身体や財産の不侵害だけでなく、②困窮者の救済、③約束の厳守、④感謝、⑤仁愛を含ませている。[29] ケイムズは、仁愛は一般的には「義務ではなく、美徳にすぎない」が、縁故のある人間の救済は衡平法法廷の主題となり、

「その場合には仁愛は……積極的義務となる」[30]としていたのである。このようなケイムズの思想は、彼が自然法学者、より直接的にはハチスンの「完全権」と「不完全権」との区別に従って[31]、正義と仁愛とを区別し、必要原理を法の領域から倫理のそれに引き下げることによって、生存権原理を完全権の対象から除外しながらも、いまだスミスのように市場の論理による所有問題の解決を確信しえなかったため[32]、「正義」の中に困窮者の救済とそのための仁愛の義務を含めざるをえなかった当時の思潮を反映したものといえよう。ケイムズは、仁愛をも「正義」論の主題としていたハチスンの仁愛正義論の克服を主題とし、正義と仁愛、第一の徳と第二の徳とを明確に区別しながらも、スミスのように所有の重大な不平等にもかかわらぬ全般的富裕の可能性を論証しえなかったため、「正義」論の主題を不侵害＝交換的正義にのみ限定することができず、法と道徳との区別を明確になしえないままにとどまっていたのである[33]。

このようなケイムズの正義論に対し、スミスが『感情論』で「正義」論の直接の主題を他人の権利の不侵害としての「交換的正義」にのみ限定し、感謝・救済・仁愛はすべて美徳の対象であるとして、貧者が他人の財産に対する完全権をもつことを暗々裡に否定したとき、スミスはハチスンとならんでケイムズをも暗黙の批判の対象としていたといえるであろう。スミスの『道徳感情論』の正義論は「配分的正義」の問題を「正義」論の直接的対象から除外し、「正義」論の直接の主題を「交換的正義」にのみ限定するものであったが、スミスは、他人の権利の不侵害としての狭義の正義（交換的正義）さえ保障されれば社会が成り立つだけでなく、社会全体の配分的正義もそれなりに実現される次第の論証を「法学」の主題の一部とすることによって、困窮者の救済を法の主題としていたハチスンやケイムズ正義論の限界を克服しようとしたのである[34]。

しかし、『感情論』の正義論が交換的正義論の確立によるケイムズ批判にあったということは、『感情論』の正義論がケイムズの『試論集』のみを考察の対象にしていたことを意味するものではない。『感情論』の正義論は、ハチスン、ヒューム、ケイムズの正義論の同時批判を意図したものであったが、ケイムズの『試論集』は、あえていえば、ハチスン正義論批判原理としての正義と仁愛の区別と、ヒュームの効用正義論批判の方向を教えただけで、『感情論』の正義論に具体的な素材を提供したのは、ケイムズの著作では『試論集』よりもむしろ後述の『法史考』の「刑法」論や、「法廷」論を中心とする衡平法論の議論であったように思われる。その点の具体的論証は本稿の主題ではないので割愛する他ないが[35]、『感情論』の正義論が刑法問題を中心にしていることも、ケイムズの『法史考』が刑法論を基軸にしていた事実と関係があるといえよう。

(5)　スミスは、ハチスンやヒュームだけでなく、ケイムズの『試論集』や『法史考』から学びながら『感情論』の主題を展開していたのであるが、こうしたハチスン、ヒュームとならぶケイムズの影響は、ケイムズが『試論集』の第一部第三試論で展開した「自由と必然」論が『感情論』の欺瞞論の直接的基盤をなしている点にも示されているといえるであろう。ケイムズは、カーマイケル—ハチスン—ターンブルらの自然神学（Teleological Realism or Providential Naturalism）を継承し、それによって道徳感覚の客観性を基礎づけていたが[36]、彼がそうした自然神学観に基づいて展開した知覚の欺瞞理論と、道徳界における欺瞞理論の例証は、『感情論』の欺瞞理論の直接の先駆をなすものであった[37]。「各人には彼自身の職務が指定されているので、各人がその義務を果すならば、社会全体の利益は、それがあらゆる個々の行為の目的とされる場合より、はるかに上手く増進されるであろう[38]」という「自然法」論の思想も、上の議論に対応するものとして、スミスの思想とケイムズとの親近性を示すものといえよう。

ケイムズの『試論集』にはその他にも『感情論』の相互共感論の萌芽や、『感情論』の「悔恨」論の原型をなしていると考えられる「悔恨と、刑罰に価することの恐怖[39]」の議論など、『感情論』の論理のヒントやモデルになったと思われる用語や事例がみられる。それらは必ずしもケイムズ独自の思想ではなく、ハチスンその他の道徳感覚学派の共通の思考様式に基づくものであるが、スミスが『道徳感情論』を執筆したとき、ハチスンやヒュームとならんで、ケイムズの『試論集』の認識論と正義論をも直接的な批判・克服の対象にしていたことは確かである。スミスはケイムズの『試論集』をその思想展開の一つの基軸にしていたのであるが、ケイムズの中心主題は、あくまでもこうした『試論集』の方法に基づいて法の理論を展開する点にあったのであった。

二　歴史的批判の論理と方法

(1)　ケイムズは、一七二八年以降、資料集を含めて法学に関する十数冊に及ぶ著作を上梓しているが、[40]『法史考』と『衡平法原理』に代表されるケイムズ法学の主題は、リーバーマンの論文の題名の示すように、[41]スコットランドの法律を新しい商業社会の現実に適応させるための法改革にあった。ケイムズがこうした法改革を主題としたことの背景としては、合邦後も手つかずのままに残されていた私法と司法機構のイングランドとの相違・矛盾の調整の必要という合邦に伴うブリテンの法統一の必要と、[42]その一つの原因をなした「封建的な農業社会からより商業的な産業社会」への移行に伴う法の原理的再検討の問題があった。[43]ケイムズは、こうした状況の中で「完全な合邦」実現に必要な法統一を推進するため、商業社会の必要に即した法改革を意図したのであった。それが彼の法学の中心主題であったが、その最初の代表作が『法史考』(*Historical Law-Tracts*, 1758)である。

ケイムズは、この書物の序文で、「法はとりわけ、未開社会の原基形態から相いつぐ変化をへて文明社会における最高に改良された形態に至るまで歴史的に跡をたどるときにのみ合理的研究になる」[44]として、「法令についてしっかりした判断を形成し、その精神と意図を知るためには」法の時代的背景や法の欠陥ないし改善点を知らねばならぬが、

「これらの明細事項は歴史的知識を必要とする」[45]という趣旨のことを語っている。その上で、彼はそうした法の歴史的吟味の方法として、「事実」の不足を推測で補ういわゆる「理論的推測的歴史」(Theoretical or Conjectural History)の方法を提唱している。D・ステュアートは、この理論的推測的歴史の元祖をモンテスキューに求め、その継承者にケイムズとスミスとジョン・ミラーをあげているが[46]『法史考』への道を準備したケイムズの直接の先駆的業績としては、ダルリンプル(Sir John Dalrymple of Cranstoun, 1726-1810)の『英国封建的所有一般史論』(*An Essay towards a General History of Feudal Property in Great Britain*, 1757)がある。この書物の意図は、序文の冒頭の句の示すように、「イングランドとスコットランドにおける封建的起源に由来する限りの土地所有に関する法の大要を封建時代の最初期から跡づけ、さまざまな時代におけるその変化を示し、そうした変化の原因を見究めること」[47]によって、今日ではすでに衰微しているにもかかわらず、依然として崇敬されている封建体制を未開→文明の進歩の視点から吟味する点にあった[48]。ケイムズの『法史考』は、この『封建的所有一般史論』の中心主題をなしていた封建制導入史、土地所有史、限嗣相続(封土権)史、相続法史、不動産譲渡書式史、司法権と裁判手続形式史等の主題をより精密に展開したものに他ならないが、ということは、必ずしも『法史考』がダルリンプルの一方的影響下にあったことを意味するものではない。ダルリンプルは逆に『封建的所有一般史論』の冒頭のケイムズへの献辞で自分の研究がケイムズとモンテスキューとに負うことを明言しているだけでなく[49]、内容的にも両者の見解は、六四年に公刊されたダルリンプルの『限嗣封土権政策考』の示すように、限嗣問題に関しては大きく対立している[50]。両者は相互的な影響・批判関係にあったのであるが、ケイムズはダルリンプルの処女作より一〇年前の一七四七年に公刊された『英国の古事』(*Essays upon Several Subjects concerning British Antiquities*, 1747)でも、すでにはっきりと『法史考』の根本思想を展開していたのであった。

たとえば、彼はその第一論文で「スコットランドへの封建法の導入」について論じたのち、第四論文で次のような思想を展開している。

「封建法は、全面的に戦争に適した、その目的に合うように見事に工夫された制度であった。しかし、それは、労働と産業《インダストリ》の全き敵であり、平和時には怠惰な人びとの間でさえほとんど耐えがたいものであった。そのような制度は、いつまでも続くことができなかったので、時代環境と人びとの気質に従って、さまざまな変化がそれぞれの国に導入された。それらはすべてこの制度の難点を匡正し、それをより平和的な体質に和らげるのに役立った。この制度は、多くの地方では全く消滅し、残存しているところでさえ、痕跡化している。土地は最も欲しい物の一つであるのに、封建法は、土地財産を完全に商業から排除し、軍事奉仕による以外にはそれを保持し使用するいかなる手段も殆ど与えない点で、極めて不自然であった。戦乱の時代にはこの不法もあまり感じられなかったが、平和の技術が開拓され、製造業と交易がヨーロッパに再びおこり、富が増大しはじめて以来、この制度は極度に耐えがたいものになった。[51]」

彼は、封建法が封建社会の本性（nature）に根ざしたものとして、新しい商業社会の現実に適応しえないことをこの時点ですでにはっきりと認識していたのであるが、この基本認識が『法史考』やスミスの『法学講義』のそれと同じであることは、やがて本論で明らかにされることであろう。『英国の古事』以来のケイムズの主題は、合邦以降のスコットランド人の共通主題であった合邦⇒商業発展の現実の中で「富と徳性」の根本原理としてのライトの問題をフレッチャー以来の歴史的問題意識に即して歴史的に再検討する点にあったのであるが、ケイムズの法の自然史論の基本的特色は、スミスの『法学講義』と同じ originally……But when, or, at first……But in time[52] 等の手法に基づく歴史的批判の論理が合理的推測の力を借りて展開されている点にある。[53] たとえば、彼は、封建的書式に関して、「土地が上級者〔殿様〕に対してなされた奉仕に対応する禄として保有されていた間は、そのような譲渡に関する書式全体と上級者のための不時の負担はすべて土地所有の本性（nature）に適合していた。しかし、土地が商業の対象になり、動産のように貨幣と交換されるようになったとき（but when）、領主と家臣との間の封建的関係の帰結であった書式と不時の負担は、正式にはこれらの新しい取引にいかなる場所をも占めえず、あらゆる点においてそれと矛盾した。人が土地を買い、十分な代金を支払うとき、売買の約定の目的は、いかなる形でも売り手に従属しない無制限の所有権をもつことであるのに（and yet）、権利証書は、土地には他の証書が使われていないため、封建的書式で作製するよう義務づけられる慣習になっている。そのため、購買者は、取引の性質（nature）に反して、家臣に変身させられた。……もとより、こうした矛盾は、いつまでも永続しうべくもないので、形式は徐々に実質に屈するようになった。土地が普遍的に世襲になり、もはや知行ではなくなったとき、封建法の書式は残りはしたが、その実質は漸次すりへったのである。……このように封建法の実質的部分が消えうせたときに、われわれが依然として土地財産の譲渡に大変な手間と費用を要する書式の抑圧下にあることは遺憾なことである」[54]とのべている。このケイムズの論理と方法がスミスの『法学講義』の歴史的批判の論理と驚くほど親近性をもっていることは、のちに詳しく論証する通りであるが、ケイムズはある慣習ないし法が生まれた当初の事情（circumstances）とその後の事情（環境）の変化の歴史的考察を通して、古い慣習（法）が最初はその社会の本性（nature）に合致していても、事情（環境）が変った社会では通用しない次第を明らかにすることによって、今日の社会の本性に合致しない法慣習を批判したのである。

こうした考察方法に対応するのが、未開対文明の対比的考察の手法と、その作業仮説としての四段階論である。ケイムズは『法史考』の中で繰り返し未開社会と文明国との対比的考察を行っているだけでなく、スミスの『法学講義』の四段階論の一つの素材をなしていたと考えられる四段階論を展開している。[55][56]このケイムズの四段階論は、ダルリンプルの三段階論[57]をより精密化したもので、萌芽的には初期の著作にもみられるが[58]、所有権の成立をめぐる四段階分析[59]は、『講義』の私法論の原型ないしモデルをなすものとして大きく注目される。もとより、ケイムズの四段階論は、スミスほど精密ではなく、可成り単純なものにすぎない。にもかかわらず、彼はこうした四段階論を基軸にした未開―文明、「最初は……、しかし、……した今は」の対比的考察を通して、「法は、静態的な変化しないものではなく、そうであることはできず、むしろ、社会それ自体と同様、たえざる変化と成長の過程にあるものであり、」「人民の生活様式の変化に適応しえない……法は、悪法である[60]」と考えていたのである。こうしたケイムズの思想を集約的に表現しているのが、「一国の法は、それが人民の生活様式や環境、政治形態に照応するとき完全になるが、これらの事柄は静止していることはめったにないので、法はそれらの変化に随伴すべきである。従って、法の規則は、最初はどんなに完全でも、いつまでも完全であり続けることはできない。……それゆえ、法の進歩とその刷新の知識が不可欠である[61]」という思想である。これは一七八〇年に出版された書物の言葉であるが、この根本観念は『英国の古事』以来のケイムズの一貫した思想であった。彼が『法史考』の中で「最初は……、しかし今は……」用語を頻用し、法の歴史的ケース―環境分析をした所以はそこにある。彼は、後述の『衡平法原理』の思想により明確に示されているように、「自然的正義」の原理を道徳感覚によって知られる事物の「自然」(Nature)」に求めながらも、それが時代＝環境によって異なることから、その「特定の内容」を知る手掛りを歴史に求めることによって、法改革の根拠をこのような環境の変化に対応しない封建的法慣習のアナクロ性の論証に求めたのである[62]。ケイムズが、スコットランド法のうち「最初は便宜のうちに基礎をもっていた他のものも、政治関係と人類の習慣を変える時の経過のうちに、環境の変化から、不適当で実質的正義に反するようになった[63]」として、新しい商業社会の動向を踏まえた法改革のための歴史的議論をした所以はそこにあるが、このような環境による法の変化認識こそ『法学講義』の根本思想をなすものであった。スミスが『講義』で展開した法の歴史的分析はケイムズに負うところが大きかったのであり、スミスはケイムズから法の歴史的批判の論理と方法を鼓吹されていたのである。[64] しかし、『法史考』と『講義』との類似・影響関係は、たんに方法だけの問題ではない。

(2)　ケイムズの『法史考』は、ハチスンの『道徳哲学体系』やスミスの『法学講義』のような自然法学体系ではなく、法の歴史的批判のための個別的な法学論文集にすぎず、法廷の訴訟手続をめぐる議論が過半を占めている。全体の構成も、刑法論からはじまって、信約論をへて所有権をめぐる議論に進み、そのあとで公法論に関連する主題にふれたのち、法廷論と法廷の訴訟手続をめぐる主題が展開される構成になっており、『講義』とは主題も配列も全くちがう。にもかかわらず、多くの点で『講義』の主動機《ライトモティーフ》をなしていたのではないかと考えられるほど『講義』の主題との実質的共通性がみられることが注目される。

たとえば、第一論文の「刑法史」論では、「怠慢者（the delinquent）」の怠慢（懈怠）に基づく侵害の感覚《センス》が、被害者側に「憤慨（resentment or, indignation）」感情を生み出すだけでなく、加害者（怠慢者）側にも「刑罰に値するとの意識（the sense of merited punishment）」[65] ないし悔恨＝不正義の感情を生み出すという、『感情論』の侵害⇒憤慨⇒正義＝悔恨論や恩恵⇒感謝⇒仁恵論の基軸になる思想が展開されている。その上で、こうした正義の基礎をなす憤慨感情の「パーシャリティ」認識から「公平な（impartial）」審判者としての政府が形成されるに至った次第が歴史的に考察されている。このケイムズの議論は、被害者の憤慨感情を客観化する観察者の共感理論を欠き、正義の担い手が為政者に求められている点で、『感情論』の共感⇒正義論と決定的に異なっている。にもかかわらず、スミスがこの『法史考』の刑法論を『感情論』と『講義』の正義論の素材にしていたことは、そこに『感情論』や『講義』の議論と同じ事例（たとえば、金銭和解制等の例）が数多くみられることや、刑罰に関する議論が『講義』の正義論の鍵用語をなす懈怠（delinquency）用語を基軸に展開されていることからも窺い知られる。『講義』の正義論が、「対人権」論の一部の「懈怠」論の中で「刑法」論として展開されていた謎をとく一つの手掛りはそこにあると考えられる。これらの事実は、スミスの正義論がケイムズの憤慨⇒メリット論の良心・人間愛《ヒューマニティ》論的限界を観察者の共感理論にまで深めたところに成立したものであったことを示すものといえよう。

第二論文では、商業の一般化に伴う「約束と契約」の問題が主題とされ、取引の証拠としての証人や自白、令状、宣誓、偽証等『法学講義』の素材となったと思われる議論が展開されている。これらの主題は、プーフェンドルフやハチスンが展開していた論点で、別にケイムズ独自のものではないが、第三論文の「所有権史」論では、所有権の成立根拠が四段階論的に論究されており、『講義』私法論の原型ともいうべき議論が展開されている。このケイムズの議論はハチスンの事物に対する道徳的権能としての所有権（moral property）論をより四段階論的にとらえ直したものであるが、スミスが『法学講義』私法論で所有権の成立を四段階論的に基礎づけるさいにケイムズの『法史考』を参照していたことは明らかである。スミスは、ケイムズの歴史的分析から所有権と段階《ステージ》との関係についての暗示をえていたのであるが、このように『法史考』の議論が『講義』の下敷になっていたことは、「引渡し」の条件としての「象徴的保持」論や[66]、相続にからむ諸議論や「土地均分法（agrarian law）」批判など[67]、『講義』と同じ主題が数多く展開されていることからも推測される。

第三論文の所有権史論でより以上に注目すべきは、『講義』私法論の限嗣相続批判とほとんど同じ議論が土地の商品化阻害視点から展開されている点である。限嗣相続（封土）権は、「家臣の権利が一代限りの用益権にすぎない」ことから生まれる地所の荒廃を防ぐという「封建体制の本性そのものから生まれた」[68]ものであるが、その条件がなくなった今日においては「スコットランド改革の障害」であり、正規の政府と平和の確立した社会ではたんに「自然と理性」に反するだけでなく、商業と改革を妨げる最大の障害になっていると、ケイムズは考えたのである。[69] 彼が限嗣相続を「暴力的で不自然な体制[70]」である封建法の遺物として批判し、商業のための土地分割を主張した根拠はそこにある。

ケイムズは、スミスと同様、限嗣相続や長子相続制度が所有の自然法に反するだけでなく、「産業と商業を破壊する[71]」ことをみ、その視点からそのアナクロ性を批判していたのであるが、第五論文の法定推定相続人（heir-apparent）の特権論でも、封建的保有の本性の定義に基づく封建法批判が展開されている。彼はそこで封建法が、「武力の行使が唯一の科学であり、唯一の商業であった野蛮時代」の産物にすぎず、平和の確立した現代では「長年の慣習と常習的習慣以外にはそれに耐えさせうるものは何もありえなかった[72]」次第を『英国の古事』より明確に指摘している。ケイムズは「両国の市民法の統一の障害をなす……スコットランドの限嗣封土権の問題[73]」を取上げるようにとの大法官ハードウィック（Lord Chancellor Hardwicke）の忠告に従って、限嗣封土制に代表される封建的土地所有の問題を刑法問題と共に『法史考』の中心主題としていたのであるが、『法学講義』がこうしたケイムズの限嗣封土権、封建法批判の主要動機を継承していることは、両者の論理と方法を対比するとき、より明らかになることであろう。

第四論文では、スミスの『法学講義』と同じ対物権（real rights）の分類に基づいて、完全な所有権の制限としての抵当権その他の問題が論じられているが、ここでも『講義』の「緩慢進歩」論の一つの基軸をなしている小作制成立史（the history of leases）論が譲渡抵当（mortgage）や担保権（hypothec）等の特権の成立根拠の説明に展開されている。[74] スミスが『講義』の「行政」論で大土地所有制度下の労働形態としての奴隷―隷農―分益小作農と借地農の労働との対比的考察（LJ（B）, 290-3）を行ったとき、[75] 彼はケイムズの歴史叙述をも念頭においていたと考えられるが、第六論文の「地方管轄権（regalities）史」論では、効用（公共善）よりも権威を重んじた大家族の没落の原因、それをもたらした事情（環境）が、土地の自由売買⇒商業関係の発展⇒奢侈の導入にあった次第が明らかにされ、貴族《バロン》がその結果没落したのに対し、王だけは逆にその支配力を強化するに至った事情（circumstances）と、ドイツだけがその唯一の例外であった理由が論究されている[76]。この歴史認識がフレッチャー・テーゼの展開であることは明らかであるが、スミスの『法学講義』公法論の歴史叙述や、それに対応する『国富論』第三編の議論がフレッチャーやヒュームとならんでケイムズをも下敷にしていたことは確かであるといえよう。

第六論文ではこの他にさらに腐敗慣習を是正するための「再訴答権（repledging, reclaiming）」の問題が扱われ、第七論文以降最後の第一四論文までは、「法廷史」論と、法廷における訴訟手続にからむ訴訟事件摘要書（brieves）や、不在手続、強制執行、差押え等の諸問題が論じられている。こうした『法史考』のとくに後半部の構成・内実は、『法史考』が統治論ではなく直接的な法令改革のためのコート論でしかないことを示しているが、にもかかわらず、法廷史論の議論や訴訟事件摘要書論、不在手続論の議論が『感情論』や『講義』の「正義」論の素材になっていることは明らかである。しかし、これらの主題は、商業の発展、土地の商品化に伴うエクイティの視点から展開されており、その点でわれわれにとって意味をもつので、次の衡平法論で論ずることにしよう。

三　正義と便宜の調和原理の探求

(1)　ケイムズは、『法史考』上梓の二年後、スミスの『道徳感情論』公刊の翌年の一七六〇年に、『法史考』とならぶ彼の法学上の代表作である『衡平法原理』[77]（*Principles of Equity*, 1760）を刊行している。この書物は、彼が『法史考』の法廷史論その他で実質的に考察の対象にしていたエクイティの問題を中心主題にしたものであるが、彼が『法史考』に続けて『衡平法原理』を公刊したことは、彼の関心が『法史考』の歴史的批判を踏まえた現状批判原理の構築にあったことを示すといえよう。彼は衡平法をコモン・ロー批判原理として確立することによって、『法史考』の歴史的批判をより現実化しようとしたのである。

エクイティとは、「一般の通常の法廷の職務である、より通常の法の部門」に与えられた名称であるコモン・ローに対して、「大法院の法廷に移された特別部門」の名称で、「裁判官が明確な規則よりも良心に顧みて正しいと考えるところに従って[78]」裁決する場合の法の原理に他ならない。このようなエクイティが問題になるのは、既定の法律を基準とするコモン・ロー法廷では個別の正義（エクイティ）に反する判決しかできない場合がおこるためで、法はすべての特殊の事例を網羅しえないため、その救済が衡平法法廷の課題とされることになったのである[79]。「衡平法裁判所が、第一にコモン・ローの欠陥是正のために、次に、その硬直性ないし不正義の矯正のために必要とされる[80]」所以はそこにある。

「衡平法法廷の主たる職能は、コモン・ローが救済を与えない場合にライト（正義・権利）を有効化することである[81]」が、ケイムズの衡平法原理で注目すべきは、そこで考えられている「正義の原理」が当然のことながら契約の遵守に集約されるホッブズ的意味での「交換的正義」ではなく、それとは異なる「矯正的正義」の実現が衡平法法廷の主題とされている点である[82]。「たとえば、地代が貨幣利子率をこえる場合には、購買者は当然（正当に）差額を要求しうる[83]」という。彼は、実質価値の平等、公正価格の保障をエクイティの名において要求していたのであるが、こうした衡平観念がホッブズやスミスの交換的正義の観念と異なることは明らかである。エクイティは、本来「正義の正確な配分[84]」ないし「正義の公平《インパーシャル》な配分[85]」を主題とするものとして、ホッブズ的交換的正義と異なる矯正的正義の実現、さらには配分的正義の実現を意図するものであるが、「法的行政（legal police）」の担い手としての上級裁判所は、「便宜」だけでなく、こうした「実質的正義（material justice）」の有効化に努力すべきものとされたのである。[86]

ケイムズがこのようなエクイティを主題にした一つの背景としては、[87]新しい商業関係の発展に伴って従来のコモン・ローでは上手く処理しえないケースが数多く発生した点があげられる。エクイティが公正価格の実現、取引における不正義の救済を主題とした理由はそこにある。彼は、「自然的正義」の原理に照して新しい商業関係に対応しえなくなったコモン・ローの欠陥を是正し、そのもたらす不正義を救済しようとしたのである。しかし、その結果、個別の正義の保障のみが優先し、善意の（bona fide）取引が安心して行いえなければ、商業は成り立ちうるものではない。ケイムズが『衡平法原理』の第一編で「正義の原理に基づく衡平法裁判所の権力」について詳論したのち、「効用原理に立脚する衡平裁判所の権力」[88]を第二編の主題とした根拠はそこにある。効用がエクイティの原理になるのは、商業社会では個別の正義（個々のケースにおける実質的正義の保障）よりも取引の安全の方が大切なためで、「善意の支払のケースには」「貨幣取引に自由な水路を与える方が商業社会に利益になる」[89]からである。彼が、従来のコモン・ローでは救済しえない個々人の実質的正義の回復と商業の必要に基づく便宜の原理とのバランスの必要を説いたのもそのためであった。彼は、それぞれのケースにおける実質的正義の保障をエクイティの第一原理としながらも、そのような個別の正義の強制（たとえば、「穀物とその重量単位」との実質的な平等保障）が却って取引に悪影響を与え、取引の安全を損う場合があることをみたため、[90]エクイティは正義と効用という二つの原理に基づいて考えられねばならぬとしたのである。

このようなケイムズの考え方は、彼が正義をヒューマニティその他の「自然の原理」によって基礎付けた上で、『法史考』でも問題にしていた「正義と便宜」、「衡平と便宜」[91]の調和を『衡平法原理』の中心主題としていたことを示しているといえるであろう。しかし、彼は、いまだスミスとちがって、こうした「正義と便宜」の調和原理を見出しえなかったため、正義＝エクイティの根本原理を人間の「自然の原理」に基づく自然法に求めながらも、それと商業上の必要に基づく便宜（効用）の原則とが矛盾・対立する場合には、効用が優先すると考えていたのである。たとえば、彼は『衡平法原理』の第二編の冒頭で、「正義は、権利を有効化し、悪を救済するという二つの等しく主要な事柄にかかわりがある。前者の場合には、効用が正義と合致するが、後者に関しては、効用が正義に優先する」(92)とした上で、その例に善意の支払いの場合をあげている。「ケイムズは、正義を一般諸規則の効用の犠牲にしていただけでなく、彼はさらに衡平法裁判所が個人的請求権の正義を無視して、効用原理を堅持するケースの範囲を特定化し」(93)、「エクイティが少数個人だけの利害にかかわる場合には、効用が社会全体にかかわる限り、効用に譲歩すべきである」(94)としていたのである。「ケイムズが商業国では正義の原理が効用の命令に全面的に包摂されるかも知れないことを暗示さえしていた」(95)といわれる理由はそこにある。このようなケイムズの考え方は、彼が商業社会では実質的正義は保障されなくとも、交換的正義さえ守られればよいと考えていたことを示すものといえるであろう。ケイムズは、エクイティの根本原理を（配分的）正義＝自然法に求めながらも、そうしたエクイティの原理に基づく正義の強制が却って取引の安全を阻害する場合があるため、法的行政の原理としてのエクイティは、個別の正義より、社会全体の効用＝便宜＝交換的正義を優先させる要があると考えていたのである。

このようなケイムズの思想が正義を非アリストテレス的意味での交換的正義に限定したスミスの思想に通じるものがあることは確かである。しかし「正義」の原理とその執行者としての「行政」の原理とをこのように正義＝自然法、行政＝効用という形で区分することが妥当かどうかは別問題である。既述のように、ケイムズは、『試論集』でヒュームにおける共感論と正義論との分裂を批判し、正義を道徳感覚から導いていたが、エクイティの原理も、『衡平法原理』の第二版の「予備的論説」(96)の示すように、『試論集』の道徳感覚理論に立脚するものであった。彼は、スミスと同様、「正義」を道徳感覚（共感）原理に立脚する「自然の原理」から導いていたのであるが、にもかかわらず、彼は自然の原理を「行政」の原理とすることができず、正義＝自然の原理の法＝行政の原理としての貫徹を信じることができなかったため、正義は自然法に基づくが、行政は効用によるとしたのである。ケイムズは、法の原理としての正義論と行政論とを区別し、正義は共感（道徳感覚）に基づくが、行政は効用によるとしていたのであるが、このような二分法は、ケイムズがヒュームの効用正義論、その根底をなすヒュームにおける共感論の正義論との分裂を揚棄しえず、問題を二重化しただけにすぎないことを示すものといえよう。行政＝経済の世界にも自然の原理が貫徹するとしたスミスの主題が、こうしたケイムズの矛盾・限界の克服にあったことは今や明白であるが、スミスがケイムズの『衡平法原理』の論理を前提しながら、その克服を主題としていたことは、『衡平法原理』の方法の面からも論証されうることであろう。

(2) ケイムズは、エクイティの根本原理は「個人への人間愛」その他の自然の原理に基づく「自然的正義」感にあるが、何が衡平であるかはそれぞれの特殊なケースのすべての事情（circumstances）を考慮に入れて決められなければならないとしている。彼は、人間の自然的正義感は同じでも、その表現は環境（circumstances）によってさまざまに変り「ライトは環境と共に変わる」[97]ので、人間の自然的正義感に基づくエクイティの具体的適用は、それぞれの特定のケース—環境に即して考えられねばならぬとしていたのである。しかし、「人間は偏見と誤謬に陥りやすい」し、法は「実質的に正しくとも、恣意的で」あってはならぬので、「個別のケースは、悪を矯正し、欠陥を是正するための衡平法の介入を要求するかも知れないが、」エクイティの原理は「同種のあらゆるケースに平等に適用しうる」[98]ように一般規則化されねばならぬという。このようなケイムズの考え方は、その限り共感原理に基づく法の「一般規則」化を意図したスミスの『道徳感情論』の思想と方向を同じくしているようにみえる。彼が、所有権にからむ問題は、一般規則化できるのでエクイティの対象になるが、友情や血縁にからむ問題は、一般規則化できないので除外されねばならぬとしていたことも[99]、彼が基本的にはスミスと同じような考え方をしていたことを示すものといえるであろう。

彼が「エクイティは、コモン・ローが救済しないで放置しているあらゆる法律問題に及んでいたので、エクイティの事実上の範囲を歴史的に演繹する形で同定することが可能であった[100]」として、コモン・ローの歴史的吟味を通して、エクイティの原理を導いていたのも、同じような考え方に基づくものに他ならない。彼は、「コモン・ローの正しい観念はエクイティの知識を導くであろう[101]」として、コモン・ローの歴史的演繹を通して、その彼方にほのみえる衡平法の具体的内容（一般規則）を知ろうとしたのである。ケイムズが『法史考』に続けて『衡平法原理』を執筆し、『法史考』の歴史的考察の過程で問題とされるに至ったエクイティの原理に改めて関心を示したのも、必ずしも偶然ではないのである。

このようなケイムズの方法は、スミスにおける実定法と自然法の関係に近いようにも考えられるが、ケイムズの方法は実際にはスミスの方法とは微妙な重大な差異があることが注意されねばならない。ケイムズは、コモン・ローの具体的考察からコモン・ローの「衡平法的改革[102]」原理としてのエクイティの原理を歴史的に演繹しようとしたのに対し、スミスは、共感原理に基づく法の原理の構築（TMS）の上に、具体的に規定された法の一般理論の展開（LJ）に進んでいたからである。ケイムズの方法、さらには彼の『試論集』⇒『法史考』⇒『衡平法原理』の関係が、スミスの『道徳感情論』⇒『法学講義』の主題と微妙に関連しながら、スミスとは異なる所以はここにあるが、こうしたケイムズの限界は、『衡平法原理』の決疑論的性格にも示されているといえよう。

ケイムズによれば、「衡平法裁判所の観念の理想は、疑いもなく、すべての個別のケースを、すべての事情〔環境〕

を考慮に入れながら、何が正しく、平等で、為になるかに従って決定する」[103]点にあるが、こうしたエクイティの理想を衡平法として一般規則化することは、完全には原理的に不可能である。ケイムズ自身も、一般規則化が可能な所有権法以外の、「金銭にかかわらない権利として確立されたものと、犯された不法行為の事例をすべて収集するのは、際限のない労働であり、限界がないだけではなく、役に立たないであろう」[104]ことを認めているが、所有権についても完全なエクイティは不可能である。エクイティは、本来、裁判官がすべての個別のケースにそのあらゆる事情（環境）を考慮しながら、自らの良心に従って裁判するさいの法の理念ないし根本精神に他ならず、それをコモン・ローと区別された衡平法として一般規則化することには基本的に難点があるからである。『衡平法原理』が第二版と第三版でそれぞれ可成り大幅に改訂・増補された最大の理由もそこにあったが[105]、こうしたエクイティ論の原理的難点を認識していたのがマンスフィールド（William Murray, Lord Mansfield, 1705-93）である。マンスフィールドは、「イングランドのモデルに従って独立の衡平法裁判所を設置」すべきだとのケイムズの提案に反対して、コモン・ローの訴訟はもともと「係争者の言い分に基づく訴訟（Action upon the Case）で、その基礎は、請願者が彼の特殊なケースの諸事情に基づく救済を正義とエクイティの名において求めるのが当然である点にあり」[106]、「はじめは衡平法上の規則であるものも、実践によって力を集め、コモン・ローと考えられるようになると、衡平法としての性格を失う」[107]ので、ケイムズのようにコモン・ローと衡平法を二本建にする必要はないとしていたのである。

マンスフィールドは、それよりもむしろ「衡平法の原理を科学体系にまとめ、その原理をあらゆる時代と国の事例によって説明するのが、全世界に対する法学（Jurisprudence）の課業である」[108]と考えていたのであるが、こうしたマンスフィールド的な考え方に従って、共感原理に基づく正義（エクイティ）の根本原理を明らかにした上で（TMS）、その具体的内容をケース―環境分析に即して特定化することによって、「法の一般理論」を構築しようとしたのがスミスの『法学講義』である。スミスは、共感原理に基づく法の一般規則のケース―環境分析による特定化を遂行することによってエクイティの原理の「法の科学化」を実現すると共に、法学の主題を交換的正義の諸規則にのみ限定することによって、ケイムズの衡平法論の決疑論的性格を揚棄しようとしたのである。これらの事実は、スミスの法学がケイムズの展開したスコットランド法改革の主題を継承しながら、その衡平法論のもつ基本的難点の克服をそのかくされた主題の一つにしていたことを示すものといえるであろう。

四　ケイムズ法学の常識哲学的構造とその帰結

(一)　客観主義的道徳感覚論の難点

(1)　ケイムズの『法史考』と『衡平法原理』は、このようにスミスへの道を準備するものであった。しかし、ケイムズにはスミスのような経済学はなく、七四年の『人間史素描』その他にはそれなりの経済分析や財政論が展開されているとはいえ[109]、『法史考』や『衡平法原理』にはスミスのような法学から経済学への内的移行の論理はみられない。ケイムズとスミスとの決定的な差異がそこにあることは明らかであるが、その一つの原因としては、彼が効用を正義(自然法)に優先させていたことが考えられる。効用＝行政が正義＝自然法の原理に優先し、正義＝自然法より効用が商業関係の規制原理であるとすれば、正義＝自然法の原理を知るための事物の客観的自然法則の探求は、必ずしも不可欠ではなくなるからである。しかし、上述のようなケイムズにおける経済学の生誕の論理の欠如の最大の原因は、ケイムズ法学の基底をなす彼の道徳感覚理論の客観主義的性格にあることが大きく注意される要がある。

既述のように、ケイムズは、「自然の構造」そのものの中に感覚の客観性の根拠を求め、ハチスンの「道徳感覚」理論を「共通感覚」論化することによって、道徳感覚の客観性を主張していたが、このようなケイムズの認識論に従うとき、大衆の偏見がそのまま是認される危険があることはすでにみた通りである。にもかかわらず、ケイムズは、こうした道徳感覚の主観性・相対性の問題をきびしく問いつめることなく、逆に、われわれの「共通感覚と共通感情」としての道徳感覚を実体化することによって、その客観性を論証しようとしていたのであった。たとえば、彼は、『試論集』の中で「道徳感覚は、人間の本性（自然）に根ざすものであるが、修養と教育によって大きく洗練されうる」ものであるとし、「最高度に洗練された国民が野蛮人とちがうのは、趣味《テイスト》の洗練だけである[110]」としている。彼は、未開人も、文明環境の下で教育されれば、文明人と「正邪の規則に関する意見の大いなる同一性[111]」をもちうると考えていたのである。このような思想が道徳感覚＝実体主義に立脚していることは明らかである。

彼が、「法も、規則的な規律の下にある社会状態においては、人間の能力と共に漸次的に成熟する[112]」ものであり、以前には「きびしさが必要であった」刑罰の「規則も、われわれのマナーが改善されるにつれて、漸次緩和された[113]」とする一方、「社会が進歩し、習俗が進むにつれて、洞察力が成熟し感情の繊細さが発達するため、良心を拘束するようになった多くの義務が発生した[114]」としていたことも、同じような考え方に基づくものに他ならない。ケイムズは、国や時代による道徳観念のちがいを認めながらも、「これらの事実は……何ら道徳に関する共通感覚の実在性を否定するものではなく、それらの事実はたんに道徳感覚があらゆる時代とあらゆる国々で同じように完全ではなかったことを示すにすぎない[115]」と考えていたのである。だが、すべての人間が、趣味《テイスト》を洗練《リファイン》しさえすれば、正邪の諸規則に関し同じ意見をもちうるとすれば、各人の道徳感覚がそれ自体で自己客観化されることになり、各人の道徳判断の客観性を保障するための特別の概念装置は必要ないことになるであろう。ケイムズは、道徳感覚の普遍性を論証することによって、その客観性を証明しようとしたのであるが、スミスの共感理論がこのようなケイムズの道徳感覚理論と似て非なることは明らかである。

(2)　周知のように、スミスは、道徳感覚の主観性・相対性を意識し、共感の自己偏愛性《パーシャリティ》を認めていたため、道徳判断の原理を観察者の共感に求め、両当事者の状況を考察した観察者が共感するところに道徳判断の「状況に即した適宜性（Situational Propriety）」を見出すことによって、感覚（感情）原理に立脚する道徳判断の客観性の保障を観察者の共感に求めたのであった。このような『道徳感情論』の論理が、ハチスン－ヒューム－スミスの道徳感覚理論の共通の特色をなしていた道徳感覚の主観性認識に基づくことは明らかである。スミスは、ハチスンのいう道徳感覚の認識機能に注目する反面、その主観性・相対性を意識していたため、そうした主観的な道徳感覚ないし共感感情に基づく道徳判断を客観化するため、「観察者の共感」の「状況に即した適宜性」の理論を展開したのであるが、ケイムズではなぜか「観察者」視点が影をひそめている。この点は、ハチスン－ヒューム－スミスの道徳感覚（⇒共感）理論とケイムズの道徳感覚《モラルセンス》＝共通感覚《コモンセンス》理論との相違点として大きく注目さるべき点であるが[116]、その原因は、ケイムズの場合には、共通感覚としての道徳感覚の実体的客観性の論証に主眼がおかれていたため、スミスがしたような「観察者の共感」それ自体の主観性を揚棄するためのケース－環境分析はもとより、観察者視点自体がとくに必要とならなかったためであるといえるであろう。ケイムズにおいては、道徳感覚理論から社会理論が出てくる必然性がなく、客観分析が行われる場合にも、道徳感覚分析と客観環境分析とが有機的に結合したものとならず、道徳感覚理論と客観分析とが遊離したままにとどまっていた根拠はそこにある。

こうした客観主義的道徳感覚理論の性格に対応するのが、ケイムズにおけるケース－環境分析の実態である。ケイムズは既述のように『衡平法原理』で徹底した決疑論的ケース－環境分析を行っていたが、『法史考』でもケース用語を頻用し、「問題をちがった環境において考察するため、ケースを逆にして」[117]というような環境分析的手法を展開している。しかし、その実態は、個々の訴訟に伴う個別のケースの決疑論的事情《サーカムスタンス》（環境）分析でしかなく、スミスのそれのように道徳感覚分析に媒介されたものではない。

ケイムズももとより、環境による道徳感覚の差異を認め、未開社会における子売り、子棄ての例にみられるような道徳観念の相対性を承認しているだけでなく、[118]『法史考』にみられるように、そうした歴史的事情の差異を明らかにするための環境分析をも行っている。ケイムズが、既述のように、未開―文明の対比的考察を行い、不十分ながら四段階分析を展開したのも、そのためであった。しかし、ケイムズの歴史分析は、スミスのそれのようにステージによる「道徳感情」の差異の原因を共感原理に基づく法のケース―環境分析を通して明らかにしようとしたものではなく、それぞれの社会や時代における「道徳感覚」の差異の原因を趣味《テイスト》や〝観念〟の洗練度の差異に求めるだけにすぎないものであった。たとえば、彼は、スミスと同様、未開社会では近代社会とちがって、所有権が所持《ポゼッション》と不可分であったことを認めながら、その根拠を未開社会における抽象思考の欠如に求めている。[119] 同様に、未開人と文明人の徳性（仁愛感情や公共善に関する感覚《テイスト》等）の差異も、「複合・一般観念」の有無で説明されている。[120]

このようなケイムズの思想は、ケイムズがいまだ多分に観念的で、道徳観念の差異の原因を環境そのものの道徳感覚・社会科学的分析を通して明らかにする視点に欠けていたことを示しているが、その根本原因が彼の客観主義的道徳感覚論にあったことは明らかである。スミスは、道徳感覚の認識機能に着目する反面、その主観性・相対性をつよく意識していたため、ホーコンセンも認めるように、公平な観察者の共感に基づく法の客観性を検証するため「精密な社会・歴史理論を作り出さねばならなかった」のに対し、ケイムズは、リードやD・ステュアートと同様、「楽観的客観主義」をとっていたため、「主体の道徳的力能[121]」の論証（存在証明）に力をそそぎ、「道徳感覚」に基づく道徳判断を客観化するための環境分析は中途で放棄してしまったのである。

ケイムズがスミスに先立って詳細な法の自然史を展開し、スミスと同じ歴史的批判を行いながら、それがスミスのように経済学の生誕に結びつくことなく、たんなる封建的慣習批判ないし趣味と行儀（taste & manners）の洗練論にとどまった最大の理由はそこにある。ケイムズは、道徳感覚の主観性克服の道を道徳感覚の実体的客観性論証（「主体の道徳的力能」の存在証明）に求めたため、道徳感覚に基づく法のケース―環境分析や歴史的対比分析をそれなりに行いながらも、それを道徳感覚に基づく自然法の特定化のための環境の科学的客観分析にまで深めることができず、問題を観念、行儀《マナー》、趣味《テイスト》のレヴェルで処理する他なかったのである。法の歴史的批判を意図したケイムズの法学が、スミスのような共感原理に基づく法の科学的自然法則分析に進むことなく、所詮は万人共通の「正邪の共通感覚」としての常識による法批判でしかないと断定せざるをえない理由はここにある。ケイムズは、ハチスンやスミスと同様、正義＝自然法の認識原理を道徳感覚に求めながらも、ヒュームやスミスのようにその認識機能に着目せず、逆に、道徳感覚をより実体概念化する方向に進んだため、個々人の良心、人間愛《ヒューマニティ》、常識《コモンセンス》を基準にして法現象を歴史的に批判するだけに満足し、そうした個々人の良心、人間愛、常識に基づくエクイティの原理が必ずしも科学的客観性をもちえぬ「大衆の偏見」にとどまることを知らなかったのである。スミスの『道徳感情論』と『法学講義』がこうしたケイムズ法学の常識哲学的帰結に対する批判を隠された主題の一つにするものであったことは今や明白である。スミスは、ケイムズ法学の基礎をなすその共通感覚認識論の常識哲学的帰結に批判の目を向け、道徳感覚《モラルセンス》の共通感覚《コモンセンス》＝常識化⇒大衆の偏見に対し、道徳感覚（共感）⇒法の科学的認識の道の探求を『感情論』第五部の慣習批判と、それを基軸とする『法学講義』の主題としたのである。

共通感覚原理に立脚するケイムズ法学は、スミスのそれと似て非なる構造をもっていたのであるが、ケイムズが

『法史考』や『衡平法原理』で所有権その他の権利の成立を商業社会の発展と関連させて考察しながら、そこからスミスのように経済学的考察に進むことなく、逆に、法学と経済学（道徳感覚に基づく正義＝自然法学と効用＝便宜＝商業＝経済の原理）とが分裂したままにすぎたのも、こうしたケイムズの道徳感覚理論の共通感覚論的性格と関連があったといえよう。スミスの社会科学体系には一貫して人間が生きているのに、ケイムズの場合には人間が不在な理由もそこにある。スミスの社会理論は道徳感覚の客観性論証の手段であったため、そこには常に社会認識の主体としての人間が生きているのに対し、ケイムズの思想世界では、道徳感覚が社会分析のベースにならず、道徳感覚原理に立脚する正義＝自然法の世界と、効用原理に立脚する経済世界とが分裂したままにとどまっていたからである。リードやD・ステュアートにおける道徳哲学と自然法学と経済学との分裂、ないし、道徳哲学から経済学への外的移行は、こうした常識哲学の論理の論理的帰結であったと考えられるが、ケイムズは、上述のような正義論＝自然法学と効用原理＝経済学との分裂、ないし、商業社会における効用原理の優越の現実の中で、正義の担い手としての「趣味と行儀」の腐敗をなげくこととなったのであった。彼が『感情論』や『講義』の原理となった欺瞞論や法批判の論理を展開しながら、それを社会科学にまで深めることができずに、逆に、後年の『人間史素描』の奢侈論その他にみられるようなすぐれてシヴィク的な奢侈⇒腐敗論を展開し、商業の道徳性を否定した理由はそこにある。(122) ケイムズは、商業社会における便宜＝効用の原理と正義・道徳・自然法の原理との分裂・対立を揚棄し、正義・自然法と効用の二つの原理を統合する論理を見出しえなかったため、『人間史素描』では、衡平法裁判所が「商業と富」にのみ奉仕するとき、必然的に「奢侈と腐敗」を結果せざるをえないと考えたのである。(123) こうしたケイムズの思想に集約される当時のスコットランド思想家の共通のパラドックスを揚棄し、商業人の徳＝（交換的）正義の原理を共感原理によって基礎付けると共に、商業社会の論理そのものを自然の原理から導いたのがスミスであることはいうまでもない。

㈡　ハチスン・ケイムズ・スミス関係の動態

(1)　D・フォーブズは、「ケイムズの『道徳・自然宗教試論集』は、少なくとも論理的にはヒュームとスミスの間の一種の中継点であり、『道徳感情論』を先取りする点が多い」[124]としているが、『法史考』や『衡平法原理』も、上述のごとくスミスの思想形成と密接な関係があり、スミスの『道徳感情論』と『法学講義』の議論に素材を提供し、その論理構成の下敷になっている。スミスの思想の文脈《コンテクスト》分析、とりわけ、スミスが当面していた時代の共通課題やスミス用語の概念内容理解にケイムズに関する知識が不可欠な所以はそこにある。[125]スミスは、ケイムズから、ハチスン―ヒュームの正義論批判や欺瞞論の主題と方向だけでなく、より実践的な法学批判の課題や方法等をも鼓吹されていたのであり、スミスがケイムズの主題を自らのライトモティーフとして、ケイムズが展開した主題をより深化しようとしていたことは確かである。スミスの思想主題と方法に大きな影響を与え、その方向を規定していたのは、その限りでは他の誰よりもケイムズであったということさえ許されよう。

(2)　しかし、こうした課題と方法の親近性にもかかわらず、それとは裏腹に、両者の間には既述のような微妙な重大な差異が存在したことも、否定しえない事実であった。その根本原因は、ケイムズが法・正義の根本原理としての道徳感覚の主観性揚棄の道を道徳感覚《モラルセンス》の共通感覚《コモンセンス》化に求めたのに対し、スミスが『感情論』から『国富論』に至る過程で新しい社会認識の論理を構築した点にあるが、スミスにこの論理を鼓吹したのは、ハチスン、ヒュームの道徳感覚理論であった。『試論集』と『感情論』、『法史考』と『講義』の親近性にもかかわらず、ケイムズ⇓スミス関係にではなく、ハチスン⇓ヒューム⇓スミスの線に『感情論』から『国富論』に至るスミスの思想形成の基軸が求められねばならぬ第一の理由はそこにある。

スミスの論理はハチスン、ヒュームの継承であり、『感情論』の方法は最も本質的な点では『試論集』の認識論とは対立関係にあったのであるが、ケイムズとハチスン―ヒューム―スミスとでは、方法だけでなく、厳密には主題もちがうことが注意されねばならない。ケイムズ法学の主題は、一言でいえば、スコットランドの法令改革に自然法学の原理を適用することによって、合邦以来のスコットランド社会の当面していた共通の思想主題であった「政治制度と経済発展との潜在的矛盾関係[126]」を解決する点にあったが、その実態は、スコットランド法の制度的改革ないし法慣習批判という、限定された制度改革論の枠をこえるものではなかったのであった。ケイムズが統治論をそれとして考察したのは、七四年の『人間史素描』においてであり、『法史考』と『衡平法原理』の主題は、所詮はたんなる法廷の訴訟手続論ないしコモン・ローの衡平法的改革論でしかなかったことが、その何よりの証左である。スミスの『法学講義』はこれに対して、ハチスンの『道徳哲学体系』の批判的注解を基軸とするものとして、ハチスンが依拠していたプーフェンドルフとロックに代表される近代自然法学の道徳感覚（共感）論的再構成による法の一般理論の構築を主題としたものであった。『法学講義』Aノートが法制史的歴史叙述を主とした『法史考』やコモン・ローの欠陥是正を目的とした『衡平法原理』とちがって、「法と統治の一般原理論」（LJ(B), 5）の展開を意図したものとして、所有権論からはじまる私法⇒家族法⇒公法論の主題をハチスンの『道徳哲学体系』の編別構成に従ってそれなりに体系的に考察しようとしていたことも、こうした両者の主題と対象のちがいを示すものといえるであろう。ケイムズの『法史考』と『衡平法原理』は、実質的には既述のように『法学講義』のライトモティーフを構成していたのではないかと考えられるほど、『講義』の主題と外見よりはるかに大きな実質的関連をもちながらも、所詮はスミスの『講義』とは本質的に異なるスコットランドの法改革をめぐる議論の枠を超えるものではなく、『講義』の主題と枠組を基本的に規定していたのは、ケイムズではなく、あくまでもハチスンであったのである。

スミスの自然法学の意義と特色は、こうした法の一般理論が、ハチスンの場合にみられたような著者の実践ないしイデオロギーと遊離したたんなる抽象理論としてではなく、ケイムズと同じ商業化の進行に伴うスコットランドの法改革の主題、そこにおける「富と徳性」の対立問題を踏まえながら、そうした当時のスコットランド社会の当面していた特殊具体的な実践課題に対する理論的解答として展開されている点にある。ケイムズは、その点、スコットランド法改革の根本原理としてのエクイティの原理を道徳感覚原理に基づく正義＝自然法に求め、その原理に基づくコモン・ロー改革を志向しながらも、問題をいまだスミスのように自然法の原理そのものの理論的再構築（共感原理に基づく特定自然法論の展開）による歴史的現状批判の論理にまで高めることができなかったため、所詮はスコッツ法の歴史的批判、ないしコモン・ローの衡平法的改革という特殊性の原理にとどまらざるをえなかったのであった。スミスは、これに対し、こうしたスコットランドの法改革問題をスコットランド社会の当面する共通の思想主題として受けとめながら、共感的方法による自然法学の再構築を試みることによって、フレッチャー以来のスコットランドの思想家の共通の実践課題であった「祖国の経済的・政治的発展」(127)の問題に理論的に答えようとしたのである。スミスの『法学講義』や『国富論』がすぐれて理論的＝実践的性格をもっていたことの一つの背景はここにあるといえよう。スミスは、ケイムズから自らの思想の実践的課題を学びながらも、ケイムズ法学の常識哲学的限界を揚棄する契機をハチスン—ヒュームの「道徳感覚」理論の批判的再構成に求めることを通して、自らの思想を形成していったのである。経済学の生誕に集約されるスミスの思想形成過程におけるケイムズ理論の決定的重要性にもかかわらず、ケイムズではなくハチスンが、『道徳感情論』から『法学講義』をへて『国富論』に至るスミスの思想形成の根幹をなすものとして、スミス研究の出発点におかれねばならぬ所以はそこにある。

(1) ケイムズの著作と、主要著作の各版の差異については、拙稿「ケイムズ研究事始」一橋大学社会科学古典資料センター年報、第七号、一九八七年、一六一―二〇ページ参照。

（2）Cf. Lehmann, W.C.: *Henry Home, Lord Kames, and the Scottish Enlightenment*, the Hague, 1971. Ross, I.S.: *Lord Kames and the Scotland of his Day*, Oxford, 1972.

（3）Norton, D.F.: *David Hume, Common-Sense Moralist, Sceptical Metaphysician*, Princeton, 1982, p. 175

（4）常識哲学は、D・ステュアートの場合に最も典型的に示されているように、㋑シャフツベリ、ハチスン、ヒューム、スミスの道徳感覚理論の主観主義と、㋺マンドヴィルの相対主義と、㋩クラーク、カドワース、ウォラストンらの合理主義を批判の対象にしていたといわれるが（Cf. Haakonssen, K.: From Moral Philosophy to Political Economy, The contribution of Dugald Stewart, in *Philosophers of the Scottish Enlightenment*, ed. by V. Hope, Edinburgh, 1984, p. 213）、このうち㋺、㋩はすでにハチスンが批判対象にしていた点であるので、ケイムズが主たる批判対象にしたのは、㋑のハチスン、ヒューム、スミスの道徳感覚理論の主観主義であったといえよう。

（5）Kames: *Essays on the Principles of Morality and Natural Religion*, Edinburgh, 1751, Garland Rep., p. 63, Cf. p. 76.

（6）Norton, *op. cit.*, p. 176.

（7）ターンブルについては、Cf. McCosh, J.: *The Scottish Philosophy Biographical, Expository, Critical, from Hutcheson to Hamilton*, London, 1875, pp. 95-106. Norton: The Providential Naturalism of Turnbull and Kames, in Norton, *op. cit.*, Ch. 4.

（8）Cf. Kames, *op. cit.*, pp. 143-144.

（9）Lieberman, D.: The legal needs of a commerical society: the jurisprudence of Lord Kames, in *Wealth & Virtue, The Shaping of Political Economy in the Scottish Enlightenment*, ed. by I. Hont & M. Ignatieff, Camb., 1983, pp. 210-211.

（10）Kames, *op. cit.*, p. 61.

（11）*Ibid.*, p. 66.

（12）*Ibid.*, pp. 69, 72.

（13）Cf. TMS, p. 80 note.

（14）Forbes, D.: Hume and the Scottish Enlightenment, in *Philosophers of the Enlightenment*, ed. by S. C. Brown, Sussex,

1979, p. 97.

(15) Kames, *op. cit.*, p. 104.

(16) *Ibid.*, p. 105.

(17) *Ibid.*, p. 112.

(18) *Ibid.*, pp. 112-113.

(19) Forbes, D.: Natural Law and the Scottish Enlightenment, in *The Origins & Nature of the Scottish Enlightenment*, Essays ed. by R. H. Campbell & A. S. Skinner, Edinburgh, 1982, p. 200.

(20) Kames, *op. cit.*, p. 240.

(21) *Ibid.*, p. 238.

(22) *Ibid.*, p. 227.

(23) 篠原久『アダム・スミスと常識哲学』一九八六年、第四章参照。

(24) Kames, *op. cit.*, pp. 239-240.

(25) 拙稿「治政論の出自と分業論の成立」一橋大学研究年報社会学研究、二三号、八九—九〇ページ。篠原久、前掲書、一一二ページ。天羽康夫「スミス『天文学史』についての一考察」高知大学学術研究報告、第二五巻、社会科学第七号等参照。

(26) このような視角は只腰親和氏ももっておられるので、この主題の認識論的論証は同氏の展開に期待したい。

(27) Cf. Kames, *op. cit.*, pp. 76 ff., 90.

(28) *Ibid.*, p. 128.

(29) Cf. *Ibid.*, pp. 129-130.

(30) Kames: *Principles of Equity*, Edinburgh, 1760, p. 10.

(31) Cf. F. Hutcheson: *A Short Introduction to Moral Philosophy*, Glasgow, 1747, p. 122. do., *A System of Moral Philosophy*, London, 1755, pp. 257-9.

(32) 『国富論』の中心主題がこの点にあった次第については、Cf. Hont, I. & Ignatieff, M.: Needs and justice in the Wealth of Nations, in *Wealth & Virtue*, pp. 1-44.

(33) Cf. Forbes, op. cit., p. 199.

(34) スミスが『国富論』において交換的正義の支配下における配分的正義の自動的実現論証を主題とした一つの内面的理由としては、ヒュームにおける共感論と正義論との分裂の揚棄を意図した『法学講義』におけるスミス自身の共感⇒正義論の挫折があったと考えられるが、この点の具体的論証は別稿にゆずる他ない。

(35) たとえば、「もし人が石の落下その他の事故で殺されたら、死の素因となったものは破壊される」（Kames: *Historical Law-Tracts*, Edinburgh, 2nd ed. 1761, p. 8）という言葉に象徴されるその前後の『法史考』刑法論の議論を『道徳感情論』のそれと対比してみられたい。

(36) Cf. Norton, *op. cit.*, ch. 4, esp., p. 190.

(37) Cf. Kames: *Essays on the Principles of Morality & Natural Religion*, pp. 151-218, esp., 152-155, 188-190. フォーブズも、スミスの欺瞞論が「ケイムズの自由と必然論の一部である」（Forbes, op. cit., p. 204 note.）ことを認めている。なお、こうしたケイムズの欺瞞論と『道徳感情論』のそれとの関連・継承関係の考察に当っては、五一年の『試論集』の初版と五八年の第二版の欺瞞論との差異にも注意が肝要で、二版では本文がかなり改稿されている他、一五ページに及ぶ「追加」が付加されている。この改訂・増補がケイムズ―スミスの交遊関係と思想展開の中でどのような意味をもつか、興味深い主題であるが、この点の解明は他日に期する他はない。

(38) Kames, *op. cit.*, p. 91.

(39) *Ibid.*, p. 125. TMS の編者も、TMS の「悔恨」論がケイムズの影響であることを認めている。Cf. TMS, p. 85 note.

(40) ケイムズの法学関係の著作としては、*Essays upon Several Subjects in Law*, 1732. *Principles of the Law of Scotland*, 1754. *Historical Law-Tracts*, 1758. *Principles of Equity*, 1760. *Elucidations respecting the Common & Statute Law of Scotland*, 1777 以外に、*Essays upon Several Subjects concerning British Antiquities*, 1747 があげられるが、その他に資料集、*Remarkable Decisions of the Court of Session ; 1716-28*, 1728. *Decisions of the Court of Session from its First Institution to the Present Time*, 1741. *The Statute Laws of Scotland*, 1757. *Remarkable Decisions of the Court of Sessions : 1730-52*, 1766. *Select Decisions of the Court of Session : 1752-68*, 1780 がある。

(41) Cf. Lieberman, op. cit., p. 203.

(42) Cf. Kames: *Historical Law-Tracts*, pp. xii, xiv.

(43) Cf. Lehmann, *op. cit.*, pp. 197-98. ロスは、もっと立入って、五四年一〇月一七日付のハードウィク（Hardwicke）のケイムズ宛手紙を根拠に、合邦に伴う両国の法統一の必要が、刑法論から『法史考』をはじめ、限嗣封土権問題を主要主題とした理由であった次第を明らかにしている。Cf. Ross, *op. cit.*, pp. 206-7.

(44) Kames, *op. cit.*, p. v.（傍点引用者）

(45) *Ibid.*, p. ix.

(46) Cf. Stewart, D: *Biographical Memoir of Adam Smith*, in Adam Smith: *Essays on Philosophical Subjects*, ed. by Wightman, Bryce & Ross, Oxford, 1980, pp. 294-295. 福鎌忠恕訳『アダム・スミスの生涯と著作』三八―四〇ページ参照。

(47) Dalrymple, John: *An Essay towards a General History of Feudal Property*, 2nd ed., London, 1758, p. vii. なお、この書物については、田中秀夫「サー・ジョン・ダルリンプルの封建社会論と限嗣封土権論争」彦根論叢、第二三四・二三五号に詳しい紹介と論及がある。

(48) Cf. Ross, *op. cit.*, pp. 204-5.

(49) Cf. Dalrymple, *op. cit.*, pp. iii-iv.

(50) Cf. Dalrymple, John: *Considerations upon the Policy of Entails in Great Britain, Occasioned by a Scheme to apply for a Statute to let the Entails of Scotland die out, on the demise of the Possessors & Heirs now existing*, Edinburgh, 1764. pp. 5-118. 田中秀夫「一八世紀スコットランドの限嗣封土権問題とケイムズ卿（下）」甲南経済学論集、二七巻三号、一九八六年、九三ページ以下参照。

(51) Kames: *Essays upon Several Subjects concerning British Antiquities*, 2nd ed., London, 1749, pp. 154-155.

(52) Cf. Kames: *Historical Law-Tracts*, pp. 55, 98, 160, 286, 287, 293-4, 295-6, 391 etc.

(53) たとえば、『法史考』では、originally 用語は、六〇ページ以上、at first 用語は、二〇ページ以上にわたって使われている。

(54) Kames, *op. cit.*, pp. 160-161.

(55) Cf. *Ibid.*, pp. 13, 57, 61 note, 195, 207-8, 283-4.

(56) Cf. *Ibid.*, pp. 50-51, 59-60, 81-96, 195, 207-8. 四段階論は、ケイムズの回りに集った思想家が展開したといわれる。ダルリンプルも、『法史考』に先立って、その原型的な四段階論を展開しているが（Cf. John Dalrymple: *An Essay towards a general History of Feudal Property*, pp. 76-78.）、「所有関係の四段階的発展に関する一般観念の最初の英文論説」を展開したのは、ステア（James Dalrymple, Lord Stair: *The Institutions of the Law of Scotland*, 1681）であったといわれる。Cf. MacCormick, N.: Law and Enlightenment, in *The Origins & Nature of the Scottish Enlightenment*, p. 160.

(57) Cf. John Dalrymple, *op. cit.*, pp. 76-78.

(58) Cf. Lehmann, *op. cit.*, pp. 184-5. Ross, *op. cit.*, p. 209.

(59) Cf. Kames, *op. cit.*, pp. 81-96.

(60) Lehmann, *op. cit.*, p. 210.

(61) Kames: *Select Decisions of the Court of Session, from the Year 1752 to the Year 1768*, 2nd ed. Edinburgh, 1799, p. iii, cited in Lieberman, op. cit., p. 209.

(62) Cf. Lieberman, op. cit., pp. 209-210.

(63) Tytler, A. F.: *Memoirs of the Life and Writings of the Honourable Henry Home of Kames*, Edinburgh, 1807, Vol. I, p. 156.

(64) ヒュームは、その点、D・フォーブズの指摘するように、より伝統自然法的であったことに注意されたい。Cf. Forbes, *op. cit.*, pp. 200-201.

(65) Kames: *Historical Law-Tracts*, p. 13.

(66) *Ibid.*, p. 99.

(67) Cf. *Ibid.*, p. 116.

(68) *Ibid.*, p. 129.

(69) Cf. Lieberman, op. cit., pp. 215-217.

(70) Kames, *op. cit.*, p. 129.

(71) *Ibid.*, p. 143.

(72) *Ibid.*, p. 186.

(73) Ross, *op. cit.*, p. 206, Cf. p. 210.

(74) Cf. Kames, *op. cit.*, p. 150 f.

(75) 拙稿「『法学講義』治政論の主題と構造」一橋大学社会学研究 24 一九八六年、一一五ページ参照。

(76) Cf. Kames, *op. cit.*, pp. 190-194.

(77) 『衡平法原理』は、一―二―三版の間に拙稿「ケイムズ研究事始」一九ページで紹介したような大きな差異があるが、本稿はスミスとの関係を主題としているので、初版を基準に引用し、必要に応じ二版を使用した個所はその旨表示する。

(78) Kames : *Principles of Equity*, p. iii.

(79) Cf. Lehmann, *op. cit.*, pp. 199-200.

(80) Kames, *op. cit.*, p. 1.

(81) *Ibid.*, p. 45.

(82) 周知のように、アリストテレスは、『ニコマコス倫理学』（高田三郎訳）第五巻で正義を「遵法」を旨とするものと「均等」を原理とするものに大別し、後者の「狭義の正義」をさらに「配分的正義」と「調整的正義（diortotikon dikaion）」とに分けている。この最後の調整（匡正）的正義は、取引における利害の得失に過不足のないように調整し、被害を救済することを意図したもので、「交換的正義（justitia commutativa）」とも訳される（加藤新平『法哲学概論』四四一―六ページ参照）。ケイムズがこうしたアリストテレス的正義概念に従って、正義の主要な課題を配分的正義と矯正的正義の実現に求め、交換における「実質的正義」の実現（実質価値の均等）をエクイティの名において要求していたことは明らかである。これに対し、スミスも、上述のアリストテレスの分類に従って、正義を交換的正義と配分的正義とに大別しているが（Cf. TMS, VII. ii. 1. 10）、スミスのいう交換的正義は、他人の権利の不侵害ないし契約遵守で、アリストテレスやケイムズのように交換における実質価値の均等を意図したものではない。スミスは、「交換的正義」を「売買における信約の遂行」（Hobbes : *Leviathan*, Rep. of 1651 ed., p. 115）と規定したホッブズに従って、正義を契約遵守ないし不侵害に限定し、実質価値の均等としての匡正的・調整的正義の実現は、正義論の主題から排除していたのである。スミスの正義論は、ホッブズ的意味での交換的正義論を主体とするものであったのであるが、このスミスの正義論が、正義の主題をアリストテレス的な「均等」実現に求めていたハチスン―ケイムズ的正義論の批判にあったことは明らかである。スミスは、ホッブズに従って正義論の直接の主題を不侵害＝交換的正義に限定することによって、「均等」ないしエクイティ実現のための法の介入を当然視していたハチスンやケイムズの正義観を批判すると共に、ケイムズにおける正義＝エクイティと効用《ユーティリティ》との矛盾を揚棄しようとしたのである。

（83） Kames, *op. cit.*, p. 49.

（84） Lehmann, *op. cit.*, p. 212.

（85） Kames : *Historical Law-Tracts*, p. 260.

（86） Cf. *Ibid.*, pp. 259-260, 374. ケイムズは、「公共的行政の部門で正義の配分ほど重要性の大きい部門はない」（*Ibid.*, p. 194）として、行政が配分的正義を主題とすることを暗示しているが、彼はそれを立法府の機能に限定し、裁判所は「権利を有効化し、悪を矯正する」という矯正的機能をもつだけで十分であると考えたのである。Cf. Ross, *op. cit.*, p. 236.

（87） 衡平法論の先駆としては、ステア、ローマ法、バンクトン（Andrew McDouall, Lord Bankton, 1685-1760）、ならびに、イングランドの先駆的諸業績がある。その中でもバロー（Henry Ballow, 1707-82）の『衡平法論』（*A Treatise of Equity*, 1737）は、ケイムズのそれに直接先立つものとして注目される。Cf. Ross, *op. cit.*, pp. 228-230.

（88） Kames : *Principles, of Equity*, pp. 1, 173.

（89） *Ibid.*, p. 187.

（90） Cf. *Ibid.*, e.g. p. 187.

（91） Kames : *Historical Law-Tracts*, pp. 299, 358, 368, 382.

（92） Kames : *Principles of Equity*, p. 173.

（93） Lieberman, op. cit., p. 233.

（94） Kames, *op. cit.*, p. xii.

（95） Lieberman, op. cit., p. 233.

（96） Cf. Kames : *Principles of Equity*, 2nd ed. Edinburgh, 1767, pp. 1-37.

（97） Kames : *Principles of Equity*, 1st. ed. 1760, p. xii.

（98） *Ibid.*, p. x.

（99） Cf. *Ibid.*, p. xi.

（100） Lieberman, op. cit., p. 228.

（101） Ross, *op. cit.*, p. 231.

（102） Lieberman, op. cit., p. 229.

（103） Kames, *op. cit.*, p. x.（傍点引用者）

（104） *Ibid.*, p. 164.

（105） 拙稿「ケイムズ研究事始」一九ページ参照。

（106） Ross, *op. cit.*, p. 242.

（107） Kames, *op. cit.*, p. xiii.

（108） Ross, *op. cit.*, p. 242.

（109） ケイムズの経済思想については、田中秀夫「エコノミストとしてのケイムズ卿」甲南経済学論集、二七巻四号、一九八七年参照。

（110） Kames: *Essays on the Principles of Morality & Natural Rgligion*, pp. 143, 144.

（111） Kames: *Equity*, 2nd ed., p. 8.

（112） Kames: *Equity*, 1st ed., p. iv.

（113） Kames: *Historical Law-Tracts*, p. 47 note.

（114） Kames: *Equity*, 1st ed., p. iv.

（115） Kames: *Equity*, 2nd ed., p. 8.

（116） 「観察者」論は、「道徳感覚」の認識機能とその主観性を意識していたハチスン―ヒューム―スミスの道徳感覚論の共通の特色であり、スミスの道徳哲学は「ハチスンとヒュームの観察者理論の小変形というより、むしろそれを大きく改善したものである」（Hope, V.: Smith's Demigod, in *Philosophers of the Scottish Enlightenment*, ed. by V. Hope, Edinburgh, 1984, p. 157）ことに注意されたい。

（117） Kames: *Historical Law-Tracts*, p. 250.

（118） Cf. Kames: *Equity*, 2nd ed., p. 8.

（119） Cf. Kames: *Historical Law-Tracts*, p. 82.

（120） Cf. Kames: *Essays*, p. 142.

（121） Cf. Haakonseen, K.: From Moral Philosophy to Political Economy: p. 218. ホーコンセンは、「スミスが、主観主義に有利になるように徹底的にカードをそろえるために社会的道徳の実態を、究極的には公平な観察者の理想道徳をもうまく処理しうる精緻な社会・歴史理論を産出しなければならなかったのに対し、ステュアートの道徳観の楽観的客観主義は、説明の負担をすべて主体の道徳能力に課するように彼を導いた」（*Ibid.*, p. 218）とのべているが、この見解は本書の見解を基本的に傍証するものと考えられる。共感の主観性認識がスミスにおける歴史的環境分析を必然ならしめ、それが経済学の生誕を導いたというのが、本書の基本見解であるからである。

（122） Cf. Kames: *Sketches of the History of Man*, Edinburgh, 1774. Lieberman, op. cit., pp. 222, 233.

（123） Cf. Kames, *op. cit.*, e.g., Vol. I, pp. 351-3. Lieberman, op. cit., p. 233. ケイムズは、既述のように、道徳感覚に基づく正義＝自然法と効用をエクイティの二つの原理としながら、商業社会においては便宜＝効用原理が正義に優先するとして、経済世界における効用原理の事実上の支配・優越を認めていたが、道徳感覚⇒正義＝自然法論と効用＝行政＝経済論とがこのように二分され、しかも、後者が前者に優先するとされるとき、道徳感覚原理を欠いた効用原理の支配する経済世界が「奢侈と腐敗」の世界とならざるをえないと考えられるのは、当然であろう。これに対し、スミスは、共感⇒正義＝自然法のうちに経済世界にも妥当する事物の論理をみたため、道徳感覚⇒正義＝自然法の論理と経済の論理とが分裂することなく、前者のうちに後者の経済世界の倫理と論理を見出すことができたのではないか。ケイムズが欺瞞論を展開しながら腐敗を非難したのに対し、ケイムズにおける正義論と行政＝効用論の分離・分裂を揚棄したスミスは、法と道徳と経済を統一的にとらえることができたため、商業社会の道徳性に基本的な信頼をおくことができたのである。

（124） Forbes, op. cit., p. 204 note.

（125） スミスにおける natural justice, public police, principles, faculties 等の用語の意味・用法も、ケイムズを間にはさんでみると、その意味・内容がより具体的に知られることであろう。

（126） Robertson, J.: The Scottish Enlightenment at the limits of the civic tradition, in *Wealth & Virtue*, p. 137.

（127） Robertson, op. cit., p. 151.

（初出　神奈川法学　二二巻三号　一九八七年）

第三章　アダム・スミスと自然法学

一　スミスにおける自然法の伝統

(1)　W・R・スコットの考証によれば、「スミスは十五歳頃グロティウスを読んでいた」とのことであるが、「同じ時期に彼の先生のフランシス・ハチスンは、彼の教科書の一つとして、前任者のカーマイケル（Gershom Carmichael）の編集したプーフェンドルフの『人間と市民の義務について』を使っていた(1)」といわれる。これらの事実は、「彼〔スミス〕が十七歳以前にすでに自然法の概念に若干通じていた(2)」ことを示しているが、スミスが四八年から五〇年にかけてエディンバラで行った文学を主体としたいわゆるエディンバラ講義も、その最終コースは法学を主とするものであったといわれている(3)。このエディンバラ講義の名声が機縁となって、五一年にグラスゴウ大学教授になったスミスは、はじめ修辞学と文学を含む論理学の講座を担当したが、その他にさらに「法学と政治学とをその年の題目にして」「クレーギー教授の代講」をしてほしいという要請をも「自分としてもそれが最も都合のよい題目だ(4)」として、その仕事をも引受けたのであった。翌五二年からグラスゴウの道徳哲学教授としてスミスが行った道徳哲学講義の内容が自然神学・倫理学・法学とその一部としての経済学からなっていたことは、ミラーの証言によって知られる周知の事柄であるが、スコットによれば、彼は五五年までのグラスゴウの初期の時代には文学や哲学に関する一般的な読書とならんで、法学と経済学に関心をもち、その研究を続けていたとのことである。(5) その彼が「ほぼ一七五五年から一七五九年までの次の四年間、主として『道徳感情論』の著述と公刊に専念した」(6) のは、なぜであったのか。その点をしっかりと見据えておくことは、スミス理解の一つのポイントをなすと考えられるが、彼は『感情論』完成後の一七五九年から六三年までのグラスゴウ時代の第三期には再び「経済学を含む法学」の研究に専念し、ステュアートの回想によれば、「道徳哲学の講義をするさいにも、倫理学に関しては簡単な梗概で満足し、残りの時間は法学についやしていた」(7) といわれる。彼は、『感情論』以後、その最大の関心を『感情論』末尾の予告の示すように法学に集中していたのであるが、彼がそこで五五年にはじめて刊行されたハチスンの『道徳哲学体系』の批判的注解を意図し、ケイムズの『法史考』その他とならんで、ハチスンの「『体系』を自分の講義の準備をするさいの基本プランとして使っていたかも知れない」(8) ということは十分考えられうることであろう。

(2) その講義内容としてわれわれに残されているのが『法学講義』のA―B両ノートである。この二つのノートが当時のスミスの法学に関する思想を知る最大の手掛りをなすものであることはいうまでもないが、彼が六二―六三年(おそらくは、その年度まで)の講義で採用していたAノートの編別構成と方法は自然法の発生史的方法と親近性をもつものであった。それは、スミスがたまたまハチスンの『体系』の編別構成に従ったためであったとも考えられないではないが、しかし、こうしたスミス思想の自然法的枠組は決してAノートのみのことではない。たとえば、スミスの倫理学上の主著といわれる『道徳感情論』も、決して近代自然法の論理と無関係に成立したものではなく、実際にはむしろ自然法の論理をその思想の根本前提にするものとして、自然法が「法と統治」の根源としていた「人間」そのものの共感論的とらえ直しによる法と統治の原理の発生的再構成を意図したものであった。近代自然法は、「政治社会」の原理をその構成要素としての「人間」にまで分解（還元）し、その上に改めて総合（再構成）する、いわゆる分解―総合法に基づいて、その上に政治社会としての「市民社会」の成立（法と統治の原理）を発生史的に基礎付ける点にその基本的特色をもつものであったが、スミスは、その前提（構成要素）としての人間そのものを共感論的にとらえ直すことによって、自然法の原理そのものを主体的に再構成しようとしたのである。『感情論』の共感論が、自然的正義の規則の発生的構成論として、「ありのままの人間の感情や行為に内在しながら、経済や法の制度を発生的に構成してゆく内在的経験的社会理論としての意味をもっていたとみなされうる」[9] 所以はここにある。

『道徳感情論』も、『法学講義』と同じく自然法を前提した上で、その「（道徳）感覚」主体化を主題としていたのであるが、スミス思想のこうした自然法的枠組は、『講義』の論理が近代自然法の「起源」（origin）思想を母体にしていた次第を知るとき、より明らかになることであろう。たとえば、彼は「権利の問題を扱うさいに考察さるべき最初の事柄は、それらが生まれる起源ないし基礎であり」（LJ（A）, i. 24）、「統治に関する正しい観念をうるためには、統治の最初の形態を考察し、他の諸形態がそれからどのようにして生起したかを観察する必要がある」（LJ（B）, 19. 傍点引用者）[10] として、ライト（正義＝権利＝法＝理性）の根拠を事物の「自然（nature）と起源（origin）」（LJ（A）, i. 155）に求めている。彼が「統治の起源」とその進歩[11]の考察を『講義』の中心主題とし、所有権や結婚その他のさまざまな事象の起源を問い、第二部第四章で論証するように「起源」用語を頻用していたのもそのためであるが、こうした考え方はそれ自体自然法的であるといえるであろう。近代自然法は、ライトの基準を聖書に描かれていた人類の歴史的起源に求めたフィルマー的な思想に対して、その仮説的起源としての「自然状態」を人類史の論理的出発点として措定し、そこからの「市民社会」の発生史をたどることによって、人類史の仮説的起源としての「自然」のうちにライトの規準を求めるものであったが[12]、『講義』の用語と発想がその限りこうした自然法的思考様式に立脚していることは明らかである。

スミスは Right の基準を事物の origin における Nature のうちに求める自然法の観念を前提し、その上に自らの論理を展開していたのであるが、スミス思想のこうした自然法的仮定は、彼が正規の政府が登場する前の狩猟社会における自然法の支配を承認していたことからも傍証される（LJ（B），19）。スミスが『感情論』で「各個人は、自然に、市民政府の制度に先立って、侵害から自らを防衛すると共に、彼になされた侵害に対して一定程度の刑罰を強要する権利をもつものとみなして」（TMS, II. ii. 1.7）いたことも、彼が自然法の論理を前提していたことを示すものといえるであろう。のちに第二部第三章で具体的に論証するように、スミスのものでないかと推測されているアンダスン・ノートの所有権論や、Aノートにおける法学やポリースの規定がより一七世紀的・自然法的色彩を色濃く残していることも、こうしたスミス思想の自然法的ルーツを示すものに他ならない。

(3) こうしたスミス思想の自然法的構造ないし枠組が必ずしもわれわれの目にはっきりみえないのは[13]、スミスがハチスンの論理を前提し、ハチスンの到達点から逆に出発する形で議論を展開しているためではないかと考えられるが、スミスがハチスンと同じく近代自然法を前提し、そこから出発していることは、ハチスンとスミスの思想関係を考えるとき、おのずから納得されることであろう。スミスの師ハチスンは、次章で詳しく論証するように、プーフェンドルフとロックの自然法を継承しながら、それに「道徳感覚」理論を添付する形で自然法の（道徳）感覚〔感情〕的とらえ直しを思想主題としていたのであった。彼が、法学を中心主題とし、倫理学や経済学にはあまり言及していなかったプーフェンドルフの書物に付されていたカーマイケルの、倫理学に関する注記と付録（notes & appendix）を手掛りに、自然法学が前提していた「人間」論を復活させ、プーフェンドルフとは逆に倫理学（人間本性論）から議論をはじめた根拠はそこにある。ハチスンは、プーフェンドルフとちがって、倫理学からはじまる道徳哲学体系の中に法学と経済学を含ませることによって、法学の中で倫理学と経済学を扱っていたプーフェンドルフの順序を逆転させたのである。(14) このオーダー逆転は、近代自然法の論理を前提しながら、その大前提としての人間を(道徳)感覚(Sense)主体としてとらえ直すことを通して、自然法そのものを(道徳)感覚(感情)理論化しようとしたハチスンの主体的な問題意識を示すものであったが、この構造はスミスにおいても何ら変っていないといえるであろう。スミスも、ハチスンや、ハチスンの思想的影響下に出発したヒュームやケイムズと同じく、自然法を前提し、それを母体とし酵母としながら、それとの格闘を通して、「理性の命令」としての自然法とは本質的に異なる道徳的感覚に基づく経験的な法の理論を形成することになったのである。(15)

そうした営為の一つの成果として今日われわれの前に残されているのが『法学講義』であるが、そのAノートはのちに論証するようにハチスンの『道徳哲学体系』を注解の対象としたものであった。スミスは、前章で論究したように、ヒュームやケイムズからさまざまな思想的影響を受けていたが、にもかかわらず、彼が自らの思想の出発点としたのは、ヒュームでもケイムズでもなく、ハチスンであったのである。この事実は、ヒュームやケイムズには、ハチスンの『体系』やスミスの『講義』に対応するような体系はなく、『体系』と『講義』の間にみられるような体系的な対応関係がみられないことからも傍証されるといえよう。スミスは、スコットランド啓蒙の父・一八世紀の新しい科学の創始者として、ターンブル、ヒューム、ケイムズその他のスコットランド啓蒙の第二世代の哲学者や思想家たちの共通の出発点をなしながら、シヴィク的な「富と徳性」論にとどまっていたハチスンを道徳哲学講義における暗黙の批判・克服の対象としていたのである。(16) スミスは、その課題達成の過程でハチスン批判の先駆者としてのヒュームやケイムズから栄養分を吸収しながら、ハチスンのみならず、ヒュームやケイムズの限界をも同時に克服しようとしたのであるが、そのための方法的武器が彼の処女作『道徳感情論』であった。

スミスの『道徳感情論』は、のちに具体的に論証するように、ハチスンの道徳感覚理論を共感理論として鍛え直すことによって、自然法を経験・主体化すると共に、ハチスン市民社会論のシヴィク的限界を揚棄しようとしたものであった。その成果の理論的展開が『国富論』であったのであるが、しかし、このことは、戦後のスミス研究が速断していたように、『感情論』の方法が直接『国富論』の原理をなしていたことを意味するものではない。

二 『法学講義』Aノート発見の意義

(1) 戦後のスミス研究のほぼ定説的な見解として、彼がその処女作『道徳感情論』で共感原理によって基礎付けた人びとの「正義についての自然的諸感情」こそ、実定法批判原理としてのスミスの自然法の内実をなすものであり、人びとの胸中に宿る「自然的正義」の感情こそ、実定法の歴史を通して実現さるべき法の理念としての自然法の原理をなすものに他ならないとの解釈がある。[17] この解釈は、『国富論』の世界をも貫流するいわゆる「アダム・スミスの自然法」なるものをカントの批判法学的原理として想定し、人びとの胸中の正義についての自然的諸感情がそのまま実定法批判原理として機能するとするものであるが、このようなスミス自然法解釈が『感情論』の結論部分におけるスミス自身の言葉を拠り所にしていることは明らかである。周知のように、スミスはそこで彼が『感情論』の第二部で共感原理によって基礎付けた人びとの正義についての自然的感情に基づく「正義の自然的諸規則とは何かという探求」を法学の主題とし、それに基づく「法と統治の一般的諸原理」の考察を「別の論述」の主題として予告している。[18]
これまでのスミス研究者がほぼ一様に、スミスが『道徳感情論』の中で強調した「正義についての自然的感覚（natural sense of justice）」をスミスの自然法の原理とし、そのような「正義についての自然的感覚が指示するであろう諸規則」（TMS, VII. iv. 36）としての自然法の原理が、「社会のさまざまな時代と時期において」経過してきた実定法の歴史を通してその批判原理として貫流しているとしてきた根拠はそこにある。スミスの自然法がその限り上述のような『感情論』の原理に立脚していることは明らかである。しかし、そのことは必ずしもスミスの自然法が、人びとの胸中の「正義についての自然的諸感情」のうちに宿る法の理念、ないし実定法の超越的批判原理として、実定法の制定とその改善とを通して無限にそれに近付くことはできるが、それとしては経験的に確定しえないカント的な「認識しえない物それ自体」（unerkentbar Ding an sich）にすぎないことを意味するものではない。かりに、スミスの自然法が一般にいわれるような実定法の歴史を通してその彼岸にほのみえる超越的・抽象的な法の理念にすぎないとした場合[19]、スミスの自然法は、一切の経験と状況の論理を拒否したところに成立する批判哲学的原理としてのカントの自然法と同じことになるが、のちに詳論するように、スミスの自然法は実際には必ずしもカントのそれのような一切の経験性と状況における具体的規定性を欠いた、無規定の胸中の自然感情にとどまるものではない[20]。

これまでのスミス解釈が大きな誤りを犯していたと考えられる一つの根拠はここにあるが、従来のスミス研究が前述のような解釈に陥っていたことの最大の原因としては、従来の解釈が『感情論』から出発し、『感情論』末尾の言葉を手掛りにして『国富論』におけるスミスの自然法の問題を考える一種の『道徳感情論』万能主義、ないし『感情論』⇒『国富論』直結論にとどまり、スミスの自然法学思想形成上にもつ『法学講義』の独自の意義、ないし倫理学と異なる法学固有の問題を事実上黙殺していた点が指摘されねばならない。従来のスミス研究が、ウィンチその他の問題提起にもかかわらず[21]、スミスの『法学講義』のもつ独自の意義を看過していたというごときことは、一見全く信じがたい現象であるが、事実はそうである。たとえば、グラスゴウ版『スミス全集』の総括編者として知られるスキナーさえ、スミスは「『道徳感情論』のいくつかの議論を補充する『国富論』の歴史的部分において」「正義の自然的諸規則とは何か」という『感情論』末尾「の主題を取上げて、統治の起源を正式に検討し[22]」たのであるとして、『感情論』と『国富論』第三編の議論を直接的に結びつけて考察しているだけで、その間に介在する『講義』のもつ独自の媒介的意義については、他の個所でも十分な論究を行っていない。

(2) このようにスミスの『法学講義』のもつ独自な意義が十分に明らかにされることなく、『感情論』の思想を根拠として、その上に「スミスの自然法思想」なるものを構築し、それを『国富論』の議論に直結させるアプローチが支配的であったことの一つの根拠としては、これまでのキァナン版『法学講義』(Bノート)のもっていた資料的制約が考えられる。周知のように、スミスの『法学講義』は、これまでもスミスの倫理学(『感情論』)と経済学(『国富論』)との媒介者としての役割を果たすものとして注目されてきただけでなく、スミス自身が死の直前まで展開を約束していた主題として重視されてはいたが、にもかかわらず、従来のスミス研究においては、その第二部の「行政論」を除いては、そのもつ意義は必ずしも明確にされないままにとどまっていたように思われる。その一つの本質的な原因としては、これまでのキァナン版Bノートが、スミスの講義内容そのものの逐語的表現ではなく、その概括《レジュメ》にすぎないため、BノートにはAノートの知識がなければその文意をつかめぬほど極端に簡略化されたり、論旨それ自体が曖昧・不正確であったりする個所が多々みられるだけでなく[23]、スミスがAノートの中心的な主題としていた問題の道徳感情論的・社会科学的分析=論証過程も割愛されているため[24]、原講義の真意や微妙なニュアンスが必ずしも正しく伝わらぬような構成になっていた点があげられることであろう。これに対し、一九七八年にはじめて公刊・公開されたAノートは、Bノートのような要約とは異なり、スミス自身の言葉をそのまま速記したほぼ完全な講義ノートである上、これまでのBノートのように公法論から出発して、家族法⇒私法⇒行政論へと進む構成ではなく、私法(所有権論)からはじめて家族法をへて公法(政府論)へと進む近代自然法のそれと基本的に同じ構成になっているため、行政論の三分の二位のところで未完のままに終っているにもかかわらず、編者のいうようにたんにBノートの意味をはっきり理解したり、スミス思想の出自を明確化するのに便利であるだけでなく[25]、スミスと近代自然法との関係を根本的に再検討するよい手掛りを提供することとなったのであった。スミスの法学講義『Aノート』の発見は、アダム・スミスの自然法、ないしスミスと近代自然法との関係の根本的再検討の可能性をもたらす反面、それを必要ならしめることになったのである。

(3)　スミスは、もとより、死の直前に大幅に増補改訂した一七九〇年の『感情論』第六版の「まえがき」でも「法学」(the theory of jurisprudence)に関する論考について論及し、その展開の希望を改めて表明していたにもかかわらず、実際にはそれに類するものを一切公刊しなかったばかりでなく、ステュアートのいうように、彼が死ぬ数日前に焼却を命じた草稿類のうちに法学講義関係の資料(原稿)類も含まれていたことは「疑いがありえない」と考えられる[26]。これらの事実は、スミスが『講義』の内容に何らかの点で意にみたぬものを感じていたことを窺わせるもので、一つの仮説的な想定としては、スミスが『講義』の思想に『感情論』や『国富論』、あるいは『感情論』か『国富論』の思想と相容れないものを感じとっていた可能性すら否定しえないといえるであろう。『感情論』や『国富論』のように著者自身の自発的な意志に基づいて公刊されたものではなく、所詮は学生の手になる講義ノートでしかない『講義』のもつ本質的限界を忘れて、『法学講義』をスミスの完結した思想の表現としてとらえる錯覚に陥らぬようにげんに慎まねばならぬ所以はそこにある[27]。にもかかわらず、スミスの『法学講義』、とくにそのAノートは[28]、まぎれもなく一七六〇年代前半におけるスミス自身の思想の表現であり、そこには『感情論』から『国富論』に至る過程におけるスミス自身の思想の発酵・生成過程の動態が最も端的に、明確に表現されており、スミスがAノートでどのような思想を展開し、それが何故Bノートと『国富論』で逆転されたかの考察を中心とした『法学講義』の思想の『道徳感情論』と『国富論』との対比・引照（cross-reference）による動態的理解こそ、スミス経済学の成立をその端緒においてとらえ、その生成の秘密をとき明かす上で不可欠の手掛りを提供するものといえるであろう。とくに、これまでのキャナン版Bノートが、Aノートとは編別構成の順序が逆になっているだけでなく、内容的にもAノートの歴史的考察の結論を理論的考察のための嚮導概念として前提し、そこから出発する構成になっている上、論理自体もより抽象化・体系化されているのに対し、Aノートは、後述のようにハチスンの道徳哲学＝自然法学体系のコメンタリーとして、自然法の主体的経験化をその思想主題としていたハチスンの思想とのより直接的な思想的格闘のあとを具体的に示しているだけに、『感情論』からA―B両ノートをへて『国富論』へと向って進んでいったスミスの思想形成過程の動態、その発酵・生成の弁証法的生態を知るには、きれいに整理され体系化されたBノートより、混沌たるAノートの方がより適しているとさえいうことができるであろう。(29)『感情論』から『国富論』に至る過程でさまざまな思想的葛藤を経験していたにちがいないスミス思想の動態的把握の道を切り開くための一つの強力な手掛りを提供するものとして、A―B両ノート間の差異とそのもつ意義の考察を含めて、スミスの法学講義『Aノート』の徹底した考察が必要になる一つの根拠はここにある。

Aノートのもつもう一つの意義としては、これまでのスミス研究では必ずしも明確にされていなかったハチスン―スミス関係、さらにはその間にあってスミスよりひと足早くハチスンの思想を批判的に摂取・継承しようとしていたヒュームやケイムズとスミスとの関係をも含めた、ハチスン―ヒューム―ケイムズ―スミス関係の動態を内在的に解明する上での大きな手掛りを提供する点があげられる。周知のように、最近のスミス研究は、ヒューム―スミスの思想関係に大きく着目し、ヒュームとスミスの思想関係の理解に新しい光を投げつつあるが、問題は、ヒューム―スミス関係にのみとどまるものではなく、スミスが「決して忘れることのできないハチスン博士」と呼んだハチスンこそヒュームとスミス、さらにはターンブルやケイムズらの啓蒙の哲学者たちの共通の先駆者として、彼らの思想形成に最も大きな、決定的な影響を与えた思想家であったことが想起されねばならない。近代自然法とスミスとの関係も、実はハチスンを基軸にして展開されたもので、『道徳感情論』にはじまるスミスの思想課題を理解するためには、既述のシヴィク伝統と共に、プーフェンドルフとロックに代表される近代自然法の伝統の道徳感覚主体化を主題としていたハチスンの思想の継承・克服・発展を最大の思想主題としていたスミスのハチスンとの思想的格闘をめぐるハチスン―ヒューム―ケイムズ―スミス関係の考察が不可欠であるが、そうしたスミスの思想形成過程におけるハチスンとの格闘の成果ないしその実態を最も直接的に、具体的に表現したものが、他ならぬAノートであった。(30)『法学講義』Aノートが、ハチスン―ヒューム―スミス関係の明確化の可能性をも含めたスミス研究の最大の焦点の一つとしての意義をもつ根拠はここにある。

三　ハチスンの方法とAノートの方法

(1)　Aノートは、スミスが一七六二年から六三年にかけてグラスゴウ大学で行った法学に関する講義ノートである。これに対し、「一七六六年」の日付けをもつ従来のキャナン版Bノートは、実際にはAノートの翌年の一七六三―六四年に行われた講義の要点ノートであることがほぼ確定的な事実として推定されている。このA―B両ノートを対比した場合、既述のようにBノートが梗概ノートでしかないことに伴う問題や、主題の論及範囲のちがいだけでなく、細部の点でも、表現・用語等に微妙な相違がみられる。(31)しかし、従来のBノートと対比した場合の最大の相違点は、やはり前述のように、Bノートが公法論から出発して公法⇓家族法⇓私法⇓行政《ポリース》（経済）論へと進む構成になっていたのに対し、Aノートでは、所有権論を中核とする私法（自然法論）からはじまって、その上に家族法と公法（国家論）が展開されるという逆の構成になっている点である。この構成上のちがいについて、スミスはBノートの「正義論」の冒頭部分の末尾で、「統治の考察からはじめて、そのあとで所有権その他の諸権利を扱う」「ローマ法学者（civilians）」の方法と、「後者からはじめてそのあとで家族と市民政府を考察する」「他の人々（others）」の方法とを対比させた上で、「市民法〔ローマ法学者〕の方法の方が全体としてより望ましいと思われるが、これらの方法のおのおのにはいくつかの特有の利点がある」（LJ（B）, 11）とのべている。このスミスの言葉は、Bノートが市民法の方法に従っているのに対し、Aノートが「この主題について書いてきた他の人びと」の方法に従っていたことを示すものと考えられるが、スミス自身はこの「他の人びと」が誰を指しているかについては明らかにしていない。『法学講義』の編者は、この点について、その注記の中で「Aノートがハチスンの論述順序に従っている」ことを指摘しているが[32]、ハチスンの書物とAノートとを対比するとき、たしかに両者の間には極めて大きな類似がみられる。たとえば、ハチスンの『道徳哲学綱要』（ラテン語版、一七四二年、英語版、四七年）は、「倫理学綱要」（Ethica；The Elements of Ethicks）⇒「私法＝自然法綱要」（Jurisprudentia Privata；Elements of the Law of Nature）⇒「経済学と政治学の諸原理」（Oeconomices et Politices Elementa；The Principles of Oeconomicks & Politicks）の各篇から構成されているのに対し[33]、一七三〇年代に執筆され[34]、一七五五年に公刊された『道徳哲学体系』[35]は、第一巻の「人間本性（Human Nature）」論を基底にして、その上に「自然法」論（第二巻）と、「市民政体（Civil Polity）」論（第三巻）を展開するという構成になっているが、実質的な内容の差異はあまりなく、その中心をなす自然法論はいずれも所有権論を中核とする私法論（Jurisprudentia Privata）からなり[36]、その上に「市民政体」の問題として家族論と政府論が展開されている。このハチスンの道徳哲学体系の構成は、スミスのAノートと展開の順序が実質的に同じであるだけでなく、ハチスンの書物とスミスのAノートとを対比した場合、両者の間には取り上げられている主題や素材の面でも驚くほど大きな類似点と共通性がみられる。そればかりでなく、思想内容そのものの面でも、スミスの『道徳感情論』や『法学講義』の思想の萌芽ないし原型ともいうべきものが可成りみうけられる。これらの事実は、スミスの法学講義がハチスンの書物の注解として行われたのではないかとの後述のスコット説を確証するものといえるであろう。学生時代にハチスンの道徳哲学講義を聴講してハチスンから大きな思想的影響をうけていたスミスは、ハチスンの道徳哲学体系を自らの思想の酵母とし、それを素材として、それとの格闘を通して自らの思想を形成していったのである。

ハチスンこそがスミス思想の真の生誕地をなしていたのではないかと考えらるべき根拠はここにあるが、従来のスミス研究も、実はこうしたハチスン―スミス関係にいち早く注目して、両者の関係についての的確な問題提起を行っていたのであった。たとえば、ジョン・レーは、その『アダム・スミス伝』の中で、ステュアートの証言を手掛りにして『法学講義』の所有権論がハチスンの講義によって示唆されたものであったことを指摘していただけでなく、「スミスの道徳感情の理論全体がハチスンの講義から示唆をうけている[37]」可能性をいち早く指摘していたのであった。これに対し、一九〇〇年に初の本格的なハチスンに関する伝記的研究を公刊したスコットは、一九世紀末に公刊されたキャナン版Bノートとハチスンの『道徳哲学綱要』との対比を根拠にしてスミス経済理論の芽ばえを『綱要』の経済章のうちにみたキャナンの見解をさらに深化させることを通して、スミスの「『グラスゴウ講義』が〝決して忘れることのできないハチスン〟の講義の絢爛かつ独創的な注解と評するのが最も適切であるかも知れない[38]」可能性を示唆していたのであった。戦後のテイラーの研究は、このスコットの見解をさらに発展させ、ハチスンの『綱要』の経済章とBノートのポリース論との具体的な内容の比較・検討を通して、スミスの経済学がヒュームよりもハチスンに近かった次第を理論的に詳しく論証したものに他ならない[39]。

スミスの経済理論がハチスンの思想的影響の下に形成されたものとして、ハチスンの思想と多分に共通する面をもっていたことは、このように、これまでの研究においてもはっきりと承認されていた点であったが、にもかかわらず、これまでの研究ではこうしたハチスン—スミス間の思想的継承関係の具体的分析・解明は、もっぱら経済理論のみに限られていただけでなく、キャナン版Bノートとハチスンの道徳哲学体系とでは叙述の順序が正反対になっている点については、何も答ええないままにとどまっていたのであった。そうした従来の研究の限界を克服して、『法学講義』がハチスンの道徳哲学体系の注解に他ならないことを決定的に確証したのがAノートの発見である。Aノートの編別構成とその論述内容は、ハチスンの教え子として、五二年以降かつてハチスンが担当していたグラスゴウ大学の道徳哲学講座を担当するに至ったスミスが、五三年に二版が出たハチスンの『道徳哲学綱要』や五五年にはじめて公刊された『道徳哲学体系』を講義の準備プラン作りのための参考テクストとして使用し[40]、その逐条批判的注解をやろうとしていたことを示す内容になっているからである[41]。

(2) Aノートの発見はスコットの推定をたんなる推測にとどまらぬ歴史的事実として確証する道を拓いた訳であるが、『法学講義』がハチスンの道徳哲学体系の文字通りの注解《コメンタリー》であったということは、ハチスン思想の継承者としてのスミスがその思想内容や方法をハチスンと同じくしていたことを意味するものではない[42]。Aノートとハチスンの道徳哲学体系とを対比した場合、そこにみられる両者の形式的同一性や密接な思想的継承関係にもかかわらず、両者の間には思想内容や方法の面で重大な相違が感じられる。スミスは、ヒュームやケイムズと同様、ハチスンの「道徳感覚（Moral Sense）」理論の理論的継承者として、ハチスンの思想と精神を積極的に継承・展開しながらも、ハチスンが法の問題を倫理的に解決しようとしていた点をきびしく批判していたばかりでなく、ハチスンの方法の決疑論的・思弁的・非歴史的性格にも批判の眼を向けていたのであった。一七五九年に上梓された彼の処女作『道徳感情論』も、既述のように、ヒュームやケイムズの正義論の共通ベースとしてのハチスン批判をライトモティーフとするものであった。スミスの『感情論』初版と『法学講義』Aノートは、その意味ではのちに具体的に論証するように、文字通りワンセットのハチスン批判として、ハチスンの思想世界から出発しながら、ハチスンの提起した思想課題を批判的に継承・展開しようとしたスミスの思想的格闘のあとを示すものであったということができるであろう。スミスは、一七二五年の『美と道徳の観念の起源の探求』からはじまり、二八年の『道徳感覚例解』をへて、『道徳哲学体系』と『道徳哲学綱要』に至るハチスンの思想、とりわけ、ハチスンの道徳感覚理論の真髄が最も明確に展開されていた『探求』その他の初期の著作から多くのものを学び(43)、ハチスンのうちに自らの進むべき新しい学問の方向を見出しながら、ハチスンの道徳感覚理論を共感理論として構築し直すことを通して、ハチスンの道徳哲学（自然法学）そのものを批判的に再構築しようとしたのである。

その成果の一つの具体的表現がLJ（A）であったのであるが、彼はそこでいわゆる歴史的・発生史的方法によってハチスンの理論を批判したのであった。Aノートのこの歴史的・発生史的方法をスミスに示唆したものとしては、ジョン・ミラーの証言として一般に語り継がれているモンテスキューの環境説や、既述のケイムズ、ヒューム、ルソー等の影響が考えられる(44)。彼がスコットランドの読者にルソーの『人間不平等起源論』を紹介した有名な「エディンバラ・レヴュの編集者への手紙」の中で、ルソーを「社会の最初の起源と漸次的進歩(45)」という『法学講義』の主題と同じ主題の展開者としてとらえ、のちの『感情論』や『講義』の問題を暗示する思想を展開していることも、その一例証と考えられる。ハチスンと同じ思弁的（speculative）なスコットランドの思想圏に生まれ育ったスミスが、ハチスンの非歴史的な思弁（speculation）を主とする方法とは本質的に異なる歴史的方法を展開するに至ったことの背景には、こうした同時代の思想家の歴史的方法の影響があったことは一般に指摘される通りである。しかし、スミスが学んだといわれるこの歴史的方法は、モンテスキューやケイムズ等に独自なものではなく、一八世紀になってはじめて登場したものでもない。モンテスキューやルソー、ケイムズらが展開したいわゆる歴史的方法（「理論的推測的歴史」の方法）は、実際には近代の自然法思想家が行っていた市民社会の発生史的考察方法をその根本原理とするものであった。近代自然法は、一般にその契約論的枠組のゆえに一八世紀の思想家たちが展開した市民社会の「歴史的考察」法と根本的に対立するものと考えられており、事実、一七世紀の自然法は非歴史的合理主義を特色としているが、しかし、実際にはモンテスキューやケイムズ、ヒュームらの市民社会の歴史的分析方法は、いずれも、自然法上の権利としての私権論から出発して、その上に「法と統治」を基礎付ける自然法学者の「市民社会」の発生史的考察方法を母体としながら、その発生史的考察方法をより具体化する過程で成立したものであった(46)。その間の事情は、一八世紀のいわゆる歴史的方法の土壌をなした一八世紀の未開⇒文明論が近代自然法の「自然状態」から「市民社会」への移行論と必ずしも原理的に異質のものではなく、実際にはむしろ後者のより歴史化された形態に他ならない事実のうちにも、示されているといえるであろう(47)。一八世紀の歴史的方法の展開者たちも、実際には近代自然法の市民社会の発生史的考察方法を前提し、その中から「歴史的」方法を導き出していたのである。その一つの典型をなすのがAノートの方法である。

(3) すでにみたように、Aノートの方法は、Bノートとちがって、所有権論を中核とする私法論からはじめて、その上に家族法論と公法論を導くものであった。このAノートの方法はハチスンの『道徳哲学体系』ならびに『道徳哲学綱要』の編別構成に従ったものであったが、ハチスンはその道徳哲学体系の第二巻の自然法論で展開された私法（私権）論を後天的・外発的（adventitious）な政府の成立に先立つ「自然的自由」の世界における自然（Nature）に基づく権利としてとらえた上で(48)、その上に「市民政体」論としての家族法論と統治論を展開している。このハチスンの方法は、所有権を政府の成立に先立つ「自然状態」における自然法上の権利としてとらえ、その上に「統治」の成立を発生史的に基礎付ける自然法の方法と同じであるが、ハチスンは、カーマイケルを通してプーフェンドルフの自然法思想を継承し、プーフェンドルフとロックの自然法を自然法学の基本的枠組として、その中で自らの思想を展開していたのであった。Aノートの方法は、このようなハチスンの自然法思想を前提し、その枠組の中で展開されたものであった。その限り、Aノートも基本的にはハチスンと同じ自然法の方法に従ったものといえるであろうが[49]、スミスは、Aノートで、ハチスンが自然法上の権利としていた所有権の基礎付けからはじめて[50]、その上に「法と統治」の起源と根拠を自然法の発生史的方法に従って発生史的に基礎付けてゆく過程で、統治の歴史的起源を問ういわゆる「歴史的方法」を展開することとなったのであった。『講義』の特徴的な手法といわれるスミスの歴史的方法は、のちに詳しく論証するように、こうした自然法上の権利としての私権論から出発して、その上に「法と統治」の発生・その起源と根拠を基礎付ける自然法の発生史的考察方法に従って、権利（Right）の根拠を事物の「起源」（origin）＝「自然」（Nature）のうちに求める自然法の原理をより具体的に展開する過程で成立したものであったのである[51]。

こうした発生史的考察方法は、それが「自然状態」の仮説、ないし、自然法上の権利としての私権論から出発する近代自然法固有の方法である限り、ハチスンにもそれなりに存在したことはいうまでもない[52]。しかし、シヴィク的倫理観に基づく自然法の「道徳感覚」論的とらえ直しを基本主題としていたハチスンにとっては、ロックやスミスのように正義（Right）の根拠としての「自然」をその「起源」に遡って確かめるため「市民社会」の歴史的起源を問うよりも[53]、理想（ideal）としての自然法の内実（法と統治の正当性）を道徳感覚理論で基礎付けることの方が当面の課題であったばかりでなく、ハチスンはのちに詳論するように、自然法の「（道徳）感覚」理論化を主題としながらも、その「（道徳）感覚」主義を徹底させることができずに、逆に「道徳感覚」の主観性揚棄の道を「効用（utility）」に求めため、一七世紀の自然法思想家たちと同じく自然法の形式論理的平面解釈にとどまらざるをえなかったのである。

スミスがこうしたハチスン理論の限界を突破する一つの契機をなしたのが、ケイムズの法の歴史的批判の論理であったことは前章で論証した通りであるが、スミスがハチスン理論の限界を突破したのは、必ずしもこうした外的刺戟にのみよるのではない。スミスがいわゆる「歴史的方法」をとることとなった真の理由は、むしろのちに詳しく論証するように、自然法の徹底した「(道徳)感覚」(感情)理論化が、逆にそれに基づく道徳ないし法の客観性を確かめるための手段として、法の歴史的位置付けを要請する点にあったのであった。『講義』の歴史的方法を理解する真の鍵はここにある。スミスはAノートで、ハチスンがその道徳哲学講義の中心主題としていた自然法の「道徳感覚」理論化の主題を継承しながら、ハチスンの主題を徹底させる過程でハチスンの方法とは根本的に異なる歴史的接近を展開することとなったのである。Aノートの方法が、ハチスンの方法の継承であって・ない所以はここにある。スミスは、ハチスンの思想世界から出発しながら、その注解を通して自らの独自の世界を展開することとなったのである。スミスの『法学講義』研究がハチスン研究から出発せねばならぬ所以はここにあるが、その主題に入る前に『法学講義』を中心とする最近のスミス研究の動向について一言しておく要がある。

四 「立法者の科学」論と「歴史的」方法の問題

(一) 「立法者の科学」論の難点

(1) 第一章でみたように、スコットランド啓蒙思想の研究は、最近大幅に進展しており、「合邦後のスコットランドにおける政治的・文化的論争に関する高度に精緻な論述が、スコットランド啓蒙の大多数の指導的人物の哲学的関心を解釈する手段として使われている」[54]。しかし、その頂点に立つスミス思想の中核をなす『法学講義』研究は、戦後発見されたAノートへの着目にもかかわらず、その内在研究は進んでおらず[55]、ミークがしたようなスミスの四段階論の唯物論的解釈か、そうした経済決定論に対する反撥からウィンチのように「アダム・スミスの政治学」を一面的に強調するにとどまるか[56]、『感情論』の論理で『講義』を裁断するホーコンセン的『法学講義』解釈が行われているだけで、『道徳感情論』と『国富論』に集約されるスミスの思想形成上における『法学講義』のもつ独自の媒介的意義は必ずしも明確にされていない。

最近のスコットランド啓蒙研究のエポックを画した論文集『富と徳性』の巻頭論文で『国富論』の主題を「正義」論に求めたホント＝イグナティエフも、スミスの法学はプーフェンドルフ⇒ロックの系譜においてとらえるにとどまっており、スミスの思想体系における「法学」の中核的意義と、スミスの思想形成過程における『法学講義』のもつ媒介的意義をとくに明確にしている訳ではない[57]。『富と徳性』のそれ以外の論文では、法学の系譜に関する個別研究とその他の主題が展開されているだけである。『感情論』と『国富論』との統合解釈からさらに進んで『哲学論文集』その他の主題にまで研究の輪を広げつつある最近のスミス研究も、『感情論』や『国富論』、その基盤をなす『法学講義』の論理展開それ自体をスミスの当面した政治的課題に対する「応答」として、スコットランド啓蒙の思想課題やスコットランドにおける自然法学の受容過程に即してとらえる研究にまでは進んでいない。

スミスがAノートで注解の対象にしたハチスン―スミス関係にいち早く注目したウィンチも、ハチスン法学の基軸をなすハチスンの「道徳感覚」理論のもつ意義と問題性に着目していないため、スミス法学の中心基本主題がハチスン道徳哲学体系の批判的克服にあった次第はみていない[58]。反対に、ウィンチは、スミスの中にハチスンと同じシヴィク用語がみられることから、ハチスンとスミスの共通性を強調し、スミスが『国富論』で経済学を「政治家ないし立法者の科学の一部門」(WN, IV. introduction. 1)と規定していることから、『国富論』を含むスミスの「法学」の主題は「立法者の科学」の確立にあったとして、スミス思想のシヴィク的含意を強調している。[59]

これに対し、ホーコンセンの『立法者の科学』(*The Science of a Legislator*)は、ウィンチのようにスミス思想の政治性の解明を直接の主題としたものではなく、ヒュームとスミスの自然法学の内在的研究であるが、内容的にはウィンチの問題提起をうけたものと考えられる。ホーコンセンは、スミスの『法学講義』の主題を『感情論』の「公平な観察者」の共感を唯一・直接の判断原理とする「規範的」(Normative)な法改革原理の構築に求めている。[60] 彼がヒュームとスミスの自然法学の主題を「立法者」の科学の確立に求め、自らの書物の題名を「立法者の科学」とした根本の理由はそこにある。ホーコンセンは、スミスの『法学講義』の主題を『感情論』の「公平な観察者」原理によって現実の政治家や立法者が依拠すべき法の原理を基礎付ける点に求めることによって、スミスの法学がすぐれて実践的な性格をもつ次第を明らかにしようとしていたのであるが、このような「立法者の科学」観が「配分的正義」の担い手としての「立法者」の意義を重視する最近のシヴィク・パラダイムに基づくスミス解釈の潮流と照応していることは明らかである。

(2) ウィンチやホーコンセンは、ポコックの提出したシヴィク・パラダイムに従って、「不正義を除去し、諸制度を環境の変化に適応させるためには、どのような積極的な手段がとらるべきかを示すように立案された立法者の科学」[61]の確立がスミスの主題であったと考えているのである。しかし、行政論《ポリース》を含むスミスの『法学講義』の真の主題は、のちに詳しく論証するように、政治家や立法者が制定した法や制度・政策やその基底をなす慣習の歴史的現状批判を通して、その理論的根拠を(経済学的に)論証する点にあり、ウィンチやホーコンセンが考えたような立法者のための「規範的」な法の理論を展開しようとした点にあったのではない。スコットランド啓蒙の社会科学の旗手としてのスミスの主題は、フォーブズの指摘するように、「社会科学の発展を他の何にもまして妨げてきた」こうした「立法者神話」の打倒にあり、(62) スミスが経済学を「政治家ないし立法者の科学」に属すると考えていたことは、彼が立法者や政治家に一八世紀のシヴィク思想家が要請していたような積極的な政策遂行を期待していたことを意味するものではない。「スミスは、」ウィンチ自身認めているように、「人事に対する能動的ないし革新的な役割を立法者に付与するには、余りに懐疑派であり、またマンドヴィル的な詐欺と意図せざる帰結の信奉者である」(63) ことは明らかである。

スミスは、たしかに『道徳感情論』で多くの研究者が指摘しているように、「公共的行政」(Public Police) の高貴さにふれ、「政治の研究ほど公共精神 (public spirit) を振興し、」「社会の幸福を増進する」「のに役立つものはない」(TMS, IV. 1.11) としている。『講義』でも同様に、「法と統治の確立こそ人間の慎慮と英知の最高の努力の対象である」(LJ (B), 211) として、その解明を『講義』全体の主題としている。社会の商業化を阻害する限嗣封土権その他諸問題に当面していたスコットランドの思想家として、商業の発展に伴う「不正義」を除去するためのエクイティの実現、そのための法改革を主題としていたケイムズやダルリンプルらと同じ主題に直面していたスミスにとって、ヒュームと同じ経済発展と政治制度との緊張を解決するための「法と統治」の問題が最大の思想主題であったのは、当然のことであった。彼が、法学方法論としての『道徳感情論』の公刊後、グラスゴウ大学における「道徳哲学」講義の中心主題を「法学」に集中した根本の理由もそこにあったといえるであろう。しかし、このように法学がスミスの最大の思想主題であったということは、スミスがケイムズ的な「矯正的正義」の実現を法学の直接の主題とし、ましてや、フレッチャーや、ハチスン、ヒューム、ファーガスンらが構想したような「最良の政体の設計案」作りを法学の中心主題としていたことを意味するものではない。『道徳感情論』から『法学講義』をへて『国富論』に至るスミスの「法学」の中心基本主題は、のちに詳しく論証するように、『感情論』の共感原理に基づく「交換的正義」の一般的諸規則の確立を通して、それさえ守られれば、社会全体としての「配分的正義」は、所有の重大な不平等にもかかわらず、おのずからそれなりに実現されうる次第を科学的に論証することを通して、その実現を妨げる慣習・特権・独占や政府の政策・実定法を批判することを基調にするものであった。スミスがその「法学」体系の中で「正義」論に続けて、行政不要の「行政《ポリース》」経済論を展開した最大の理由はそこにある。スミスは、経済学を法学（法と政治 Law & Politics の問題）とは別の主題として、「政治」とは別の領域に設定していたのではなく、それまでの重商主義的富国論と、その批判者としてのシヴィク的徳性主義との両者に共通する思想体質としての政府の政策主義に対するリプライ（実定法批判原理）として展開したのである。

(3)　スミス思想の政治的側面を一面的に強調するウィンチは、こうしたスミスにおける政治と経済の関係を総合的に把握することができずに、経済とは別の領域にスミスの政治学をみているが、スミスの政治学は本来法学の主題に属するもので、その一部としての経済学とは別物ではない。スミスの経済学は、のちに具体的に論証するように、スミスが『講義』の主題とした「法学」の一分野として、彼がそこで当面した「正義」論の課題の問題解決のための処方箋、換言すれば、彼が「正義」論で展開した法の歴史的批判の正当性の理論的論証として展開されたものであった。スミスの『国富論』は、当時のスコットランド人が当面していた「富と徳性」問題に象徴される政治的諸問題に対する理論的解答として構築されたものであったのである。経済学の書物である『国富論』が、その体系の有機的構成部分として第五編の政府論を含む理由を理解する最大の鍵がここにあることは明らかである。しかし、このことは、一部にいわれてきたように、第五編が『国富論』体系のハイライトをなすことを意味するものではない。

「富と徳性」問題を究極の主題としていたスミスは、中流下層民間における富と徳性の両立の可能性をはっきりと確信しながらも、『法学講義』⇒『国富論』段階における理論認識と現実分析の進展に伴って逆に商業の発展に伴う解放（商業⇒自由）の自動進行を妨げる「資本家の〝浅ましい独占精神〟や地主の無知と騙されやすさ(64)」に代表される「党派や既得権」等の障害ないし解放阻害者の存在や、人民の腐敗《コラプション》の問題をはっきりと認識するようになったのであった。『感情論』⇒『講義』正義論段階ではシヴィク的奢侈否定論批判の方に力点が傾斜し、多分に抽象的観念論にとどまっていたスミスは、自らの認識の深化に比例して、シヴィクが批判の対象にしていた重商主義者その他の解放阻害者や人民のコラプションの問題の重要性を改めて痛感したのである。彼が『国富論』の中で、民兵教育の道徳的効果を指摘し（WN, V. i. f. 60）、人民の教育と「公徳心」や「公共精神」涵養の必要をそれなりに強調していた『感情論』にもまして、彼らの指導者として「支配者ならびに立法者の職分を遂行するのに適した賢明で有徳な道徳的エリート(65)」の力に期待するところがあった所以はそこにある。こうした傾向は、第四編の現状批判や第五編の政府論によりつよく感じられるが、スミスがこのように人民の腐敗や商業のもたらす解放（自然的自由の実現）を妨げる障害を意識し、防衛には「国家の英知」（WN, V. i. a. 14）が必要であるとしていたことは、ウィンチやホーコンセン、さらにはロバートスンのいうように、「スミスが商業社会における経済と制度の調和を立法者の仕事であると信じて(66)」、重商主義経済体制変革の課題を「革新的立法者」の手にゆだね、そのための「立法者の科学」の確立を主題としていたことを意味するものではない。

「立法者の科学」に属するスミスの『法学講義』は、共感原理に基づく法の「特定の内容」を歴史的環境との関連で明確化することによって、それに反する慣習・特権・独占・実定法・人為的政策等を歴史的に批判することを隠された主題とするものであった。そうした「政治家ないし立法者の科学の一部門」としてのスミスの経済学は、こうした共感原理に基づく「法」の根本原理（自然法）の科学的論証（WN, I, II）によるそれに反する慣習・特権・政策の歴史的現状批判（WN, III, IV）を主題とするものであった。スミスが経済学を「立法者の科学」に属すると考えた理由はそこにあったと考えられる。[67] スミスがロバートスンのいうように、「商業社会における経済と制度の調和を立法者の仕事であると信じていた」とすれば、それはこのような意味・内実においてであり、フレッチャーやハチスン、さらにはファーガスンその他のシヴィク思想家が考えたような体制「変革主体」としての機能を果たすことを立法者にスミスが期待していたことを意味するものではないのである。「政治家ないし立法者の科学の一部門」としてのスミスの経済学は、政治家や立法者に社会全体の「配分的正義」実現のためのアクティブな革新的機能の遂行を求めるものではなく、反対に、政治家や立法者の介入の必要のない「事物の自然のコース」（natural course of things）の実現の条件と、その実現を妨げる慣習・特権・独占・政策・実定法の誤謬・アナクロ性（歴史的非妥当性）を明らかにすることによって、政治家や立法者に配分的正義実現のための革新的政策遂行を要請していたシヴィク思想や重商主義的富国観の誤謬ないし欺瞞性を暴露することを主題とするものであったのである。別言すれば、スミスは「交換的正義」さえ保障されれば、社会全体の「配分的正義」はおのずからそれなりに実現されうる次第を『国富論』で理論的に論証することによって、経済の論理に解消できない主題以外には政治家や立法者が介入する必要がない次第の論証を法学の中心基本主題としていたのである。

(4) スミスが『感情論』や『国富論』でおりにふれ関説していた政治論や立法者観は、あくまでもこうしたシヴィク的立法者観や重商主義的富国観批判論としての「経済学の生誕」の論理の枠組の中で、経済の論理だけでは済まない人間の道徳的腐敗・堕落（にからむ軍備や教育）の問題や、経済の論理（商業⇒自由論）の貫徹を妨げる障害打破の手段に関する問題に対する解答として展開されたものに他ならない。スミスが『感情論』の第六版で新たに展開した道徳感情腐敗論（TMS, I. iii.）や第六部の徳性論は、こうした経済の論理の限界と問題性とに対するスミスの懐疑が強まっていたことを示しているが、六版改訂は『国富論』の論理の補完・補強ではあっても、全面否定を意図したものではないことはいうまでもない。そうしたスミス思想の枠組と無関係に、スミスが『感情論』の六版で、国家危急のさいにおける「政治的英知の最高度の尽力の必要」(TMS, VI. ii. 2. 12) を説き、立法者的性格をもつ指導者が「彼の制度の英知によって、同胞市民の国内的平穏と幸福を何世代にもわたって保障する」(TMS, VI. ii. 2. 14) 場合があることを讃えていたことから、彼が「モンテスキューやヒューム」らと同じようにシヴィク的な立法者観をとっていたとみることは、[68]『感情論』初版からA—B両ノートをへて『国富論』に至るスミスの主題と『感情論』六版改訂の主題とを混同し、経済学の生誕に至るスミスの思想主題が重商主義的富国観とシヴィク的徳性観との克服、重商主義とシヴィクの両面批判にあった次第を見失うものに他ならない。

ウィンチやホーコンセンらの「立法者の科学」論の最大の弱点は、スミスの中に経済学の論理とは異なるシヴィク的伝統をみるだけで、スミスの「法学」が同時に「政治家ないし立法者の科学の一部門」としての「経済学」を包含するものとして、法学そのものの胎内から経済学が生まれてきたスミスにおける「経済学の生誕」の内的必然性を論証しえず、逆に経済学を排除している点にあるが、[69]彼らが従来のスミス解釈のプロ経済学的一面性を是正しようとする余り、こうした逆立した結論に陥ってしまった根本原因の一つはその方法にあると考えられるので、次に方法の問題について簡単に関説することにしよう。

(二)「歴史的」方法の限界

(1)　ウィンチは、自らの解析方法がテキストの意味を「歴史的・言語的文脈」(historical and linguistic contexts) の中に探るジョン・ダンや、Q・スキナーの方法に従っていることを認めているが、[70]Q・スキナー、ポコック以来のいわゆる「歴史的方法」は、「思想の歴史的文脈」(context)に注目し、「テキストの背後の意図」(intention)を発見するための「言葉」(language and vocabulary)の意味や「読者」を重視するあまり、各思想家間の用語の同一性に眩惑され、同一の用語が人によって異なった含意において使われ、時に批判・克服の対象になっている次第を見逃がす弊に陥っているかにみえる。その一つの典型がジェームズ・タリーのロック所有論研究で、その非歴史性はN・ウッドがきびしく批判した通りであるが、(71)ウィンチの『アダム・スミスの政治学』や最近のスコットランド啓蒙研究の多くも、こうした「歴史的」方法の誤りを犯しているように考えられる。

たとえば、ウィンチの研究は、一言でいえば、経済の論理に解消できない政治的なるものの存在(スミス思想の政治学的側面)を一面的に強調しているだけで、スミス自身の思想形成過程においては、政治学(政治的関心)から逆にその主題に対する解答《リプライ》として経済学が生誕してきた次第もその根拠も何ら明らかにしていない。これは、『感情論』と『国富論』との連結環としてのスミスにおける「失われた政治と法の科学の問題」(72)(the problem of missing science of politics and jurisprudence)の重要性にいち早く注目し、ハチスン—スミス関係の意義を強調していたウィンチとしては、誠に奇妙なありうべからざることであるが、事実はそうである。彼は、ハチスン⇓ヒューム⇓スミス等の当時のスコットランド思想家のシヴィク用語の同一性と思想内容の共通点にのみ注目し、徹底したテキスト内在分析を欠いていたため、ハチスンの民兵論と『国富論』第五編の教育論との対比論(73)にみられるような単純比較・同一性論証にとどまり、スミスがハチスンの道徳哲学体系から出発しながら、その徹底した内在批判から経済学を生誕に導いた次第を看過する結果になっていたのである。その点を自覚した結果かどうか、ウィンチ自身最近の論考では、「全体の文脈からはじめてテキストに進むイデオロギー的接近の危険性は、共通点を強調して不一致を看過する傾向がある点にある」(74)ことを認めているが、こうしたウィンチ自身の自己批判にもかかわらず、上述のごとき傾向は、『感情論』第六版の道徳感情腐敗論や「立法者」像を根拠にスミスのシヴィク性を強調し、スミスを「シヴィク・モラリスト」と規定するフィリップスン[75]その他のシヴィク派の研究者の見解に依然として根強くみられるといえよう。そうしたシヴィク派の中では最も妥当な見解を展開しているジョン・ロバートスンすら、その点では必ずしも例外ではない。ロバートスンは、フレッチャーやヒュームとスミスとの差異をはっきりと認めながら、スミスがフレッチャー⇓ヒュームの主題を継承し、フレッチャーやヒュームと同じ枠組の中で自らの主題を展開していることから、商業社会における制度の重要性を認め、制度を経済発展の変化に適応させる必要を認めていた点では「スミスとヒュームは完全に同じであった[76]」とするのみで、スミスの主題がヒュームのシヴィク的限界の克服ないしシヴィクとの格闘によるシヴィク揚棄にあった次第を理論的に明確化していない。

(2)　こうしたシヴィク的接近の弱点ないし限界が、用語や全体の文脈の同一性に目を奪われ、テキストの中に共通点のみをみる、いわゆる「歴史的方法」によるところが大であることは明らかである。シヴィク・パラダイムが、当時のスコットランドのすべての思想家が当面していた共通の思想課題と思想風土を明らかにしただけで、フレッチャー⇓ハチスン⇓ヒューム⇓ファーガスン⇓ケイムズ⇓スミス間の思想の批判的継承・克服・逆転関係を明確にしえず、同じ土俵の中でスミスだけがなぜ経済学を生誕に導きえたかをみえない最大の理由の一つはそこにある。われわれはそこに徹底したテキスト内在分析を軽視して、用語やコンテクストの同一性に着目する余り、ロックやスミスのような革新的思想家の思想を矮小化して先行の群小思想家のコンテクストの中に閉じこめ、その創造的契機を否定する「歴史」主義の貧困、「歴史的」方法の非歴史性を感ぜざるをえない。

ということは、もとよりコンテクスト分析が無意味なことを意味しない。スミスの経済学は、徳性を犠牲にしてひたすら富のみを追求する重商主義的富国観と、富よりも徳性を重視して古典的な公民道徳を説いたフレッチャーやハチスン、ファーガスンらに代表されるシヴィク思想との格闘を通して、それへのリプライとして生誕したものであった。スミスの経済学が富と徳性の両立を主題とするものとしてすぐれて人間的・政治学的性格をもつ所以はそこにあったが、スミスがこうしたシヴィク伝統の下でシヴィク・モラリストの提出した「富と徳性」問題の揚棄を主題としていたことは、ポコック以来のシヴィク派の研究者のコンテクスト分析によってはじめて明らかにされた点であり、テキスト分析がコンテクスト分析に媒介されることによって大きく深められることは論をまたない。スミスが『道徳感情論』や『法学講義』その他で常用していた「自然的正義」、「エクイティ」、「公共的治政」、人間本性の特定の「諸原理」等の用語も、当時のスコットランドが当面していた時代の共通課題とケイムズその他の同時代の思想家の用語法と対比的に考察するとき、はじめてその真の意味が明確になり、それらの用語で考えていたスミスの思想主題が何であったかの理解も深まることは明らかである。シヴィク・パラダイムが、テキスト分析を主としていた自然法パラダイムが見落していた用語の含意や、一八世紀スコットランド思想の共通課題を明らかにする上で、決定的に大きな役割を果したことは改めて指摘するまでもない事実である。

本書の主題は、こうした最近のスコットランド研究におけるシヴィク派のコンテクスト分析の成果を踏まえつつ、道徳哲学講義を中心にしたスミスの思想形成の中核をなしていたハチスンとスミスのテキスト分析を通して、スミスにおける経済学の生誕の内的根拠と必然性を発生史的に解明すると同時に、経済学をその一分野とするスミスの法学がフレッチャー以来の「富と徳性」問題に対する社会科学的解答を主題としていた次第を論証する点にある。それは同時に、スコットランド啓蒙思想の中から生誕してきたスミス「経済学」の本来の主題が何であったかを明らかにすると共に、なぜスミスにだけ経済学が生誕したかの疑問にも答えることになることであろう。

（1） Scott, W. R.; *Adam Smith as Student & Professor*, 1937, Kelley rep. ed., 1965, p. 112.

(2) *Ibid.*, p. 34.

(3) Cf. *Ibid.*, pp. 50-51, 54-55. Rae, J.: *Life of Adam Smith*, London, 1895, Kelley Rep., p. 36. 大内兵衛・節子訳『アダム・スミス伝』四五ページ。

(4) Rae, *op. cit.*, pp. 43-44. 大内訳、五四―五ページ。

(5) Cf. Scott, *op. cit.*, pp. 51, 115-6. アンダスン・ノートがスミスの講義ノートであるとすれば、この事実を確認する一つの資料となりえよう。

(6) *Ibid.*, p. 120.

(7) *Ibid.*, p. 123. Cf. Stewart, D.: Account of the Life & Writings of Adam Smith, LL. D., in W. P. D. Wightman, J. C. Bryce & I. S. Ross (eds.): Adam Smith *Essays on Philosophical Subjects*, Oxford, 1980, p. 300.

(8) Scott, *op. cit.*, p. 57.

(9) 星野彰男『アダム・スミスの思想像』五七、六〇―六一ページ。

(10) ここではBノートの言葉を引用したが、これに相当する言葉はAノートではLJ (A), iv. 3 にみられる。

(11) Cf. LJ (A), iv. 3, iv. 19.

(12) 拙著『市民社会理論の原型』二〇三―五ページ参照。

(13) D・フォーブズも、この事実を認めている。Cf. Forbes, D.: Natural Law and the Scottish Enlightenment, in *The Origins & Nature of the Scottish Enlightenment*, p. 187.

(14) Cf. Scott, *op. cit.*, p. 112. Moore, J. & Silverthorne, M.: Gershom Carmichael and the natural jurisprudence tradition in eighteenth-century Scotland, pp. 76-80.

(15) 戦後のスミス研究の一つの顕著な動向として、『国富論』体系の出発点を『道徳感情論』に求め、『感情論』の同感理論でスミスのいわゆる倫理・法・経済の三つの世界を統一的に説明しようとする傾向がみられる。このような見解がどこまで妥当するかはのちに検討するが、『感情論』の同感概念を打出の小槌のように考え、『感情論』を『講義』から『国富論』に至るスミス思想のすべての出発点とみるのは問題で、スミス自身の思想的出発点は、『感情論』ではなく、近代自然法であったことが改めてはっきりと確認さるべきであろう。

（16） スミスがヒュームやケイムズではなく、ハチスンを批判・注解の対象とした理由の一つは、ハチスンが彼らの共通の批判・克服対象として、彼らの共通の出発点をなしながら、シヴィク的結論にとどまっていた点にあるといえよう。

（17） これは、内田義彦『経済学の生誕』以来のほぼ共通の認識と考えられるが、最近の例としては、星野彰男「アダム・スミスの自然法体系」関東学院大『経済系』一二四集、一九八〇年、七五―八四ページ参照。

（18） Smith, A.: *The Theory of Moral Sentiments*, London, 1759, pp. 549-551. 本書では、主題の性質上、『道徳感情論』についての論及はすべて上記の初版本を底本とするが、グラスゴウ版全集本（*The Theory of Moral Sentiments*, ed. by D. D. Raphael & A. L. Macfie, Oxford, 1976）の利用が一般化している現状に鑑み、便宜上引用個所の表示は本文中にグラスゴウ版の章節符号で示す。ただし、第三部に関しては、グラスゴウ版の表示では初版の構成は全く理解しがたいので、初版のページ数を示す。邦訳は、上述の趣旨に鑑み、水田洋訳を使用する。

（19） 自然法学は、もとより「すべての国民の諸法を貫き、それらの基礎であるべき一般的諸原理についての理論」（TMS, VII. iv. 37. 傍点引用者）であり、その限り、それが抽象的な法の原理（理念）論であることはいうまでもない。問題は、その原理が、胸中の自然感情にとどまるものではなく、具体的規定性をもつ点の認識の有無にあることに注意されたい。

（20） 従来の通説は、その点TMSの「正義についての自然的感覚（natural sense of justice）」論を不当に一般化して、共感がそのまま自然法であるとしているが、胸中の自然的正義感がそのまま直接・無媒介的に実定法批判原理としてのスミス自然法の内実を構成すると考えるのは、後述のように、TMSの自然的正義論の「状況」（Situation）論ぬきの一般化でしかないことに注意されたい。

（21） ウィンチは、こうした『感情論』⇒『国富論』直結論に対し、その媒介環としての『法学講義』を無視してはならぬことを強調しているが（Cf. Winch, D.: Adam Smith's 'enduring particular result': a political and cosmopolitan perspective, pp. 254-5）、必ずしも『講義』の独自性を明確にしていない。

（22） Skinner, A. S.: *A System of Social Science, Papers relating to Adam Smith*, Lond., 1979, p. 66. 田中敏弘他訳『アダム・スミスの社会科学体系』八五ページ。

（23） キャナン版BノートをAノートと対比すると、Aノートの知識がなければその文意がつかめぬほど極端に簡略化されたり、論旨が曖昧・不正確になっている個所がみられるが、逆に、Aノートの的確なレジュメとして、Aノートの議論の理解を助ける形になっている個所も多いといえよう。

(24)　たとえば、Aノートでは時効が所有者の愛着・無関心（attach-detachment）に対する観察者の同感論によって説明されているのに、Bノートでは同じ問題が所有者の想像上の愛着・無関心で説明されるだけにとどまっている（Cf. LJ（A）, i. 77-87, LJ（B）, 154-5.　Haakonssen, K.: *The Science of a Legislator*, p. 109）。これは、Bノートが要点ノートのため、ノート作成者が所有者の attachment に対する観察者の共感論を省略したためではないかと推測されるが、A—B両ノートを対比した場合、基本論旨は両者とも同じなのに、Bノートでは全体の筋がのべられているだけで、当該部分のAノートにみられる問題の（道徳）感情〔感覚〕論的・社会科学的分析・論証過程が全面的に省略されている場合が可成り多いことが注目される。キァナン版Bノートのみを手掛りにしてきた従来の『法学講義』研究が、スミスは、『講義』の所有権論では、ハチスンやヒュームのような「哲学的考察は試みず」、「たんに所有権獲得の五つの方法との関連で市民法を説明することに関心していたにすぎない」（Taylor, W. L.: *Francis Hutcheson and David Hume as Predecessors of Adam Smith*, Durham, 1965, p. 155）とするテイラーの見解に典型的に示されているように、『講義』の主題が実定法の体系的叙述にあったとしてきたことの一つの根拠はここにあったのではないであろうか。

(25)　Cf. Smith: LJ, Introduction, p. 32.

(26)　Cf. Stewart, op. cit., p. 327.

(27)　Cf. Winch: *Adam Smith's Politics*, pp. 9-10.

(28)　Bノートは、Aノートとちがってスミスの講義そのものではなく、あくまでもスミスの講義の要旨・論点の忠実な記録・紹介を意図した第三者による要点ノートでしかない点で、げんみつにはその本人性《アイデンティティ》が留保さるべきであろう。

(29)　山本哲三氏は、Aノートの結論としてのべられていた統治の二原理が、Bノートでは「統治の本源的原理」として冒頭におかれ、制度史の理論的基準とされていることを根拠として、A—B間の編別構成の逆転を整理＝発展とみている（山本哲三「スミス経済学の所有論的考察㈠」筑波大学『経済学論集』第四号、一九七九、とくに七五ページ以下）。たしかに、のちに別著で論証するように、AノートよりBノートの方が『国富論』の構成に一歩近付いている点では、進化・発展といえるが、それは同時に、Aノートの展開過程で経済学の生誕の母体になる思想を生み出した『講義』の思想が『国富論』体系に吸収されてゆく過程を示すものに他ならず、『感情論』から『国富論』へと向って進んでいったスミス自身の思想の生成・発酵の動態を理解するためには、逆に、きれいに整理されたBよりAの方がはるかに大きな意味をもつといえるであろう。

（30） LJ（A）を主題としていち早く取り上げたわが国最初の研究論文としては、前述の山本論文がある。山本論文は、従来のスミス研究がスミス共感論のもつ意義を不当に拡大・一般化（共感を万能視）していたことに対する批判から出発していた点で、それなりに正しい問題意識に立脚していたと考えられるが、逆に、スミスの『法学講義』体系に対してもつTMS共感論の意義を見失う結果になっているだけでなく、『講義』のMS（草稿）の冊数を「講義」の編別表示と取りちがえ、それをBノート体系化＝整理説の根拠にして議論を展開するという致命的な誤謬を犯しているため、『講義』解釈として救いがたい混乱に陥っているといわざるをえない。

　これに対し、ホーコンセンの『立法者の科学』は、『法学講義』に関する世界初の本格的な研究書で、最近のヒューム、スミス研究の成果を踏まえた上での徹底した分析的接近による明晰な論理展開は示唆するところが多い。とくに、『感情論』をめぐるヒューム―スミス関係の分析には傾聴すべきものがある。しかし、ホーコンセンの研究は、『講義』の思想史的背景に十分な配慮を払うことなしに、スミス思想の出発点をすべてヒュームに求める一種のヒューム絶対主義に陥っているだけでなく、『感情論』と『講義』の本質的差異に十分着目せず、TMSを典拠として、その目でLJ（A）,（B）を無差別におさえる視角にとどまっているため、『講義』解釈としては最も基本的な点で可成り本質的な誤りを犯しているように思われる。なお、最近のLJ（A）に関する研究としては、注（55）の西欧文献の他に、角田猛之、市岡義章氏らの論考がある。

（31） たとえば、Aノートでは origin 用語が多用されていたのに、Bノートではその主題が history 用語で総括・代用されたり（Cf. LJ（B）, 126, 130）、狩の代りにより一般的な savage 用語が代用されたり（LJ（B）, 75）するような、どこまでスミス自身の用語か分らぬような微妙な差異がみられる。またBノートでは既述のように道徳感情論的分析・論証過程が省略されている場合が多いため、Aノートに出ていた〔第三者の〕light, eyes 等の TMS 用語がみられないことにも注意されたい。

（32） Cf. LJ（B）, p. 401 note.

（33） Cf. Hutcheson, F.: *Philosophiae moralis institutio compendiaria*, Glasguae, 1742. *A Short Introduction to Moral Philosophy*, Glasgow, 1747, 2nd ed., 1753.

（34） スコットによれば、ハチスンの『道徳哲学体系』は、「十中八九、一七三三―三五年から書きはじめられていたが、一七三七年の一一月までに完成していた」（Scott, W. R.: *Francis Hutcheson, His life, teaching and position in the history of*

Philosophy, 1900, Kelley Rep. ed., 1966, p. 210）といわれる。

（35）Hutcheson, F.: *A System of Moral Philosophy*, Glasgow & London, 1755.

（36）この「自然法綱要」は、『綱要』のラテン語版 *Philosophiae Moralis Institutio Compendiaria*, 1742 では、Jurisprudentia Privata と表示されている。ハチスンも、プーフェンドルフその他の自然法思想家と同様に、自然法論＝私法論と考えていたのである。

（37）Rae, *op. cit.*, p. 14.　大内兵衛・節子訳、一六ページ。

（38）Scott, *op. cit.*, p. 232.

（39）Cf. Taylor, *op. cit.*, esp., Ch. 2.

（40）スコットも、「アダム・スミスは『体系』を彼自身の講義を準備するさいの基本プランとして使用していたかも知れない」（Scott: *Adam Smith as Student and Professor*, p. 57.　Cf. Scott: *Francis Hutcheson*, pp. 232-3, 235.）とのべている。

（41）LJ（A）がハチスンの『体系』ないし『綱要』の逐条批判的注解であるということは、必ずしもスミスがハチスンの道徳哲学体系のすべての論点を逐条的に注釈していたことを意味するものではない。スミスは、のちに第二部第三章で具体的に論証するように、全体としてはハチスンの道徳哲学体系の編別構成に忠実に従って『講義』の主題を展開し、ハチスンが取り上げた項目や話題をそのまま踏襲しながらも、時には可成り大胆な主題の組み替えをやっているだけでなく、ハチスンのいくつかの章（たとえば、第二巻一六―一七章）は、形式的には完全に無視ないし黙殺している。しかし、これらの事実は、『講義』がハチスンの道徳哲学体系の逐条批判的注解であったという推定を何ら否定する根拠にはならない。スミスは、ハチスンの『体系』（と、場合により『綱要』）を自らの道徳哲学講義の準備プラン作りのテキストとして前提しながらも、ハチスンの道徳哲学のたんなる注解ではなく、逆に、TMS とワンセットのハチスン批判を意図し、ハチスンの主題の道徳感情論的・社会科学的ほり下げを中心主題としていたため、時には必ずしもげんみつには逐条批判とはいえないようなアプローチをあえてしたと考えられるからである。

（42）既述のテイラーの研究は、ヒューム、スミスに対するハチスンの影響を強調するあまり、彼らの間の形式的な同一性や共通点、連続・継承関係だけしかみていないが、それではハチスン―ヒューム―スミスの三者間の思想の動態は把握しえないのは当然である。

(43) ハチスンの「道徳感覚」理論の真髄は、『体系』や『綱要』よりもむしろ初期の『美と道徳の観念の起源の探究』（*An Inquiry into the Original of our Ideas of Beauty and Virtue*, in Two Treatises, London, 1725.）や『情念論』（*An Essay on the Nature & Conduct of the Passions and Affections with Illustrations on the Moral Sense*, London, 1728.）により鮮明に示されている。ヒュームの『人間本性論』執筆の動機は、ケンプ・スミスによれば、ハチスンの『情念論』（付『道徳感覚例解』）にあったといわれるが（Cf. Smith, N. K.: *The Philosophy of David Hume*, Lond., 1941, pp. vi, 24, 281, etc. 渡部峻明、ヒューム『人生論』の意図、一橋論叢、五七―六号、一二八―一三〇ページ参照）、スミスも、『体系』や『綱要』だけでなく、初期の『探究』や『情念論』その他のハチスンの著作をも読み、それらの著作からハチスンの「道徳感覚」理論の精髄を学ぶ一方、それを『感情論』における批判の対象としていたように思われる（ハチスンの『探求』、『情念論』、『体系』、『綱要』は「アダム・スミス文庫」にあり、スミスはTMSのVII. iii. 3. 4でハチスンの『探究』に言及している）。本稿では到底論究しえないが、『探求』の思想は『体系』以上にTMSとの親近性を感じさせる。これに対し、ハチスンの『体系』と『綱要』の意義と特色は、この「道徳感覚」理論を社会理論（自然法学）に適用することによって、当時のスコットランド社会の当面していた「富と徳性」問題に答えようとした点にあるが、まさにその故に『体系』（と『綱要』）がTMS倫理学につぐ道徳哲学講義の中心主題としてのLJ（A）の注解の対象となったのではないかと考えられる。『探求』や『情念論』と後期の著作とのこうした主題と性格の相違は、『探求』では第二論文の最後の第七節（Treatise II, Sect. VII）で道徳感覚理論からの「推論〔演繹〕」という形で結論的に展開されているにすぎない主題が、『体系』や『綱要』ではその主体をなす第二―三巻の主題をなしていることからも知られよう。

(44) Cf. Skinner, *op. cit.*, pp. 95-97. 邦訳一二〇―一ページ。ただし、モンテスキューがスミスの歴史的方法の形成に影響を与えていたことは事実としても、スミスがモンテスキューから歴史的方法を学んだとみることには大きな疑問がある。モンテスキューの方法は、ミークやシュタインの指摘するように、必ずしも歴史的ではなく、多分に平面的・並列的でしかないからである（Cf. Meek, R. L.: *Social Sciences & the Ignoble Savage*, Camb., 1976, pp. 31-35. Stein, P. G.: *Legal Evolution, The story of an idea*, Ch. 2, Camb., '80. 角田猛之「アダム・スミスのJurisprudence」阪大法学一二一号、一九八二、五八―六〇ページ）。ミラーがモンテスキューの名をあげたのは、むしろ、ミラー自身がモンテスキューに大きく影響されていたためではないかと思われる。ミラーの思想は、一言でいえば、スミスにモンテスキューを接ぎ木することによって、スミスの、とくに『講義』の思想をより社会学的に敷衍・展開しようとしたものと考えられるが（田中秀夫「ジョン・ミラー研究序説(一)」甲南経済学論集、二三―一、一九八二、とくに七〇ページ参照）、その分だけミラーの思想はスミスの歴史的方法のもっていた創造的活力を失い、社会学的に平板化しているのではないだろうか。

モンテスキューよりもケイムズの影響を重視し、法の歴史的考察をスコットランド法学へのケイムズの特別の貢献とみるものとしては、Cf. Stein, P.: Legal Thought in Eighteenth-century Scotland, *Juridical Review*, Vol. 2, 1957, esp., pp. 9-12. Forbes, D.: Natural Law and the Scottish Enlightenment, p. 201. これに対し、『講義』の歴史的方法が「ヒュームの範例によって暗示された」（Scott: *Francis Hutcheson*, p. 233）ものではないかと考える論者はスコット以来数多い。LJ の編者も、LJ (A) のヒュームに対する依存を LJ (B) のモンテスキューへの依存と対比的に強調している (Cf. LJ, Introduction, p. 32)。その根拠について両者の思想内容にまで踏み込んだ分析をしているものとしてはフォーブズやホーコンセンなどがあげられるが、第二部第四章で論及するように、ヒュームの方法がどこまで歴史的であるかについては問題がある。

(45) Smith, A.: *Essays on Philosophical Subjects*, ed. by W. P. D. Wightman & J. C. Bryce, Oxford, '80, p. 251.

(46) 一八世紀のいわゆる「歴史的方法」が、一九世紀歴史主義のそれとちがって、あくまでもD・ステュアートのいう「理論的・推測的歴史（Theoretical or Conjectural History）」でしかなかったことも、この事実と無関係ではないことに注意されたい。なお、自然法がこのように必ずしも非歴史的な方法にとどまるものではなく、一八世紀のいわゆる歴史的方法の原型は一七世紀の自然法のうちにあったとする『市民社会理論の原型』以来の拙稿と基本的に同じ認識は、上のフォーブズ論文の基調をなす論点であることにも注目されたい。Cf. Forbes, op. cit., pp. 189, 193, 201.

(47) たとえば、ケイムズは『道徳・自然宗教原理試論集』で未開―文明の対比的考察を行うさい、「自然状態」論と「人類の最初の状態」論とをチャンポンに議論している。Cf. Kames: *Essays on the Principles of Morality & Natural Religion*, 1751, pp. 136 ff.

(48) ハチスンは、「自然状態」という言葉は使っていないが、彼のいう政府の形成に先立つ「自然的自由（natural liberty）」の世界、ないし「自由の状態（state of liberty）」、そこにおける自然法上の権利という観念は、自然法論者のいう自然状態と自然権に実質的には等しいということができるであろう。

(49) ただし、スミスは、第二部第三章で論証するように、ハチスンが『体系』の第二巻一八章（『綱要』では一七章）で展開していた自然状態から市民社会への移行論を全面的に黙殺している。スミスは、このように『体系』の注解としてのAノートにおいても、ハチスンとちがって近代自然法の論理をそのまま承認していた訳ではなく、従って、スミスがAノートでは自然法の方法に全面的に従っていたというのは、げんみつには誤りである。

(50) スミスは、Aノートでも、ハチスンとちがって「私権」を自然法上の権利とはしていない。その限りではLJ(A)の方法は、ハチスンを含む自然法の方法とは決定的にちがうといわねばならない。しかし、スミスがAノートの方法を市民法の方法に立脚するBノートの方法とは本質的に異なるものとしてとらえ、それをローマ法学者以外の「他の人々」の方法と呼んでいたことは、彼がAノートでは、その導入部の法の規定にもかかわらず、実際にはハチスン=自然法の方法を前提し、それに従って問題を考えていたことを示すものといえよう。

(51) スミスの歴史的方法のこうした性格については、Cf. Campbell, T. D.: *Adam Smith's Science of Morals*, Lond., 1971, p. 79 f. Medick, H.: *Naturzustand und Naturgeschichte der bürgerlichen Gesellschaft*, Göttingen, 1973, Ch. 6, なお、公法論から出発する市民法の方法では、スミスがAノートで展開したような政府の起源分析に基づく「歴史的方法」は生まれえなかった点と、彼がBノートで展開した歴史的接近は、Aノートの方法の準用にすぎない次第に注意されたい。

(52) ハチスンは、近代自然法の子として、当然のことながら自然法の発生史的方法を継承しながらも(ハチスンとAノートの方法の共通性の根拠)、自然法の「道徳感覚」主体化を当面の思想課題とし、しかも、第二部第一章で論証するように、それに上手く成功せずに功利主義に走ったため、自然法の発生史的考察方法のもつ歴史的側面を継承・発展させることができなかったのである。彼が自然法の origin=right 論に一応は従いながら、スミスとちがって、起源⇒発展視点を欠如していたのも、この事実に照応するものといえよう。

(53) 「自然」(Nature)は、本来、起源(the original)と理想(the ideal)の双方の意味をもっていたが、ハチスンの自然観では、スコットの指摘しているように、「理想が、その基礎をなすものとしての起源を吸収している」(Scott, *op. cit.*, p. 251)ことに注意されたい。のちにみるようなハチスンにおける起源《オリジン》論の欠如はこのような自然観に照応するが、ハチスンは自然を理想としてとらえる傾向が強かったため、起源⇒発展視点をとりえなかったのである。

(54) Winch, D.: Adam Smith's 'enduring particular result': a political and cosmopolitan perspective, p. 256.

(55) Aノートに注目し、Aノートを積極的に使って論旨を展開している西欧文献としては、Meek, R. L.: *Social Science and*

the ignoble savage, Cambridge, 1976. do., *Smith, Marx & After*, London, 1977.（時永淑訳『スミス、マルクスおよび現代』）、Winch, D.: *Adam Smith's Politics*. Haakonssen, K.: *The Science of a Legislator*, 1981. Pesciarelli, E.: On Adam Smith's Lectures on Jurisprudence, *Scottish Journal of Political Economy*, Vol. 33-1, 1986, pp. 74-85. Teichgraeber III, R. F.: '*Free Trade' and Moral Philosophy, Rethinking the Sources of Adam Smith's Wealth of Nations*, Durham, 1986. Young, J. T.: The Impartial Spectator and Natural Jurisprudence, *History of Political Economy*, Vol. 18-3, 1986, pp. 365-382. があるが、いずれもAノートの論理を全面的に展開したものではない。

(56) ミークやウィンチのように、スミスの四段階論が「社会に関する政治的な洞察」を否定する経済決定論であるとみるのは（Winch, op. cit., p. 258）、マルクス的公式に基づく誤解であり、スミスの四段階分析の核心は、ステージの社会科学的分析による政治批判にあったことに注意されたい。ミークとウィンチの見解は、この根本を見落しているため、それぞれ不当に一面的なスミス解釈になっているのではないであろうか。

(57) Cf. Hont, I. & Ignatieff, M.: Needs and Justice in the *Wealth of Nations*: an introductory essay, in *Wealth & Virtue*, pp. 1-44.

(58) Cf. Winch: *Adam Smith's Politics*, esp., Ch. 3. ウィンチその他のシヴィク・パラダイムの信奉者にはスミスにおける認識論の問題が欠落しているが、この問題ぬきには『道徳感情論』からはじまるスミス思想の動態はとらえられないのではないだろうか。スミスの思想形成におけるハチスンの意義の決定性もここにあることに注意されたい。

(59) ウィンチのスミス解釈のシヴィク的偏向を論証した文献としては、Cf. Harpham, E. J.: Liberalism, Civic Humanism, and the Case of Adam Smith, *The American Political Science Review*, Vol. 78-3, 1984, pp. 764-774.

(60) Cf. Haakonssen, *op. cit*., esp., pp. 96-97, & Ch. 6.

(61) Winch: Adam Smith's 'enduring particular result', p. 258.

(62) Ferguson, A.: *An Essay on the History of Civil Society*, 1767, ed. by Duncan Forbes, Edinburgh, 1966, p. xxiv.

(63) Winch: *Adam Smith's Politics*, p. 172.

(64) Robertson, J.: *The Scottish Enlightenment and the Militia Issue*, Edinburgh, 1985, p. 223.

(65) Robertson, *op. cit*., p. 224. Cf. Cropsey, J.: *Polity and Economy, An interpretation of the Principles of Adam Smith*,

The Hague, 1957, p. 69.

（66） Robertson, *op. cit.*, p. 222.

（67） 「立法者」観念は、既述のようにシヴィクの鍵用語の一つであるが、スミスが経済学を「政治家ないし立法者の科学の一部門」と規定したことには、こうした従来のシヴィク的立法者観に対する批判的・反語的含意がこめられていたのではないかと想像される。ウィンチは、スミスの経済学体系の中に政治的な要素がみられることから、スミスの経済学が、「立法者の科学」であることを強調するのみで、なぜ経済学が「立法者の科学」なのかを問うていないが、「立法者の科学」論は、スミス国家論の本質理解にからむ、というより、スミスの社会科学体系全体の本質把握にからむリトマス試験紙的性格をもつことに注意されたい。

（68） Cf. Winch, *op. cit.*, pp. 158-160, 170-172.

（69） ポコック、ウィンチ、ホーコンセンからロバートスンに至るシヴィク派の最大の弱点は、スミスにおける経済学の生誕の必然性を論証しえない点にあるが、ウィンチが『富と徳性』所収論文の中で「スミスのような大きな魚を純粋にシヴィクの線にそって設計されたスコットランド的イデオロギーの網で釣り上げる可能性についての私の疑問を詳しくのべる前に、『国富論』はどのような種類の著作であることを意図していたのか、そして、それはスミスの企画の失われた部分〔法学〕とどう関係するのかという、以前のべた二つの問題に最初に対決したい」(Winch : Adam Smith's ' enduring particular result ', p. 256) とのべたとき、彼もこうしたシヴィク的接近の難点を自覚していたように思われる。しかし、ウィンチは『富と徳性』のこの論文でも、彼自身の設定した二つの課題と生誕との関連には答ええないままに終っているといわざるをえない。

（70） Cf. Winch : *Adam Smith's Politics*, p. 164.

（71） Cf. Tully, J. : *A Discourse on Property, John Locke and his adversaries*, Cambridge, 1980. Wood, N. : *John Locke and Agrarian Capitalism*, London, 1984. ウッドのタリー批判については簡単には、拙稿「N. Wood : *John Locke and Agrarian Capitalism*」経済学史学会年報、第二三号五五ページ参照。

（72） Winch : Adam Smith's ' enduring particular result ', p. 255.

（73） Cf. Winch : *Adam Smith's Politics*, pp. 106-113.

（74） Winch : Adam Smith's 'enduring particular result', p. 269.

（75） Cf. Phillipson, N.: Adam Smith as civic moralist, in *Wealth & Virtue*, pp. 179-202.

（76） Robertson, *op. cit.*, p. 222.

（初出　一―三節は、『横浜市立大学紀要』新シリーズ第一号　一九八三年
第四節は、神奈川大学『商経論叢』二三巻一号　一九八七年）

第二部　共感法学の展開

第一章　ハチスン道徳哲学体系

一　ハチスン道徳哲学の基本構造

(1)　近代自然法の基本構造は、ホッブズの『リヴァイアサン』の編別構成の示すように、人間本性（human nature）の分析から出発して、その論理的帰結として導かれる自然法の遵守の強制機関としての国家論が展開されるという、人間論⇒自然法論⇒国家論の構成になっている点にある。近代自然法の基本的な意義と特色は、このように国家論の基礎に人間論がおかれていた点にあったのであるが、その最初の理論的形成者としてのホッブズは、社会原理としての自然法の原理をありのままの人間本性（人間の自然）の分析から導きながらも、自然法の基礎としての人間を「自己保存」の欲求に生きる物理的情念（passion）主体としてしかとらえていなかったため、その必然的帰結として生まれる戦争状態の悲惨を避けるためにリヴァイアサン的絶対権力を想定せざるをえなかったのであった。

ホッブズの哲学は人間を利己的存在として認めた場合の利己的体系の一つの論理的帰結を示したものであったのであるが、一七世紀後半以降のイギリスの道徳哲学は、こうした「トマス・ホッブズのいわゆる〝利己的体系〟に対する注解として」[1] ホッブズ哲学の論理的前提とその帰結の批判を共通の課題としたものであった。その最初の代表者として知られるのが、ラルフ・カドワース（Ralph Cudworth）、ヘンリ・モア（Henry More）、ジョン・スミス（John Smith）らのケンブリッジ・プラトニストと、彼らとかなり近い位置にあったと考えられるリチャード・カンバーランド（Richard Cumberland）である。(2) カンバーランドは、ホッブズとちがって、人間の社会的衝動の本源性と自然性を強調することによって、ホッブズの利己心説に対抗しようとしたが、ケンブリッジ・プラトニストは、カンバーランドと同様、徳性は仁愛にあるとする一方、「理性を通してえられる永遠・不変の倫理的真理に訴えることによってホッブズ体系に反対した」(3)のであった。

人間を理性的行為主体としてとらえるこうした倫理的合理主義は、カンバーランドにも根強く残存していたが、こうした自然法的合理主義の限界をつき破って、反ホッブズの道徳哲学の潮流に新しい波をもたらしたのが、シャフツベリが創唱し、ハチスンが理論化した「道徳感覚」理論である。この「道徳感覚」という術語は、「堕罪のドグマでは暗々裡に否定されていた徳への自然的傾向を指す」(4)ことからはじまったものとして、反ホッブズの道徳哲学がその支柱としていた仁愛論と密接な関連をもつものであったが、道徳的識別（moral distinction）の原理を理性にではなく感情に求める点に一七世紀の仁愛説とは異なる特色をもつものであった。それは、人間を道徳感覚主体としてとらえ、道徳感覚〔感情〕を理性に優先させることによって、感覚と感情原理による自然法の人間的・経験的再構成を意図したものであった。こうした自然法の前提としての人間論の〔道徳〕感覚主体化による統治論の再構築という構造は、一八世紀の道徳哲学の共通の特色をなすもので、ハチスン―ヒューム―スミスの道徳哲学はいずれも道徳感覚理論を基軸とする人間論の上に所有権論を中核とする正義論を導き、その帰結として統治論を展開するという構成になっているが、(5)こうした一八世紀の道徳哲学に最初に理論的枠組を提供したのがハチスンである。

(2) ハチスンは今日では一般に、「道徳感覚」理論の理論的創始者として知られ、その「道徳感覚」理論が主な研究対象にされている。[6] こうした研究史の趨勢は、ハチスンの思想史的意義と独自性がそこにあり、彼の社会理論それ自体にはとくにみるべきものがなく、あえていえば、プーフェンドルフとロックにハリントンを野合させたものにすぎない以上、当然の成り行きであったといえるであろう。しかし、ハチスンが当面していた彼自身の思想課題は、必ずしもいわゆる道徳感覚理論の展開それ自体にあったのではない。彼の主題は、むしろこうした道徳感覚理論の構築を通して、自然法の母体としての人間を道徳感覚（ないし感情 affection）主体化することによって、当時のスコットランド社会の当面していた「富と徳性」問題に答えるため、自然法学と統治論そのものを人間的に再構成する点にあったのであった。ハチスンの「道徳感覚」理論の本質が最も純粋に表現されている彼の処女作『美と道徳の観念の起源の探求』が、その副題の示すように、マンドヴィルのシャフツベリ批判に対する反批判として展開されていたことがその何よりの証左である。ハチスンは、人間には徳への自然的傾向が内在するとしたシャフツベリの利他的道徳論を否定したマンドヴィルの利己的社会理論に対抗するため道徳感覚理論を構築したのである。しかし、ハチスンの道徳感覚理論がこうした性格をもっていたということは、必ずしも彼の道徳感覚理論が自然法の伝統と無関係に成立したことを意味するものではない。彼は、『探求』の中で「われわれの感覚的知覚に伴う快感はどんな種類のものであれ、自然的善ないし幸福に関する最初の観念をわれわれに与える。それでこの快感を刺戟する傾向のあるあらゆる対象は、直接的に善と呼ばれる[7]」とのべている。こうした考え方がホッブズ的快楽主義を前提していることは明らかである。ハチスンも、善悪の基準を「外部感覚」に基づく快苦に求める自然法の伝統から出発していたのである。ただ、彼は、ホッブズとちがって、人間には外部感覚の他に「内部感覚」（internal sense）もあるとしたロックに従って、内部感覚としての「反省」に基づく「内観（introspection）」を通して、人間には美的感覚や道徳感覚のような「より高級な感覚（higher sense）」があることを明らかにすることによって、人間がホッブズの想定していたような受動的情念主体にすぎぬものではなく、たんなる外部感覚だけには左右されない「能動的な力能（active power）」をもった道徳的行為（moral action）主体たりうることを明らかにしたのであった。このハチスンの道徳感覚理論は、人間が能動的な行為主体たりうることを認めていたロックの道徳論をシャフツベリの美学とロックの認識論の方法原理に基づいて具体化したものに他ならないが、[8] こうした道徳的行為主体としての人間のもつ先天的な能力としてハチスンが考えたのが「道徳感覚」で、[9] 彼は人間には生来（naturally）、事の是非善悪を判断する道徳判断能力としての「正邪に関する道徳的感覚」ないし「正邪に関する自然的感覚」[10] があるとし、この道徳感覚（moral sense）こそ理性と異なる〔善悪の〕道徳的識別の原理であるとしたのであった。彼は、道徳的識別の原理を理性に求め、感覚はその原理たりえないとしていた倫理的合理主義者や、ホッブズ、マンドヴィル的な唯物論者に対し、感覚にのみ依拠しながら、人間の心内活動の内観を通して、人間にはより高級な感情と、それに基づく能動的な力能（active power）があることを立証することによって、道徳判断の原理を感覚から導こうとしたのである。

この道徳感覚は、外部感覚に伴う快苦の感情、ないしそれに触発される個人的利害をこえた徳の美の知覚力として、みる人の個人的利害と関係なく、対象をみるときに観察者が感じる快、ないし、それに伴う「共感的快苦」を道徳的是認・否認の根拠とするものであった。[11] このハチスンの理論は、いまだのちのヒュームやスミスの共感論のように、当事者と観察者相互間の共感のメカニズム分析によって深められたものではないが、彼は人間が肉体的快苦をこえた共感的快苦をもつことをすでにはっきりと認めていたのであった。たとえば、彼は『体系』の中で拷問に耐えるよりも肉親がそうされるのをみる方がつらいという、『感情論』の母親の例と同じ思想を展開しているが、[12] このようなハチスンの道徳感覚理論が、のちのヒュームやスミスの共感論の基礎をなしていたことは明らかである。ハチスンの道徳感覚理論が、ヒュームとスミスの共感論のルーツをなすものとして、後者に発展してゆく契機をはらんでいたと考えられる所以はここにある。事実、ハチスンのうちには、ヒューム共感論の特色をなす表情観察からの共感[13]その他、ヒュームとスミスの共感論の基礎ないし素材をなす観念が萌芽的には数多くみられる。

(3)　ハチスンは、このような形で個人的利害をこえた徳の美の知覚力としての道徳感覚の存在を証明したが、その意図が、たんなる外部感覚に基づく快苦ないし利己心とは異なる「より高級な感覚」としての「道徳感覚」の存在を証明することによって、ホッブズ－マンドヴィルの利己的体系に対抗する点にあったことは明らかである。ハチスンは利己心を道徳感覚によって制御する論理を構築することによって、ホッブズとマンドヴィルを批判しようとしたのであるが、このハチスンの道徳感覚理論ないしそれに立脚した彼の道徳哲学は、思想史的にはすでにみたように一七世紀後半以来の反ホッブズの道徳哲学の潮流に立脚したものであった。ハチスンが、カーマイケルと同様にその著作の中で一六七〇年代における反ホッブズの道徳哲学の代表者であったカンバーランドの相互仁愛論の影響をはっきりと認め、彼の名と彼に影響を受けたと考えられるプーフェンドルフの名をキケロその他の古典作家と共にあげ、その影響関係に敬意を表しているのが、その何よりの証左である。[14]とくに『探求』では、「カンバーランドとプーフェンドルフ」を一組にして四回もあげていることが大きく注目される。[15]しかし、カンバーランドとプーフェンドルフの思想は、あくまでも自然法的合理主義の枠内にとどまっていたばかりでなく、その仁愛主義も、尽力（good offices）を提供すれば相手も返報（return）するから、そうする方が身のためになるという、自愛のための返報思想という利己主義を土台にしたものであった。[16]後述のように、ハチスンがカンバーランドの自然法論と一見ほとんど変らない思想を展開しながら、「報酬や、尽力の返報や、名誉（honour）の利己的願望から」他人に仁愛的になるのは美徳ではないとして、[17]カンバーランドを批判した根拠はそこにある。ハチスンは、カンバーランドとちがって、道徳的識別原理としての道徳感覚は、個人的利害感に基づくものではなく、人間には他人の快＝善をそれとして是認する道徳感覚が自然に存在することを明らかにすることによって、ホッブズ的な利己的体系の揚棄を人間の自然の感情に内在しながら可能にする論理を構築しようとしたのである。

こうしたハチスン思想の特徴をより端的に示しているのが、「拡大的仁愛感情（extensive generous affection）」の観念である。彼は、人間には身近かな存在に対する愛着（affection）だけでなく、人類全体の共同利益のための「一般善（general good）」を志向する「より広範囲にわたる〔拡大的な〕仁愛感情」も存在するとして、そのような拡大的愛着の典型としての「普遍的仁愛（universal benevolence）」感情の自然性を強調することによって、仁愛感情の拡大による「自己偏愛的な感情（partial affection）」の克服を意図したのである。ハチスンは、スミスと同様、人間の「自己偏愛性（Partiality）」を認めていただけでなく、他人に対する共感感情すらパーシャルでしかありえぬことをはっきりと認めながら、[18] その克服を愛着《アフェクション》の拡大によって達成しようとしていたのである。こうしたハチスンの考え方のうちには、人間の「自然的感覚（natural sense）」と「自然的感情（natural affection）」にのみ内在しながら、その拡大によって、外的感覚に基づく狭い愛着にとどまることから生まれる利己心を揚棄しようとしたヒューム、スミス思想の出自が示されているといえるであろう。ただ、ハチスンの場合には、人間の自然的感情をより拡大的な感情に転化させる――その転化を媒介するスミス的な立場の交換の――論理が確立されていなかったために、彼は「拡大的感情（extensive affection）」の自然性を強調する一方、部分的（partial）なものに対する普遍的（universal）なものの意義を直接的に強調することとなったのであった。彼が、人間は宇宙の「合理的体系（rational System）」の「一部分（a Part）」なので、「全体（the Whole）」に役立つ限り自愛も必要で、自愛心の欠如は却って有害であるが、部分への愛着（attachment）は全体への「普遍的仁愛」によって超えられなければならないという、「一般善」、「普遍的仁愛」中心の「体系（System）」思想をとっていたことの一つの根拠もそこにあったといえるであろう。[19] ハチスンは、人間の

「自然的感情」そのものの中に道徳の原理を見出す方向に歩を進めながらも、それらはあくまでも全体のシステム実現を目的とし、それに従属すべきものとしていたのである。彼が目的因（final cause）説をとっていたのもそのためであったと考えられるが、彼はこうした体系《システム》思想に基づいて、神の目的因としての人類全体の一般的善の実現を自然法の究極の理想としたのであった。[20] このような考え方が、自然法の原理を道徳感覚から導こうとした彼の（道徳）感覚理論と基本的に異質なことは明らかであるが、彼は人間の利己心揚棄の手段を人間の自然の感情に求めながらも、人間の自然の感情の一面性《パーシャリティ》揚棄の論理を確立しえなかったために、道徳感覚に基づく利己心揚棄の最後の拠り所をシヴィク・モラリストと同様、体系思想に求めざるをえなかったのである。

(4)　ハチスンの道徳感覚理論がヒュームとスミスの批判的継承の対象となった最大の根拠はここにあったと考えられるが、ハチスンの道徳哲学のもつ意義は、たんに以上の点にのみあったのではない。ハチスンの「道徳感覚」理論の思想史的意義は、むしろそれが倫理学における経験主義への道を拓いた点にある。ハチスンの「道徳感覚」は、一般に、特殊な実体概念としての道徳的識別能力であるとされてきたため、その感覚（sense）としての意義が認識されていないが、実際にはそれは何よりも人間の「自然的知覚力（natural Powers of Perception）」[21]を意味するものであった。ハチスンはこの「自然的知覚力」としての道徳感覚を「対象が存在するとき、それからある種の観念を必然的に受け取る心的作用」[22]とも定義しているが、ハチスンの道徳感覚は、外部感覚と同様に、何らの生得観念を前提しない人間の内部感覚として、[23]「内観」による心内現象の観察に基づく精神現象の認識能力を意味するものであったのである。ハチスンの理論は、ヒュームの『人間本性論』と同様、徳の観念の源泉を人間の感情に求め、それを「記述する」ことを主題としたものであったのであるが、[24] ハチスンの道徳感覚理論がこのように「記述的（descriptive）」な経験性を備えたものであったことは、ハチスンの道徳感覚理論がロックの認識論の論理的帰結の徹底としての性格をもっていた次第を知るとき、おのずから納得されることであろう。[25] ハチスン倫理学の最大の特色の一つは、ロックが『人間知性論』で展開したいわゆる内観的方法を手掛りとして、ロックの「事象記述の平明な方法（historical plain method）」を自然現象だけではなく、倫理学や社会哲学にも適用することによって、倫理学における経験主義への道を拓いた点にあったのである。[26] ハチスンの倫理学がヒュームの注意をひき起したのは、ハチスンの道徳感覚理論がこうした「哲学の新しい方向」を含んでいたからであるが、[27] スミスの『道徳感情論』や『法学講義』がキャンベルその他も指摘するようにすぐれて「記述的[28]」な性格をもっていた理由も、ハチスンの道徳感覚理論とスミスの共感理論との関連から解き明かすことができるであろう。ヒュームとスミスは、ハチスンの道徳感覚理論と、その先駆としてのシャフツベリを発想源として、その上に自らの思想を形成していったのである。

ハチスンの道徳感覚理論のもつ最大の思想史的意義がこの点にあることは明らかであるが、彼は、こうした認識＝交通原理としての道徳感覚理論を武器にして、（道徳）感覚に基づく法の理論を構築しようとしていたのであった。そうしたハチスンの意図は、彼が『探求』の第二論文の最終節（第七節）で、義務と権利の「複合的道徳観念（complex moral idea）」を道徳感覚から演繹しようと試みていた[29]ことのうちに、すでにはっきりと示されていたといえよう。彼の『道徳哲学体系』と『道徳哲学綱要』の第二―三巻はこの主題を具体的に展開したものに他ならないが、彼はそこで「われわれの権利〔正義《ライト》〕についての諸観念が、法や命令に関するいかなる考察にも先立って、われわれのうちに自然的に存在する正邪に関するかの道徳感覚からどのようにして生起するかを十分に説明した[30]」上で、「われわれが、正邪の自然的感覚と他人への共感から、法とか万人の一般的利益のことを何ら考えることなく、他の人々の害にならない利益を彼自身か彼の友人にもたらす人は誰でも直接的に是認する[31]」傾向をもつことを明らかにしている。このハチスンの言葉は、彼が「権利《ライト》の基本観念」を法のそれに先在する個々人の「正邪の自然的感覚（natural sense of right & wrong)」に求めていたことを示しているが、彼は、こうした形で自然法の基礎を個々人の「直接的感覚」と「他人への共感」に求めていただけでなく、そこにさらに「観察者（spectator）」視点を導入し[32]、観察者が所有の侵害を非難するのは「それがもたらす体制《システム》の利益に対する傾向を考えてではない[33]」ことさえ明らかにしている。ハチスンは、自然法の原理としての人間本性の道徳感覚による内観を通して、権利（right＝jus）の正当性を道徳感覚理論によって基礎付けようとしていたのである。

彼が「正義と人間愛の自然的感覚（natural sense of justice and humanity）[34]」ないし「自然的正義のあらゆる感覚（all sense of natural justice[35]）」に基づく「正義の自然的基礎（natural foundation of justice）[36]」の探求をその道徳哲学の中心主題とした所以はここにあるが、彼はそこですでに正義の基礎を被害者の憤慨（resentment or indignation）とそれに対する観察者の共感に求めてさえいたのである[37]。彼は、「自然的自由」の侵害を「憤慨」論で説明することによって、自然権の正当性を道徳感覚（感情）理論によって基礎付けようとしていたのである。このようなハチスンの思想がその限りスミスの『道徳感情論』の正義論と共通性をもつものとして、その基底をなしていたことは明らかであるが、ハチスンはさらに利己心の抑制―それを可能ならしめる「拡大的愛着」の培養のためには、「外的事物に関する人類の環境（circumstances）の正しい考察[38]」が必要であるとして、社会原理による利己心の抑制を意図し、そのための市民社会分析を展開している[39]。このハチスンの論理がヒュームの正義論の議論の基底をなすものとして、それと多分に共通する面をもっていることは明らかである。

「ヒュームの道徳哲学のうちにはハチスンにさかのぼりえないものは、少ししか、あるいは何も、ない[40]」とか、「デヴィド・ヒュームとアダム・スミスの影響をうけた一八世紀のモラリストはすべてフランシス・ハチスンに感謝する基本的義務を負っている[41]」といわれるのも、その意味では必ずしも誇張ではないといえよう。「ヒュームは、ハチスンの倫理学をほとんど丸ごと（in toto）採用していた」が、「グラスゴウにおいてハチスンの弟子であったスミスも、『道徳感情論』において彼の師の哲学に影響されていた[42]」のである。

(5)　ハチスンの道徳哲学は、このように道徳感覚原理による自然法の再構築を意図したものであったが、（道徳）感覚によって法を説明しようとしたハチスンの意図は実際には基本的に挫折せざるをえなかったのであった。その根本の原因は、道徳感覚が美的感覚と同じように客観的には確かめようのない主観的な感覚でしかないため[43]、それ自体では道徳判断原理としての客観性をもちえぬ点にあったといえるであろう。そのため、彼は、道徳感覚に基づく是認・否認の根拠に、道徳的是認の対象となる行為は他人に対する仁愛感情に基づくものでなければならぬという仁愛動機をおき、仁愛を是認の原理としたが、仁愛は「他の人びとの善」にかかわるものであるため、その客観的表現としての公共善ないし全体の効用が事実上道徳感覚に基づく道徳判断原理と同一視されることとなったのであった。このハチスンの思想は、仁愛動機が存在しない行為や感情はどんなに公共善＝公共の効用に合致しても是認の対象とはなりえないとしている点で[44]、効用を是認の原理としたヒュームとはちがうが、ハチスンは彼の処女作『探求』の道徳感覚理論に対する倫理的合理主義者たちの批判、とくにヨーゼフ・バトラーの批判に対して、それに答えるために二八年の『情念論』以後バトラーの良心論を取り入れ、理性の役割と、道徳感覚に対する仁愛の優越性を認めたことが機縁となって[45]、三―四期の『体系』や『綱要』では道徳感覚に対する効用の優越性を認めるより功利主義的な方向に進むこととなったのであった[46]。ハチスンの道徳感覚理論は、本来ホッブズ、マンドヴィル的な利己心の体系に対し、個人的利害を超えた「道徳感覚」の存在を証明することを主題としたものであったのに、その道徳感覚理論が道徳感覚に対する効用の優越を認めるのは――それが個人的利害をこえた全体の効用であるとはいえ――「われわれが、正邪の自然的感覚と他人への共感から……法や万人の普遍的利害について何ら顧慮することなしに」他人の行為を「直接是認する」(47)ことを認めた自己の論理の破綻を示すものといえよう。

ハチスンは、道徳感覚に基づく法の理論の建設を意図しながらも、後述のスミスのように道徳感覚の主観性揚棄の論理を見出しえなかったために、道徳感覚を仁愛と公共善に従属させざるをえなかったのであるが、こうしたハチスン倫理学の矛盾した実態をより端的に示しているのが法理論である。

すでにみたように、彼の道徳感覚理論の主題は、道徳感覚を道徳的識別の原理とし、その上に正義《ライト》（権利）の理論を導く点にあったが、実際には道徳感覚は正義《ライト》の十分な原理たりえず、権利《ライト》の大小は公共善への傾向に比例するとして(48)、彼は法の究極の根拠を公共善に求めていたのであった。彼は、正義《ライト》を道徳感覚によって基礎付けようとしながらも、道徳感覚に基づくわれわれの是認はわれわれの「狭隘な感情《アフェクション》が体制《システム》の利害に及ぼす傾向を考えることなしに」行われるため、道徳感覚に基づくわれわれの直接的な是認は「公共の利害」に従属せねばならぬとしていたのである(49)。彼は、そのため「権利《ライト》の基本観念は法のそれに先立つ」として、その根拠を「われわれの正邪の自然的感覚と他人への共感」に求めながらも、それに基づく個人の権利は「組織《システム》全体のより広範な利益（more extensive advantage）」に従属すべきであるとして(50)、法の原理を「万人の普遍的利害（general interest）」に求めているが、こうした道徳感覚による権利（Right）の基礎付けと法の原理としての「普遍的善」論との並存こそ、ハチスン法理論の基本的特色をなすものであった。「このようにして、われわれの胸中の直接の感情（feeling）と普遍的利害の考察の双方が、……自然法を示唆する(51)」という彼の言葉は、こうした彼の思想の特色を示しているが、それは自然法の感覚主体化を主題としながら、その原理を貫きえなかったため、自然法の目的としての「公共善」を強調せざるをえなかったハチスンの思想的立場を象徴しているといえるであろう。

こうしたハチスンの法理論の内実をより具体的に示しているのが彼の正義論である。彼は、刑罰の正義の源泉を被害者の憤慨（indignation or resentment）の感情に求めながらも、「しかし、この情念《パッション》は、〔人々の心に〕どんなに広く植えつけられていたとしても、より高次の原理の支配に服さねばならない[52]」として、正義の原理を公共の効用に求めている。このハチスンの正義論が正義の問題を感覚と感情で説明しようとした彼の道徳感覚理論の本来の意図と矛盾することは明らかであるが、ハチスンのこの挫折の根本原因は、ひとえに彼が道徳感覚の主観性揚棄の論理を見出しえなかった点にあったといえるであろう。彼は、道徳感覚に基づく道徳判断の客観性を確保する道をいまだスミスのように状況のうちに見出す論理を確立しえなかったために、社会全体の「公共の効用」の考察に基づく判断という、個別的状況（Situation）に依存する個々人の道徳感覚とは根本的に相異なる自然法的「公共善」主義にとどまらざるをえなかったのである。

(6)　しかし、ハチスンの道徳哲学は、たんに以上の点で挫折していただけではない。ハチスンの道徳哲学は、法の問題に倫理を導入し、市民社会の問題を倫理的に解決しようとしていた点で、市民社会理論として根本的な弱点をはらんでいた次第が大きく注意される要がある。そうしたハチスン思想の実態を象徴しているのが、「他人との友好的な交際、職分《オフィス》の相互的交流、多数人の結合的協力[53]」からなる、職分（offices）交換社会としての市民社会の秩序維持のためには善行（good or kind office）の交換が必要であり、そのためには互いに他人に対して仁愛的である必要があるという、彼の「相互善行（mutual good offices）」論ないしその具体的表現としての「普遍的仁愛（universal benevolence）」論である[54]。この相互善行論ないし普遍的仁愛論が、キケロの職分論とカンバーランドの相互仁愛論の継承であることは、その思想内容や[55]、キケロとカンバーランドへの直接的言及からも明らかであるが[56]、ハチスンは、カンバーランドやプーフェンドルフと同じく、何びとも他人の助力なしには生きえない相互依存体系としての市民社会認識から出発しながら、逆に、そのための尽力の交換を要求したのであった[57]。ハチスンが「自然法は、われわれがみな自分のできるあらゆる親切な職分（all kind offices）を自発的に喜んですることを要求し、義務付けている[58]」という所以はそこにある。彼はそのような尽力の交換を市民社会における正義の維持のための根本原理としていたのである。たとえば、彼は『体系』の第一巻の結論をまとめた第一巻第一一章で、〝われわれの道徳感覚がわれわれに直接に指示し、われわれの真の利害の正しい考察によって確証される人生の道は、あらゆる善行を行い、より拡大的で重要な職分をそうでないものに優先させることによって、普遍的幸福を増進することである。これが基本的な正義の徳である[59]〟という趣旨のことをのべている。この正義観が、ホッブズやスミスのそれとちがって配分的（distributive）な性格をもっていることは明らかである。彼は尽《グッド》力《オフィス》の交換による共通の利益（Common interest）の実現を正義の究極の目的としていたのであるが、前に論及したハチスンの正義論は、こうした職分交換社会としての市民社会における正義維持の根本原理としての相互仁愛要求が守られず、逆に、職分交換主体の権利が侵害された場合に当然生まれる被害者の憤慨に対する観察者の共感を基底とするものであった。正義の概念の由来を犯罪に対する憤慨感情に求めるハチスンの正義論は、このように、仁愛動機に基づく「相互的な善行」の交換を正義の根本原理として前提していたのである。彼が、正義を含むすべての徳の成立条件に仁愛動機を前提していただけでなく、「他人の善意にまかされる[60]」べき問題をも法学の対象としていたのも、同じような考え方に基づくものであったといえるであろう[61]。カンバーランドに従って、相互仁愛を自然法の原理としていたハチスンは、職分交換社会としての市民社会の秩序維持のための法（正義）の問題と「個人の善意にまかされる」倫理・道徳の問題との本質的差異を明確に自覚することなく、強制を本質とする法の問題を相互仁愛という倫理的要請で解決しようとしていたのである。

ハチスンは、相互尽力を市民社会の根本原理と考えていたため、仁愛原理で法（正義）の問題を解こうとしていたのであるが、こうしたハチスン理論の倫理的市民社会論としての性格は、彼が『道徳哲学体系』と『道徳哲学綱要』

の第二巻「自然法」論の第一―三章の法学序説部分で展開した自然法学の方法に関する議論にさいしても、権利ならびに法の一般観念が道徳感覚に基づく行為の道徳性から導かれているだけで、強制を本質とする法の問題と個人の善意にまかせられるべき倫理の問題との区別が明確になされていないことのうちにも示されているといえるであろう。[62] 彼が正義と仁愛を共に法学の主題とし、他人の善意にまかさるべき問題をも決疑論的に解明しようとした所以はそこにあるが、こうしたハチスン理論の倫理的・決疑論的性格をより典型的に表現しているのが、『体系』の第二巻第一六―一七章（『綱要』では一六章）の議論である。彼はそこで「組織《システム》としての人類は、各個人に対し一般的善のために必要な行為を要求する権利をもつように思われる」[63]として、各個人に積極的な職分遂行を強制しうる権利を列挙し、それを人類の「完全権（perfect Right）」として主張する一方、緊急の場合における「臨時の権利（extraordinary Right）」の在り方を具体的に考察している。このような考え方がグロティウス以来の法学の伝統に基づくすぐれて決疑論的な思想であることは明らかであるが、彼が『体系』の第三巻第九章（『綱要』では第八章）で展開した市民法論が、のちに第三章で論究するように、多分にシヴィク的・重商主義的性格をもっていたのも、法の問題を倫理的に解決しようとした彼の考え方によるところが大きいといえるであろう。

ハチスンは、マンドヴィルのように各人のエゴがおのずから調和するとは考えなかったため、宇宙の工匠である神の設定した目的因（final cause）を実現するためには、人びとの自然の感情《アフェクション》をより拡大的な感情にまで高める必要があるとし、その揚棄の論理を展開したのであるが、それは所詮はホッブズ、マンドヴィル的利己主義に対する即自的反撥でしかなく、彼は近代自然法の論理を揚棄しえないままにシヴィク的徳性主義にとどまらざるをえなかったのである。

二　ヒュームとスミスの思想主題

ハチスン思想の継承者としてのヒュームとスミスの共通の思想主題は、何よりもこうしたハチスンの道徳感覚理論の精神を批判的に継承することを通して、より経験的な正義・法の理論を形成する点にあったのであった。しかし、道徳判断原理を道徳感覚に求めたハチスンの理論は、前述のように、行為の道徳性の根拠を他人に対する仁愛動機に求め、仁愛を市民社会の原理としていた点で、市民社会理論として根本的な弱点をはらむものであった。ヒュームとスミスが、ハチスンの道徳感覚理論の精神を継承しながら、ハチスンが是認の根拠としていた仁愛動機を否定し、各人の利己心を前提した上での感覚と感情に基づく道徳判断原理の形成⇒それに基づく正義の可能性の論証を意図したのは、そのためであった。それは何よりも、ハチスンのシヴィク的仁愛⇒市民社会論の批判を通して、それに代るより経験的な市民社会論の展開を意図したものであったが、そのためには、ハチスンがその自然法学の方法原理としていた道徳感覚理論そのものの批判的組み替えが不可欠であった。ヒュームとスミスが、共感論をその道徳哲学体系の礎石にすえ、その理論的構築を意図した所以はそこにあったといえるであろう。彼らは、ハチスンの道徳感覚理論から仁愛動機を取り去り、仁愛動機を前提しない、利己心主体相互間の認識・交通原理に「道徳感覚」理論を組みかえ、それを共感理論として構築し直すことによって、その上に改めて〔道徳〕感覚〔共感〕原理に基づく法〔正義〕の理論を構成しようとしたのである。それが、ヒュームとスミスの道徳哲学の基本主題をなすものであった。

共感論と正義論が、ハチスン—ヒューム—スミスの三者の共通の中心主題をなしていたのはそのためであるが、ヒュームとスミスがそこで当面した最大の難問は、ハチスンが道徳感覚に基づく道徳的是認の根拠ないし前提条件としていた行為者側の仁愛動機、ないし、その目的としての公共善＝社会的効用に代る、（道徳）感覚原理に基づく倫理と法の客観性の原理の発見、一言でいえば、自然法の（道徳）感覚の主観性揚棄の論理を、いかにすれば構築しうるかという点にあった。すでにみたように、ハチスンは、道徳感覚〔感情〕の主観性揚棄の道を良心に求め、仁愛、ないしその目的としての公共善＝社会的効用を道徳感覚に基づく倫理と法の原理としたが、それは事実上「道徳感覚」原理を否定するものであった。このハチスンの当面した矛盾をのりこえ、法の原理を道徳感覚から導こうとしたハチスンの道徳感覚理論の精神を守りながら、より経験的な道徳と法の可能性を論証しようとしたのがヒュームとスミス、さらにはケイムズその他の常識哲学者たちであったが、彼らはこの課題解決の原理をそれぞれ別の方向に見出すこととなったのであった。

三　ヒュームのハチスン批判の内実

(1)　周知のように、N・K・スミスは、ヒュームに『人間本性論』執筆の動機を与えたのはハチスンの『情念論』（付『道徳感覚例解』）であったとしていたが、[64]ラファエルも、「ヒュームに哲学への最初の刺戟を提供したのは、ハチスンの理論と倫理的合理主義に対する彼の攻撃であった。彼の倫理学上の立場はハチスンのそれの発展であり、彼の知識論上の立場はハチスンが倫理学で行った方法の一層広範な適用である」[65]と断言している。ヒュームの知識論は、こうした最近のヒューム研究の動向からも窺い知られるように、ハチスンの倫理学、ないしそれに立脚するハチスンの自然法学の批判的継承を主題としたものとして、結果の美から神の意図《デザイン》と原因を推論していたハチスンの自然法観[66]の認識論的曖昧さや、その道徳感覚理論の市民社会原理としての弱点の揚棄を意図したものであった。彼は、そのため、仁愛動機を前提し、「普遍的仁愛」を強調していたハチスンの道徳感覚理論に対し、人間本性の恒常的特性としての「利己心と局限された寛大（confined generosity）」[67] 感情を前提した上で、そうした制限された仁愛感情しかもちえない利己心主体相互間の認識・交通原理としての共感概念を構築することによって、ハチスンの道徳感覚理論の限界をのりこえようとしたのであった。

このヒュームの共感論は、連合原理による観念の印象への転換を本質とするものとして、連合原理に基づく因果関係の推論によって観念の印象への転化の論理を明らかにすることによって、われわれが対象をみるときに生まれる快の観念から直接、共感⇓是認を導いていたハチスンの道徳感覚理論を人―人間の認識・交通原理にまで深めたものであったといえるであろう。彼は、観察者が対象をみるときに形成する「観念」に伴う快⇓共感⇓是認の推移を観念連合原理による観念の「印象」への転換の理論によって精密化することによって、ハチスンの道徳感覚理論をハチスンが前提したような仁愛動機（拡大的愛着）を前提しないでも成り立つ人―人間の感情的交通原理として組みかえることを可能にしたのである。

(2)　ヒュームは、このように機能化され交通概念化された共感概念に基づいて、その上に人間の行為の作用因としての自然の共感感情に基づく正義の歴史的形成論を展開したのであった。その典型が、社会の形成、そこにおける正義の実現を人間の行為の作用因としての利害に基づくコンヴェンションの産物とみるヒュームの正義論である。ヒュームのコンヴェンションとは、「社会のすべての構成員が相互に表明する共通の利害の一般的感覚に他ならない」[68]。それは、「外部から何ら強制されなくとも、他人も自分と同じ利害を感じているにちがいないという共感によってえられる確信から、相互に自発的に自己の行為を規制する」[69] ことから生まれる人びとの間の共通の利害感の表現を意味するものであった。この理論が利己心と共感を前提していることは明白である。それは、人びとの共同の利益を守るための正義の諸規則が、契約説その他にみられるような公共善を目指した人びとの意図的な努力の結果としてではなく、一種のコンヴェンションとして、共同利害に関する人びとの間の相互的共感の働きを通して自然に形成されてゆくことを意味するものであった。コンヴェンション概念を中核とするヒュームの見解のうちには、ホーコンセンの強調するように、正義を利己心主体相互の自然の共感活動に基づくコンヴェンショナルな歴史的形成物と考える、すぐれて発展的な見解が含まれていたのであるが(70)、このようなヒュームの正義観が、正義の目的を公共善に求め、正義の動機を仁愛に求めていたハチスンの正義論を暗黙の批判の対象にしていたことは明らかである。「公共的利害への顧慮または強力で拡大的な仁愛は、正義の諸規則の遵守に対するわれわれの最初の根源的な動機ではない(71)」というヒュームの言葉は、何よりも公共善を正義の目的とし、仁愛を正義の動機としたハチスンの理論を批判したものであったのである。彼は、ハチスンのように正義の動機を仁愛に求め、公共善を正義の原理とすることを否定し、「正義の動機」を問い直し、「正義の感覚」の人工性＝社会性を明らかにすることを通して(72)、正義の目的である公共善の実現のためには相互尽力が必要であるとしていたハチスンとはちがった正義論を展開することとなったのである。

このヒュームの正義論は、正義の感覚の人工性を強調する形で展開されているが、彼は必ずしも正義の自然性（「正義の感覚」の自然性ではない）を否定していたのではなく、彼の主眼は、「正義の感覚」がハチスンの考えたような人間に天賦の、自然的な「道徳感覚」ではなく、それぞれの歴史的状況における人びとの自然の共感感情の働きを通して形成されるコンヴェンショナルな歴史的形成物である次第を明らかにする点にあったのであった。彼が、ハチスンに宛てた手紙の中で、「あなたの意味する自然的という言葉は、目的因（final Causes）に立脚しているが、それは私には可成り不確かで哲学的でないようにみえる考察なので、私には賛成できない」とのべるとともに、「自分は正義を非自然的と呼んだことは決してなく、ただ人工的だと呼んだだけである」[73]とのべた理由はそこにある。

このようなヒュームの正義論が、目的因の論理と部分は全体に従属すべしとした体系《システム》思想とに立脚したハチスンの正義論と異なることは明らかであるが、ヒュームがこうした正義観をとるに至ったことの一つの背景としてはマンドヴィルの影響が考えられる。[74]彼は、ハチスンのようにマンドヴィルを全面否定することなく、逆にマンドヴィルの『蜂の寓話』から社会現象が人間の行為の作用因としての各人の利己心に基づく人間の行為の「意図せざる帰結」として成立する次第を学びとっていたのである。このようなヒュームの正義論が『道徳感情論』の欺瞞理論と多分に共通性をもつことは明らかである。ヒュームとスミスは、同じようにハチスンの道徳感覚理論の精神を継承しながら、マンドヴィルからも学ぶことによって、ハチスンの道徳感覚主義のもつ限界を乗り越えようとしていたのである。最近のヒューム研究がヒュームとスミスの思想の連続性・共通性を強調しているのは、こうした両者の思想の本質をついたものに他ならないといえるであろう。

(3)　問題は、ヒュームが、こうした形でハチスンの思想を徹底して批判していたにもかかわらず、実際にはハチスンと同様に、道徳判断の客観性の基準を公共の効用に求め、行為の道徳性の判断基準に功利の原理を導入していた点にある。たとえば、彼は正義がその道徳性を獲得するのは、そのもたらす効用への共感を通してであるとしている。[75]彼によれば、正義の諸規則は、万人に対して絶対的な妥当性を要求する点で人為的な性格をもたざるをえないため、それに対する共感は自然的には成立せず、そのもたらす効用にわれわれが共感することを通して自然的徳性化されるとされていたのである。彼は、正義の発生（起源）を人びとの共感に基づくコンヴェンションに求めながらも、そこに形成されるコンヴェンションとしての正義の諸規則の絶対性のゆえに、その遵守が自然的徳性化されるのはそのもたらす効用への共感による他ないとしていたのである。このヒュームの論理は彼のコンヴェンション⇒正義論と明らかにトーンを異にしているばかりでなく、彼がそこで正義のもたらす効用への共感を「自然的徳性」としての正義の徳の成立原理としていたことは、彼が正義を〔道徳〕感覚のみから導くことができずに、逆に、正義の感覚の客観性の基準を効用に求めていたことを示すものといえるであろう。

彼が、ハチスン同様、正義の源泉を被害者の憤慨感情に求めながら、その論理を貫きえなかったことも、同じようなヒュームのジレンマを示すものに他ならない。彼は、被害者の憤慨感情という人間の自然の感情の上に正義を基礎付けようとしながらも、ハチスン同様、そのような憤慨感情そのもののうちに正義の感覚の客観性の基準を見出しえなかったために、〔道徳〕感覚〔感情〕のみから正義を導くことができずに、正義の感覚の客観性の原理をそのもたらす効用に求めざるをえなかったのである。彼が正義はそのもたらす効用への共感を通してはじめて徳性化されうるとしていたことの背景には、こうした問題があったといえるであろう。ヒュームは、正義の起源〔発生〕を共感に基づくコンヴェンションの形成に求めた点で、ハチスン以上にスミスへの方向に巨歩を進めながらも、ハチスン同様、そうした共感〔道徳的感覚〕に基づく正義の客観性の基準はあくまでも効用に求めていた点で、ハチスン的な限界にとどまっていたのである。

このようなヒュームの正義論が一種の矛盾ないし妥協の産物でしかないことは明らかであるが、その根本原因はひとえに、ヒュームの共感論が道徳的評価の原理として不十分なものでしかなかった点にあるといえるであろう。ヒュームの共感論は、人が他人の情念をみるときにえられる「観念」がみる人自身の経験に媒介されて「印象」に転化するという、共感の心理過程を連合原理によって明らかにしただけで、それを客観的な道徳的評価に転化させるために必要な条件を感覚原理そのもののうちに見出すことができなかったため、共感的情念を客観化することができずに、〔道徳〕感覚ないし共感に基づく法の客観性の基準を効用に求める他なかったのである。

ヒュームがスミスに先立って共感を社会認識の原理としながら、結局はハチスンと同じ功利主義にとどまっていたのはそのためであるが、こうしたヒューム正義論の矛盾を最も端的に表現しているのが、彼の人為的徳性としての正義論である。彼は、既述のように、正義の発生を被害者の憤慨に対する観察者の共感に基づくコンヴェンションに求めながらも、そのようなコンヴェンションに基づく正義の諸規則を遵守する正義の徳の自然性を否定し、正義の徳はそのもたらす効用への共感から生まれる「人為的な徳」であるとしている。このヒュームの正義＝人為的徳性論が、正義の道徳感覚の自然性を主張していたハチスン正義論批判としての含意をもっていたことはすでにみた通りであるが、正義の徳の自然性を否定するこのヒュームの人為的徳性論が、「正義の感覚」を被害者の憤慨感情や、それに対する観察者の共感に基づく共通の利害感から説明する前述の彼の正義論と相容れない契機を含むことは否定しがたい事実である。にもかかわらず、ヒュームは、こうした共感に基づく正義の個別性、ないし正義の感覚の主観性と、それと相容れない正義の諸規則の絶対的普遍性要求とのギャップに当面して、正義の感覚の客観性の根拠をそのもたらす効用に求める正義＝人為的徳性論にとどまったのであった。このようなヒュームの考え方は、正義を共感から導こうとした彼の正義論の破綻を示すものに他ならない。ヒュームは、ハチスンの道徳感覚⇒正義論の限界をのりこえようとしながらも、結局はハチスンと同じ限界にとどまらざるをえなかったのであるが、こうしたヒューム正義論の分裂・破綻は、彼の正義論が取得権としての所有権のみを問題にし、自然権の問題は正義論の主題から除外していた点にも示されているといえよう。(76) ヒュームの正義論は、ケイムズがいち早く指摘していたようないくつもの矛盾をはらんでいたのである。

ヒュームが、『道徳原理研究』で、多くのヒューム研究者が一様に指摘するように、法を道徳感覚ないし共感から導こうとしていた『人間本性論』の最初の理論を事実上放棄し、共感を同胞感情（fellow-feeling）と同一視するに至った理由もここにある。ヒュームは、後述のスミスのように、共感それ自体のうちに道徳判断の原理、（道徳）感覚の客観性の基準を発見することができず、さりとて、共感では彼が道徳的評価の原理としていた社会的効用を上手く説明することができなかったために、『道徳原理研究』では共感を同胞感情に変えざるをえなかったのである。ヒュームは、『人間本性論』でハチスンの道徳感覚（Moral Sense）理論の精神をハチスンの道徳感覚（MS）主義の限界をこえて実現しようとしたが、彼もハチスンと同様結局は感覚（S）に基づく道徳（M）判断の客観性の原理を発見しえなかったため、一種の自己矛盾に陥り、M（道徳判断ないし情緒的価値評価）とS（認識論ないし理性的事実認識）とを分裂させざるをえなかったのである。『人間本性論』においてはこのMとSとの統一性を追求していた『本性論』の構成が、川久保晃志の指摘するように、「そのご認識論＝『人間悟性研究』と道徳論＝『道徳原理』に分離され」、後者では「共感が仁愛、人間性、友情等利他的感情と等置され、さらに『本性論』と異なって仁愛論が正義論に先行して展開され」[77]るに至った所以はそこにある。こうしたヒュームのハチスン回帰は、彼の共感理論、ないしそれに基づく彼の道徳哲学の（道徳）感覚（感情）理論としての挫折を意味するものであったといえるであろう。後述のスミスの共感論と正義論は、こうしたヒューム共感論の限界とヒューム正義論の矛盾の揚棄の論理として登場したものであったのであるが、しかし、このことは、必ずしもホーコンセンその他の一部の研究者が主張するようにヒュームがスミスの思想的出発点をなしていたことを意味するものではない。

（1） Jensen, H.: *Motivation and the Moral Sense in Francis Hutcheson's Ethical Theory*, The Hague, 1971, p. 13.

（2） スミスは、『感情論』の第六部（六版では第七部）で、カドワース、ヘンリ・モア、ジョン・スミスらのケンブリッジ・プラトニストを、ハチスンとならんで徳性が仁愛にあるとする論者の代表としてあげている（TMS, VII. ii. 3. 3）。これに対し、カンバーランドについては、『感情論』でも『講義』でも全く言及されていないが、「アダム・スミス文庫」にはカンバーランドの主著が含まれており、シャフツベリならびにハチスンとカンバーランドとの親近性を考えるとき、スミスが何らかの形でカンバーランドに通じていたとみることは、必ずしも見当ちがいの想定とはいえないであろう。一七六一―六七年までグラスゴウ大学で学んだ有名なロシアの法律家S. E. Desnitskyが、LJ（B）かそれに極めて近い異文を使用して行ったと考えられる講義の中でカンバーランドに論及しているのは、その点示唆的である（Cf. LJ, Introduction, p. 27）。なお、カンバーランドについては、Cf. Kirk, L.: The Political Thought of Richard Cumberland, *Political Studies*, XXV, 4, '77. Forsyth, M.: The Place of Richard Cumberland in the History of Natural Law Doctrine, *Journal of the History of Philosophy*, XX, i, '82. 簡単には、拙著『市民社会理論の原型』一三五―七ページ参照。

（3） Jensen, *op. cit.*, p. 14.

（4） Stephen, L.: *History of English Thought in the Eighteenth Century*, Kelley Rep. Vol. 2, p. 29. 中野好之訳『十八世紀イギリス思想史』中、一九九ページ。

（5） この点、ハチスンとスミスについては本論で立証するが、ヒュームについては、さしあたり、Cf. Gauthier, D.: David Hume, Contractarian, *Philosophical Review*, LXXXVIII, 1, 1979, pp. 3-38.

（6） こうした研究史の現状は、スコットランド啓蒙思想の研究の進展に伴ってようやく変りはじめつつあるようで、本稿執筆後入手したキャンベル論文その他では、従来のハチスン研究の一面性（非政治性）への反省に基づいて、ハチスンの道徳感覚理論と政治哲学との関連の解明が主題とされている。Cf. Campbell, T. D.: Francis Hutcheson: 'Father' of the Scottish Enlightenment, in *The Origins and Nature of the Scottish Enlightenment*, 1982, esp., pp. 167-8. Horne, T. A.: Moral & Economic Improvement: Francis Hutcheson on Property, *History of Political Thought*, VII, i, '86.

（7） Hutcheson: *An Inquiry into the Original of our Ideas of Beauty & Virtue*, London, 1725, p. 103.

（8） Cf. Jensen, *op. cit.*, p. 41 f.

（9） ハチスンの「道徳感覚」がロックの認識論と対立的にとらえられてきた一つの背景は、このように彼が道徳感覚をアプリオリなものと考えていた点にあったと考えられるが、ハチスンの道徳感覚は行為の善悪を直観的に示すものではない。彼は、ロックにならって、「この道徳感覚は、他の感覚同様、何らの生得的な観念や知識、ないし実践的命題を想定するものと考えるべきでない」（Hutcheson: *Inquiry*, p. 124）とのべている。シャフツベリとハチスンの「道徳感覚」理論は、むしろロックの「内観」的方法を心内現象に具体的に適用したところに成立したもので、ロックの認識論と基本的に矛盾するものではないことに注意されたい。こうした道徳感覚理論のロック認識論との親近性については、たとえば、Cf. Taylor, O. H.: *A History of Economic Thought,* N. Y., 1960, p. 31. Jensen, *op. cit.,* p. 39 f.

（10） Hutcheson : *A Short Introduction to Moral Philosophy,* Glasgow, 1747, pp. 119, 120.（以下 *Short Introduction* と略称）

（11） Cf. Hutcheson : *Inquiry,* p. 107 f.

（12） Cf. Hutcheson : *A System of Moral Philosophy,* London, 1755, Kelley Rep., Vol. I, p. 142.（以下 *System* と略称）

（13） Cf. Hutcheson : *Inquiry,* pp. 216-7.

（14） Cf. *Inquiry,* pp. 32, 115, 251, 274. *System,* I, pp. 2, 269. *Short Introduction,* pp. i, iii, 3, 112.

（15）『探求』では、二人の名はそれ以外には一度もあげられていない。なお、カンバーランドとプーフェンドルフの市民社会理論の基本的特色、ならびに、前述のごとき両者の思想の共通性については、拙著『原型』一三五―一三八ページ参照。

（16） Cf. Hutcheson : *Inquiry,* p. 251.

（17） Hutcheson : *System,* I, pp. 42-43.

（18） Cf. e.g. *Ibid.,* pp. 47-48.

（19） Cf. Hutcheson : *Inquiry,* pp. 160-7.

（20） ハチスンが法と倫理、isとoughtとを混同したことの背景には、こうした人間本性をシステムとしてとらえる思想があったことに注意されたい。Cf. Forbes : Natural Law and the Scottish Enlightenment, in *The Origins and Nature of the Scottish Enlightenment,* p. 192.

（21） Hutcheson : *Inquiry,* pp. 75, 109.

（22） *Ibid.,* p. 75.

（23） Cf. *Ibid.,* pp. 74-75.

（24） Cf. Jensen, *op. cit.,* p. 32.

（25）「ハチスンは、その心理学的探求にさいして、ロックのやり方に従って、感覚と反省の内容を記述（describe）し報告する仕事にのり出し、」内観（introspection）の結果を詳しく報告する形で、「さまざまな種類の感情《アフェクション》と願望とを識別し、視・聴・

触のより通常の知覚と美的感覚や道徳感覚の〝より繊細（finer）な知覚〟と彼が呼ぶものとを識別する顕著な能力をもっ」（Jensen, *op. cit.*, p. 32）ていたのである。Cf. Smith, N. K.: *The Philosophy of David Hume*, Lond., 1941, pp. 24–26.

(26)　Cf. Blackstone, W. T.: *Francis Hutcheson and Contemporary Ethical Theory*, Athens, 1965, pp. 4, 6. Jensen, *op. cit.*, pp. 1-2. なお、私見によれば、ロックは、『人間知性論』のいわゆる「事象記述の平明な方法（historical plain method）」を自然現象だけでなく、社会事象にも事実上適用する形で、civil or moral histories の観察・記録をも行い、その結果をその社会理論に反映させていたと考えられるが（拙著『原型』第一部第二章参照）、にもかかわらず、ロックの意義は、基本的にはあくまでもこのような方法を方法原理として確立した点にあり、彼自身も『知性論』の「内観」的方法を心内現象に具体的に適用することなく、「事象記述の平明な方法」を内観的方法としては十分に展開しないままにとどまっていたのであった。こうしたロックの限界を突破して、ロックの内観的方法（現象学的分析）を精神・社会現象に適用することを通して、いわゆる historical plain method を倫理学や社会哲学にも本格的に適用する道を拓いたのがハチスンの道徳感覚理論であることに注意されたい。Cf. Smith, N. K., *op. cit.*, pp. 41 ff.

(27)　フォーブズやシュタインは、スコットランドにおける科学としての法の研究の創始者をケイムズに求め、ハチスンは全体として、アプリオリ的な方法をとっていたグロティウスとプーフェンドルフの学派のたんなる継承者でしかなかったとしている（Cf. Forbes, op. cit., p. 189.）。この見解は、それ自体としては決して間違いではないが、このようにハチスンとケイムズを一面的に対立させるだけの解釈では一七世紀自然法に対するハチスンの道徳感覚理論の意義、それがヒューム、スミス、ケイムズらの思想形成に及ぼした影響はとらええないのではないであろうか。

(28)　Cf. Campbell, T. D.: *Adam Smith's Science of Morals*, Lond., 1971, p. 51.

(29)　Cf. Hutcheson: *Inquiry*, p. 249 f.

(30)　Hutcheson: *Short Introduction*. p. 119.

(31)　*Ibid.*, p. 120.

(32)　たとえば、彼は「人が邪心のない勤労とやさしい愛情から自分自身と愛する人びとのために安楽と快楽の手段を手に入れるとき、すべての善良な観察者は、彼がそれらのものを享受するのを喜び、〔誰かが〕彼の所有物や享受を直接侵害することを、そのような不正義が社会にもたらす結果を考えることなしに、非難するにちがいない」（Hutcheson: *System*, I, p. 254）

とのべている。なお、ハチスンの観察者（spectator or observer）理論の意義は、自然法の権利・義務論に「観察者」視点を導入することによって、自然法の主体的再構成への道を拓いた点にあるが、ハチスンの場合、この視点は、上の引用の前後の文脈の示すように、あくまでも公共善に従属すべきものとされていたことに注意する要がある。上の引用の含意がスミスの場合と逆になっているのは、そのためであるといえよう。

（33） Hutcheson : *System,* I, p. 254.

（34） *Ibid.,* I, p. 302.

（35） *Ibid.,* II, p. 85.

（36） *Ibid.,* II, p. 287.

（37） Cf. *Ibid.,* I, pp. 294-5.

（38） *Ibid.,* I, p. 287.

（39） Cf. *Ibid.,* I, p. 286 f.

（40） Prior, A. N. : *Logic and the Basis of Ethics,* Oxford, 1949, p. 31.

（41） Blackstone, *op. cit.,* p. 6.

（42） *Ibid.,* p. 6.

（43） ハチスンは「道徳感覚の普遍性を主張」していない。「各人は自分の感覚によって他人の感情を判断する」が、「その感覚は、審美眼（taste）の場合と同じように、人によってちがう」（Scott : *Francis Hutcheson,* p. 208）ことを彼は認めていたのである。

（44） Cf. Hutcheson : *Inquiry,* p. 180.

（45） Cf. Scott, *op. cit.,* pp. 198-206.

（46） Cf. *Ibid.,* pp. 247-8. Stephen, *op. cit.,* Vol. 2, p. 60. 中野訳、中、二三三ページ参照。

（47） Hutcheson : *Short Introduction,* p. 120（傍点引用者）

（48） Cf. Hutcheson : *Inquiry,* p. 256.

（49） Hutcheson : *System,* I, p. 254.

(50)　Hutcheson : *Short Introduction*, p. 120.

(51)　Hutcheson : *System*, I, p. 322.　なお、彼は「われわれがこれらの通常の諸規則ないし自然法を知るようになる」のは、「われわれの心の感情《フィーリング》と〔公共善に及ぼす〕行為の傾向に関する判断を措いてはない」(*System*, II, p. 128) とものべている。

(52)　Hutcheson : *System*, I, p. 256.

(53)　Hutcheson : *Short Introduction*, p. 121.

(54)　Hutcheson : *Inquiry*, pp. 197, 198.

(55)　ハチスンは、『探求』で「カンバーランドとプーフェンドルフ」の相互仁愛論を自愛のための「返報 (return)」思想にすぎないとして退けながら、人間はそれほど仁愛的ではありえないがゆえに、他人の仁愛的行為に快を感じ、それを有徳な行為として是認するのであり、この是認 (感謝) という返報によって人はより仁愛的になりうるという、カンバーランドと実質的には同じ様な思想を展開している。Cf. Hutcheson : *Inquiry*, pp. 195-198.

(56)　Cf. e.g. Hutcheson : *Short Introduction*, p. 112 note.

(57)　Cf. Hutcheson : *System*, I, pp. 287-291.

(58)　*Ibid.*, II, p. 1.

(59)　*Ibid.*, I, p. 222.

(60)　*Ibid.*, I, p. 258.

(61)　キャンベルも、ハチスンが、スミスとちがって消極的な正義の徳と法の対象外たるべき積極的な仁愛とを区別せず、仁愛を法的・政治的原理としていたことを認めている (Cf. Campbell : Francis Hutcheson : 'Father' of the Scottish Enlightenment, p. 176)。

(62)　ハチスンは、『体系』の第一巻で「人間本性」(道徳感覚) 論を展開したのち、それに続く第二巻の「自然法」論の冒頭の第一章で、行為の道徳性に及ぼす「環境 (circumstances)」の影響を論じ、第二章で道徳感覚に基づく行為の「一般諸規則」について論じることから、自然法の議論をはじめている。この構成は、共感 (道徳的感覚) ⇒環境分析⇒一般諸規則⇒自然法という『感情論』の構成と基本的に同じであるが、ハチスンの場合には、「権利と法」の一般観念が道徳感覚に基づく行為の道徳性から導かれているだけで、正義の一般諸規則と他の諸徳のそれとの区別がなされていない。彼がそこで行っている

「完全権（perfect rights）」と「不完全権（imperfect rights）」の区別は、必ずしもスミスの正義と仁恵の区別に相当するものではなく、ハチスンはスミスとちがって積極的な職分の遂行をも完全権に含める一方、各人の善意にまかせらるべき「不完全な権利」も力で強制はできないが、あくまでも「権利と法」に属する問題としてとらえている（Cf. *System*, I, p. 257 f.)。スミスの『感情論』の主題がこうしたハチスンの見解の批判にあったことは明らかで、彼は、各人の善意にまかせられるべき問題（「不完全権」）を「権利と法」の対象から除外し、それを正義＝法の問題とは異なる仁愛＝倫理の問題とすることにより、強制を本質とする法の問題とあくまでも個人の善意にまかせられるべき倫理・道徳のちがいを明確に自覚することなく、両者を等しく「権利と法」の問題として一括していたハチスンにおける法と倫理の混同を批判したのである。

（63） Hutcheson : *System*, II, p. 105.

（64） Cf. Smith, N. K., *op. cit.*, pp. vi, 24 f.

（65） Raphael, D. D. : Hume's Critique of Ethical Rationalism, in W. B. Todd（ed.): *Hume and the Enlightenment*, Edinburgh, 1974, p. 15.

（66） Cf. Hutcheson : *Inquiry*, p. 42 f.

（67） Hume, D.: *A Treatise of Human Nature*, ed. by L. A. Selby-Bigge, Oxford, 1967 ed., pp. 495, 498-9.

（68） *Ibid.*, p. 490.

（69） 板橋重夫「デヴィド・ヒュームの道徳哲学と社会観（II)」愛知県立大外国語学部紀要、一三号、九ページ（傍点引用者、一部字句変更)。Cf. Hume, *op. cit.*, p. 498.

（70） Cf. Haakonssen : *The Science of a Legislator*, pp. 17-21.

（71） Hume, *op. cit.*, p. 495.

（72） *Ibid.*, p. 483. Cf. Haakonssen, *op. cit.*, pp. 10-12.

（73） Creig, J. Y. T.(ed.): *The Letters of David Hume*, Oxford, 1932, Vol. 1, p. 33.

（74） Cf. Haakonssen, *op. cit.*, p. 21.

（75） Cf. Hume, *op. cit.*, pp. 499-500.

（76） ヒュームは、ホーコンセンの指摘するように、自然権を正義論の対象から除外し、「所有権のような取得権は、そのもたらす〝公共の効用〟に基づいているので、それを尊重することの徳性は〝人為的〟であるのに対し、身体の安全のような自然権は、直接的な同感に基づいているので、それを尊重することの徳は〝自然的〟である」（Haakonssen, *op. cit.*, p. 102）としていたのである。

(77)　川久保晃志「同感論における『人間本性論』と『道徳原理研究』」イギリス哲学研究、5、一〇ページ。

（初出　横浜市立大学紀要　一九八三年）

第二章　『道徳感情論』の主題と批判対象

一　法学批判原理の確立

(1)　スミスの『道徳感情論』も、ヒュームの『人間本性論』やケイムズの『道徳自然宗教原理試論集』と同様に、ハチスンとの対決によるハチスン道徳哲学の批判的継承を主題としたものとして、ハチスンの道徳哲学体系の枠組の中で展開されたものであった。グラスゴウ大学でハチスンから直接教えを受けたスミスが、「スコットランド啓蒙の父」として当時のスコットランドの思想界に新風をまきおこしつつあったハチスンに大きく私淑し、半世紀ののちグラスゴウ大学の名誉総長に選ばれたときにも、「決して忘れることのできないハチスン博士」と呼んで、その恩義を称えたことは周知の事実であるが、「ハチスンほど彼の心を呼び醒まし、その思想を方向づけた人は……他にはなかった」のである。[1] 重ねてレーの言葉を引用すれば、「スミスは、あるときはヒュームの弟子といわれ、あるときはケネーの弟子ともいわれる。が、もし彼が誰かの弟子であるというならば、むろんハチスンの弟子であったのである」。[2] そのスミスが、ヒュームと同様、ハチスンのうちに科学の「新しい方向」を見出していたことは以上の経歴からも容易に推測されることであるが、『感情論』の執筆と法学講義を中心とするグラスゴウ大学教授時代のスミスの最大の思想課題も、ハチスンの道徳感覚理論の精神を継承した（道徳）感覚〔感情〕原理に基づく法の理論を展開する点にあったのであった。その最初の成果としての『感情論』や『法学講義』が、キャンベルの指摘するように(3)、すぐれて記述的（descriptive）な「道徳の科学」としての性格を備えていたのは、偶然ではなかったのである。しかし、ハチスンの道徳哲学は、すでにみたように、仁愛を法＝正義の原理としていた点で市民社会理論として致命的な難点をかかえていただけでなく、ハチスン自身も、道徳感覚原理に基づく自然法学展開の課題を果たしえないままに終っていたのであった。その根本原因が、彼の道徳感覚理論そのもののうちにあったことはすでにみた通りである。ヒュームが、ハチスンの道徳感覚理論の批判的再構成を意図したのはそのためであったが、スミスも、ヒュームと同じく、ハチスンのシヴィク的倫理観ないしカンバーランド的な倫理的市民社会論の限界を突破して真に経験的な科学を建設するためには、ハチスン自然法学の方法原理としての「道徳感覚」理論そのものの理論的再構築が必要であると考えたのであった。彼の処女作『道徳感情論』が、ハチスンの道徳哲学体系の第一部の「人間本性」論ないし「倫理学綱要」に相当する「倫理学」の書でありながら、ホッブズやハチスンのように人間本性一般、倫理一般について論究することなく、いきなり「共感」論から説きはじめていたのは、そのためであったといえるであろう。スミスは、『感情論』において、ハチスンの道徳感覚理論を共感理論として鍛え直すことを通して、ハチスンのみならずヒュームやケイムズも果しえなかった感覚〔感情〕原理に基づく新しい経験的な自然法学展開のための方法原理を確立しようとしたのである。第一部でみたように、グラスゴウ時代に、当時のスコットランド社会が当面していた商業化の要請に応えるための自然法学の研究を中心主題とし、それを講義ノルマとしていたスミスが、『法学』ではなく、『道徳感情論』をあえて最初に書いた最大の理由は、ここにあったのではないかと考えられる(4)。それは、ハチスンとヒュームやケイムズその他と同じく自然法の道徳感覚主体化を主題としていたスミスにとって、彼らが陥っていた誤謬と限界をのりこえて進むためには避けて通ることのできない不可欠の手続きであったといえるであろう。スミスの『道徳感情論』は、ハチスンが最初に手をつけた（道徳）感覚原理に基づく自然法学展開のための方法原理確立の必要から生まれた、法学構築のための方法叙説であったのである。

(2)　『道徳感情論』はハチスン道徳哲学批判原理の確立をその隠された中心主題としていたのであるが、こうしたハチスンの仁愛論的市民社会論批判としての『感情論』の論理と構造は、『感情論』初版の主題と構成を検討するとき、おのずから明らかになることであろう。

周知のように、『道徳感情論』は、行為や感情の適宜性の原理としての共感の機能から説きおこして、その上に「功績と罪過の感覚」に基づく「正義と仁恵」の徳や「義務の感覚」について論じている。それは、道徳判断の原理としての「適宜性の感覚」を共感から導き、その上にさらに「功績可能性（merit-ability）の感覚」をも導くことによって、それらの感覚に基づくさまざまな徳性の在り方を研究し、さまざまな情念の考察を通して、道徳感情を分析したものであった。『道徳感情論』が何よりも倫理学の書と解される理由はそこにある。しかし、一七五九年に上梓された『感情論』の初版は、ハチスンが道徳感覚原理に基づく倫理学の究極の主題としていた相互仁愛原理に基づく法学の批判をその隠された真の中心主題とするものとして、市民社会における職分《オフィス》交換にはハチスンの道徳感覚理論が想定していたような仁愛動機や、それに基づく「相互尽力（mutual good offices）」は必要ないことを証明しようとしたものであった。彼が、『感情論』の第一部で、ハチスンの道徳感覚理論をより機能化した認識・交通原理としての共感概念を構築し、共感感情に基づく適宜性の感覚が道徳判断原理たりうることを明らかにすることによって、ハチスンのように道徳感覚に基づく道徳判断の前提に仁愛動機を想定せずとも、行為の道徳性を論証しうるとした所以はそこにある。彼は、感覚に基づく判断が道徳判断たりうる根拠を、主たる当事者と観察者との間の感情の合致（共感）のうちにみられる、当事者の行為や感情の彼のおかれた「状況に即した適宜性（Situational Propriety）」のうちにみることによって、ハチスンの考えていたような特殊な実体概念としての「道徳感覚」や、当事者側における仁愛動機を想定せずとも成立しうる、感覚にのみ基づく道徳判断の可能性を論証したのである。スミスが、徳性を「適宜性」に求め、利己的動機に基づく活動でも観察者が共感するだけの状況に即した適宜性をもつ行為や感情は有徳たりうるとした所以はここにあるが、このようなスミスの共感理論がハチスンの道徳感覚理論を基本的な批判の対象としていたことは明らかである。彼は、ハチスンの道徳感覚（Moral Sense）理論を徹底して機能化し、それから実体（M）性を取り去り、感覚（S）のみの上に成り立ちうる道徳（M）の可能性を共感感情に基づく道徳判断の「状況に即した適宜性」のうちに見出すことによって、道徳感覚に基づく道徳的評価の前提に行為者側の仁愛動機を要請し、徳性を仁愛に求めていたハチスンの道徳感覚理論を批判し、道徳感覚や仁愛動機を前提しない共感原理に基づく倫理学体系を確立しようとしたのである。

しかし、『感情論』初版の中心主題は、こうした共感原理に基づく徳性一般の原理の確立にあったのではない。スミスの『感情論』初版の中心主題は、ハチスンの『道徳哲学体系』の中心主題がその第二、第三巻の自然法学と国家学にあったように、むしろ、こうした第一部の議論を前提にして、そこで確立された共感理論を方法的武器とすることによって、ハチスンがその道徳感覚理論の究極の主題としていた自然法国家論、その核心をなす仁愛⇓正義論を批判する点にあったのであった。その主題を展開したのが、『感情論』初版の中心主題をなす第二部の正義論である。『感情論』初版が正義論を中心主題にしていることは、かつて別の論考で具体的に論証した通りであるが、(5)彼は第二部で「功績と罪過の感覚」が行為者の動機の適宜性とその影響をうける人間の憤慨・感謝の適宜性に基づくことを明らかにすることによって、正義にも仁愛動機を要求していたハチスンの仁愛⇓正義論を批判したのである。彼が、第二部の第一編で、報償に値しうること（功績可能性）の条件として、乙の感謝や憤慨に対する観察者の共感とならんで、甲の動機がその状況にかなっている（proper）かどうかを問題にし、ハチスンがすべての徳性の前提条件としていた仁愛動機の有無にかかわらず、観察者がついてゆける「正しい動機（proper motives）」（そのおかれた状況にかなった動機）に基づくものであれば（TMS, II. i. 4. 1-2, II. ii. 1. 1）、かりにそれが利己的な動機に基づくものであっても、すべて報償に値しうるとしたのは、そのためであったといえるであろう。[6] スミスは、ヒュームやケイムズと同じくハチスンの仁愛⇓正義論を最大の批判対象としていたために、行為者の動機をハチスンとは別の視角から検討することを通して、その上にその正義論を展開しようとしたのである。

『感情論』第二部第一編の功績《メリット》論がこうした特色をもっていることは、それ自体、第二部の主題がハチスンの仁愛⇓正義論批判であることを示しているが、こうした第二部のハチスン批判としての内実は、のちに第四章で具体的に論究するように、彼が第二部の第二―三編でもハチスンの論理と思想を前提した議論を数多く展開していたことからも傍証されよう。[7] 彼はそこでハチスン的な仁愛⇓正義論に対し、ハチスンのように相互尽力（mutual good offices）を要請したり、目的因の論理に従って行動せずとも社会の存立には支障はなく、われわれの正義感も「社会の存立に対する正義の必要性の考察」（TMS, II. ii. 3. 8 & 9）に基づくものではないことを明らかにした上で、さらに、是認・否認の原理は、「抽象的には（in abstract）」ハチスンのいうように、「心の意図ないし愛着（intention or affection）」、すなわち、動機が仁愛的であるかどうかにあるとしても、個々のケースには結果（偶然）に左右されることから生まれる意図（動機）と結果のちがいのうちにこそ法律（懈怠論）の問題があることを論証したのである。彼が第四部の第一編で展開した有名な欺瞞理論で知られる作用因の論理による目的因批判が、この第二部第三編の主題と関連していることは明らかであるが、こうした第二部の論理と思想が必ずしもこれまで一般にいわれてきたようにヒュームを主たる批判対象としたものではなく、[8] ヒュームよりもむしろハチスンを主たる批判対象にしていたことは、そこで使用されている用語や思想内容からも明らかであるといえよう。スミスは、ヒュームと同様、〔道徳〕感覚〔感情〕原理に基づく道徳判断の前提に仁愛動機を想定していたハチスンの仁愛⇓正義論を否定することを通して、社会の正義の維持が行為者側の仁愛動機や、目的因の論理を想定しなくとも可能な次第を論証しようとしたのである。彼はこうした仁愛動機や、それに基づく相互仁愛を必要としない正義の可能性をハチスンの道徳感覚理論批判としての第一部における共感理論の構築を通して論証しようとしたのである。スミスの『道徳感情論』が、ヒュームと同様、共感論と正義論を中心主題とするものであったといいうる根拠はそこにあるが、こうした『感情論』初版のもつ正義論中心的性格は、慎慮と仁愛ならびに自己規制の徳を中心にした「有徳の性格」の論証を主題とした第六版第六部とちがって、[9] 初版では、慎慮についての積極的な論及はなく、仁愛論は正義論のネガとして、批判の対象でしかなかったことからも傍証されよう。[10]

第二部の正義論は、このようにハチスンの道徳感覚⇓正義論に代る、倫理排除の共感⇓正義の可能性の論証を中心主題としたものとして、ハチスンの道徳感覚理論とは異なる認識・交通原理としての共感概念の構築を通して、相互尽力を前提せずとも成立しうる社会的交通原理の確立を意図したものであった。スミスはこうした形でヒュームとケイムズのハチスン正義論批判の課題を継承したのであるが、彼はさらに初版の第三部ではこうした共感原理に基づく正義の「一般諸規則」としての法の形成可能性の論証を主題としている。『感情論』の第三部が第六版で大幅に改訂・増補され、良心論としての性格を強化したことは研究者の間では周知の事実であるが、初版でも彼は道徳判断の社会的性格を強調し、自分たちが自主的に作ったコンヴェンションの意識的遵守の義務の形成過程を明らかにすることを通して、「内なる人」の論理を構築しようとしていたのであった。[11] 彼が初版の第三部の第一編で展開した有名な

「称賛に値する（praiseworthy）」ことに関する議論とそれに対応する第二編の前半の議論がこの事実をはっきりと示しているが、この第三部の前半の議論も、必ずしもハチスン批判と無縁なものではなく、あえて大胆な仮説を提示すれば、スミスのこの編の議論は、ハチスンの「名誉（honour）」論を前提しながら、それをより内面主体化しようとしたものであったのではないかと推測される[12]。本書ではこの主題に立ち入る余力はないので、その論証は他日に期する他ないが、スミスはハチスンが『体系』の第一巻第五章で展開した道徳感覚に基づく「名誉と恥辱の感覚」の理論、ないし、その直接の先駆ないし源泉をなしていたと考えられるロックの評判法やシャフツベリの思想[13]をより内面主体化した論理を展開することによって、ロックやハチスンらスミス以前のすべての思想家が為政者に求めていた市民相互間の争いの「公平な裁判官（impartial judge）」を自己の「内なる人」に求める論理を確立したのである[14]。『感情論』の先行思想に対する最大の思想史的意義の一つがここにあることは明らかである。しかし、『感情論』初版の第三部の中心主題は、必ずしもそこにあったのではない。問題はむしろ、こうした社会的交通主体の倫理の内面主体化の努力にもかかわらず、人間の利己心から生まれる人間の自己偏愛性（Partiality）のため、そこから派生する人間の道徳感情の不安定性を救済するためには、感覚に基づく道徳の「一般諸規則」が不可欠な点にある。

『感情論』初版第三部の中心主題がまさしくこの一般諸規則論にある次第は、初版の第三部では、第六版の第三部とちがって、全四編のうち第二―四の三編で一般諸規則が主題とされていることからも明らかであるが、この一般諸規則論も実は、のちに第四章で具体的に論証するように、正義の徳と他の徳を含めたすべての徳の一般諸規則をこまかく規定しようとしたハチスンの決疑論的な一般諸規則論の批判を契機とし、主題とするものであった。彼が、一般諸規則の経験性を強調すると共に、ケイムズに従って、正義と他の徳のちがいを強調していたのも、そのためであった。『感情論』初版第三部の主題は、このようにこまかく規定できない、規定する必要のない他の諸徳と異なる正義。

の一般諸規則の特性と、それに基づく法の確立の必要を明らかにすることを通して、『法学』への道を準備する点にあったのである。

『感情論』第一—三部は、このようにハチスン法学の方法批判論的性格をもつものであったが、第四部の効用理論批判と第五部の「慣習と流行」論も、のちに第四章で論究するように、共感原理に基づく法の理論を具体的に展開するための系論として展開されたものであった。とりわけ第五部の論理は、『感情論』の共感原理に基づく法の理論をその具体的展開の場としての『法学講義』において具体的に規定（specify）された法学理論として構築するための方法上の問題を考察した、『感情論』の主題を『講義』の歴史分析につなぐための『法学講義』序説的性格をもつものであった。『感情論』初版第六部の結論部分でスミスが行っていた決疑論者と自然法学者における法と倫理の混同批判は、こうした『感情論』の問題意識が、正義＝法＝市民社会の問題を仁愛動機＝相互尽力論で処理しようとしたハチスンの仁愛⇓正義（市民社会）論に代表されるグロティウスからケイムズまでの法思想の批判にあった次第を結論的に要約するとともに、ハチスン道徳哲学体系の注解としての『法学講義』の中心論点がまさしくその点（倫理から解放された正義論の確立）にあったことを予告したものであったのである。

(3)　『感情論』初版は、このようにハチスンの道徳感覚原理に基づく法の理論とは異なる、共感（感覚）⇓法（正義）の理論の原理的可能性の論証を主題としたものであったが、スミスは、『感情論』においてはこの主題の展開を必ずしもハチスンだけを対象にして行っていたのではない。『感情論』執筆にさいしてスミスが絶えず念頭に思い浮べながら、暗黙の批判・克服対象にしていたのは、ハチスンよりもむしろヒュームとケイムズであったように思われる。とりわけハチスン批判の先駆者としてのヒュームのうちに、ハチスンを乗り越えて進むべき科学の新しい方向を見出しながら、その解決に疑問を感じていたスミスにとっては、ヒュームこそ当面超克さるべき最大の関門であり、ヒューム思想の吸収・克服こそハチスン思想の批判的継承という自らの課題を達成するための不可欠の手続きであったからである。スミスが『感情論』においてヒュームとの格闘を通して自らの思想を積極的に展開するに至った背景はそこにあったと考えられるが、こうしたヒューム⇒スミス間の思想的継承関係を最も端的に表現しているのが、共感論をめぐるヒュームとスミスの関係である。

スミスの共感論は、最近の内外のヒューム研究が明らかにしたように、ヒュームの共感論と「構造的類似性」をもつものとして、「ヒュームの〔共感論の〕観念を拡げ、一般化(15)」したところに成立したものであった。彼は、ヒュームの展開した共感の心理過程分析をそのまま前提しながら、「観察者の共感的反応を生むさいの因果要因を拡げ」て、そこに状況（situation）の論理を導入することによって、「われわれの共感をひき立てるのは、他人の情念の表現の知覚（perception）ではなく、」「その情念が生まれる環境（circumstances）(16)」（の考察）であることを明らかにしたのである。スミスが「共感は、情念をみることからよりも、それをかき立てる状況をみることから起るのである」（TMS, I. i. 1. 10）とした所以はここにあるが、このスミスの共感論は、共感に基づく道徳判断の適宜性（客観性）の基準（根拠）を観察者が当事者の立場に立って、その置かれた状況（situation）を考察した場合に当事者の行為や感情に入ってゆき（enter into）、ついてゆける（go along with）点に求めた点で、法を〔道徳〕感覚から導こうとしながらも、感覚特有の主観性のゆえに、道徳感覚（や憤慨感情）はそれだけでは法の原理たりえないとして、法の究極の原理を社会的効用に求めたハチスンやヒュームとちがって、〔道徳〕感覚に基づく道徳判断の客観性の根拠を「状況に即した適宜性（situational propriety）」のうちに求める道を開くものであった。スミスは、ハチスン正義論批判を意図したヒューム正義論のジレンマの根拠がヒューム共感論の道徳評価（moral evaluation）原理としての不完全性——共感（感覚）原理の主観性克服原理の欠如——にあることをみたがゆえに、ヒュームの共感論に状況の論理を導入し、そこに感覚

（MS）原理に基づく道徳判断の客観性の根拠を求めることによって、ハチスンとヒュームの正義論の限界を乗り越えようとしたのである。『感情論』がヒュームの共感論と正義論を直接の批判の対象とした所以はここにあるが、『感情論』初版の最大の意義の一つは、彼がこうした形でヒューム共感論を発展させた「状況に即した適宜性」の論理を構築することによって、感覚のみに基づく法の可能性を論証した点にあったといえるであろう。しかし、スミスがこのように『感情論』でヒュームを直接の批判対象にしていたということは、『感情論』初版の基本主題がヒューム批判にあり、スミスがヒュームのみを批判対象としていたことを意味するものではない。『感情論』は、ヒュームとならんで、ハチスンの道徳感覚理論を実体化したケイムズの常識哲学的認識論をも批判対象とするものであったが、『感情論』におけるスミスのヒューム、ケイムズ批判は、あくまでもハチスンに代表されるシヴィク倫理的市民社会論批判のための側面批判にとどまるものにすぎず、『感情論』の基本主題は、こうしたヒュームやケイムズとの対決を通して鍛え上げられた認識・交通原理としての共感概念に基づく共感（道徳感覚）⇒法の理論（経験的自然法学）を展開することによって、自然法の道徳感覚理論（経験主体）化による「富と徳性」問題の解決を意図していたハチスンの主題を批判的に継承・発展させる点にあったのであった。

二　『道徳哲学体系』と『道徳感情論』の対応関係

(1)　スミスの『感情論』初版の中心主題は、ヒュームとケイムズの両面批判を通してその共通の出自をなすハチスンの道徳哲学体系を批判する点にあったのであるが、『感情論』初版の中心主題がこのようにハチスン法学（とりわけ『体系』第三部のシヴィク的国家観）批判にあった次第は、スミスの『感情論』の主題をハチスンの『道徳哲学体系』と対比的に考察するとき、より明らかになることであろう。

周知のように、『感情論』は、一般に、法学を主題とする『法学講義』とちがって、倫理学上の書物とされているが、『感情論』の論及対象は、「倫理学綱要」という別題名をもつハチスンの道徳哲学体系の第一巻にとどまらず、私法（自然法）と公法（国家論）を主題とする『体系』と『綱要』の第二―三巻にまで及んでいる。それだけでなく、実際にはむしろ後者の第二―三巻の主題を中心的な素材としていることが注目される。たとえば、『感情論』の有名な歩哨の例（TMS, II. ii. 3. 11）に該当する議論は、ハチスンでは『体系』の第三巻第九章にみられる。[17] 彼がこの節のハチスンの議論を念頭において『感情論』の議論を展開していることは、両者を読み較べれば一目瞭然である。彼が『感情論』でふれている海難の例は、上の例ほど明白ではないが、緊急時の特別な場合（extraordinary cases）の問題を事細かに論じた『体系』の第二巻第一七章の主題やケイムズを念頭に思い浮べながら、その批判的組み替え論として展開されたものであったと考えられる。[18] 同様に、正義は社会を支える「主柱（main pillar）」（TMS, II. ii. 3. 4.）であるのに、仁恵は「人間生活への装飾（ornament）[19]」にすぎないという『感情論』の正義論の根本思想を象徴する言葉も、ハチスンでは第二巻第三章の主題として展開されたものであった。

これらの事例は、『感情論』がハチスンの倫理学（第一巻）そのものよりも、むしろ自然法学（第二―三巻）の主題を素材とし、批判の対象としていたことを示す一つの傍証といえるであろう。しかし、ハチスン―スミス関係を解く鍵は、こうした両者の思想の類似性や素材の共通性それ自体にあるのではない。問題の真のポイントは、スミスが『感情論』においてもハチスンの道徳哲学体系をはっきりと前提しながら、それに徹底して内在することを通して逆にその内容を批判的に逆転させている点にある。たとえば、ハチスンは、『探求』の一節で、「自然の創り主は、われわれの行為を指導し、われわれにより高尚な快楽を与えるためにわれわれに道徳感覚を与えることによって、われわれがひたすら他の人びとの善を意図（intend）しながら、意図することなしに（undesignedly）われわれ自身の最大の私的善を増進（promote）する」[20]ように仕向けたのであるという趣旨の思想を展開している。このハチスンの思想を、われわれが自然にだまされて目先の快楽を追い求めながら、「みえない手に導かれて……意図（intend）することなく、知ることもなしに、社会の利益を押し進める」という『感情論』（TMS, IV. 1. 10）の欺瞞理論と重ね合せるとき、われわれはスミスの欺瞞理論がケイムズの「自由と必然」論だけでなく、作用因の論理を否定していたハチスンの思想をも念頭においてその議論を展開していたのではないかとの感を深くすることであろう。もとより、いわゆる欺瞞理論が中心的に展開されている『感情論』第四部第一編の効用理論批判の議論は、第二部第三編その他のハチスン批判の議論とも密接な関連をもちながらも、基本的にはハチスンとちがって美の主要な源泉そのものを効用に求めたヒュームの効用理論批判を契機として展開されたものであった。その次第は、スミスがこの第四部の冒頭部分で最近の「独創的で気持の良い一人の哲学者」という言葉で暗黙のうちにヒュームを想定し、ハチスンとは異なるヒュームの効用理論批判から全編の議論を説きおこしていることからも明らかである。しかし、スミスがそこでマンドヴィルの「意図せざる帰結」の理論に従って批判の対象にした功利主義者は、実際にはむしろヒュームよりもハチスンであったように思われる。というのは、ヒュームの思想は、既述のようにすでに多分にマンドヴィル的であったのに対し、ハチスンは徹底して目的因主義をとっていたからである。たとえば、ハチスンは、『体系』の一節で、誰しも「より高尚な成業《アーツ》の方がそれ自体としてはより望ましいであろうが」、「より高尚な成業は少数の人手で十分なので」、「はるかに多くの人手がより低級な成業に雇用されることが人類にとって必要なことは明らかである」[21]として、人びとがそれぞれの分に応じた職分を果すべきことを説いている。こうしたハチスンの考え方が、『感情論』の欺瞞理論、ないし、そこにみられる生産物の自然還流論的な考え方と対極的な思想に立脚していることは明らかである。ハチスンは、ヒュームやスミスとちがって作用因の論理を認めず、スミスとは逆に「部分」の「全体」への従属を説く体系《システム》主義をとっていたため、このような考え方をしたのであるが、同じようなエリート主義的・干渉主義的思想は、『体系』の第二巻第一六—七章や、第三巻第九章の市民法論の中に色濃くみられる。これらの事実は、スミスがその欺瞞理論の中で批判の対象にした「体系《システム》」思想が、ヒュームよりもむしろ、マンドヴィルに反対して目的因の論理を説いていたハチスンに代表されるシヴィク思想であったことを示すものといえるであろう。スミスの欺瞞理論が、ヒュームよりもむしろハチスンの目的因論を念頭に思い浮べながら、その批判として展開されたものであったのではないかとの推測が成立しうる根拠はここにある。[22] ハチスンの『体系』の逐条的注解といわれる『講義』で、スミスがなぜか上の第二巻第一六—七章をはじめ『感情論』の欺瞞理論の批判対象になった思想には全く論及していないのは、その点、示唆的である。『感情論』の欺瞞理論は、これらの諸点を暗黙の批判の対象にしたものであったため、『講義』では注解の対象から除外したのではないかとの推定が成り立ちうるからである。

(2)　スミスは『感情論』でもハチスンの道徳哲学体系を前提しながら、その批判的組み替えを意図していたのであるが、こうした『感情論』におけるハチスン思想の継承・逆転関係をより明確に示しているのが、『感情論』の正義論とハチスンの国家論との関係である。

ハチスンは、『体系』の第二巻第一八章（『綱要』では第二巻第一七章）と第三巻第四章で、[23]「自然的自由（natural liberty）」の状態から「市民社会」への移行の原理（根拠）論を展開している。ハチスンはそこで「市民政体（civil polity）」形成の根拠を、人間が利己心のために偏見をもち、情念も同じ効果をもたらすため、「人間が概して善良であるにもかかわらず、権利《ライト》（正義）に関する意見のちがいから、お互いに侵略的なことをするようになりやすい」[24]点に求めている。このハチスンの見解は、人間の善性を前提した上で、政治社会形成の根拠を人間の自己偏愛性《パーシャリティ》に求めている点で、プーフェンドルフやロックのそれと基本的に同じであるが[25]、彼はそのあとで次のような議論を展開している。

「多数派は、いな大きな群衆の中では各個人でさえも、腐敗し、不正を行うことがあるとしても、万人には不正義に対する自然的憤慨（natural indignation）を伴った正邪の感覚（a sense of right and wrong）がある。私は、私自身の快楽や利得のために、あるいは、何らかの情念にそそのかされて、私の正義感（sense of justice）に反する行為をするかも知れないが、私はこの不正義のかどでそれから何の利得もえない他人から嫌悪されるであろう。同様に他人も、彼の利得のために正義の諸規則に反する行為をするかも知れないが、私とその他すべての人は、そのことで彼を憎むであろう。同じようなことがすべての人間の性向であろうから、彼らは決して不正な法律を制定することに同調しないであろう。……各人もまた他人の不正義が彼に損害をもたらすのをこわがり、彼が隣人に対してするかも知れない侵害に伴うつよい憤慨（resentment）をおそれるかも知れない。それゆえ、多くの人の相談にのる人は、その構成員の誰かが他の仲間に対してする不正義を許すことに決して同意しないであろう。誰も、そのことで得をする人びと以外には不正義を是認しないので、構成員の誰《いずれ》かに対するいかなる公言された不正義も、当局によって容認されないであろう[26]。」

このハチスンの思想は、侵害や不正義に対して人びとが自然に感じる人間の自然の憤慨感情のうちにわれわれの「正義感」の基礎を見出すことによって、正義を感情論的に基礎付けようとしたものであるが、ハチスンはこうした形で自然法の論理に道徳感覚原理を導入することによって、自然法の論理を内面主体化しようとしたのである。彼が、政治社会形成以前の「自然的自由」の状態における人びとの間のライトに関する意見のちがいから生まれる争いを解決するには、「どちらの側の成功にも特別な利害をもたず、いずれの側にもつよいきずなで結びついて（attach）いない」公平な調停者が必要であるが、「善良な人間はすべて、よりさし迫った用事に従事していない場合には、調停者として平和と正義を増進するために、喜んでこの尽力（good office）を遂行すべきである」[27]としていたのも、同じような考え方に基づくものであったといえるであろう。彼は、双方の当事者のどちら側にも特別な利害関係をもたず、いずれの側にも所属（attach）しない「偏見のない人間」、「賢明で公平な人間《インパーシャル》」、ないし、「共通の友人」としての「正直な観察者（honest observer）」[28]の存在を想定し、そのような「第三者」のうちに意見のちがいの調停者をみると共に、彼らの「正しい憤慨」の感情のうちに正義の原理をみていたのである。このような考え方が、正義の基礎を被害者の憤慨に対する「公平な観察者」の共感に求めたスミスの正義論と、基本的に同じ方向にあることは明らかである。にもかかわらず、ハチスンは、スミスとちがって、そのすぐあとで、「自由の状態」では、上の「共通の友人」の調停が成功しない場合、暴力に訴える他なくなるが、それはどちらの側にも好ましくないので、政治社会の設立が必要になるとして、問題を政治社会形成論に移行させている[29]。

このハチスンの政府形成論は、彼が正義の感情的基礎を人びとの間にみられる「不正義に対する自然の憤慨」感情に求める一方、そのような感情に従って動く第三者のうちに人びとの間の意見のちがいを解決する「公平な裁判官（impartial judge）」を見出そうとしながら、その課題を中途で放棄し、問題を政治社会論に転化させていたことを示しているといえるであろう。ハチスンは、正義の感情的基礎を不正義に対する人びとの自然の憤慨感情に求め、その上に正義を基礎付けようとしながらも、いまだ憤慨感情（道徳感覚）そのものを客観化する原理を見出しえなかったため、結局はプーフェンドルフやロックと同じように公益の体現者としての為政者のうちに正義の担い手としての「公平な裁判官」を求めざるをえなかったのである。このようなハチスンの論理が、正義の感情的基礎は人びとの憤慨（resentment or indignation）のうちにあるが、それは不確かな、主観的なものにすぎないため、正義の原理は公共の効用にあるとしたハチスンの考え方に基づくことは明らかである。彼は、正義の根本原理を人びとの間の「相互尽力」に求めた上で、そのような尽力の侵害に対する人びとの自然の憤慨感情のうちに正義の保障者を見出そうとしながらも、人びとの憤慨感情そのもののうちにそれを客観化する原理を見出しえなかったため、正義の原理はあくまでも公益にあるとすると共に、その担い手を為政者に求めざるをえなかったのである。

ハチスンが前述のように『体系』の第二巻第一八章で、「自然的自由」の世界における正義の原理を不正義に対する人びとの自然の憤慨に求める議論を展開しながら、その論理を貫き通すことなく、「市民政体」形成論に移行したのはそのためであるが、正義の原理は被害者の憤慨に対する観察者の共感にあり、市民社会における職分（offices）交換には善行（*good offices*）は必要ないとした『感情論』の正義論が、上述のような正義論を基軸にしたハチスンの統治論を素材にし、それを批判の対象にしていることは明らかである。スミスは『感情論』で、正義の基礎を「万人のうちにみられる、不正義に対する自然の憤慨を伴った正邪の感覚」(30)に求めたハチスンの思想を継承しながらも、正義の感覚の客観性の根拠を個々の被害者の憤慨感情に対する観察者の共感に求めることによって、正義の道徳感覚の客観性の根拠をそのもたらす効用に求めていたハチスンとヒュームの正義論の限界と、正義は共感に基づくが、行政は効用に基づくとしたケイムズの矛盾を克服すると共に、正義の担い手を外なる為政者にではなく、自己の内なる観察者に求めることを可能にしたのである。スミスが、正義の担い手を少数のエリートや立法者に求めていたハチスンのシヴィク的統治論に対し、街頭の見知らぬ人びとの自然の正義感に信頼する「自由の体系」を構築しえた一つの根拠はここにある。彼は正義の担い手としての「公平な観察者」を自らの「内なる人」に求める論理を構築することによってこの課題を達成したのである。

『感情論』の正義論、その中核をなす被害者の憤慨に対する観察者の共感理論は、このようにハチスン統治論の前提をなすハチスン正義論の内面主体化論であったのであるが、スミスが『感情論』で展開した「公平な観察者」の理論自体がハチスン国家論批判としての性格をもっていた次第は、前述のようなハチスンの論理と、そこにおける「公平な調停者」関係用語の用法を知るとき、おのずから明らかになることであろう。『感情論』は、ハチスンが「すべての善良な人間」に可能性を認めながらも、結局は為政者に求めていた人びとの間の争いの「公平な調停者」を内なる「公平な観察者」に求める論理を構築することによって、正義の裁決者を外なる為政者に求めていたハチスンと、その師としてのプーフェンドルフとロックやヒュームに代表されるそれまでの政治社会形成原理論を基本的に否定することを可能にしたのである。『感情論』の正義論が、その前提をなしていたハチスン自然法学やケイムズ法学の問題を考慮することなく、それ自体として単独に考察する場合に一見想定されるような人―人の社会関係の抽象的一般原理を論じたものではなく、ハチスン統治論の基底をなす「自然状態」(自然的自由の状態)から「市民社会」への移行論と市民政府構成動機論を前提しながら、その主体的組み替えを意図したものであったのではないかとの推測が成り立つ一つの根拠はここにある。ハチスン統治論の理論的前提をなしていた『体系』の第二巻第一八章(『綱要』では第一七章)の議論と、それを基底にした第三巻第四章の「市民政府構成動機」論が、『講義』では全面的に省略されているのも、以上の事実を傍証するものといえよう。スミスは、『感情論』ですでにハチスンの統治論の根幹にかかわる正義論と、それを基底にした政治社会への移行論を根本的に批判し、それに代る原理を提出していたため、『講義』ではその点に何ら論及することなく、自然法国家論とは本質的に異なる市民社会の歴史的形成論を展開することができたのではないかと考えられるからである。

(3) 『感情論』の正義論は、このようにハチスンの第二巻第一八章の自然的自由から市民社会への移行原理論を一つの母体にしたものとして、ハチスン統治論の批判をその隠された主題にしたものであったのであるが、『感情論』

全体がこうしたハチスンの道徳哲学体系批判としての性格を基本にしていた次第は、『感情論』と『講義』Aノートの構成上の対応関係からも証明されることであろう。

Aノートは、次章で詳論するように、ハチスンの道徳哲学体系の注解を主題にしたものであったが、実際には『体系』の第二巻第四章以降の議論だけを考察の対象にし、『体系』の第一巻「人間本性」論と第二巻「自然法」論の第一―三章の議論は『講義』では全面カットされている。しかし、この事実は、必ずしもスミスが『体系』の第二巻第一―三章の主題に関心をもたなかったことを意味するものではない。『体系』の第二巻第一―三章の議論は、いわばハチスンにおける「自然法学序説」ともいうべき性格をもつものとして、自然法の原理をなす「権利と法」(Rights & Laws)の原理を彼が『体系』の第一巻で論証した「道徳感覚」原理から導いたものであるが、スミスは『講義』ではこうした道徳感覚原理に基づく「法の原理」の問題には一切論及することなく、この主題に関する論議はすべて『感情論』の批判対象にしていたのであった。スミスがAノートで、ハチスンが『体系』の第二巻の「自然法論」の冒頭の数章で行っていたような道徳感覚原理に基づく法学の方法について何ら論及することなく、いきなり第四章以降の各論から議論をはじめた最大の理由はここにあると考えられるが、こうした両者の構成上の対応関係は、『感情論』とAノートが文字通りワンセットのハチスン批判を基調とするものとして、『感情論』の主題が何よりもハチスンの第一巻の道徳感覚理論(倫理学)の批判と、その原理に基づく第二巻第一―三章の自然法学序説に示されていたハチスンの法学の方法の批判にあったことを示しているといえるであろう。

一七五九年に上梓された『感情論』初版の結語が自然「法学」展開の予告で終わっていることも、『感情論』の主題が本来(originally)、法学とは別個の主題としての倫理学そのものにあったのではなく、自然法の道徳哲学化による「富と徳性」問題の解決を意図しながら、それに成功しなかったハチスン法学批判の一部をなすものとして、当初からそのための予備作業として展開されたものであったことを示すものといえるであろう。イギリス道徳哲学においては、倫理学はもともと法学とは無縁なものではなく、ハチスンの道徳哲学体系に最も典型的に示されているように、倫理学自体が自然法学の人間化のために構築されたものであるが、スミスの『道徳感情論』は文字通りそうした前提の下に展開されたハチスンの自然法学の欠陥を批判し、それに代るより経験的な法学展開のための法学批判序説としての性格を基本とするものであったのである。スミスが『感情論』初版第六部の結論部分で決疑論と自然法学とを全面的な批判の対象にし、五五一ページもの大部の処女作の結語をあえて法学展開の「予告」で締め括っていた理由を理解する鍵は、そこにあるといえるであろう。

三　自然法批判における倫理と法の関係

(1)　『感情論』はこのようにハチスン自然法学批判による新しいより経験的な法学展開のための方法論の構築を隠された主題としたものであったが、『感情論』の主題がそこにあったということは、『感情論』と『感情論』の方法原理に立脚した『法学講義』におけるスミスの批判対象がハチスンと、ハチスン批判の先駆者としてのヒュームとケイムズに限られていたことを意味するものではない。スミスの道徳哲学の基本主題は、ハチスンと同じく、近代自然法の主題の批判的継承による自然法の道徳哲学化にあったからである。スコットランド啓蒙思想は、第一部でみたように、自然法の道徳哲学化による「富と徳性」問題の解決を基本主題とするものであったが、スミスの基本主題もそうした観点から自然法の論理を批判的に再構成する点にあったのであった。スミスがAノートでグロティウスやプーフェンドルフの思想に批判的に論及し[31]、ロックの契約思想に対しても批判的な態度をとっていたのは、そのためであったが、スミスは効用理論批判をも、グロティウスその他の自然法思想家の思想を批判する形で展開している。たとえば、彼は「グロティウスとその他の著述家たちが一般に刑罰の本源的な尺度であると申し立てている公共善の配慮は、刑罰を構成する十分な理由にはならない」（LJ（A）, ii. 90）として、刑罰の正義の根拠を公益に求める功利主義批判の槍玉にグロティウスとプーフェンドルフをあげている。しかし、この指名は必ずしも事の真実を示すものではなく、スミスが『感情論』や『講義』で展開した功利主義批判は、決してグロティウスやプーフェンドルフに限られるものではない。むしろ、ハチスンとヒュームやケイムズの思想の批判が『感情論』の中心主題であったことを考えれば、近代の自然法学者それ自体よりも、彼らの自然法＝公共善＝公共の効用主義の限界を乗り越えることができなかった自らの師ハチスンや友人ヒュームの功利主義こそ、スミスの最大の批判対象であったはずである。上の指名は、その意味ではむしろ真の批判対象が自らの師や友人であることを隠蔽するための偽装であったと解することもできるであろう。しかし、そうした側面があるにもかかわらず、上の言及は、やはりたんなる偽装にすぎないものではなく、まさしく近代自然法とその功利主義こそがスミスの基本的批判対象をなすものであったことを、スミス自身が明確に自覚していたことを示すものに他ならないというべきであろう。

(2)　スミスは、それならば、なぜ自然法―とくに、その功利主義を批判したのであろうか。スミスはその理由にふれていないが、彼が生きていた時代のスコットランド社会の思想課題に即して考えれば、自然法的商業主義では、当時のスコットランド人の当面していた「富と徳性」問題に応ええず、正義より便宜＝効用を優先することになるだけでなく、封建遺制や重商主義的特権や独占をすら容認することにもなりかねない点が、その主要な根拠として浮かび上ってくることであろう。「法と統治」への関心から出発したスミスが、「法学」ではなく、『道徳感情論』を最初に刊行したのは、こうした自然法的商業＝功利主義の危険性に対し、ハチスン同様、人間主体の論理（V）の確立による「富と徳性」の両立の道を手探りしていたためであったと考えることは、決して不当な推測ではないといえよう。スミスがハチスンに従って自然法の道徳感覚主体化をその道徳哲学の基本主題とし、自然法を「人びとの目に」(LJ(A), iv. 24)どうみえるかという視点からとらえ直そうとしていたのも[32]、そのためであった。しかし、ハチスンが富と徳性両立の方策として展開したシヴィク的徳性主義では、各人のエゴを前提する所有《プロパティ》交換社会としての市民社会の問題に前向きに応ええないことは、すでにみた通りである。ハチスンがカンバーランドとプーフェンドルフから学んだ相互仁愛論も、市民社会理論としては時代錯誤でしかないことは明らかである[33]。フレッチャーからファーガスンその他の穏健派知識人に至るまでのスコットランド啓蒙思想の大勢は、ハチスンをも含めてこのように徳性を富に優位させることによって富と徳との矛盾を解決しようとする道徳主義でしかないため、商業社会としての市民社会の問題に必ずしも正しく対応しえないままにとどまっていると、スミスにはみえたことであろう。

(3) スミスが『感情論』で、ハチスン批判の先駆者としてのヒュームとケイムズにならって、ハチスンの仁愛正義論を批判の中心にすえて、シヴィク倫理に代る新しい市民社会倫理の確立を意図した理由はそこにある。その成果の一つの集約的表現が『感情論』第二部の正義論である。それは、ハチスン的仁愛正義論に対し、正義論から仁愛動機を排除し、仁愛不用の正義の徳の確立を中心主題とするものであった。市民社会では交換的正義の諸規則さえ守られれば、あとは自然にだまされて社会全体の配分的正義はおのずから実現されるので、市民社会倫理としては他人に対する仁愛はとくに必要でないが、正義なしには市民社会は一日も存続しえないので、正義の法は厳格に守られねばならない。その主体的遵守が市民社会においてすべての市民に要求される倫理である。この倫理は、仁愛動機をもたず、利己的経済活動に専念する人間でも、他人の所有権を侵害しなければ守りうる点で、仁愛動機の伴わない行為は徳性を構成しえないとしていたハチスンの仁愛正義論と根本的に異なるだけでなく、利己心追求活動そのものも、のちに六版六部の「慎慮」論で明確に定式化されたように、市民社会の経済環境に即した適宜性をもつものは、観察者の是認をえられ、従って徳性たりうるとする点で、それまでのすべての徳性観と根本的に異なる倫理観に立脚するものであった。スミスが『感情論』で「経済人の倫理」を基礎付けたといわれる所以はここにあるが[34]、スミスの共感論は道徳判断の客観性の根拠を状況に即した適宜性に求めることを可能とした点で、ヒュームにも残存していた自然法的功利主義批判の論理たりうるものでもあった。

この「状況に即した適宜性」の論理は[35]、既述のようにヒューム共感論批判の過程で感覚原理に基づく道徳判断の客観化の原理として形成されたものであるが、この論理はたんなる道徳判断原理にとどまるものではなく、法の原理ともなりうるものであった。スミスが『感情論』の第二部で、被害者の憤慨感情とそれに対する観察者の共感感情という感情原理に内在しながら、その上に正義の原理を導くことができたのも、そのためであった。彼は、感覚に基づく道徳判断、さらには、それに基づく法の原理の客観性の基礎を感覚判断の状況との適合性のうちにみたために、ハチスンやヒュームのように道徳感覚の客観性の基準を感覚以外のもの（効用）に求めずに済んだのである。

(4)『感情論』初版は、このように感覚と感情のみに基づく道徳判断原理の確立を通して、その上に市民社会におけるライト（倫理と法）の原理を導いた点にその基本的特色をもつものであった。『感情論』が、倫理学であると同時に法学序説でもあるといいうる所以はここにある[36]。彼は、上述のような当事者の置かれた状況に即した適宜性（当事者の状況を考察した公平な観察者の共感[37]）こそが人間の社会関係の規制原理である次第を論証することを通して、それが社会倫理の本質をなすと同時に、法の原理たりうることを示したのであるが、このスミスの論理も、法の原理を倫理（人間の道徳能力 moral faculty 分析）から導いたハチスンの論理を継承したものであった。ハチスンは、『体系』と『綱要』の第二巻第一―三章で「権利と法」の原理を道徳的行為主体としての人間の道徳的権能分析から導いていたが[38]、スミスは、権利と法の根拠を人間の道徳的権能に求めたハチスンの思想を発展させて、モーラルな人―人関係にのみ立脚する道徳（感覚）判断原理⇓それに基づく倫理の確立を通して、その上に公平な観察者の共感を本質とする法の原理を導いたのである。[39] しかし、「権利と法」の根本原理が人間の道徳的権能のうちにあり、法《ライト》の基礎が道徳のうちにあるということは、個人の自発性を前提する倫理と、強制の対象となる法とが同じであることを意味するものではない。ましてや、ハチスンがしたように、法の問題に倫理を導入し、道徳感覚原理で法の原理を説明してよいことを意味するものではない。スミスが『感情論』で倫理と法（その両者に共通するライト）のすべての諸規則をこまかく規定しようとした決疑論をきびしく批判した理由はそこにある。内なる人の倫理さえ確立されていれば、すべてのケースの一般諸規則をあらかじめこまかく規定しておく必要はないし、規定することもできないと、スミスは考えたのである。スミスが、のちに第四章で具体的に論究するように、『感情論』（TMS, II. iii.）でも、反逆罪や故意と過失、既遂・未遂等の不法行為（解怠）論を中心にした法学の主題にもそれなりに関説しながら、それらの考察はあくまでも共感原理に基づく正義の一般諸規則としての法の原理を明らかにするための「原理」の例証としての記述にとどめ、所有権論（私法）と政府論（公法）に代表される法学固有の問題は『感情論』の主題から意識的に除外していた理由もそこにある。それは、ハチスンの倫理的市民社会論の批判を隠された主題とし、『感情論』の結論部分で決疑論と自然法学にみられた法と倫理の混同をきびしく批判したスミス自身、当然禁欲しなければならないことであった。しかし、個人の自発性にまかされる一般の倫理的行為とちがって、正義の諸規則は厳格に遵守されねばならず、そのためには一般規則化される要があるが、共感は、正義の原理ではあっても、その「特定の内容」[40]を規定するものではないので、市民社会の秩序維持のためには、市民社会の環境に合致した「状況に即した適宜性」をもった特定の正義の法が必要にならざるをえないことは明らかである。彼が、『感情論』初版の結論部分ではっきりと『感情論』の方法に立脚した「正義の自然的諸規則」（TMS, VII. iv. 37）としての法の探求を予告し、初版公刊以後スコットの指摘にあるように、法学の主題に本格的に取組んだ所以はそこにある。その成果として、われわれの利用に残されているのが、『感情論』の原理に基づくハチスンの道徳哲学体系の注解としてのLJ（A）とLJ（B）である。

（1） Rae, J.: *Life of Adam Smith*, p.11. 大内訳、一四ページ。

（2） *Ibid.*, p.11. 大内訳、一四ページ。

（3） Cf. Campbell, T. D.: *Adam Smith's Science of Morals*, London, 1971, Part I, esp., p. 51.

（4） 法と統治の理論の研究を中心主題にしていたグラスゴウ時代のスミスが、「法学」ではなく、『道徳感情論』を最初に書いたのはなぜか。その執筆動機ならびに問題意識は何であったのか。これまでの研究は、どちらかといえば、『感情論』をスミス研究の出発点として前提し、その枠の中で議論する場合が多かったため、この当然の疑問が疑問として提示されること自体が少なかったと考えられるが、これは当然問わるべき点でないか。この疑問に対し、スミスの道徳哲学体系においては倫理学が法学に先行していたからとか、ハチスンの道徳哲学体系においても、倫理学がその第一部をなしていたからという形式論で答えるだけでは、スミスの思想形成の動態はつかみ切れないであろう。法の研究から出発したスミスが最初に『感情論』を書いたことの背景には、エディンバラ講義や『哲学論文集』に象徴される彼の強烈な文学（哲学）的関心もからんでいたと考えられるが、その最大の理由は、やはり彼が法の研究（法学講義）のテキストとしたハチスンの「道徳哲学」体系の方法原理をなしていたハチスンの「道徳感覚」理論が、倫理学（社会認識）における経験主義の基礎を築くものでありながら、極めて不完全なものにすぎず、そのため、その原理に立脚したハチスンの道徳哲学が法（市民社会）の問題を倫理で解決するという誤謬を冒していた点にあると考えられる。法の研究から出発したスミスが『感情論』を最初に書いたのは、こうしたハチスン法学の限界をつき破って進むより経験的な社会認識の方法を確立する必要に駆られたためであったのである。

（5） 拙稿「アダム・スミスの正義論」横浜市大論叢、二六巻一・二号参照。

（6） スミスの正義・仁恵論とハチスンのそれとの決定的相違点は、スミスが乙の憤慨ないし感謝に対する観察者の共感の前提条件として甲の動機の適宜性（proper motives）分析を行っていた点にあり、乙の憤慨ないし感謝に対する観察者の共感のうちに正義・仁恵の原理を求める点では、ハチスン、ヒューム、スミス間に本質的な見解の差がないことに注意されたい。この事実も、『感情論』第二部の主題が第一部の論理を踏まえたハチスン批判であったことを示す一つの証拠となろう。

(7) たとえば、スミスが『感情論』(TMS, II. ii. 3)の中で展開している「相互尽力(mutual good offices)」批判や「主柱(main pillar)」論、歩哨の例や「少額の金(a small sum)」論(TMS, II. ii. 3. 10)、最大多数原理批判(II. ii. 3. 11)等は、後述のごとく、いずれもハチスンが自説の根拠としてあげていた事例で、『講義』の編者がケイムズの影響としている正義と他の徳の区別(TMS, II. ii. 1. 5, p. 80 note)や、作用因の論理による目的因論の批判(II. ii. 3. 5)も、ヒュームを対象としたというより、ハチスンを対象としたものであるといえよう。なお、『感情論』第二部第三編の偶然性論がハチスンの『体系』の第二巻第一五章の論理に照応している点については、第四章を参照されたい。

(8) 『講義』の編者は、エクシュタインに従って、『感情論』第二部二編三章六節の批判対象がヒュームであったとしているが(TMS, p. 87 note)、スミスがこの節で展開した、正義の根拠を効用に求める功利主義的刑罰論の批判対象も、のちに第三章で具体的に論究するように、ヒュームを主たる対象としたものというより、スミス自身がAノートで「グロティウスとその他の著述家たち」(LJ (A), ii. 90)という言葉で表現しているグロティウス以来の自然法思想家たち、その代表者としてのカンバーランド、プーフェンドルフらとハチスンの主張した功利主義的刑罰論であったように思われる。彼がこの節で、こうした一般の刑罰是認論の論拠を、ヒュームよりもカンバーランドやハチスンらの思想の特色と考えられる「人間が社会に対してもつ生まれながらの愛情(natural love for society)」や、「彼自身の利害が社会の繁栄に結びついている」点に求めていることも、その一つの証左と考えられるが、次の第七節(TMS, II. ii. 3. 7)で使われている「より寛大で包括的な人間愛」等の用語も、上の議論だけでなく、この章全体の議論が「とくにヒュームに言及」(TMS, p. 88 note)したものというより、ハチスンを対象としたものであったことを示しているのではないであろうか。

(9) 『感情論』第六版六部の主題がこのような徳性論にある次第については、たとえば、川島信義「アダム・スミス『諸国民の富』の成立と『道徳感情の理論』の改訂」西南学院大経済学論集、一六巻三号、二九ページ以下参照。この点、初版と六版とではスミスの問題意識が可成り根本的にちがっており、六版は、正義論(ハチスンの仁愛的正義論批判)を中心主題とした初版の問題意識の具体的展開⇒その論理的帰結としての『法学講義』A—B両ノート⇒『国富論』体系の思想的(というより、実践的)帰結に対する反省としての性格をもつものとして、「有徳な性格」の涵養による「国民的幸福の達成」(川島、前掲論文、二九ページ)への願望が滲み出ているが、このようなスミス思想の変化は、初版におけるハチスン仁愛論批判に対するスミス自身の一種のハチスン回帰的反応を示すものとみることもできるであろう。

（10） 拙稿「アダム・スミスの正義論」とくに、三―五ページ参照。

（11） ただし、初版では、個々人の良心と自分たちが他人の目を通して自主的に作ったコンヴェンションとの対立の可能性が考えられていなかったのに対し、第六版ではこの対立が問題となり、コンヴェンションに吸収されえない〝良心〟の意義が改めて問われ、それを守ることのきびしさが要求されるようになっていることはいうまでもない。Cf. Hope, V.: Smith's Demigod, in *Philosophers of the Scottish Enlightenment*, ed. by V. Hope, Edinburgh, 1984, pp. 157―165.

（12） こうしたハチスンの honour 論と道徳感情論の基軸をなす自己是認論との関連についての注目は、断片的ながらキャンベルにもみられる。Cf. Campbell: Francis Hutcheson: Father of the Scottish Enlightenment, p. 170.

（13） ロックの評判法とスミスの道徳感情の理論との関連については、拙著『原型』第三部第三章参照。この関連は、シャフツベリやハチスンを間に置いて考えるとき、より深く確証されるのではないであろうか。

（14） スミスの「内なる人」は、ホープのいうように、ハチスンとヒュームの「利害をはなれた観察者」の継承であるが、スミスは内なる人により能動的な役割を与え、徳は内なる人の役割を積極的に遂行する点にあるとしていたことに注意されたい。

（15） Haakonssen: *The Science of a Legislator*, p. 45.　同様な見解をわが国においてもいち早く表明していたものとして、新村聡「同感概念の発展―ヒュームからスミスへ―」東大経済学研究、二三、一九八〇年も注目される。Cf. Hope, op. cit., pp. 162―3.

（16） Haakonssen, *op. cit.*, p. 46.

（17） Cf. Hutcheson: *System*, II, p. 334.

（18） 現に『体系』でも、海難そのものの場合とは状況は異なるが、本質的には同じ文脈に属する 'A ship loadened with provisions and ammunition'（*System*, II, p. 125）の例があげられている。

（19） Hutcheson: *System*, I, p. 258.　ただし、'main pillar' 用語は、ハチスンでは『体系』の第一巻第一九章で、「神の善性を確証することが、われわれの幸福の偉大な基礎であり、徳の主柱である」（*System*, I, p. 204）として、『感情論』の用例とは全く別の文脈で使われている。

（20） Hutcheson: *Inquiry*, p. 124.

(21) Hutcheson : *System*, II, p. 114.
(22) この推測は、ヒュームが人間を体系として研究する道徳的ニュートン主義をきびしく批判していた（本書五七ページ参照）事実や、『感情論』の欺瞞理論が、第四部第一編のヒューム批判の文脈においてだけではなく、第二部第三編その他でもハチスン批判ともからむ形で展開されていることからも、ある程度裏付けられるであろう。
(23) 『体系』の第二巻第一八章と第三巻第四章の議論が離れているのは、その間に家族（第三巻第一章＝夫妻、第二章＝親子、第三章＝主従）論が介在しているためで、内容的には上の両章は不可分の関係にあることに注意されたい。なお、第三巻第四章の題名は、『体系』では「市民政府構成動機」論となっているのに、『綱要』では「市民政府の起源」となっている。前者はより自然法思想的表現であるのに対し、後者はよりロック、スミス的な問題関心に近い表現になっているが、内容的には大きな差異はない。
(24) Hutcheson : *System*, II, p. 141. Cf. II, pp. 213—4.
(25) 拙著『原型』一二六、一七〇—一七二ページ参照。
(26) Hutcheson : *System*, II, p. 215.
(27) *Ibid.*, II, pp. 141—2.
(28) *Ibid.*, II, pp. 142, 143, 146, 217.
(29) Cf. *Ibid.*, II, pp. 146—7, 216 f.
(30) *Ibid.*, II, p. 215.（傍点引用者）。
(31) Cf. LJ（A）, ii. 90, ii. 169, ii. 175—6, etc.
(32) Aノートにおける「自然的・に（natural-ly）」の用法をみると、そこでは大なり小なり natural-ly の内実が「人びとの目に」どうみえるかという、観察者の共感原理に基づく道徳感情理論によってとらえ直されており、事柄がなぜ「自然的に」そうなるのかの必然性が『感情論』の共感（MS）⇒状況分析によって説明されているといえるであろう。
(33) 拙著『原型』一三五—一三八ページ参照。
(34) 大河内一男『スミスとリスト』一九四三年、前編一—二章参照。ただし、この大河内の見解は、『感情論』第六版を基礎にしたもので、初版の論理に基づくものではないことに注意されたい。

(35) この「状況に即した適宜性」の論理はホーコンセンから学んだ面が多いが、ホーコンセンには、スミスの「状況」の論理がのちに第四章で詳論する共感（感覚）に基づく法の徹底したケース－環境分析を前提しているだけでなく、このケース－環境分析こそ共感（MS）に基づく法の状況に即した適宜性＝客観性を確証する唯一の手続きとされていた点についての認識が欠落していることに留意されたい。

(36) 福田勝「『道徳感情論』におけるアダム・スミスの法思想」同志社法学、二五巻二号、とくに九八ページ参照。

(37) スミスにおいては、当事者の立場に立って、その「状況」を考察した公平な観察者が、当事者の行為や感情についてゆき（go along with）共感するとき、その当事者の行為や感情は第一次的にはその「状況に即した適宜性」をもつとされることに注意されたい。

(38) ハチスンは、『体系』の第二巻第三章の冒頭で、「上述のようなわれわれの道徳的能力の構造から、感情《アフェクション》と行為の属性（characters）としての正邪の概念が生まれる」（*System*, I, p. 252）とした上で、「ある人間に対して正当な権限をもつ道徳的資格としての権利の観念」（*Ibid.*, p. 253）を導いている。このハチスンの思想は、人間の道徳能力（moral faculty）から、「人間の行為から生まれる物理的属性ないし関係（physical quality or relation）」（*ibid.*, I, p. 318）とは異なる、他人に対する「道徳的資格（moral quality）」（*ibid.*, I, p. 253）としての事物に対する道徳的権能（moral faculty）を導くものとして、「ある者が何かを正しく所持し、あるいは正しく行為することができる qualitas moralis」（『戦争と平和の法』）の上に、事物に対する moralis facultas（道徳的権能）ないし facultas としての jus を導いたグロティウスその他の所有権論に対応するものといえよう。

(39) スミスが『感情論』の末尾で展開を約束した『感情論』の原理に立脚した「正義の自然的諸規則」としての法の探求の課題は、こうした道徳と法の関係についてのハチスン的な考察を前提していたことに注意されたい。

(40) Skinner, A. S.: Introduction to Smith's *Wealth of Nations*, Bk. I–III, Penguin Books, 1970, p. 28. 川島信義ほか訳『アダム・スミス社会科学体系序説』五三ページ。

（初出　横浜市立大学紀要　一九八三年）

四　『道徳感情論』第六版改訂の主題

アダム・スミスは、一般に楽観主義の思想家と目されている。スミス理論」が「自然的自由の体系」論に立脚していることが、その主たる論拠をなしていることはいうまでもない。人間も、自然の必然法則の支配下にあることは、誰しも否定できない事実であるが、人間には偶然・自由の余地があると考えて、自由に自分の生存目的追求活動をする。そのことが「見えない手に導かれて」全体の福祉実現に繋がるので、慣習や効用主義さえ排除すれば、自然のままの自由な行動がおのずから目的実現につながる「自然的自由のシステム」が貫徹する。だから、人間は自然的自由のシステムの貫徹を妨害をしないで、その妥当性論証をすればよい。というのが、一七五九年の『道徳感情論』と一七七六年の『国富論』に代表される七〇年代後半までのスミス思想であったといえるであろう。(1)

スミスは、七〇年代には、自然のままに自己の生存目的追求活動をすれば、富が増大するだけでなく、人間もおのずから有徳化すると考えていたのである。こうした考え方が、農耕労働の本質をついた農業ベースの理論であることは明らかである。彼の農村賛美はその証左をなすが、こうした論理（富＝徳論）が富裕と徳性を対極的に捉えていた古典的シヴィック的な富裕観や徳性論とは根本的に異なることは明らかである。

スミス思想の思想史的意義は、人間を観察者としてとらえ、観察者の共感理論を展開した上で、(2)伝統的な富裕観とは対極的な富裕＝徳性論を展開した点にあるが、それは農業資本主義の論理である次第に注意すべきであろう。

五九年の『道徳感情論』初版は、こうした前提に立脚する自然的自由のシステム分析に基づく人間の倫理の在り方を主題にしたものであるが、その主題を継承した『国富論』初版は自然的自由のシステムの経験論証――その実現を妨げる慣習と効用主義の批判を試みたものに他ならないといえるであろう。

しかし、スミスの思想はこうした公式的解釈に還元できるほどeasy（安直）でもclear（明白）でもない。五九年の『道徳感情論』初版（と七六年の『国富論』）を九〇年の『道徳感情論』六版と対比すると、一部の西欧の研究者がかねてから指摘していたように、まったく別の書物かと思われるほど主題も論証内容もちがうことに驚愕することであろう。『道徳感情論』の初版では、自然の原理の摂理性が論証され、欺瞞の摂理、市場の衡平性、富と徳の合致が説かれている。それに対して、六版では、市場観が大きく逆転し、世論の偏見性認識が強まり、富と徳の乖離が問題にされるようになっている。八四年の『国富論』第三版にもこうした変化の予告的な商業社会の陰認識がみられる。

こうした変化・逆転の原因は、一言で言えば、自然的自由の体系の実現主体である中産・下層の市民層自体の腐敗の現状認識にある。七三年に『国富論』の原稿をもってロンドンに出てきたスミスは、商人や製造業者を代表とする中下層自体の腐敗の現実に直面して、富と徳の乖離を認めざるをえなくなったのである。『道徳感情論』の六版では、初版の欺瞞の摂理論や、それに照応する制度批判論とは対極的な主体形成論が展開されている事実がその次第を明確に示しているといえるであろう。『国富論』でも、八四年の第三版には、その予告的な商業社会の陰認識が見られる。『道徳感情論』初版では、自然の原理の衡平性論が、欺瞞論、手段の論理の摂理性論、「見えない手」という形で展開され、富と徳の合致が指摘されていたのに、六版では、「道徳感情の腐敗」論が展開され、世論の偏見性が強調され、富と徳との合致にダウトが提出されている。

こうした『道徳感情論』一―二版から五版までの論理と六版の論理の対極性の原因は、『国富論』刊行（七六年）以降の七〇年代後半から八〇年前後における商業社会の陰認識にあったのではないかと考えられる。スミスが五九年の『道徳感情論』初版から『国富論』一―二版版までの両著の共通主題であった自然的自由のシステム分析から、徳性の原理を適宜性に求めていた『道徳感情論』一―二版版までの適宜性徳性論とは原理の異なる実践道徳論の展開と自己規制論で終わる『道徳感情論』六版六部の主体形成論に移行した最大の契機（理由）はそこにあったといえるであろう。スミスは探究（inquiry）の主題を制度（批判）論から主体形成論へ移行させていたのである。その次第を理解する鍵をなすのが観察者（spectator）論である。

スミスは、『道徳感情論』の初版では、他者の行為の観察者は、partial（一面的）ではなく、impartial（公平）でなければならないとしている。初版では、観察者はpartialであってはならないとして、観察者のimpartialityだけを問題にしていたのである。それに対し、六版では、partialでないかどうかだけを問題にしていた一―二版版のimpartial spectator論とは異なる想像上のあるべき「公平な観察者の想定論（「想定観察者supposed impartial spectator論）」が展開されている。この想定観察者は、概念的には、公平観察者概念の自己意識化（論）といえるであろうが、スミスは、実在の観察者（actual spectator）には望めない「公平な観察者」のモデルを想定することによって、「想像上の公平な観察者（supposed impartial spectator）に近づくように努力する主体の形成を意図したのではないかと考えられる。

観察者の行動に伴う称賛についても、初版では、称賛が徳性化を導くとして、称賛を徳性化の原理としていたのに、六版では、観察者に対して、称賛に値するworthy存在になるような道徳性をもつことを求めている。自己規制（self-command）論を六版六部の最終章で展開していることも、こうした論理に照応するといえよう。このような観察者像の転変の原因が称賛自体の自己目的化から生まれる観察者自身の腐敗認識にあることは明らかである。五版までは道徳的是認の原理が、義務か効用か慣習に求められ、慣習論で全章の幕が閉じられていたのが、新たに付加された六版では観察者自身の主体性が問われるようになっているのもそのためである。

しかし、これまでの『道徳感情論』解釈の通説では、[3] なぜか上述のような腐敗論も、それを克服するための主体形成論も展開されていない。逆に、初版の主題の「完成」論や、五版までの論理とは異なる「新たな地平」の展開論になっている。こうした解釈が生まれる原因は、『道徳感情論』の初版の主題を踏まえずに、六版で『道徳感情論』を解釈する六版ベース、六版前提論であるためか、一－六版の単純対比論でしかないためでないか。そのため、初版が、人間の自然の感情の経験分析に基づく倫理の確立を主題にしていたのに、六版では、その主体であるべき「公平な観察者」自身の腐敗認識に基づく、その克服のための主体形成の必要から、六版改訂⇒一－二版版の適宜性⇒徳性論とは異なる実践道徳論の展開⇒ストア化⇒自己規制論になってくる次第が見えないのでないか。

『道徳感情論』六版は、ハンリ Hanley のいうような「新たな地平」の構築を模索したものではなく、公平な観察者の担い手たるべき中下層自身の腐敗の現実に対処するための観察者概念の確立を意図したものであったのである。『道徳感情論』初版は、共感⇒適宜性⇒（反ストア的）徳性論〔反ストア〕で、観察者は公平（impartial）でありさえすればよいとするものであったが、公平な観察者自身の腐敗（I. iii. 3）＝称賛の自己目的化に直面して、六版では、公平な観察者のあるべき姿を慎慮（prudence）に求めるとともに、自然のロゴスへの服従を説くストア的賢人像を展開することになったのでないか。

スミスは、『道徳感情論』初版では、感情の運動のシステム分析を主題にし、称賛を徳性化の原理にしていたが、公平な観察者自身の腐敗＝称賛の自己目的化の現実に鑑みて、観察者自身の worthy 主体化を主題にすることになったのである。腐敗論は、二版にもあるが、[4] 腐敗問題が主関心になるのは、（『国富論』の原稿をもってロンドンに出てきてからの）八〇年前後以降で、八四年の『国富論』三版にみられる商人・製造業者批判は、腐敗問題が主題になってきたことを象徴するものであったのである。『道徳感情論』六版は、こうした現実に対処するための観察者概念の主体性回復を中心主題にするものであったのではないか。『道徳感情論』六版改訂の主題は、公平な観察者自身の腐敗の現実を是正するための観察者概念の再構築（主体形成論の展開）にあったのである。スミスが六版で、想定観察者論（あるべき公平な観察者の想定論）を展開し、徳性論を独立の主題化した上で、自己規制論で幕を閉じた理由がそこにあることは明白である。『道徳感情論』の一－五版までは慣習論であったのが、六版では主体論になっていたのも、そのためである。

こうした六版六部の公平な観察者論の最大の問題点は、公平な観察者のモデルが、初版の反ストア的な適宜性＝道徳論とは逆に、自然のロゴスへの服従を説くストア的賢人像に求められている点にある。このような論理展開が、初版の共感⇒適宜性⇒（反ストア的）徳性論と、それと照応する欺瞞論や「見えない手」、「自然的自由のシステム」論とは異質の対極的な論理であることは明白である。晩年のスミスの苦悩・ジレンマの原因はそこにあったのではないかと考えられる。スミスの論理の破綻・敗北が語られる所以もそこにある。しかし、スミスの論理の逆転・自己否定の原因・理由は、「公平な観察者」の担い手たるべき中流・下層の市民自体の腐敗の現実に対処するための主体形成論の展開が不可欠であったためであったのである。スミスの直面した「道徳感情の腐敗」や「称賛」の自己目的化の問題は、今日の私たちとは無縁な過去の歴史の物語りにすぎないものであろうか。

（1）　自然的自由の体系論は自然法の主体化論ということができるのではないか。自然的自由のシステムとは、人間の自由な活動が自然のシステム実現につながるとするものであるが、それは、自然法の efficient causes（作用因・有効化因）としての人間の自由な活動が自然のシステム実現につながるという、作用⇒目的の論理に照応するものであったのである。

（2）　アリストテレスは、人間をさまざまな人々に共通する「人間本性一般」のうちにみていたのであった。それがカテゴリー論＝命題論＝分析論前後著にわたるアリストテレスの人間論であったのである。共同体社会の人間論としては至極当然のことであったということもできるであろう。

人間を「個人」として捉えるようになったのは、一七世紀以降のことであるが、ホッブズの『法の原理』の人間本性論に端的に表現されているように、いまだ私ではなく、「私たち」「我々」であった。ホッブズの認識論が分解総合法や数学的方法でしかなかったのはそのためであったのである。それに対し、ロックは人間を「私」として捉えたことによって、私の見たidea（観念）の連合像を形成する途を拓くことになったのである。しかし、ロックやカントにおいては、私が主語になっただけで、他者や他物は「認識主観」としての私の認識対象でしかなかったのであった。

私と他者との関係を同格的に捉えるようになったのは、ヒュームースミス段階になってからであるが、ヒュームにおいても、私が主語になっただけで、他者は、カントと同様に主語としての私の認識対象とされたままに止まっていたのであった。

私を主語としてではなく、他者と同列の人－人相互の交通関係の下に生きる一人の人間、one of themとして捉えたのはアダム・スミスであった。スミスは、私を「認識主観」としてではなく、人－人関係の中でお互いに他者を見る人＝「観察者」Spectatorとして捉えることによって、人間をone of them相互の共感関係のうちに規定する論理を展開することになったのである。スミスの共感論がこうした観察者論に照応する論理であったことはいうまでもないであろう。スミスは人間を街頭でお互いに他者を見る観察者と規定することによって、見る主体であると同時に見られる客体でもある人－人相互の共感関係のうちに「私」を見ることになったのである。スミスが人間を観察者として捉えたことは、私を主語としていた私中心の世界像とは異なる、私を他者との共感関係のうちに規定する視座の成立を意味するものであったのである。スミスの観察者論は、徳性を適宜性に求めた伝統的な適宜性＝徳性論に観察者概念を導入することによって、公平な観察者（impartial spectator）の共感⇒適宜性＝徳性論として主体化することを意図したものであったといえるのではないだろうか。

スミスの道徳哲学の核心は、『道徳感情論』の冒頭部分の言葉の示すように、「想像上の立場の交換」に基づく、共感理論を展開している点にあるが、『道徳感情論』全体の論理展開にさいしては、人間の普遍的な感情としての共感感情に基づく、人間相互の社会的結合の論理を展開しているので、スミス理論は共感の道徳哲学ということになるであろう。
（3）　内外の『道徳感情論』解釈は、六版をテキストとし、六版で解釈をする六版ベース論か一－六版対比論であるが、それでは『道徳感情論』初版の主題が何であったか分からないだけでなく、六版改訂の主題自体が何であったかも見えないのではないか。初版の共感⇒適宜性⇒反ストア的徳性論とは異なる論理を六版であえて展開した著者の論理の変質過程を見ないで、六版で『道徳感情論』を読んでいたら、『道徳感情論』初版の本来の主題はもとより、六版改訂の主題すら何も見えないのではないであろうか。

（4）スミスは、二版に増補された『道徳感情論』の第3部第2章3－23節（『道徳感情論』二版二〇〇－二一九ページ）で、「内なる裁判官は、善人である場合にさえ、利己的情念の激しさと不正義のためしばしば腐敗（corruption）する危険がある（二版二一九ページ）とのべている。（拙著『アダム・スミスの倫理学』（増補改訂版）一九九ページ参照）

（5）『道徳感情論』六版六部の自然的自由のシステム論は、ロックのように客観的自然法の存在を前提した自然法の認識論ではなく、人間の主観的な活動の客観性論証論である次第がしっかりと認識される必要がある。スミスが六版で新たに追加された六版六部で主体論を展開したのは、自然的自由の体系の担い手である中産市民層の腐敗認識があったためでないか。『道徳感情論』は五版までは慣習論で終わっていたのであった。修行が主体形成につながると考えていたためのようにも思われるが、六版六部で一－五版にはなかった主体論が展開されていたことは、それが六版改定の中心主題であった中下層の腐敗認識に基づくものであったことを示すものではないか。第五版までの慣習論と六版六部の主体論との差異の根幹は、一七八〇年代における中下層の腐敗認識にあったのではないか。その克服が六版六部の主題であったのではないかと思われる。

スミスはオックスフォードに出てきて、そこで行われている経済活動に『国富論』の世界を思い浮かべる一方、一部の商人や製造業者の活動に潜む腐敗の事実に気付き、近代化と腐敗の現実に如何に対処すべきか気付いたのではないか。八四年の『国富論』第三版に見られる商人・製造業者批判も、道徳感情の腐敗認識に基づくものであったが、近代化に伴う道徳感情の腐敗問題は、スミスの最大の関心事のひとつであったようで、『道徳感情論』第六版改訂の主題も、社会の近代化の必要と、それに伴う腐敗認識に基づくもので、近代化に伴う腐敗問題に対する応答であったと言えるのではないだろうか。

第三章 『法学講義』正義論の主題と構造

一 私法論

(1) 一七六二年一二月二四日（金）からはじまる日付をもつスミスの『法学講義』Aノートは、「一七六六年」の表示があるBノート（は、実際には一七六三―六四年に行われた講義のノートであると推定されている）と同様、「法学（Of Jurisprudence）」についての一般的規定からはじまっているが、両者の表現には微妙な差異がみられる。Aノートは、「法学とは市民政府が管理さるべき諸規則に関する理論である」（LJ（A），i. 1）という法学の定義からはじまり、法学の目的が「さまざまな国におけるそれぞれ異った統治体系の基礎を示す」（*Ibid.*）点にあることが指摘されたのち、統治の意図が①所有の「正義の維持」、②「国家の富裕の増進」のための行政（ポリス規制）、③収入、④軍備と国際法にある次第が詳しく論じられている。これに対し、Bノートでは、「法学とは、あらゆる国民の法の基礎たるべき一般諸原理を探求する科学である」（LJ（B），1）という法学の規定に続いて、グロティウス、ホッブズ、プーフェンドルフ、コッケイ（Baron de Cocceii）の四人の自然法学者の思想のもつ意義が詳しく語られているが、「法の四大目的が、正義、行政、収入ならびに軍備にある」（LJ（B），5）次第は簡単にのべられるにとどまっている。

両者の論理と表現形式を対比すると、一見してAノートの方がより具体的であるのに対し、Bノートでは理論的抽象化が進んでいることが注目される。後述のように、Aノートは必ずしもBノートのように理論的に整理されたものではなかったのであるが、それだけAノートの方が統治論として登場したスミス法学の出自とその特色を端的に示すものとして興味深い。スミスの法学は、Aノートの規定によれば、「社会の構成員がお互いの所有権を侵害しないようにさせる」所有の「正義の維持」と、「国家の富裕の増進」を政府の主要な目的とし、そのために必要な行政の中には「交易、商業、農業、製造業に関してなされるいかなる規制」（LJ(A), i. 1-2）も含まれるとするものであったのである。このようなAノートにおける統治の規定は、スミスの『法学講義』が近代の自然法的国家論の土壌の中から生まれ出てきたことをBノート以上に明確に示しているといえるであろう。スミスは、Aノートでは、国富の増進、そのためのポリス規制を、正義の維持とならぶ政府の主要目的と考えていたのである。しかし、「すべての市民政府の第一の主たる意向は、既述のように、国家の構成員相互間の正義を維持し、国家内の諸個人に対する同じ社会の他の人間からの侵害を防止する点にある」（LJ(A), i. 9）ので、彼はAノートでも、Bノートの「第一部正義論」に相当する草稿（MS）の第一—五巻の主題を侵害の対象となる権利の考察にあてている。

Aノートの特色は、こうした侵害の対象となる権利の考察をBノートのように公法論からはじめずに、「人間としての人間」の権利を論ずる「私法」論からはじめている点にある。彼は、その理由を「人間としての人間に属するこれらの諸権利は、一般に最も単純でたやすく理解でき、また一般に他の事情を考慮することなしに考察しうる」（LJ(A), i. 11）点に求めている。このスミスの考え方は、国家があってはじめて「権利」が権利として成立しうるとする実定法の立場とちがって、「人間としての人間に属する権利」の上に、その論理的帰結として政府（統治）の問題を考える自然法の論理に従ったものといえるであろう。彼はAノートではハチスンに従って自然法を前提した議論を展開していたのであるが、彼はこの私法論の冒頭で、人間としての人間は彼の「身体《パーソン》、評判、または財産（estate）」を侵害されうるとして、身体《パーソン》ならびに評判の侵害にからむ自然権の問題に簡単に論及したのち、ただちに「取得権（acquired right）」としての所有権の分析に入っている。

(2)　このようなAノートの基本構成を彼が注解の対象にしたハチスンの『道徳哲学体系』と対比した場合、第一に注目される事実は、第二章でみたように、『講義』にはハチスンの『体系』の第一巻の人間本性論と第二巻の自然法論の冒頭の第一―四章の主題に相当する議論はなく、第二巻第五章以降の私権論相当部分から議論がはじめられている点である。この事実は、既述のように、『感情論』と『講義』が文字通りワンセットのハチスン批判としての性格をもっていたことによるものであった。スミスは、『感情論』ですでにハチスンの自然法学の方法を批判の対象とし、『体系』の第二巻第四章までの主題については『感情論』で事実上論究していたため、『講義』ではいきなり『体系』の第二巻第五章以降の「私法」論に相当する個所からその議論を展開することとなったのである。しかし、Aノートがこのようにハチスンの道徳哲学体系を前提し、その注解として展開されたものであったということは、両者が全く同じ前提から出発していたことを意味するものではない。たとえば、スミスがAノートでも「統治」の目的から説きおこし、ハチスンが『体系』の第二巻第四章で展開していた自然状態を想定した議論を完全に黙殺していることは、その限り、彼がハチスンの自然法学においてははっきりと前提されていた政府以前の「自然的自由」の想定から出発して、その上に法を基礎付ける自然法の論理から出発することを拒否して、政府前提の議論をしようとしていたことを示しているからである。[1] スミスは、ハチスンとちがって、論述の枠組としてはAノートにおいても政府の存在をはっきりと前提していたのである。スミスがBノートの正義論の導入部分で、「政府の考察からはじめて、そのあとで所有権その他の権利を取扱う」ローマ法学者（civilians）の方法（Bノートの方法）と、「所有権その他の権利からはじめて、そのあとで家族と市民政府を考察する」他の人びと（others）の方法（Aノートの方法）には、それぞれいくつかの特有の利点があるが、「〔ローマの〕市民法の方法の方が全体としてより望ましいように思われる」（LJ(B), 11）とした理由の一つは、そこにあったといえるであろう。スミスがこうした考え方をしたもう一つの背景としては、所有論との関係をめぐるBノートの論理的整合性などの問題が考えられるであろうが、より以上に、スミスは、自然状態の仮説を否定していたため、Bノートのローマの市民法学者の方法の方が論理的にすっきりしていると考えていたのである。にもかかわらず、スミスが上のAノートで採用した方法は、あくまでも近代自然法の論理と方法を前提したものであった次第が大きく注目される要がある。

(3) その点を明らかにするため、次に、スミスがその私法論の中心主題とした「取得権」の性格を考察してみることにしよう。

スミスは、ハチスンと同様、自然権と取得権（acquired right or, adventitious right. ハチスンでは、adventitious right）とを区別し(2)、Bノートでは「財産に対する権利」が自然権とは異なる取得権（acquired right）であることが明言されている。しかし、Aノートでは必ずしも「財産に対する権利」が「取得された、すなわち、後天的に獲得された権利（acquired or iura adventitia）と呼ばれる」（LJ(B), 8）ことが明言されておらず、先占をはじめとする所有権獲得の方法が論じられているにすぎない。むしろ、それに先立つ議論では、財産に対する権利も、身体《パースン》と評判に対するそれと同様、基本的には自然権に含まれるとするごとき表現すらみられる。たとえば、スミスはAノートでは「商業の自由や交易の権利」と共に、「人間が所持する事物に対する権利」（LJ(A), i. 12）をも、自然権の中に含めている。彼が「自然権の起源が全然明白でない唯一のケースは、所有権のケースである」（LJ(A), i. 25）というごとき表現をしていたことも、消極的ながら彼が「財産に対する権利」をも自然権と考えていたロック的な前提から出発していたことを示すものといえるであろう[3]。スミスも、ハチスンと同じように、「各人は、その性質上万人の共同利用に適した事物を使用する自然権をもち、また占有や私有（property）に適し、他の人びとによって占有されていない財貨に対する所有権を無害な手段によって獲得する同様な権利〔自然権〕をもつ[4]」と考えていたのである。しかし、このことは、必ずしもハチスンやスミスが、財産に対する所有権そのものが一切の人間的制度や契約や人間の行為に媒介されない「自然的な」ものであると考えていたことを意味するものではない。スミスは、Aノートでもカーマイケルやハチスンと同じように、「財産に対する権利」は人間の自己保存の権利に基づく[5]人間の自然的な権利であるが、財産（estate）そのものは「人間の制度、契約、ないし行為」に媒介されてはじめて獲得（acquired）されるものであるという意味で、所有権は後天的（adventitious）な権利であると考えていたのである[6]。

こうしたハチスンやスミスの考え方は、必ずしも彼らが財産に対する権利が政治社会を前提してはじめて可能になると考えていたことを意味するものではない。ハチスンやスミスは、所有権が「人間の考案物や制度や契約や行為の介在なしに、自然それ自体の構成上の本質から[7]」導かれる自然権とは異なる取得権として、「人間的制度や契約や行為から[7]」獲得されるものであることをはっきりと認めながら、そのような所有権のモーラル・ライト（グロティウスその他のいう moralis facultas）としての権原を政府の形成に先立って論理的に明らかにしようとしていたのである[8]。スミスが、後述のように、取得権としての所有権を公法論に先立つ私法論で共感原理によって基礎付けた上で、改めてハチスンのいう「市民政体」論に属する家族法論と政府論へと進んでいたのも、この事実を傍証するものに他ならない。こうしたAノートの構成は、明らかに近代自然法の論理に従ったハチスンの思想を前提し、その批判的注解として展開された『講義』の基本性格から生まれたもので、Aノートの方法はその限り、自然法の論理に対するスミスの否定的な態度にもかかわらず、近代自然法の論理と方法に従ったものといえるであろう。

Aノートは、このように近代自然法の私法（Jurisprudentia Privata）論を前提したものであったのであるが、『講義』の私法論の基本的な特色は、ハチスン同様、所有権の共感原理による基礎付けがなされている点にある。ハチスンとスミスの共通主題は、ロックが人間の天賦の自然権であるとしていた所有権の後天的取得権としての具体的内実を共感原理によって明らかにする点にあったのであるが、この取得権としての財産に対する権利には、対物権（real right）と対人権（personal right）の二種があると彼らも考えていたのであった。そこで次に、対物権に関するスミスの見解から逐次考察してゆくことにしよう。

㈠ 対物権論

(1) スミスは、当時のスコットランド法の準拠とされていたローマの市民法の伝統に従って、対物権を「完全な所有権（full right of property）」としての所有権（Dominium or Property）と、それに伴う排他的権利の一部の放棄ないし緩和としての地役権（servitudes）と質権または抵当権（pledges or mortgages）と排他的特権[9]（exclusive priviledges）の四種に分けている。[10]その上で彼は、所有権獲得の本源的な方法としての先占と添付と、その二次的ないし派生的な方法としての時効、相続、譲渡について論じている。

この分類は、ハチスンの対物権論と必ずしも同じではない。ハチスンの自然法学では、第二巻第六章の冒頭で、後天的取得権が対物権（real）と対人権（personal）とに分れることが指摘されたのち、対物権の主体をなす所有権（Property or Dominion）が人類の「生物に対する支配権」（自己保存の自然権）に基づく次第と、そのような私有の必要根拠が論じられている。この章の議論は、後述のようにハチスン経済学の基礎をなすものとして、スミスの分業論との関係で重要な意味をもつが、次の第七章では、「所有権獲得の本源的な方法」としての「占有と、耕作に使用される

表1 ハチスンの対物権論の主題

	『体系』	『綱要』
1） 所有権の根拠	第6章	第5章
私有の根拠としての共有の有害性	〃	〃
2） 本源的所有権獲得方法	第7章	第6章
① 先 占	〃	〃
② 時 効	〃	〃
③ 添 付	〃	〃
3） 派生的所有権（派生的対物権）	第8章	第7章
① 所 持（推定上の所有権）	〃	〃
② 限嗣相続権	〃	〃
③ 質権と抵当権	〃	〃
④ 地役権	〃	〃
4）所有権の譲渡（その方法としての相続・遺言）*	〃	第8章

＊ 所有権の自発的譲渡は，対人権論としての契約章（第2巻第9章以下）で扱われるので，この譲渡論は実際には相続論である。

労働[11]」と時効[12]と添付について論じられている。それに続く第八章では、所有権獲得の派生的（derived）な方法として、①事実上の所持に基づく推定上の所有権（Right of Possession）、②限嗣相続権、③抵当権、④地役権が語られ、最後に、「完全な所有権（complete property）」の譲渡の問題として、限嗣相続権のような対人権に由来するものを除いた相続の問題が論じられている[13]。ハチスンは、スミスのように「完全な所有権」としての「所有権（Dominium or Property）」と、その一部分の緩和ないし放棄から生まれるそれ以外の対物権との性格のちがいを必ずしも明確に認識することなく、後者を前者に由来する派生的（derived）なものと考えたため[14]、所有権の本源的（original）な獲得方法として、①先占、②時効、

③添付について論じたのちに、そこから派生する「派生的所有権（derived property）」ないし「派生的対物権（derived real right）」として、事実上の「所持（possession）」に基づく「推定上の所有権（presumptive property）」、相続権、質権、地役権について論じ、最後に、所有権の譲渡を問題にしたのである。

ハチスンの『体系』ないし『綱要』とAノートの分類が必ずしも同じでないのはそのためであるが、このことはAノートの分類法がハチスンのそれと根本的に異なっていることを意味するものではない。スミスは、『講義』でハチスンの私法論の分類をはっきりと前提し念頭におきながらも、ハチスンの分類では「完全な所有権」に伴う問題と、地役権や質権のように、本来的には対人権であったものが対物権化したことから生まれる完全な所有権の一部分の緩和ないし放棄としての別種の対物権との内実の差異を明確にしえないと考えたため、表2→表3の対比の示すように、ハチスンの分類を整理し直して、はじめに(i)完全な所有権としての「所有権（Dominium or Property）」について、その本源的な獲得方法としての先占（occupation）と添付、その派生的な獲得方法としての時効と相続と（所有権の自発的）譲渡（の原則）について論じ、その後で改めて、対人権の対物権化から生まれた完全な所有権の一部分の緩和ないし放棄としての(ii)地役権、(iii)質権または抵当権、(iv)排他的特権について論じたのである。[15] そうした視点から表2と表3とを再度対比するとき、ハチスン―ヒューム、ないしヒューム―スミス、さらにはケイムズ―スミスの場合と異なる、両者の緊密な対応関係が明確に証明され、両者が外見ほど異なっていないことが知られるであろうが、こうした両者の対応関係は、両者で取上げられている主題や事例の共通性からも傍証されることであろう。

(2)　Aノートの対物権論は、このようにハチスンの私法論の注解として展開されたものであったのであるが、スミスの対物権論の意義と特色は、所有権を中核とする対物権の道徳的権利としての成立の根拠ないし起源が所持者（possessor）の期待（expectation）ないし愛着（attachment）に対する観察者の共感理論を中核とする『感情論』原理で

表2 ハチスンのエステーツ論（翻案）

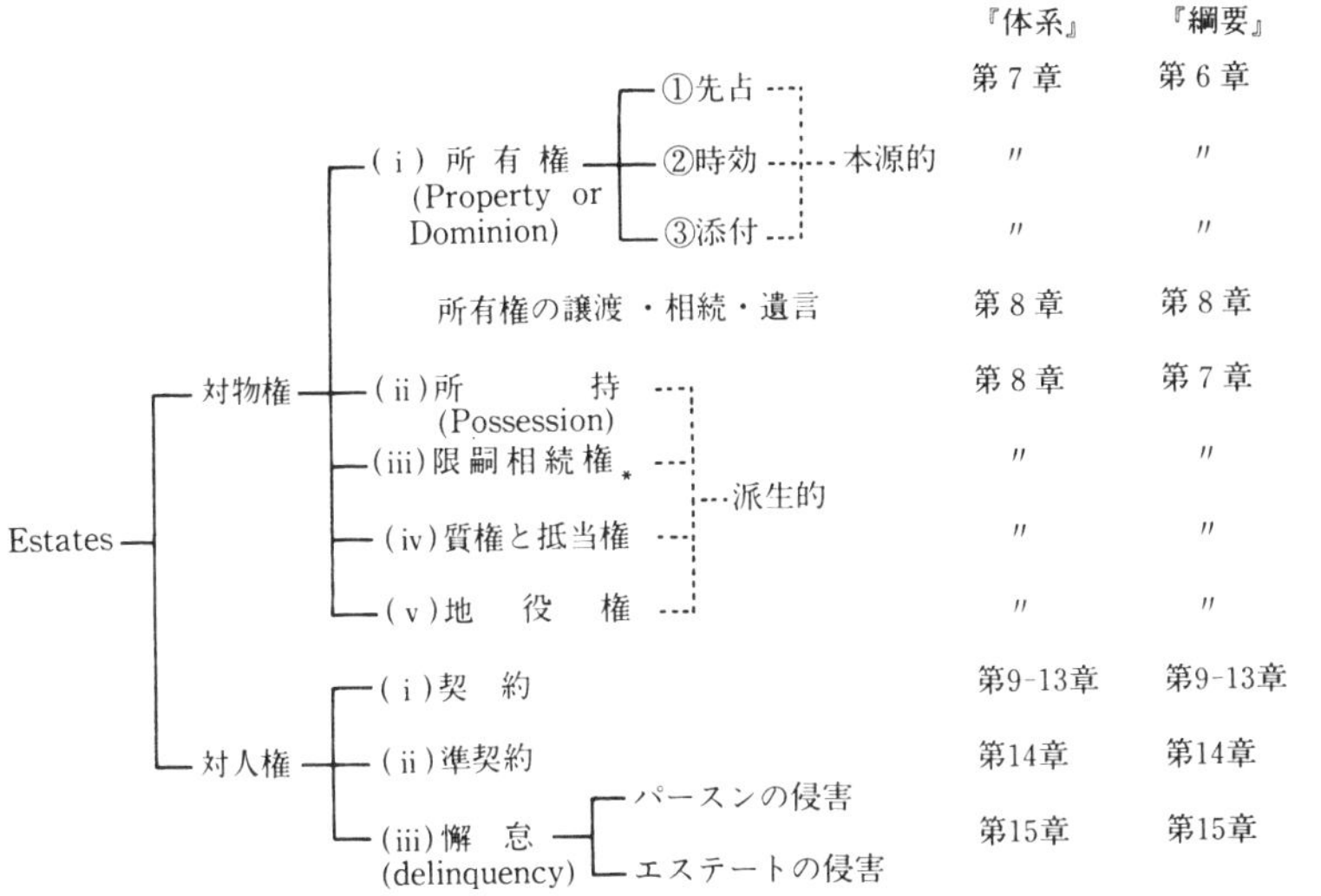

* スミスでは，所有権の譲渡としての相続とは異なる派生的対物権の一つとしての相続権 (Haereditas) は，注(9)の示す理由で，排他的特権の一つとされている。

表3 スミスのエステーツ論

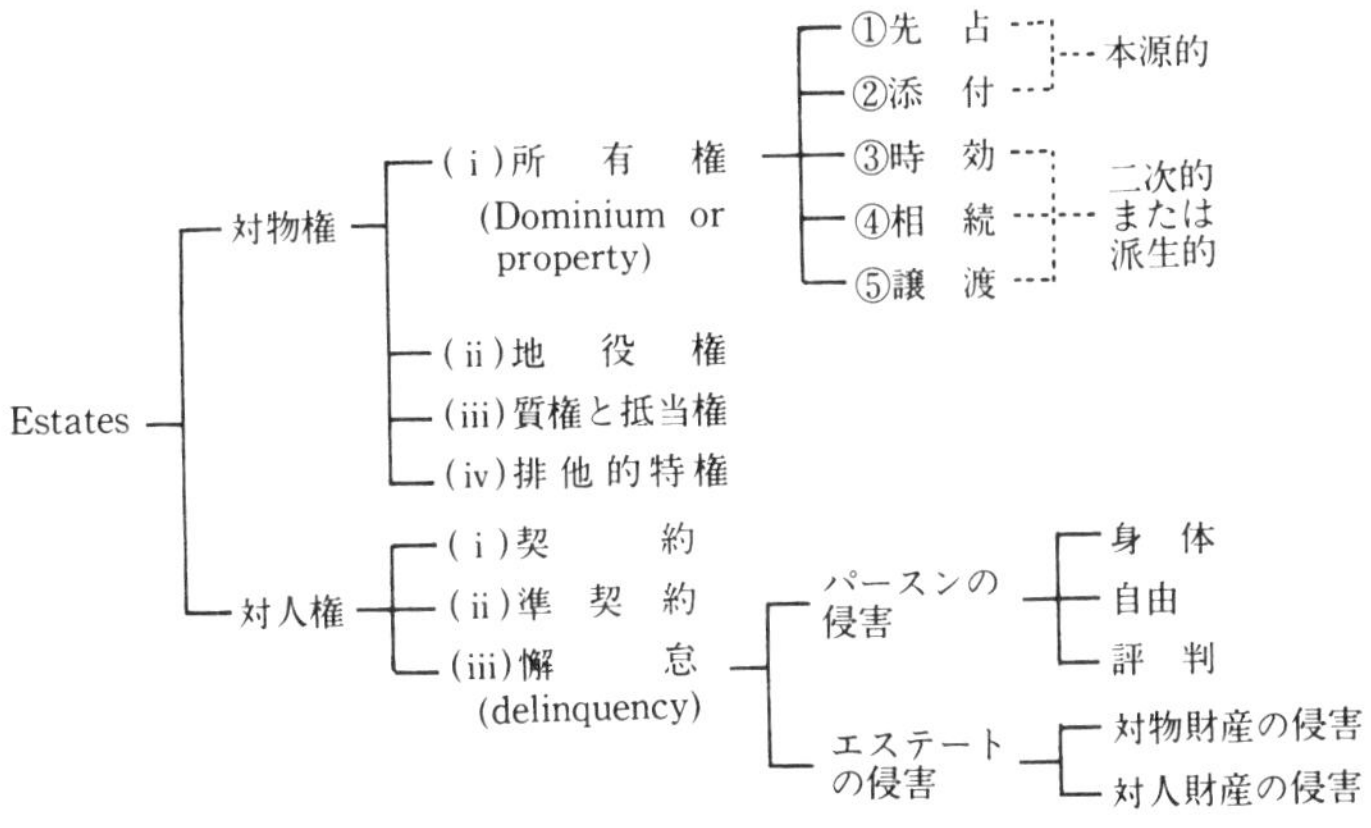

説明されている点にある。たとえば、事物のたんなる事実上の所持（bare possession）としての占有（occupation）が「そのようにして獲得したものに対する排他的な権利」になるのは、スミスによれば、持主が抱く自ら手に入れたものの果実をいつまでも享受し続けたいと思う「正当な〔当然の〕期待（*reasonable* expectation）」にその状況を考察した観察者が共感する点にあり、「最初の持主が提出する正当な期待こそ、所有権（the right of property）が先占によって獲得される根拠である」（LJ(A), i. 37）という。スミスは、所有権の本源的な獲得方法としての先占の根拠ないし起源を所持者の抱く正当な期待に対する観察者の共感のうちにみられる持主の期待の適宜性のうちに求めていたのである。これに対し、所有権獲得のもう一つの本源的な方法としての添付については、「添付の権利は、その効用（utility）に基づくというよりもむしろ、それが依存している対象にそれを結合させないことの不適宜性（impropriety）に基づいている」（LJ(B), 152. Cf. LJ(A), i. 64）とされているだけで、その適宜性については、ヒュームが添付その他の説明に使った連合原理に基づく説明がなされ、部分は「全体の一部として全体の所有者に属する」（LJ(A), i. 65）という原理があげられるにとどまっている。添付については、このように直接共感原理による説明はなされていないが、派生的な所有権としての「時効の権利の基礎は、長い間持ち続けてきたものに対して持主が形成したと考えられる愛着（attachment）にある」（LJ(A), i. 77）とされ、そのような愛着に基づく所持者《ポゼッサー》の当然の期待に観察者が「ついてゆき」、共感する点に、その適宜性の基礎が求められている。同様に、相続の根拠も、死者の家族に対する愛着（attachment）ないし死の床にある人間の意思に対する自然の尊敬（Piety）という感情（affection）原理で説明されている。スミスは、初期の共同体社会における法定相続についてはその根拠を「共同労働」に求めており、[16]『感情論』原理による基礎付けが行われているのは主として文明社会における遺言相続の場合であるが、にもかかわらず、相続論におけるスミスの意図が可能な限り相続の問題を感情論的に説明しようとする点にあったことは明らかである。[17]

スミスの所有権論は、このように所有権の基礎を所持者《ポゼッサー》の愛着《アタッチメント》や愛情《アフェクション》に基づく「正当な期待」に対する観察者の共感に求めていた点に、その基本的特色をもつものであった。一言でいえば、スミスは、所有権を期待への共感理論で統一的に説明しようと意図していたのであるが、このスミスの理論は、所有権の道徳的権能（moral faculties or moral right）としての成立根拠を、所持者の期待に対する観察者の共感（そのことのうちにみられる持主の期待の適宜性）という人―人の社会関係に求める考え方に基づくものであった。スミスは、他人に対する道徳《モラル》的資格《クオーリティ》ないし関係としての所有権の成立根拠を持主の期待に観察者が共感するかどうかという人―人の対人関係のうちに示される所持者の期待の状況に即した適宜性に求めることにより、その上に事物に対する道徳的権能としての所有権を導いていたのであるが、このようなスミスの所有権論は、所有権の根拠を生存の必要や、仲間の同意、労働投下や権力の承認に求めてきたそれまでの所有論と根本的に異なる発想に立脚するものであったといえるであろう。

しかし、事物に対する道徳《モラリス》的権能《ファクルタス》としての所有権の根拠を人―人関係に求める視角それ自体は、別に道徳感覚学派固有の特質をなすものではない。それはむしろグロティウス以来の近代自然法の所有権論の基本的前提をなすものであった。スミスの共感⇒所有権論の特色は、こうした近代自然法の論理を期待への共感という形で『感情論』的にとらえ直した点にあるが、スミスが上述の理論の展開にさいして名指しの批判対象にしたのは、他ならぬこうした近代自然法の代表者としてのグロティウスとプーフェンドルフであった。たとえば、スミスは、時効や相続や譲渡について論じた個所で、グロティウスやプーフェンドルフに代表される「万民法の主題について論じた大部分の著述家たち」（LJ(A), i. 90）の理論を批判の対象にしていただけではなく、ときには彼らを名指しで批判している。スミスは、時効の起源を「持主の怠慢（presumed dereliction）」（LJ(A), i. 86）に求めたり、法定相続の根拠を「死者の想像上の意志」（LJ(A), i. 90）に見出していたグロティウスやプーフェンドルフ、さらには、それを踏襲していたケイムズ[18]に対し、それらの起源や根拠を（道徳）感情（感覚）原理で説明することによって、抽象的な権利観念に立脚していた自然法の理論を『感情論』的にとらえ直そうとしていたのである。スミスの理論が、抽象的・観念的な自然権＝ゾルレン意識に立脚していた近代自然法の経験化論であったと考えられる一つの根拠はここにある。

(3) しかし、スミスが共感原理に基づく所有権論の展開にさいして批判の対象にしていた自然法思想家は、グロティウスやプーフェンドルフにとどまるものではない。むしろロックの労働による所有の理論こそ、スミスが共感⇓所有権論の展開にさいして念頭に思い浮べていた最大の批判対象であったように思われる。スミスが、所有権の起源を論じた所有権論の冒頭部分で、「私が木からリンゴをもぎとったからというたんにそれだけの理由で、私にとってそうであるように、他の人びとにとっても疑いもなく心地よく有用でありうるリンゴが全面的に私のものとなり、他のすべての人間をそれから排除することになる」（LJ(A), i. 25）のは何故なのか、必ずしも自明ではないとした上で、「人がリンゴをもぎとることによって、そのリンゴに対する権利をえ、他のすべての人間をそれから排除する力をうると考えられるのは、どうしてであるか」（LJ(A), i. 35）を問うことから、その先占論の議論を出発させているのが、その何よりの証左である。スミスがそこで展開した議論がロックを直接の批判対象にしていることは、彼がこの議論の過程で、〝このリンゴが自分にも有用だという人は、森に行って、「私が……その果物を手に入れるために私の時間と労力（my time & pains）を投入したように、自分もそうする方がより理にかなっている」（LJ(A), i. 37）という、ロックの『政府論』（II, 27—28節）の思想を想起させる言葉を使用していることからも裏付けられる。[19] スミスの先占論が、「ロックの説明に対する代替理論たることを意図したものであるように思われる」[20] といわれる所以はここにある。しかし、スミスがこのようにロックを批判の対象にしていたということは、スミスの共感⇓所有権論がロックの労働⇓所有論と本質的に相容れないことを意味するものではなく、逆に、スミスも、ハチスン同様、明確にロックを前提していたことが注意される要がある。[21] スミスは、ロックの労働理論を導入したカーマイケル以降のスコットランド思想の伝統に従ってロックから出発しながら、ロック理論の感情論的組み替えを意図していたのである。

そうしたロック―スミス関係を理解する一つの手掛りをなすのが、Ａノートより以前の「スミスの法学講義の比較的初期の時期のものの学生のノートから選択された抜粋のように思われる」[22] アンダスン・ノートである。そこでは「ある人間から彼が捕獲した獣や魚を奪ったり、彼が採集した果実を奪ったりすることは、彼に労働を費やさせたものを彼から奪って、彼に苦痛を与えることであって、最も未開な社会の諸法則に反する」[23] という原理が展開されている。このアンダスン・ノートの思想は、それがスミスの講義ノートであるとすれば、彼がカーマイケルの影響下に出発したハチスンやケイムズ同様、ロック的な労働理論から出発しながら、そこに苦痛観念を導入することによって、ロックの労働⇒所有理論を道徳感情理論化しようとしていたことを示しているといえよう。[24] スミスは、その所有権論や、さらにはそれに立脚する国家論を構築するにあたって、プーフェンドルフとハチスンだけでなく、所有権論を中核とするロックの『政府論』の思想をもはっきりと念頭においていたのである。[25] しかし、これは事態の誇張でも、たまたまの偶然でもない。スミスが批判的継承の直接の対象としたハチスンの政府論は、理論的にはプーフェンドルフとロックに依拠したものにすぎず、ハチスンの所有権論は、プーフェンドルフの所有権論にロックの労働による所有の理論を接ぎ木したカーマイケルの理論を感情論的にとらえ直そうとしたものであったからである。[26] たとえば、彼は、「所有権の基礎」について論じた『体系』の第二巻第六章の後半部分で「生活の必要品と便宜品を手に入れるために必要な、手間のかかる、絶えざる、激しい労働」[27] の必要を繰返し強調し、人間をそのような労働に駆り立てる労働誘因として、私有の承認が必要なことを説いている。[28] ハチスンがそこで展開している思想は、全体としてカンバーランド、プーフェンドルフ的な私的所有の基礎論にロックの労働理論を導入したカーマイケルの思想をさらに発展させたものに他ならないが、彼は所有権獲得の方法を論じた第七章でも、「所有権獲得の本源的な方法」として、「占有と、耕作に使用される労働[29]」をあげて、次のようにのべている。「所有権は、このように、今すぐ使うことのできる事物の最初の占有と、労働を必要とする財貨の耕作に使用される労働から生まれるので、われわれが所有権は、誰かがそれを獲得しようとする目的をもって、共有物の耕作か、耕作や占有に先立って必要な何らかの労働かを引受ける瞬間にはじまるとみなすのは正当である[30]」と。このようなハチスンの見解がロックのつよい影響下に展開されたことは想像に難くないが、主人の労働のうちに使用人の労働をも包摂する思想や[31]、先占しても自分で耕作できない土地は私有してはならないが[32]、「われわれが労働によって手に入れた何らかの一種類の財貨は、われわれ自身とわれわれの家族の現在の消費をはるかに超えてもよく」、その剰余分は、「われわれが必要とする異なった種類の財貨と交換(barter)[33]」してもよいというような思想は、いずれもロックのものである[34]。ハチスンは、ロックの労働による所有の理論をはっきりと認めた上で、それに、そうした労働の産物の享受が妨げられる場合に「われわれが感じる深い憤慨(deep resentment)」をつけ加えることによって、「各人が自分の労働の成果に対してもつ所有権(right of property)〔の根拠〕をわれわれの胸中のこれらのつよい諸感情のうちに見出そう[35]」としたのである。

このようなハチスンの所有権論が、ロックの労働⇒所有理論の道徳感情論的組み替え理論として、ロックの理論を感情論化しようとしたものであったことは明らかである。ハチスンは、所有の権原を先占と労働に求める自然法の伝統から出発しながら、最初の占有者の占有物が奪われたり、労働の産物の享受が妨げられたりする場合に人びと(本人と観察者)が感じる感情的反撥(憤慨感情)のうちに事物に対する道徳的権能としての所有権の成立の根拠を求めることにより、こうした人びとの感情から最初の占有者に権利があるというコンヴェンションが生まれ、そこから自然状態における所有権が生まれると考えたのである[36]。このハチスンの所有権論は、所有権の起源ないし根拠を生存の必要や他人の同意、国家主権や労働に求めたそれまでの所有論とちがって、所有権の起源を他人の無辜の計画をぶちこわすことの非道徳性に求めるものであったが、これこそヒュームやスミスの所有権論の基底をなすものであったのである。ハチスンは、プーフェンドルフとロックに代表される近代自然法の論理を前提しながら、そこに道徳感覚原理に基づく憤慨概念を導入することによって、問題を感情論的にとらえ直そうとしていたのであるが、スミスの『法学講義』の所有権論がこのようなハチスンの所有権論から示唆をうけたものであったことは、D・ステュアートがいち早く証言していた通りである(37)。スミスの共感⇒所有権論は、のちにより詳しく論究するように、プーフェンドルフとロックに代表される近代自然法の所有権論から出発しながら、その道徳感情理論化を意図していたハチスンの主題の継承⇒徹底化として登場したものであったのである。しかし、スミスがAノートでハチスンの（道徳）感覚原理に基づく所有権論をさらに徹底させた共感⇒所有権論を展開するに至ったことについては、ハチスンのほかにさらにハチスンの所有論を前提しながら、それを心理学的に発展させたヒュームの所有権論の影響が考えられねばならない。

(4) ヒュームの所有権論は、一言でいえば、事実上の所持物（de facto possession）に対する所持者の感情《アフェクション》を連合原理によって基礎付け(38)、「人間は習性や慣習の奴隷なので、実際に手にしているものに対してより大きな愛着《アフェクション》を発達させる(39)」とすることによって、所有権を正当化しようとしたものであるといえるであろう。ヒュームの正義論は、こうした形で連合原理によって基礎付けられた事実上の所有の相互承認という、共感に基づくコンヴェンションの維持を主題とするものであった。このヒュームのコンヴェンション正義論は、占有（occupation）の権利の起源ないし根拠を占有物を奪われた人びとの感情的反撥とそれに対する人びとの共感に求めた前述のハチスンの所有権論のうちにその端緒をもつものであったが(40)、スミスが対物権の根拠とした事実上の所持者の合理的期待に対する観察者の共感理論が、上述のヒュームのコンヴェンション論から示唆をえたものであることは明らかである。前述のスミスの期待への共感理論は、人びとが現に所持している物件は将来にわたってその所持者が享受しつづけることを相互に承認するという、共感に基づくコンヴェンションの理論をさらに一歩ほり下げたものとして、de facto possession ないし occupation に対する所有者の愛着を連合原理によって正当化したヒュームの理論を現に所持している人間が抱く「正当な期待」に対する観察者の共感という形で、共感論的にとらえ直したものであったのである。このようなスミスの考え方は、ハチスンとヒュームの所有権論を前提しながら、その含意をより『感情論』的に展開することによって、それを期待への共感理論にまで結晶させたものといえるであろう。

『法学講義』の所有権論がハチスン、ヒュームの所有権論の一つの論理的帰結であったと考えられる根拠はここにある。しかし、『講義』がそうした性格を基本的にもっているということは、スミスの対物権論がハチスンやヒュームの所有権論の二番煎じでしかなかったことを意味するものではない。既述のように、ハチスンとヒュームは、所有権を道徳感情論的に基礎付けはしたが、いまだスミスのように所有権の最終的な成立根拠を所持者の期待に対する観察者の共感に求めていたのではなく、事物に対する道徳的権能としての所有権の起源は人びとの感情のうちにあるとしながらも、それが排他的権利として正当化される根拠は、そのもたらす効用のうちにあるとしていたのであった。[41] ハチスンが、「各人が自分自身の労働によって獲得したものを自由に使用し処分してよいというこの自然法を示唆する」のは「われわれの胸中の直接の感情と一般的利害（general interest）の考慮の双方である」[42]とした所以もここにある。彼はいまだスミスとちがって所有権の根拠を道徳感覚と効用の双方に求める両義的な立場を脱しえなかっただけでなく、所有権の正当性の判定基準は、主観的な道徳感覚にではなく、「社会の利害」または「社会の平和と安全」[43]にあるとしていたのである。同様に、ヒュームも、『道徳原理研究』の第三節の「正義について」と題する章を「公共の効用こそ正義〔すなわち、所有権に関する法〕の唯一の起源であり、この徳の有益な諸帰結の省察こそその功績の唯一の基礎である(44)」という陳述ではじめ、「所有権を決定する諸規則の大部分に公共的利益の動機(45)」があると主張している。第一章で論究したように、ヒュームは、正義を共感原理から導こうとしながらも、共感の個別性と所有権の絶対性要求とのジレンマに直面して、その矛盾をとく鍵を見出しえなかったため、正義＝所有権法の原理を効用に求めざるをえなかったのである。彼が「身体の安全のような自然権は、直接的な共感に基づいているので、それを遵守する徳は〝自然的〟であるが、所有権のような取得権は、〝公共の効用〟に対する共感という回り道に基づいているので、それを遵守する徳は〝人為的〟である(46)」としたのもそのためであったが、このようなヒュームの見解が基本的に矛盾していたことはすでにみた通りである。ハチスンとヒュームは、対物権としての所有権の起源を人びとの感情のうちに求め、(道徳)感覚によってそれを説明しようと試みながらも、いまだスミスのように(道徳)感覚そのもののうちにそれを客観化する原理を発見しえなかったために、「公共の効用」を所有権の正当性(合法性)の判定根拠とせざるをえなかったのである。

(5)　こうしたハチスン、ヒューム理論の矛盾をとく鍵としてスミスが展開したのが、既述の「状況に即した適宜性」の理論である。ハチスンは、正義の根本原理を被害者の憤慨感情のうちに見出しながら、一つ取られれば二つ取り返し、身内を一人殺されれば報復に二人殺そうとする人間の憤慨感情の主観性・自己偏愛性《バーシャリティ》を克服する論理を発見しえなかったために、所有権の究極の原理を効用に求めざるをえなかったのであった。これに対し、スミスは、所有権の根拠を所持者の期待に対する観察者の共感の状況に即した適宜性に求めた上で、そのようにして基礎付けられた後天的取得権としての所有権や天賦の自然権を侵害された被害者の憤慨に対し、その状況を考察した公平な観察者が共感する地点に状況に即した適宜性をもった正義の成立を考えることによって、公平な観察者の共感が正義の客観的原理たりうることを論証したのである。スミスがヒュームの正義＝人為的徳性論克服の論理にしたのも、同じ論理に他ならない。ヒュームは、ハチスンやスミスと同様、（道徳）感覚原理に基づく経験的な法の理論の展開を意図しながらも、共感の個別性と所有権の絶対性要求との矛盾に当面して、所有権を自然権のように直接的な共感感情によって基礎付けることを断念し、正義論の対象を〃公共の効用〃に対する共感に基づく所有権論に限定することとなったのであった。これに対し、スミスは、所持者の期待に対する観察者の共感の状況に即した適宜性の理論によって所有権一般を基礎付けることによって、共感の個別性と所有権の絶対性要求との矛盾を回避した上で、そのような取得権と自然権の双方を含めた私法全体を共感原理によって統一的に説明したのである。スミスの共感論と正義論の中心主題が、ホーコンセンの主張するように、共感を私法全体の統一的説明原理とすることによって、正義論の対象を所有権にのみ限定していたヒュームの正義＝人為的徳性論を批判する点にあったのではないかという見解が生まれる根拠もここにある。[47] スミスの所有権論は、ハチスンを直接的な注解の対象としながらも、ヒュームをも批判の対象とすることによって、自らをより深めることができたのである。しかし、スミスがこのように共感を私法全体の統一的説明原理としていたということは、必ずしもスミスがヒュームの当面していたジレンマを完全に克服しえたことを意味するものではない。ましてや、スミスの理論に矛盾がなかったことを意味するものではないが、この点の論究は第五章を待たねばならない。

㈡　対人権論

(1)　スミスは、対物権に続いて、「何らかの種類のサービスの遂行を他人に要求する権利」（LJ（A）, ii. 41）としての契約その他の対人権（Personal Rights）について論じている。この対人権（債権）は、二人の当事者と観察者の三者関係を基本にしているが、ここでも契約・準契約については、そのモーラル・ライトとしての成立の根拠は、対物権と同じ期待への共感に求められている。たとえば、契約に伴う権利の根拠（対人権の起源）は、当事者の一方が彼のした約束を信頼してもよいという「公然かつ平明な宣言 open & plain declaration」をしながら、その結果、約束をされた人間が抱く「当然の期待（reasonable expectation）」が裏切られた場合に、他方の当事者が抱く失望に対する観察者の共感に求められている。(48)

スミスは、対人権の起源ないし根拠を何らかの権利ないし期待を侵害された人間の失望に対する観察者の共感に求めていたのであるが、彼はこの対人権を契約、準契約と、「怠慢から（ex delicto）、他人の delinquency（怠慢、過失、職《オフ》務《イス》の不履行）のために蒙った損害を返済して貰う権利」（LJ(A), ii. 88）としての懈怠（delinquency）の順で論じている。

この『法学講義』の対人権論は、ハチスンの『道徳哲学体系』の第二巻第九章以降の契約論を中心にした議論とは必ずしも同じではなく、一見したところでは、両者の論理と構成は、対物権論の場合よりはるかに大幅に異なっているかにみえる。しかし、仔細に検討すると、ハチスンの『体系』や『綱要』でも、スミスがAノートで逐条的な考察の対象にしている、対人権としての契約（『体系』第二巻第九章）、準契約（同一四章）と、それにからむ、その前提的な議論（同一〇—一三章）が展開されているだけでなく、一五章では懈怠論に相当する議論が展開されている。スミスは、対人権論でもハチスンの『体系』ないし『綱要』を机上におき、ハチスンの第二巻第九章以降の議論を前提にしながら、その対人権論を展開していたのである。ただ、スミスは、ハチスンがその契約理論の前提条件ないし具体的内実として考えていた主題を議論の直接の対象から除外し、問題を純粋に対人権論として展開しようとしたため、ハチスンがその対人権論としての契約論の前提ないし内実として展開していた議論を排除することとなったのである。(49)両者の対人権論の構成、ないし議論の展開の仕方が、一見大きく異なっているかにみえながら、彼がそこで意識的に割愛したハチスンの議論をよかれあしかれ前提していたと考えられる所以はここにある。そこで『講義』の対人権論の前提ないし背景を明らかにするため、「契約一般に関する[50]」ハチスンの思想の簡単な考察から出発することにしよう。

(2) ハチスンは、「契約一般に関する」議論を「自然法は、万人ができる限りのあらゆる善行(good offices)を自発的に進んでするようにわれわれに要求し、義務付けている」が、人びとが相互に彼らの欲望をみたし、要求にこたえるには契約が必要であり、「契約の侵犯は、人間愛という同種の、約束に基づかない、職分(の遂行)を拒否することよりも明らかにより大きな犯罪であり、……そのような信義(faith)の侵犯が社会でしばしば行われる場合には、社会的交通(social commerce)はすべて破壊されるにちがいない[51]」という前提から出発させている。彼は、その上でこのような視点から、契約に伴う義務(obligation)の発効条件としての意志の宣告(declaration)の問題に入り[52]、さらに次の第一〇、一一章では、言語(speech)の使用に伴う義務の問題や、宣誓と誓約(oath & vows)に関する議論を展開している。

対人権の起源としての契約に伴う義務(LJ(A), ii. 42 f.)の根拠を当事者の一方の「公然かつ平明な宣言」と、そこから生まれる当然の期待がみたされぬ場合におこる他方の当事者の失望に対する観察者の共感に求めた前述のスミスの議論が、このハチスンの議論とそれを前提したヒュームやケイムズの議論を受けていることは明白である。スミスが、ホーコンセンの指摘するように、契約論の中で義務論を展開し[53]、対人権の「起源」を「契約」と「侵害(ないし怠慢)」に基づく「義務」とのうちに求めている(LJ(A), ii. 42)のも、前述のような社会生活における契約の必要とその遵守の義務から説きはじめたハチスンの議論を受けたものであったといえるであろう。ただハチスンは、スミスとちがって、その対人権論を前述のように社会生活における契約の必要根拠論から説きはじめたため、契約遵守にからむ「言語」や「誓約」の問題だけでなく、所有(property)の交換をめぐる契約の前提ないし帰結としての経済論(第二巻第一二―一三章）をも、契約論の中で展開していたのであった。このハチスンの論理展開が、自然状態論と自然法論（第二―三巻）からその原理としての所有論（第四巻）を導き、その上にそのような所有の交換・契約関係からなる経済論を展開していたプーフェンドルフの『自然法と万民法』（や『義務論』）の思想を継承していることは明らかであるが、[54]『法学講義』ではこうした経済学の根本前提をなしていた社会生活における契約の必要根拠をめぐる市民社会論的議論はすべて対人権論から除外され、逆に、ハチスンが第二巻第九―一五章（『綱要』でも同じ）の契約論（対人権論）の中間に挿入していた経済論が、契約論から行政《ポリース》論に移されていることが両者の間の決定的な相違点として大きく注目される。スミス経済学の原型をなす『講義』の行政論は、このようにハチスン自然法論の中核をなす所有権論（第二巻第六―八章）と、そのような所有の交換理論としての契約理論（第九―一五章）、さらには、それらすべての前提としての市民社会における契約の必要根拠論（第四章）を前提したものとして、その中から分離・独立してきたものであったのである。[55]スミスが何故、このように経済論を契約論から切りはなして、行政論として独立させたのかという問題は、いうまでもなくスミス経済学生誕の謎をとく鍵をなす最も興味ある主題であるが、上述の事実は、スミス経済学の生誕地が近代自然法の所有権論のうちにあったことを示すものといえるであろう。スミスの経済学は、直接的にはプーフェンドルフ―ロック―ハチスンに代表される近代自然法の所有論を前提し、所有の交換をめぐる契約論の中から自立してきたものであったのである。[56]

(3)　しかし、当面、より以上に注目すべき点は、上述のような対人権の根拠＝起源をなす「義務」の理論とからんで、義務が守られなかった場合の刑罰論が対人権論の一部をなす懈怠（侵害回復権）論の中で展開されている点である。この懈怠（delinquency）論は、彼が『感情論』第二部、とくに第三編第二章で行っていた論理の具体的展開で、『感情論』（TMS, II. iii. 2）では刑罰に関する法律の具体的適用の問題が、犯意（criminal design＝動機）があっても結果が無害な場合と、意図《デザイン》はなくとも negligence（怠慢・過失）があった場合の対比において、それらのさまざまなケースに即して考察されている。[57] 懈怠とは、既述のように「他人の怠慢のために蒙った損害を返済して貰う権利」である。それには「その人間の悪意に基づく侵害、自発的な悪意（malice propense）から生まれるものと、犯意のある、あるいは、過失の怠慢、ないし過失（culpa）から生まれるもの」（LJ(A), ii. 88）とがあるという規定からはじまる『講義』の懈怠（侵害回復権）論は、上述の『感情論』の論理をより具体的に展開したものに他ならないが、この懈怠論もスミス独自のものではない。ハチスンも、『体系』の第二巻第一五章で、他人の「完全権」の侵犯としての侵害（injury）には、パースン[58]と財貨の「悪意または利己的意図または過失的怠慢」[59]による侵害があるとして、そのそれぞれのケースについての損害賠償や刑罰の在り方を論じている。同様に、第三巻第九章の市民法論の中でも、『感情論』第二部第三編第三章の意図と結果論と密接な関連をもつ刑罰論が展開されている。[60] 他方、ケイムズは、その正義論全体を the delinquent の懈怠（delinquency）論を中心に展開しているが、[61]『感情論』（TMS, II. ii. 3, II. iii. 2）の刑罰論と、その発展・具体化としての『講義』の懈怠論が、こうしたハチスンやケイムズの議論を念頭におきながら、それを批判的に展開しようとしたものであったことは明らかである。

　彼らに対するスミスの独自性は、彼が『感情論』（TMS, II. ii. 3. 6 f. esp., 10 f.）で行った道徳感情原理に基づく刑罰の基礎付けによって、刑罰の根拠ないし基準を効用に求める見解を批判した点にあるが、スミスはここでもハチスンの名はあげず、「グロティウスその他の著述家たち」の思想を直接の批判対象としている。しかし、スミスが『感情論』と『講義』で最大の批判対象にしていたのは、既述のごとき『感情論』と『講義』の論理構成からみて、刑罰の根拠を憤慨にではなく、公共の利益への関心に求めていたハチスンであることは明らかである。[62] 現にハチスンは、「侵害を受けた人がそれを生み出した張本人を強制して、このような補償をさせる権利をもつ」のは、一般に被害者の利益のためであると同時に公益のためでもあり、[63]」「犯人に対する怒りや憎悪も、すべての善良な人間に生来備わっている道徳的な悪に対するかの正当な憤慨（honest indignation）も、刑罰の唯一の源泉であるべきではなく、むしろ共同の利益（common interest）に対する平静な顧慮と無実の人間の安全こそがその源泉をなすべきである[64]」としている。このようなハチスンの思想が、グロティウスその他の自然法思想家と同じように、道徳感覚よりも公益を優先する思想に立脚していることは明らかであるが、ハチスンの思想は、グロティウスその他の一七世紀の自然法思想家たちとちがって、自然法を感覚ないし感情レヴェルでとらえ直そうとする一八世紀科学の新しい方向の先駆であっただけに、逆にその限界と誤謬がきびしく問われざるをえなかったのは当然である。スミスが、ハチスンのいうように、戦場における兵士の脱走[65]や歩哨その他の例にみられるような全体の運命を直接危険にさらすおそれがある場合には、「もっぱら社会全体の利益（general interest of society）の視点から処罰をし、そうすることを是認する」（TMS, II. ii. 3. 11）場合があることをはっきりと認めながら、それはあくまでも例外的なケースにすぎず、われわれの刑罰に対する関心は、「社会の保存に対する関心」に基づくものではなく、個々人への関心ないし個々の被害者の憤慨に対する共感に基づく（TMS, II. ii. 3. 10）ことを強調した所以はそこにある。スミスは、ハチスンやヒュームが刑罰の根拠を被害者の憤慨（resentment or indignation）という感情原理から説明しようとしながら、それを客観化する原理を見出しえなかったために、結局はグロティウスその他と同じように、刑罰の根拠は「社会の一般的利害への関心」（TMS, II. ii. 3. 10）にあるとしていたのに対し、被害者の憤慨感情に対するその状況を考察した観察者の共感のうちに刑罰に関する法＝正義の原理を見出すことによって、観察者の共感を私法関係の規制原理とする共感⇒法の理論の構築を可能としたのである。『講義』の解怠論は、彼がすでに『感情論』で原理的に基礎付けていた、そのような視点からする共感原理に基づく法の理論の具体的構築の試みであったのである。

(4)　『講義』の懈怠論でもう一つ大きく注目すべき点は、自然権と取得権の区別から出発した『講義』の冒頭部分（LJ（A）, i. 12 f.）ではごく簡単にしか論及されなかったパースン（人格・身体）にかかわる自然権の問題が、ここではじめてパースンの侵害の問題として、財産《エステーツ》の侵害とならんで詳細に論究されている点である。(66) このようにパースンの侵害の問題が財産の侵害の問題と共にエステーツ論の中で論じられるのは、今日的には民事と刑事とを混同した発想ではないかとも考えられるが、彼は当時の慣習に従って、パースンの侵害と財産の侵害とを等しく広義のエステートの侵害と考えて、懈怠論の中で扱っていたのである。現に、ハチスンも、『体系』の第二巻第一五章の懈怠論の中で同じ問題を扱っているが、ハチスンは既述のようにパースンの侵害と財産の侵害とを範疇的に明確に区別することなく両者を一括的に扱っている。このようなハチスンの考え方は、「生命・自由ならびに財産」をすべて広義の「プロパティ」のうちに含めて考えていたロックに代表されるヨーロッパの思想伝統を反映したものといえるであろう。『講義』の特色は、それをパースンの侵害と財産の侵害とに明確に区別した上で、前者についてとくに詳細な考察を展開した点にあるが、スミスが取得権と区別された自然権の問題を取得権論としてのエステーツ論の中で論じているのは、やはり一つの矛盾といわざるをえないであろう。

(5)　スミスは、このように私法論の末尾で、懈怠論に関連して、『感情論』第二部の共感⇓正義論の主題を具体的に展開していたのであった。このようなスミスの接近は、正義論を懈怠論として展開していたケイムズの影響によるとも考えられるが、対物権論からはじめて、対人権論に進み、その中で（懈怠〔不法行為〕論という形で）正義論を展開するという上述のような『講義』の私法論の構成は、『講義』の私法論の中心主題をなしていた所有権論が、『感情論』以来の正義論（侵害回復権論としての懈怠論）の前提条件をなすものとして、彼が『感情論』で原理的に基礎付けていた共感⇓正義論を正義の法の理論として具体的に展開するための基礎構築作業であったことを示すものといえるであろう。(67)『講義』の所有権論の冒頭部分でスミス自身が問題としてはっきりと提示しているように、正義論の前提としての所有権は、パースンのようにその自然権としての「起源」が自明でないため（LJ(A), i.25）、スミスは、『講義』で所有権を道徳感情原理に基づいて歴史的に基礎付けることによって、侵害⇒憤慨⇒共感⇒正義の前提条件としての所有権の内実を歴史的に確定しようとしたのである。彼が『講義』の懈怠（不法行為）論の中で、それに関説する形で、パースンの侵害にからむ自然権の問題を取得権論としてのエステーツ論の中で論ずるという一種の論理矛盾を犯してまで、パースンの侵害とエステートの侵害の問題を詳細に考察した所以も、実はそこにあったといえるであろう。

(三)　所有の歴史理論の展開

(1)　『法学講義』私法論の主題は、このように『感情論』の正義論を正義の法の理論として具体的に展開するため、その前提条件をなすエステーツ論を感情論的に基礎付ける点にあったのであるが、『講義』の私法論の特色は、こうした所有権の共感論的基礎付けが所有の歴史理論の展開という形でなされている点にある。彼が「先占論」の冒頭でいち早くミークのいう社会経済発展の四段階仮説をもち出して、道徳感情原理に基づく所有権の基礎付けを段階論的に行った理由もそこにある。

彼はそこで大まか次のような理論を展開している。

所有権の根拠は、既述のように、手にしているものはいつまでも持ち続けたいと願う所持者の正当な期待に観察者が共感する点にあるが、観察者は獲物を逃がしてしまった人間の期待にまではついてゆけないので、「人びとの唯一の仕事が野生の獣を狩るか魚をとることであったと思われる」（LJ(A), i.27）狩猟社会では、「所有権は占有以上には拡がらなかったと思われる」（LJ（A）, i. 44）。「所有権が最初は占有と共に始まり、占有と共に終ると考えられていた」（LJ（A）, i. 41, LJ（B）, 150）のは、そのためである。しかし、「人びとがこれらの野生の動物を飼いならし身近かに飼育することを考えるようになった」（LJ（A）, i. 44）牧畜社会では、「所有者が彼の飼いならしたすべての動物を身近かにおいておくことができなかった」ため、「占有が終ってもすぐに所有権も終らないことが絶対に必要になった」（LJ（A）, i. 45）。牧畜社会で「所有権の観念」が拡大されて占有をこえることになったのはそのためであるが、「羊飼いの生活は、家畜のための牧草地を見つけるためにしばしば場所……を変えることを必要とするので、彼が家を建てた場所の所有権は、彼がそこを離れるとすぐに終ると考えられたように思われる」（LJ（A）, i. 48）。

土地の私的所有の観念が成立したのは、次の農耕段階に入り、人びとが都市に定住するようになってからであるが、土地の事実上の私的所有の観念が導入されると共に、牧畜社会ではミルクや子供に限られていた添付の観念が「ほとんど無限に増大する」（LJ（A）, i. 65）一方、相続権や地役権等の権利観念も大幅に発展するようになる。「所有権の最大の拡大は農業からえられたものである」（LJ（B）, 151）といわれる理由はここにあるが、次の第四段階の商業社会では、さらに商業関係の発展に伴って「本源的様式」の所有権とならんで「派生的様式」に基づく所有権が拡大・一般化するだけでなく、未開社会ではほとんど拘束力をもたなかった契約関係の権利が法的権利として精密化してくる、とスミスは考えたのである。

(2)　スミスが私法論で冒頭からこうした所有の歴史理論を展開した理由は、根本的には次章で詳論する共感の受動性・環境被規定性認識にあったと考えられるが[68]、直接的には所有権が後天的取得権であるために他ならない。後天的取得権としての所有権の具体的内容は、そのときどきの時代環境によって規定され、歴史的に変化せざるをえないからである。上述の所有権観念の歴史も、スミスが所有権を後天的取得権と規定した上で、四段階論を作業仮説とする所有の歴史理論を展開した直接の理由がそこにあったことを明らかに示しているといえるであろう。

(3) しかし、スミスがこうした所有の歴史理論を展開したことには、より以上にケイムズの法思想、とりわけケイムズが『法史考』で展開した所有権に関する四段階理論を核とする限嗣封土権批判の影響が注目される。

ケイムズの所有権論が『講義』の私法論の一つのベースをなしていることは、第一部第二章で論及した通りであるが、彼はそこで次のような所有論を展開している。

「野蛮人は、感覚の対象物に包みこまれ、抽象的思考に慣れていないため、」「所持を伴わぬ所有権」というごとき抽象観念をもちえなかった。[69] 占有が「狩猟と漁撈が人びとの職業であった」人類の最初の社会の所有観であったと推測される根拠はそこにあるが、第二段階の牧畜社会になると、「所有権の効力の及ぶ範囲は、所持から完全には分離されはしないが、大幅に強化され、……狩人の捕えた野獣の場合のように、たまたまの所持の中断によってすぐには消滅しない人間と彼の獣との間の強いつながり（connection）が各人の心の中に形成」されるので、「自然的力能（natural power）とは独立した権利」ないし「道徳的力能」（moral power）という観念が生まれることとなった。[70] しかし、土地所有関係が成立するのは、「社会生活の第三段階をなす農業」社会になってからで、労働を投下して土地を改良した人間は、その土地に「親密なつながり」をもち、「個人的な愛着（affection）」をもつことから、土地所有権の観念が生まれることになった、[71] とケイムズは考えたのである。

ケイムズは、その上で所有権の譲渡⇒相続論に進み、その文脈で土地均分法の歴史的妥当性に言及する一方、所有権に関する封建法の慣習や限嗣封土権が商業社会では妥当しない根拠を明らかにすることによって、第一部第二章でふれたようなきびしい封建法・限嗣相続批判を展開したのであった。第四―六論文でも、封建法批判が展開され、『講義』と同じ主題が論述されていたことは、前にみた通りである。

このような『法史考』の構成は、『講義』の私法論がケイムズの法批判の継承であることを示しているといえるであろう。『法学講義』私法論の基本構成・そこにおけるエステーツの分類形式は、既述のように他の誰よりもハチスンのそれに類縁性をもつものであったが、その内実の問題意識は、ハチスンよりもむしろケイムズを下敷にしていたのではないかと考えられるほど、ケイムズに近い内容になっていたのである。『法学講義』におけるスミスの基本関心の一つがケイムズの提起したスコットランド法改革にあったことは、こうした両者の関係からも傍証される。スミスが私法論の中で相続法論に他の項目と不釣合に大きなスペースをさき、封建法の慣習と限嗣相続権をきびしく批判した理由もそこにある。彼はそこで「自然と理性と正義にかくも反する長子相続の方法が、封建政府の本性から惹起した」(LJ(A), i. 116) 次第を明らかにする一方、限嗣相続の「権利が、最高度に不合理であるだけでなく、土地を商業から完全に排除する点で、極度に社会に有害でもある」(LJ(A), i. 166) 次第を強調しているが、この結論はケイムズと全く同じである。

私法論におけるスミスの問題意識は、多分にケイムズを継承したものであったのであるが、その次第は、ハチスンの限嗣相続論と対比するとき、より明らかになることであろう。

(4) ハチスンは、その対物権論の中で限嗣相続権 (right of successions in entails, or rights of heirs in entail)[72] を質権や地役権とならぶ派生的対物権の一つとして規定した上で、「そのような限嗣相続が、恥知らずに、人間愛の道理に反してなされる場合がある」ことを認めながら、平和の維持のためにはこうした非人間的な不動産譲渡を認めることも必要であるとし、「国の利害や産業奨励の必要が要求する場合」にのみ市民法による限嗣相続の権力の制限を認めている。[73]

このハチスンの限嗣相続権論は、ローマの市民法に従って、限嗣相続権を完全な所有権の譲渡としての「相続」とは異なる所有権の制限としての「派生的対物権」の一つとされていたHaereditas（LJ（A）, i. 16）の代表としてとらえたもので、[74]ハチスンは、その非人間性を認め、『体系』では限嗣相続に対する小作人擁護の視点を明示しながらも、[75]限嗣相続権を対人関係から生まれる派生的対物権の一つとして明確に承認していたのである。[76]このようなハチスンの限嗣相続論（とりわけ『綱要』のそれ）は、長子相続権を「自然のうちに基礎をもたず、」「社会に有害な結果を及ぼす」[77]ものとして批判しながら、それ以上に反自然的な慣習が批判さるべき根拠を理論的に明確化しえず、逆に多分に限嗣相続権擁護論的思想を展開していたハチスンの限界・理論的未成熟性を示すものに他ならないといえるであろう。

(5)　ケイムズの所有権論は、こうしたハチスンの限嗣相続権論とはちがって、逆に限嗣相続の反自然性・反商業性の批判を中心主題にしたものであったが、スミスは既述のように限嗣相続権を独占その他と同じ「排他的特権」と規定（LJ（A）, ii. 27–28）した上で、限嗣相続制の歴史的批判を展開していたのであった。『法学講義』私法論がハチスンにケイムズを足したものというより、ハチスンをケイムズで切ったものと考えられる所以もそこにある。しかし、ケイムズの限嗣封土権・封建法批判は、それらを「平和の時代には存在理由のなくなった」「暴力的で不自然な制度」として断罪し、「産業《インダストリ》と交易《コマース》に有害で」土地の商品化を阻害するとするのみで、[78]その根拠の共感論的基礎付けも、社会科学的論証もなされていない。ケイムズの批判は、限嗣封土制が「封建体制の本性《ネイチュア》そのものの結果として起った」[79]もので、商業社会とは相容れないとするのみで、なぜ、どのように商業に有害な影響を及ぼすかについての社会科学的論証を欠いた抽象的・観念的批判にすぎず、所詮は常識による法批判の域をこえるものではなかったのである。[80]こうしたケイムズの限界を突破して、社会科学的な法の歴史的現状批判を行うことが『法学講義』と『国富論』におけるスミスの主題であったのであるが、スミスがなぜケイムズの限界を突破しえたのかの論証は、次章を待たねばならない。

二　家族法論

(1)　スミスは、以上のような「人間としての人間（a man as a man）」の権利の考察についで、「家族の構成員」としての人―人の法的関係の考察に進み、夫婦、親子、主人と奉公人ないし奴隷の法的関係について論じている。この「家族法（Domestic Law）」論は、対等・平等な「個人」相互の法的関係とは異なる関係に立脚する「家族」の構成員の権利―義務関係の考察を主題としたものであるが、この家族法論は、細部の編別構成を異にしていた私法論とちがって、全体の構成、論点、用例とも、ハチスンとほとんど全く同じである。たとえば、夫婦関係については、ハチスンもスミスも、夫婦結合（結婚）の根拠論からはじめて、夫婦間の愛情、経済的・法的関係、一夫多妻制、近親婚タブー、離婚等を主たる論点としている。親子論や奉公人・奴隷論でも、明らかに同一の論点が取上げられている。

スミスは、ハチスンの家族法論をテキストにして、それを手掛りにして自説を展開していたのであるが、ハチスンは、この家族法論を第二巻の自然法（私法）論の主題としてではなく、第二巻の最終章（第一八章、『綱要』では一七章）でそうした「自然的自由」の状態では個人間の争いが解決されえないことを明らかにしたあとの第三巻「市民政体（Civil Polity）」論の第一―三章の主題としている。ハチスンが家族法論をこのように第三巻の「市民政体」論の主題とした理由は、「家族」関係が、「個人としての人間」の「自然（human Nature）」のうちに基礎をもつ」自然法的関係とちがって、「何かの制度や契約または人間の営為によって導入された後天的な状態（abventitious states）や永続的な関係[81]」を想定しているためであった。彼は、カーマイケルに従って、家族関係は、市民社会の関係と同様、「自然に基礎をもつ権利・義務」関係が、何らかの後天的な関係によって制約される状態の一つであると考えていたのである。[82]

彼が「家族」の問題を第三巻の「市民政体」論の主題とした理由は、彼自身の論理に従えば、そこにあったと考えられる。しかし、彼が自然法上の権利として、第二巻の自然法論の主題としていた所有権も、既述のように後天的取得権として、制度や契約や人間の営為を前提するものであった。彼が夫婦、親子の家族関係を政府成立以前の自然状態における人―人関係からなる自然法的関係とは異なる「市民政体」論の主題とした理由ないし根拠が、ハチスン自身の言明だけでは必ずしも納得しえない所以はここにある。

ハチスンが家族の法的関係論を市民政体論の主題とした本当の理由は、むしろ彼のいう「家族」が、家族を今日のそれにみられるような男女・親子の自然の人間関係からなる核家族とは異なる政治社会の最初の形態としてとらえていた当時の思想伝統のうちにあったように思われる。「家族」をこのようにそれ自体一つの「政治社会」とみる考え方が、今日の家族観と基本的に異なることはいうまでもないが、プラトン、アリストテレス以来のヨーロッパの思想伝統においては、「家族」こそ市民社会と国家の最初の起源をなすものとして、「家族」それ自体が一つの政治的制度と考えられてきたのであった(83)。ロックが批判の対象にしたロバート・フィルマーが、こうした家族⇒国家観に基づく家父長主義の国家論を最も鮮明に展開したことは周知の事柄であるが(84)、プーフェンドルフやロックも、「家族」を政治社会の最初の形態として措定した上で、自然の人間関係に立脚する父権（Paternal Power）と政治権力（Political Power）との性格のちがいを明らかにすることを通して、個人の自立を前提する近代的な家族関係と個々人の自由な結びつきからなる近代的な政治的社会関係の確立をその政治論の主題としたのであった。近代の市民社会思想は、一言でいえば、家父長制的な家族国家の解体に基づく新しい市民的社会関係の確立を主題としたものであったのである。

「家族」の問題は、このように近代の「市民社会」形成史上重要な意味をもつものであったのであるが、近代以前の社会において「家族」が上述のような政治制度（「父の政府 Fatherly Government」）としての性格をもっていたのは、ギリシアの「オイコス経済」の思想に象徴されているように、近代以前の「家的社会」（家族国家）においては、「家族」が家の支配者（Oikosdespotes）としての家長の指揮の下に共同労働に従事する独立の自足的生産単位であったためであったといえよう。ハチスンが、『綱要』では道徳哲学体系の第三巻の標題を「経済学・政治学原理（The Principles of Oeconomicks & Politicks）」という題名に変更し、「経済学は家族内の権利・義務を扱う[85]」とした一つの根拠はここにあると考えられるが、『法学講義』の家族法論を考察するに当っても、こうした近代の思想伝統における「家族」の実態は当然銘記されねばならぬ点である。スミスが『講義』で考察の対象とした家族はまさしくこうした「家族」であったからである。彼がそこで家族の問題として、奉公人（Servants）や奴隷の問題を考察の対象とし、親子関係についても、今日のそれとは異なる多くの事例に論及[86]していた理由は、その点をぬきにしては理解しえないといえよう。

ハチスンやスミスはこうしたオイコス的な「家的社会」としての「家族」関係をその家族法論の前提にして議論していたのであるが、ハチスンは、こうした不平等な上下関係に立脚していた「家族」の構成員の「個人」としての独立・解放による家族の法的関係の近代的とらえ直しを家族法論の主題としていたのであった。彼が、夫婦、親子、主従の家族関係も、家父長主義者の考えるような不平等な上下関係に基づくものではなく、本質的には「個人」相互の自然法的関係と同様な、対等・平等な権利主体相互の人間関係に他ならないとした所以はそこにある。このようなハチスンの考え方が、家父長制的な「家族」の構成員の独立のプロパティ（所有権）主体としての承認による、近代的な家族⇒市民社会関係の確立を課題としたロックの主題を継承していることは明らかである[87]。ハチスンやスミスが、「家族」の法的関係を私法（所有権）論のあとで、私法論とは異なる主題として考察したことはこうした背景をもっていたのであるが、このように所有権論を基軸とする私法論（自然法論）から出発して、その上に家族法論と政府論を展開するのは、ハチスンが依拠したプーフェンドルフとロックに代表される近代自然法の典型的思考様式で、こうした自然法的枠組は『法学講義』の場合にも基本的に継承されているといえるであろう。スミスが、夫─婦、親─子、主─従の「家族」の法的関係を解明するための鍵概念を所有関係に求め、その視点から家族関係を説明しているのも、この事実と無関係ではないと考えられる。結婚の目的や様態を所有関係から説明するスミスの手法は、所有論を私法関係の基軸にして、それによって政治的諸関係を説明した近代自然法の論理に従ったものであったのである。しかし、ハチスンやスミスがこのように近代自然法の論理を思考の枠組にしていたということは、彼らが自然法の論理にそのまま従っていたことを意味するものではない。

(2)　ハチスンとスミスの家族法論の基本的特色はむしろ、そのような自然法の論理に道徳感覚〔感情〕原理を導入することによって、「(道徳)感覚」の目で家族の法的関係をより人間的＝経験的に考察しようとした点にある。ハチスンが「家族」の構成員相互間の法的関係を「愛着(affection)」視点と「人間愛(humanity)」の原理を手掛りにして考察していたのが、その何よりの証左である。彼は、家父長制的な家族国家の近代的な「市民社会」への移行を主題としていたロック的な自然法思想をはっきりと前提しながら、そこに道徳感覚概念を導入することによって、問題をより主体的・経験的にとらえ直そうとしていたのである。しかし、ハチスンは、ロック的な自然権に代って道徳感覚を「家族」の構成員相互間の法的関係考察のツールにしようと考えながらも、スミスのようにその原理を貫徹することができず、道徳感覚そのもののうちに人─人関係の規制原理を見出しえなかったために、結局は一七世紀の自然法学者と同じように、夫に対する妻の、親に対する子の、主人に対する奉公人や奴隷の権利を権利として主張するゾルレン論にとどまっていたのであった。

たとえば、彼もその夫婦論の中でスミスと同様に一夫多妻制(Polygamy)の慣習を批判しているが、彼はそれを

「自然は、夫婦間の状態が二人の人間の変わることなき相互的な友情であるように設計していた[88]」という観点から抽象的・原理的に批判しているだけで、スミスがしたような多妻制の現実や背景（根拠）についてのほり下げた分析はしていない。一般の、一夫一婦の夫婦関係についても、両者の平等（equal partnership or friendship）を原理的に主張し、妻に対する夫の支配権を一方的に認める慣行や実定法は「自然に反する」といわれるだけで[89]、「自然」とは何かの問いかけも、「慣習」の根拠についての分析もなされていない。

同様に、「親と子供の権利・義務」関係についても、親の権力（parental power）が政治的権力（civil power）と本質を異にし、子供は親の添付物ではなく、両親と「同じ自然権」をもつ「合理的行為者」であり、家長権は同意に基づくことが理念的に主張されるだけにとどまっている[90]。このハチスンの親子関係論は、ロックを完全に下敷にしたもので、ロック以外の何物でもないが、ロックにみられた発生史的視点を欠如している点ではむしろロック以上に自然法的であるということさえできるであろう。

主人—奉公人《サーヴァント》関係については、彼はそうした主—従関係の成立が無所有者の発生に伴う賃労働関係を背景にしていることを明らかにしているが[91]、彼はここでもそのような賃労働者としての奉公人だけでなく、奴隷すらもが「彼ら自身の労働に対する自然権のほかに人類としての自然権」をもつことを主張し、奴隷を「あらゆる権利をもたぬ一片の財貨」と考えた古代人の奴隷観は、「恐ろしいほど不正である[92]」ことが強調されるだけにとどまっている。捕虜に関するギリシア、ローマの慣習や法律についても、それが「共感（compassion）や人間愛（humanity）の感情」からも、「人類の一般的利益の省察」からも、正当化されえないことがのべられるだけにとどまっており、戦争の損害賠償をめぐる議論はロック思想の受け売りにすぎない[93]。

ハチスンの家族法論は、このように実際には必ずしも「家族」の法的関係を道徳感覚論的に分析したものではなく、自然法思想にいくつかの道徳感情用語を接ぎ木しただけの自然法的平等建前・理念論にとどまるものであった。その一つの思想的背景としては、ハチスンが後進国の人間の独立と自由に深い関心をもつシヴィクとして、妻や子や奉公人や奴隷の自由・解放を望んでいたことが考えられる。(94) しかし、そのより根本的な原因は、彼が「家族」関係そのものを道徳感覚を通して分析しようとしながらも、いまだ道徳感覚そのもののうちに社会関係の規制原理を見出すことができなかった点にある。そのため、彼は家族関係を経験的・歴史的に分析することができず、逆に、彼が道徳感覚に基づく道徳判断の基準とした自然法＝一般的利益の基準に照らして、それに反する慣習や実定法を理念的・道徳的に非難するだけにとどまらざるをえなかったのである。彼の家族法論が、『法学講義』のそれと対比するとき直ちに明らかになるように、一貫して、歴史的視点を欠如した非歴史的抽象原理論でしかなかったことの根本の理由は、そこにあったといえるであろう。

(3)　このようなハチスンの家族法論に対し、スミスはAノートでハチスンの提出した論点のより掘り下げた分析を行っているが、スミスの「家族法」論の第一の基本的特色は、「家族」の法的関係の考察に愛着《アフエクション》概念と、「ついてゆく(go along with)」その他の『感情論』原理を適用し、家族関係を徹底して感覚と感情の目で人間的・経験的・歴史的に考察しようとした点にある。たとえば、彼は、ハチスンが否定的に論及していた一夫多妻制についても、ハチスンのように徒らにその道徳的非難に走ることなく、グロティウスのいうように国法で認められている場合には別に不正義ではないとしながら(LJ(A), iii. 24)、多妻制の下では夫の愛情《アフエクション》が必然的に分割されざるをえないことから生まれる多妻制のさまざまなマイナス面や問題点を多面的に描き出している。そこではハチスンがごく簡単にふれるにとどまっていた諸論点の具体的な『道徳感情論』的分析を通して、その根拠や問題点が社会科学的分析にまで高められている。同様に、近親婚のタブーについても、それがタブーとされることの根拠をなす近親婚の不自然性が夫婦、親子の愛《アフェクション》情のちがいから感情論的に説明されている。
スミスは、こうした形で夫婦、親子、主従の「家族」の法的関係を愛《アフェクション》情原理を中核とする道徳感覚の目でみることを通して、ハチスンのようなイデオロギー的ゾルレン論、自然法的平等建前論だけでは通用しない問題の複雑さ、その歴史的背景を豊富な史実に即して具体的に論証している。スミスは、「家族」関係の実態を〈道徳〉感覚原理に基づいて徹底して歴史的に考察し、ヒストリー[95]（histories）のうちに例証を求める一方、その根拠を感情論的に考察することによって、ハチスンがとどまっていた自然法的理念論ないしシヴィク的ゾルレン論の限界性を克服しようとしたのである。『講義』の家族法論が、ハチスンのそれとちがってすぐれて歴史的な接近を主体としていた根拠を理解する一つの手掛りはここにある。

しかし、スミスが『講義』で「家族」関係の歴史的分析を行った最大の根拠、その本当の狙いは、ハチスンの自然法的理念論・シヴィク的ゾルレン論に対するたんなる歴史的反証にあったのではない。彼が家族法論で「家族」関係の徹底した歴史的分析を行った真の意図は、むしろこうした過去の歴史的事実の分析を通して、理念ないし「自然」の原理とは異なる慣習ないし実定法の生まれた根拠（理由）を感情分析に媒介された状況分析によって明らかにすることを通して、《自然》の真の原理を確定すると共に、それに反する《慣行》＝実定法＝行政《ポリース》を批判する点にあったのであった。たとえば、彼は、あらゆる初期社会では父が子に対して絶対的な権力をもっていたことを「ごく自然的ならしめていた多くの理由がある」（LJ(A), iii. 78）ことを明らかにし、ハチスンが批判的に論及していた捨子の習慣（*System*, II, p. 192）も、その時代にはそれなりに「人道的（humane）」であると考えられていた根拠を究明することによって（LJ(A), iii. 79–81）、《自然》観念の時代的差異を明らかにしている。同様に、彼は、ハチスンがきびしく批判していた奴隷制の問題についても、奴隷制の成立根拠とその実態を歴史的に解明し、共和国と王国、富国と貧国の奴隷の状態を対比的に考察すると同時に、奴隷制の廃止を可能にした事情《サーカムスタンス》（環境）の解明を経済的根拠中心に行っている。彼は、こうした歴史的考察を通して、金持の果たす経済的役割が古代の奴隷制社会とマニュファクチュアの発達した社会とではちがい、近代では奢侈が一定の意義をもつ次第を明らかにすると共に、ハチスンが批判していた土地均分法（Agrarian Law）運動や借金帳消要求というごとき今日では全く妥当性をもたない運動も、奴隷制度に立脚していたその時代の環境の下では、それなりに根拠をもっていた次第を明らかにしている（LJ(A), iii. 141-2）。彼はその根拠を『感情論』ですでに展開していた生産物の自然還流論（TMS, IV. 1. 10）が奴隷制社会では通用しない点に求めているが(96)、ここにはスミスにおける経済学の生誕の基底をなしたといわれる『感情論』の生産物循環の議論がより詳細に、より確信に満ちて語られているといえるであろう。

　スミスは、こうした形で、家族の法的関係を道徳感覚の目でみようとしていたハチスンの家族法論の精神を徹底させることによって、ハチスンにおいては所詮はたんなるイデオロギー的ゾルレン論にとどまっていた《自然》法の内実を人間の自然の感情に即して明らかにするとともに、それが環境によって異なる次第を明らかにしたのである。『講義』の家族法論の主題は、こうした「家族」関係の自然法を明らかにすることによって、ハチスンが立脚していたシヴィク思想の問題性を批判する点にあったのであるが(97)、ここにはすでに後述の第四章の中心主題をなすAノートの方法上の特色がすでにはっきりと示されているといえよう。

三　公法論

㈠ 市民社会形成史論の展開

(1) スミスは、以上のような家族法論のあとで、改めて『講義』の第一部正義論の第三の主題をなす公法論に入っている。公法論は、いうまでもなく、法の遵守強制機関としての政府をめぐる諸問題を主題とするものに他ならない。公法論が一般に、政府の形成原理・組織（統治機構）・主権者と人民との間の権利—義務関係の考察を中心主題としているのはそのためであるが、スミスも『講義』でハチスンと同様に、①観察者の共感原理によって基礎付けられた法（私法・家族法）の遵守強制機関としての政治的権力（Political Power）の起源＝形成をめぐる諸問題と、②主権者（政府）と人民との間の権利—義務関係の考察と、③それを保障するための政治機構論を公法論の事実上の主題としている。しかし、これらの事実は、『講義』の公法論の基本性格がハチスンのそれと同じであったことを意味するものではない。『講義』の公法論をその原型としてのハチスンのそれと対比した場合に注目される最大の相違点は、ハチスンがその国家論の前提にしていた第二巻第一八章（『綱要』では、第一七章）の自然状態から市民社会への移行論が全面的に割愛されている点である。

既述のように、ハチスンは、『体系』の第二巻第一八章と第三巻第四—五章で政治社会としての「市民社会」形成原理論を展開している。彼はそこで、自然状態から市民政体への移行の不可避性を明らかにした上で、「市民政府構成の動機（Motives）」と方法について論じている。そこで展開されたハチスンの論理を簡単に要約すれば、それは、スミスの『感情論』と同様に、㋑何らかの権利や財産の侵害に伴う㋺被害者の憤慨に対する人びとの共感のうちに正義の根本原理を見出しながらも（いまだスミスのように、そのような共感に基づく正義の担い手としての「公平な観察者」の立場を個々の市民の内面に設定する論理を確立しえなかったため）、㋩人間の邪悪さと腐敗（depravity & corruption）ならびに自己偏愛性（partiality）から生まれる意見のちがいを根拠にして、㋥正義の「公平な審判者（impartial judge）」ないし、人びとの間の争いの「公平な調停者（impartial arbitrator）」[98]としての政府の設立の必要を説き、㋭そのための方法として、「社会」設立の原契約を主張するものであったといえるであろう。

このハチスンの「市民社会」形成原理論が、㋺の憤慨⇓共感⇓正義論を除いては、多分にプーフェンドルフ、ロック的な構造をもっていることは明らかである。ハチスンの国家論は、あえていえば、自然法国家論に道徳感覚理論（憤慨⇓共感論）を接ぎ木しただけのものであったのであるが[99]、私法論や家族法論では可成り忠実にハチスンの議論に追随してきたスミスが、公法論の第一の主題をなすハチスンの市民政府構成原理論の根幹をなしていた第二巻第一八章の議論（彼がそこで展開していた㋑㋺㋩㋥の議論）に論及しなかったのは、何故であったのか。それにはいくつかの理由が考えられるであろうが、その最大の理由はやはり、彼がすでにみたように『感情論』で上述のハチスンの議論を実質的に批判していたためであったといえるであろう。彼は、既述のように、『感情論』でハチスンのいう「自然的自由」の状態（自然状態）にいる人間が自らのうちに内なる公平な観察者の立場を設定しうることを証明することによって、自然状態では「公平な審判者」がいないため、人びとの間の意見のちがいを解決するためには「公平な調停者」としての政府を契約によって設立する必要があるとしていたハチスンの市民政府構成原理論を原理的に否定していたからである。ハチスンでは、㋺の憤慨⇓共感⇓正義論が㋩の自己偏愛性《パーシャリティ》の克服原理とされないで、逆に、憤慨は正義の原理（基準）たりえないとして、㋺の原理の不完全性が重視されることにより、㋭の契約による政治社会への移行の必要性が強調されていたのに対し、『感情論』では、㋩の克服原理としての㋺の共感原理に基づく正義の法の担い手としての「公平な観察者」が内面主体化されることを通して、㋥の「公平な調停者」としての政府設立の必然性が否定されていたのも、上の事実を証明するものといえよう[100]。スミスが『講義』で、ハチスン国家論の根本前提をなす第二巻第一八章の議論に全くふれることなく、「社会ないし共同体または国家の構成員としての人間に属するこれらの権利をより明確に考察するためには、異なる社会で行われている統治の種々の形態と、それらが生起してきた仕方を考察することが必要であろう」（LJ（A）, iv. 1）が、そのためには「政府の起源を明らかにするのが理にかなっている」（LJ（A）, iv. 3）として、いきなり政府の起源論から入った最大の理由もそこにあったといえるであろう。

スミスは、このように『講義』ではハチスンが『体系』の第三巻の市民政体論の基軸にしていた「市民社会」形成原理論には一切ふれることなく、ハチスンが第三巻第四—五章の「市民政府の起源」[101]論で展開していた政府の「正しい起源」（*proper* origin）[102]論としての契約説に代って、それとは本質的に異なる政府の歴史的起源（*historical* origin）論を展開している。この政府起源論が、政府の仮説的起源（*hypothetical* origin）論としての契約説批判として展開されたものであることは、後述のように、彼が市民政府の形成過程を歴史的に考察した自らの政府起源論の結論部分で契約説をきびしく批判し、政治社会加入の原理をそれとは別の原理（LJ（A）, v. 119 f.）に求めていることからも明らかである。この契約説批判は、ヒュームやケイムズの影響によると考えられるが[103]、『講義』の公法論の基本的特色は、ハチスンが依拠していた契約説を否定し、統治の問題を人工的な原理によってではなくて、（道徳）感覚を通して歴史的にみてゆこうとした点にある。

(2) スミスがAノートで展開した統治起源論は、このようにハチスンの自然法的契約国家論を具体的な批判の対象とし、それに対する代替理論として展開されたものであるが、その内容は、一言でいえば、ミークのいう社会・経済発展の四段階論を歴史分析の嚮導概念とする市民社会形成史論であったといえるであろう。Aノートの基本的特色の一つは、既述のようにこの四段階論が公法論だけでなく、私法論でも分析の鍵概念とされていた点にあるが、公法論では、まずはじめに人類の「最初の諸時代」からギリシアの都市国家の成立に至る歴史過程とそのそれぞれの段階の統治形態の特色が、狩猟⇒牧畜⇒農耕⇒商業の四つの段階の状況（Situation）分析を通してほぼシェーマ的に語られている。すなわち、彼によれば、①人類の「最初の諸時代」のモデルをなすアメリカ・インディアンの社会にみられたような狩猟社会でも、小さな政府はありうるが、この段階では所有がほとんどないため、本質的には政府と呼びうるものは存在せず、法の必要もなかったといわれる。これに対し、②牧畜国では、畜群が私有されるため、所有保護のための政府が必要になり、そこに所有権保護機関としての本来の政府が成立するが、この牧畜社会でも人びとが直接集会（general assembly）で決定しえないほど争いは多くないので、法は未整備のままにとどまり、立法権も十分には確立されないままにとどまっていたといわれる。しかし、古代ギリシアにみられたように、③農業が発達し、その生産物の交換が行われるようになると、④商業・交易のための城塞都市が形成されるようになり、それに伴って、法と政府（magistracy）も確立されることになったという。それがギリシアの都市国家であるが、この都市は本質的に自由であったといわれる。

しかし、商業の発達とアーツと製造業（arts & manufacture）の改善は、逆に都市国家の防衛を困難にしたため都市国家は崩壊し、ローマ帝国も商業の発達に伴ってその防衛を辺境諸州の人間に委ねたためおのずから衰退し、ゲルマンの侵入を許すこととなったが、ゲルマン人は、農業と土地私有の観念をもっていたので、まず土地の分割を行った。そこに成立したのが農業を基盤とする自由保有地政府（allodial gov't）であるが、そこでは治安がよくなかったため、商業が杜絶し、その結果、収入を他に使いようのない大所有者に養われる大量の従者が発生することとなった。封建政府は、これらの従者や領民に軍役サーヴィスを課すことの保障として封土（feu）を与えたことから成立したものであるが、貴族でない土地保有者（ignoble tenure）にもトレードが許されたため、交易のための自由な城壁都市（walled town）が成立することとなったのであるという。

スミスは、こうしてギリシア段階に成立した旧市民社会における商業関係の正常な展開を阻害した封建社会の政治史の叙述を通して、その中から改めて交易のための自由都市が形成されるに至った次第を歴史的に跡付けている。その上で、それが一つの機縁となって、代議制が成立し、下院が力をもつようになる一方、アーツと商業の発達と奢侈の増大に伴って、貴族の力が減退したため、封建政府（feudal gov't）も没落し、絶対主義国家が登場することとなったが、イングランドだけはその特殊な事情（環境）の故に「自由な政府（free gov't）」を形成に導くことができた次第（根拠）を名誉革命までの自由回復、ないし「自由の体系（System of Liberty）」の確立過程の歴史叙述を通して明らかにしている。

以上のようなAノートの市民政府起源論がフレッチャーの問題提起を前提していることは明らかである。スミスはフレッチャー的な歴史認識とウォーレス的な俗流ウィッグ思想を念頭におきながら、シヴィクとも俗流ウィッグとも異なる形で商業⇒自由を跡付けていたのである。『講義』の公法論がシヴィクと俗流ウィッグを暗黙の批判の対象にしていたと考えられる一つの根拠もここにあるが[104]、スミスの公法論の外観的な特徴としては、前段では、必ずしもそれほどシェーマ的にではないが、四段階仮説を嚮導概念とする市民社会形成の自然法がほぼ純粋な形で展開されているのに対し、後段の叙述は、徹底して歴史的で、封建政府の確立から絶対主義をへて自由な政府の登場に至る歴史過程とその背景（根拠）がより政治史的に考察されていることが注目される。そのため、公法論では一見、政治史的視点の方が支配的になっているようにみえるが、Aノートの主題はそうした実定法的政治過程の叙述それ自体にあったのではない。『講義』の政府起源論の基本的特色は、あくまでも狩猟⇒牧畜⇒農耕⇒商業という形での社会の段階的発展に伴う市民政府の正常な展開（自然法）を阻害した封建社会の政治過程（実定法的関係）と、その変質・解体をもたらした政治・経済要因（circumstances）の分析を通して、その間に改めて芽生えた農業生産力の増大に伴うトレードの要請から生まれた新しい市民的社会関係とその経済（所有）関係に最も適合した「自由の体系」の登場の正当性（商業⇒自由の自然法）を論証した点にあることが注意される要がある。Ａノートの統治起源論は、簡単な要約やシェーマ化を許さない極めて複雑な展開を示しており、さまざまなケースと環境（cases & circumstances）のそれ自体としての分析に力がそそがれている点にむしろその真の意義と特色があるが、にもかかわらず、それらの叙述・分析を貫く全体の中心主題は、あくまでも四段階論に象徴される社会の段階的発展の帰結として登場してきたアーツと商業の発展と奢侈の増大に伴う自由な契約関係を保障する機関としての正規の政府のもつ意義を明らかにすることを通して、商業の発展に伴う「自由な政府」と「自由の体系」の登場の歴史的正当性を論証する点にあったのである。彼が、ギリシアの都市の政府の共和的性格を強調し、ギリシアにおける商業と奢侈の発達に伴う民主政の確立について詳論したのち、それを解体させた長い歴史過程の考察を通して、その間におけるトレードの発達と奢侈の増大の結果、改めて封建政府に代って自由な市民政府が登場するに至った次第を明らかにするとともに、それを可能にしたイギリスにおける自由回復の過程についての詳細な政治史的考察を行った所以はそこにある。それは、人類の「最初の時代」としての狩猟社会からどのようにして政府が成立し、それがさらに商業・契約関係の発展に伴って、なぜ「市民政府」としての形態をとるに至ったかという、（市民）政府の起源を「市民社会形成史」として展開したものであったのである。[105]ジョン・ミラーがスミスの法学講義を「市民社会史に関する講義」として規定していたのも、[106]この解釈の正しさを示すものといえよう。

(3)　スミスは、Ａノートで人類の最初の諸時代以来の社会・経済発展の四段階のより歴史的（政治・経済史的）分析を通して、自由な商業関係に立脚する「自由な政府」ないし「自由の体系」登場の歴史過程とその自然法をそれを阻害した政治史的過程との対比において歴史的に跡付けることによって商業⇒自由の正当性を論証しようとしたのである。このようなスミスの思想がヒュームの影響によることは明らかであるが、彼がこの市民政府形成史としての統治起源論の鍵概念としたのは、「市民社会」（市民政府）形成根拠を所有の増大に求める自然法の論理であった。[107]たとえば、彼は、前述の四つの段階の歴史分析の鍵概念を所有の増大に求め、それによって、狩猟⇓牧畜⇓農耕⇓商業社会の政府の形態のちがい（difference）を明らかにした上で、そのような所有の増大に伴う「商業」と「アーツと製造工業」の発展と「富と奢侈」の増大を鍵概念として、[108]ギリシアにおける民主政の確立とその没落過程や、封建制解体の契機ないし原因となった貴族の没落その他を説明している。こうした所有概念を根幹とする歴史分析は、統治起源論の前段部分だけでなく、後段の封建政府の成立から自由な政府の形成に至る歴史過程の政治史的叙述でも一貫しており、名誉革命までの政治史も、所有関係の変遷を基軸にして議論が展開されている。彼が上述のような所有の増大に伴う諸概念を彼のいう「事物の自然的過程（natural course of things）」の変化・発展解明の鍵概念として歴史分析を行っていることは明らかであるが、彼はさらにこうした所有概念を鍵概念とする歴史的考察の結論として、政府論の結論部分で、所有と政府の形態の対応関係を主張している。このようなスミスの考え方が、人類の最初の時代以来の政府の形態を所有の形態との関係においてとらえたハリントンやロックに代表される自然法の伝統のより歴史的、より具体的な展開であることは明らかである。Aノートの統治起源論は、私法（所有権）論としての自然法論の上に政府論を展開していた自然法の伝統に従ったものであったのである。スミスがAノートで所有権論から出発して、その上に家族法論と政府論を導くという自然法の方法に従ったのも、その意味では偶然ではないが、近代自然法自体も、こうした所有⇓政府論を、ロックのそれに典型的に示されているように、人類の最初の諸時代以来の所有の増大に伴う市民社会形成史論として、より歴史的にとらえ直す方向に進んでいたのであった。[109]Aノートの意義と独自性は、こうした自然法の論理を次章で詳論する道徳感覚（MS）―状況（Situation）分析によって人間化（内面主体化）するとともに、歴史的に経験化することを可能にした点にあったのである。Aノートの歴史的記述が、歴史叙述としても極めて興味深く、魅力的で、人物の躍動と共に、歴史の動きの必然性が説得的に感じられる所以はそこにあるといえるであろう。

㈡　ハチスン国家論批判

(1)　スミスは、このように所有論を根幹とする自然法の論理に従いながら、自然法の方法をより歴史的に展開することによって、ハチスンが依拠していた近代自然法の契約説の非歴史性・抽象性を暴き出すこととなったのであるが、彼はこの統治起源論に次いで（というより、げんみつには、その中で）、ハチスンの『体系』の第三巻第五章以降の主題である政治体制（Civil Polity）と、政府と人民との間の権利―義務関係の考察をしている。この考察は、ハチスンの市民政体論のように、①政治社会形成の動機・目的・方法論からはじめて、②さまざまな政府の形態（政体）を論じ、その上で、③主権者と人民との間の権利―義務関係について論ずるというような形式的に体系化されたものではなく、前述の統治起源論の歴史叙述の過程で、その間における市民政府ないし自由都市成立の帰結として、その叙述に続けて論ずる形で、[110] 名誉革命までの自由回復論の途中でなされていることが、その大きな特色として注目される。

スミスはハチスンとちがって問題を徹底して歴史的にみていたのであるが、その内容をハチスンのそれと対比すると、Aノートではまず最初に、①共和政府にかんして考察さるべき問題として、多数決原理にからむ問題が取上げられている。次いで、②人民（臣下）が主権者に対して負う義務と、主権者の人民に対する義務が問題にされ、前者の主題としては、大反逆罪（high treason）その他の主権者に対する犯罪が詳しく考察されている。後者の主権者が臣下に対して犯すかも知れない犯罪については、その前提条件として、外国人（aliens）の扱い（権利）が国情によって大きく異なっていたことの根拠が究明されているが、「公法の第二部門をなす臣下に対する主権者の義務と彼が臣下に対して犯すかもしれない犯罪」（LJ（A）, v. 102）については、万民法の場合と同様に、臣民相互間の私法や、主権者に対する人民の義務の場合のようには正確に規定しえないとされている。次に、③最高権力（supreme power）の構成部分としての連合権（federative power）と司法権と立法権の発生が歴史的に考察されているが、とりわけ、立法権の観念が一番最後に、司法権の確立過程ではじめて登場してきた根拠ないし理由が、道徳感情論的分析手法を駆使して見事に描き出されている。最後に、④そのような主権の絶対性と人民の抵抗権との関連が問題にされているが、ここでは人民の抵抗権の根拠とされてきた契約説や「暗黙の同意（tacit consent）」説が批判され、その帰結として、主権者に対する人民の服従は、契約観念に基づくものではなく、権威の原理と功利の原理に基づく次第が、統治論全体の事実上の結論として主張されている。

これらの論点が、ハチスンとその源泉としてのグロティウス以来の自然法思想家の議論を前提していることは明らかである。現に、契約説、暗黙の同意観念、抵抗権説批判では、ロックとシドニーを名指しで批判の槍玉にあげている。スミスは、ここでも、例によって師ハチスンやケイムズの名はあげずに、その源泉を批判する手法をとっている訳であるが、前述のスミスの議論もハチスンの道徳哲学体系を中核的な批判の対象にしていただけでなく、それを前提した上での議論であった。その点を明らかにするため、次に、ハチスンの「市民政体」論の構成をごく簡単に考察することにしよう。

(2)　ハチスンは、その市民政体論を第三巻第四章以降の「市民政府の起源」[111]論からはじめ、最初の第四章で既述のような内容からなる政府形成の動機と目的を明らかにしたのち、第五章でその方法について論じている。彼はそこで世俗権力（civil power）が契約ないし同意に基づく次第を強調する一方、[112]ロックの「暗黙の同意」論と同じ考え方を展開しているが、そこから生まれる義務（obligation）は、「暗黙の、というよりもむしろ、準契約に基づく義務である」[113]

としている。

ハチスンは、こうした形で第三巻の市民政体論の冒頭（第四―五章）で「市民社会」形成原理論を展開したのち、第五章の後半部分で立法・行政・連合（和戦）権からなる最高権力について論じ[114]、その構成部分としての国王大権や貨幣鋳造権その他の一般に主権者に付与される特権についてふれたのち、第六章の政体論に進み、そこで多数決原理にからむ問題と、所有関係を鍵概念としたさまざまな政体の比較を行っている。その過程で、それに関連して、土地均分法（Agrarian Law）の功罪や、買収（腐敗）を防ぐための無記名投票（ballot）その他の投票の方法、検閲、適正人口の問題等にふれている。次の第七―八章では、主権者（統治者）の権利とその獲得方法（『綱要』では、この両章が「最高権力の諸権利とその獲得方法」として一章に合体されている）が問題にされているが、第七章では統治者の権利とそれに対する臣下の義務の根拠をなすものとして、原契約と信託（trust）観念に基づく人民の抵抗権がつよく主張されている[115]。これに対し、第八章では、王位継承問題にからんで、長子相続制度が批判される一方、征服権や植民地に対する母国の権利の問題などが論じられている。

ハチスンは、こうした形で、市民政府構成原理論（第四―五章）、政体論（第五―六章）、主権者と人民との間の権利―義務論（第七―八章）を展開したのち、第九章の主題として主権者によって制定される市民法の問題を論じ、次の第一〇章で国際法（The Laws of Peace & War）の問題に関説した上で、最後の第一一章で国家の解体について論じている。

(3) 以上のようなハチスンの政体論は、前述のスミスの公法論と展開の順序が必ずしも同じでないばかりでなく、ハチスンが公法論で展開した主題についてスミスが論及している場所も必ずしも公法論に限定されず、私法論や行政《ポリース》論にまでわたっている。にもかかわらず、ハチスンが以上の市民政体論で論じた主な論点は、『講義』でもほとんど、どこかで何らかの形で論及されており、用例も同じ場合が多い。たとえば、スミスが最初に問題にしたA、B、C三人の候補者の票が三四―三三―三三に割れた場合の多数決原理の問題（LJ(A), v. 51）や、土地均分法、無記名投票(ballot)、適正人口等の問題は、いずれも第六章の政体論でハチスンが問題にしていた主題である。スミスが「臣下たちが主権に対して負う義務」（LJ(A), v. 54）の問題として大反逆罪を扱っているのも、必ずしもハチスンとスミスの論点がちがっていたことを意味するものではない。むしろスミスは、この個所でもハチスンの第七章の主権論を完全に前提しその注解を意図していたがゆえに、統治者の権利（それに対する人民の義務）一般についての抽象的・原理的な論及を一切することなしに、ハチスンの主権論に対する反論として、反逆について論じたのではないかと考えることができるからである。主権者に対する臣下の義務の問題としていきなり「反逆」を論ずるという論理的つながりが一見不明確なスミスの議論を理解する鍵はここにあると考えられるが、彼が反逆の問題をハチスンが第七章で積極的に主張していた主権者に対する人民の抵抗権、ないしその根拠としての信託《トラスト》説との関連で論じていることも（LJ(A), v. 68 f.）、上の推測を傍証するものといえよう。スミスがAノートで積極的に論及しなかったのは、第一一章の国家の解体と人民の棄国権の議論であるが、これはあまりにロック的・自然法的な思想で、その非現実性はヒュームによってすでにはっきりと指摘されていた点なので、この主題についてはヒュームの見解を簡単に紹介するにとどめたのではないかと考えられる。

前述のスミスの議論は、このようにはっきりとハチスンの国家論を前提した議論であり、ハチスンの市民政体論に対する注解として展開されたものであると考えれば、既述のようなAノートの公法論の外見上の非体系性も、それなりに納得がゆくことであろう。スミスは、私法論や家族法論の場合と同様に、公法論においても、ハチスンの書物を机上に置いて、それを前提にして講義プランを考えていたため、ハチスンの見解から自らの思想展開のヒントやアイデアをうる一方[116]、『体系』の第三巻に色濃くみられるシヴィク思想の歴史的批判をやろうとしていたのであり、公法論それ自体の体系的展開はスミスの当面の主題ではなかったのである。スミスが前述の公法論の主題を、自然法思想家やハチスンのように統治原理論という形で展開しないで、既述のように（市民）政府の起源の歴史叙述の一部として、その中に組みこみ、歴史的に考察していたことも、こうしたスミスの考え方を示しているように思われるが、スミス国家論の基本的特色は、このように公法論が統治起源論の一部として、その中で公法にからむ諸問題が共感概念に基づく状況分析を通して徹底して歴史的・経験的に分析されている点にある。たとえば、人口が少ないと不正者の圧力に対抗しえないが、逆に、人口が多すぎると、人民の利益を十分配慮しえないので、国の適正人口は決めがたいというハチスンの適正人口論と[117]、それを受けて展開されたのではないかと考えられるスミスの防衛的国家と侵略的国家の対比論を比較すると、ハチスンの議論が徹底して非歴史的・抽象的な形式論にすぎないのに対して、スミスにおいては問題の根拠や必然性がそれぞれの状況に即して具体的にほり下げられていることが知られる。第九章で扱われている民兵論や、第八章の王位継承問題にからむ長子相続制批判等の問題をめぐる議論の仕方についても、同様なことが指摘されるであろう。

(4)　ハチスンとスミスの国家論の基本的相違点としてもう一つ注目すべき点は、ハチスンが『体系』の第三巻第九章（『綱要』では、第八章）で展開した市民法論をめぐる主題の扱い方のちがいである。スミスは、民兵論や[118]、ローマ法王への忠誠をめぐる問題等を除き[119]、『講義』ではこの章の主題にほとんど論及していない。その根本原因は、ハチスンがそこで展開していたシヴィク倫理的国家観が、既述のように『感情論』の中心的な批判対象の一つとして、そこですでに原理的に批判されていたためであると考えられる。たとえば、ハチスンは、この章の冒頭部分で「あらゆる法の目的は、人民の一般的善と幸福にあるが、それは人民の徳性に主として依存しているので、あらゆる正当で有効な方法によって、…徳の真の原理を奨励することは立法者の仕事であるにちがいない」[120]として、人民の道徳的教化のための公教育に対する「立法者」の権利を強調し、[121]「賢人（wise men）」やエリートの指導の必要を説いている。[122]

このようなハチスンの思想が、法と倫理を混同し、法律の問題に倫理を導入するものとして、『感情論』の批判対象となったことは第二章でみた通りであるが、ハチスンはこの章でさらにこうしたシヴィク的倫理観に立脚した重商主義的な産業奨励策を説き、マンドヴィルの奢侈論を批判し、[123]貿易差額を維持するための正義の必要を説き、[124]大衆が高貴な職能（noble arts）につくことに否定的な見解をとるなど、すぐれて公益優先の重商主義的な思想を展開している。[125]ハチスンのこの章の論理は、この章のインダストリ論や正義論に端的に表現されているように、[126]徹底した重商主義的視点からの産業奨励―そのための人民の道徳的教化を意図したものであったのである。ハチスンは「富と徳性」の両立の課題をシヴィク倫理と重商主義的富国政策によって実現しようとしていたのであるが、彼が、『綱要』の第三巻第九章で、「隣接諸国間ではある場合にはそのいずれか一国の力の危険な増大は、戦争の正しい原因となりうる」[127]として、重商主義的な聖戦（just war）論すら展開していたのも、同じようなハチスンの考え方を示すものといえよう。ハチスンが『体系』のこの章で展開した効用視点からの公益（public interest）優先論は、こうした思想を背景にしたものであったのである。彼が『感情論』の有名な歩哨の例（TMS, II. ii. 3. 11）につながる公益優先の刑罰論を展開したのがこの章であったのも、[128]その意味では偶然でないが、このようなハチスン思想の批判が『感情論』以来のスミスの最大の主題の一つであったことはすでにみた通りである。スミスの『道徳感情論』は、こうしたハチスンのシヴィク倫理的・重商主義的市民法論に対し、公益を「目的因」として設定せずとも、人間の自然の感情に従った各人の利己的な行動が反って全体の利益につながる次第を作用因の論理を通して明らかにしたものであった。その論理を現実の経済過程の動きに即してより理論的に証明しようとしたのが、「正義」論に続く『講義』の第二の主題である「行政」（経済）論の主題であることは明らかである。スミスが『講義』の正義論でハチスンの市民法論の主要主題に直接論及しなかったのは、そのためであったといえるであろう。『講義』は、前述のようなハチスンのシヴィク倫理的徳性論と重商主義的富国観の批判を隠された主題の一つとしていたのである。

㈢　契約説批判の内実

(1)　スミスは、以上の公法論だけでなく、正義論とは別の主題として、公法論から分離して独立の項目に移された国際法論の展開にさいしても、その嚮導概念として観察者の共感を中核とする『感情論』の諸概念に基づく問題の道徳感情論的分析・説明を行っている。しかし、「観察者」用語は、公法論では全く使われていない。[129]ホーコンセンは、スミスが『感情論』で展開した観察者理論が公法論にも妥当するとして、『講義』の主題は観察者理論を根本原理とする「立法者の科学」を確立する点にあったとしているが、[130]スミスは、第五章で論証するように、主権者と人民との間の権利―義務関係の根本規制原理を必ずしも観察者の共感には求めていない。少なくとも、ホーコンセンの主張するようにはそうすることを政府論の中心主題とはしていない。

スミスがAノートで論証しようとした『講義』の政府論の中心主題は、ロックやハチスンが政府と人民との間の権利―義務関係の根本原理、その根拠としていた同意ないし契約を権力の正当性の根拠とする考え方を否定して、政府への服従の義務を『感情論』的に基礎付けようとした点にある。近代の自然法思想家たちが展開した社会契約説―その代表者の一人として知られるロックが展開した同意⇓信託⇓抵抗権説は、権力の正当性と「正当な権力」への服従の根拠をなすものとして、政府と人民との間の権利―義務関係の理念的内実をなすものであった。彼らは、「市民社会」の「正しい起源（proper origin）」を自然状態の個人の同意ないし契約に求め、それによって政府の成立と、それへの服従を正当化していたのである。[131] 近代自然法の国家理論、その政治原理論は、このような根本原則（契約説）に立脚するものであったが、ハチスンの政治原理（Civil Polity）論は既述のようにこうした自然法的契約観念に立脚するものであった。『講義』の国家論は、まさしくこうしたハチスン政治論の根本前提の批判をその中心主題とするものとして、①政府が契約に基づく人工の産物ではなく、政府の起源が契約にはないことを明らかにした上で、②政府と人民との間の権利—義務関係、ないし、政府への人民の服従の義務の根拠も、契約や同意に基づくものではなく、それ以外の別の原理に基づく次第を明らかにすることを意図したものであった。この根本観念は、服従の根拠を理性にではなく感情に求めたヒュームやケイムズの思想を継承したものであったが、[132] 彼がその原理としたのが有名な「権威の原理と功利の原理」である。この二つの原理がこうした契約説批判としての性格をもつことは、彼が、ロックとシドニーの契約説を名指しで批判した節の末尾で、「それゆえ、主権者に対して当然払われるべきであると誰もが考えるこの服従（obedience）は、全体として契約に関するいかなる観念からも生まれるものではない」とし、それに続く節の冒頭で「この忠誠（allegiance）に関する原理ないし義務は、〔上の〕二つの原理に基づいているように思われる」（LJ(A), v. 119. 傍点引用者）としていることのうちに端的に示されているといえよう。スミスは、ホーコンセンも指摘しているように、この二つの原理を契約説批判原理として展開していたのであるが、[133]『講義』の国家論がこの点の論証を中心主題としていることは、Aノートでは公法論の終りの部分で統治起源の歴史的考察のいわば結論的な形で展開されていたこの二つの原理が、Bノートでは公法論の冒頭（LJ(B), 12 f.）におかれて、公法論の嚮導概念化されていることにも示されているといえるであろう。

スミスは、Aノートの歴史的検証の結果としてのこの二つの原理に基づいて、Bノートで改めて問題をより理論的に考察しようとしたのであるが、スミスが主権者への服従ないし忠誠の義務の原理ないし根拠をなすとした権威の原理は、『感情論』の歓喜への共感理論を基底にしたものであった。これに対し、スミスがそのもう一つの原理とした功利（utility）は、共感の対象になることはありえても、それ自体は共感（道徳感覚）に基づくものでないことは明らかである。既述のように、『講義』におけるスミスの基本主題は、ハチスンやヒュームが道徳感覚に基づく道徳判断の客観性の基準とした効用に依拠することなく、道徳感覚の目で法をみ、（道徳）感覚〔共感〕原理によって政府の原理を基礎付ける点にあったが、[134]彼は政府への服従の『感情論』的根拠が権威や優越性に共感し、それを尊敬する人間の自然の性向（権威の原理）のうちにあることを論証しようとしながらも、同時に功利が「服従の誘因となる」（LJ（A）, v. 121）場合も多いことをみたため、この二つを政府への服従の原理としたのである。

⑵　しかし、上の原理についてより注意すべき点は、上の原理がげんみつには統治の起源を説明する原理ではなく、統治者ないし政府（それも、実際には既成の権力、established power）への服従ないし忠誠の根拠を説明する原理にすぎない点である。それは、「確立された権威や他人の優越性を、それがどのようなものであるにせよ、尊敬する」（LJ（A）, v. 119）という人間の自然の性向を原理としたものであった。スミスは上の二つの原理を契約説代替原理として提出したが、それは、契約説のような「正しい権力（just power）」の正当化論ではなく、ましてや、「市民社会」形成原理をなすものではなかったのである。しかるに、スミスは、Bノートでは「人びとを勧誘して市民社会に入るようにさせる二つの原理がある。それをわれわれは権威の原理と功利の原理と呼ぶであろう」（LJ（B）, 12）として、上の二つの原理を主権者への服従ないし忠誠の原理から「市民社会」への加入（enter into）の原理に格上げしている。このBノートの規定は、自然法代替理論としてのスミス理論の性格をより明白に示すもので、彼はBノートでは上の二つの原理に「市民社会」への「加入」の原理を見出すことによって、人びとの同意に「市民社会」への「加入」（incorporation）」の原理を求めていたロック理論の非現実性を批判すると同時に、[135]市民社会の形成過程自体をこの二

つの原理によって基礎付けようとしたのである。事実、権威の原理は、Aノートでのべられていたような主権者に対する服従ないし忠誠の根拠、その『感情論』的基礎をなすだけにとどまるものではなく、人類の最初の諸時代においては政府形成の自然的基礎をなすものでもあったと考えられる。「家族の自然の父親たちが見えない変化によって彼らの政治的君主にもなった[136]」というロックの言葉に象徴されているように、人類の最初の諸時代に登場した「父の政府（Fatherly Gov't）」は、このような権威の原理に基づいていたと思われるが、スミス自身も、「現存するさまざまな政府がそこから発生してきた」「政府の本源的な形態（original form）」、ないし「この最初の政府（original gov't）がどのようにして、いかなる時期の社会に生起したか」（LJ（A），iv. 3-4）を説明するさいには、政府形成以前の社会の人間の行動原理を憤慨・敵意等の感情原理でとらえ、その上に政府の形成原理を導いている。スミスは、自然状態の人間の行動原理を（道徳）感情で説明することを通して、「最初の政府（original gov't）」の形成原理を（道徳）感覚原理によって基礎付けようとしていたのであるが、そのさい彼は、狩⇒牧⇒農段階の、アーツと製造工業が発達する以前の社会では、権威の原理が政府の基礎をなしていることをみていたのである。しかし、スミスがこのように政府の最初の形成原理を感情原理から導こうとしていたということは、彼がその統治起源論の真の中心主題にしていた市民政府の起源が道徳感情によって基礎付けうることを意味するものではない。近代的な市民社会の形成は、スミス自身が四段階論を嚮導概念とする歴史叙述を通して明らかにしたように、所有の増大に伴う商業関係の一般化に基づくもので、権威の原理や功利の原理に基づくものではないからである。スミスが契約説に代る原理として提出した権威の原理、ないし、その補完原理としての功利の原理は、その意味ではあくまでも主権者への服従、ないし既存の権力（市民社会）への加入の原理（せいぜい最初の政府の形成原理）にすぎないもので、スミスがその統治起源論の主題とした「現存のさまざまな政府がどのようにして、政府の本源的な形態から生まれてきたか」（LJ（A），iv. 3）を説明しうるものではなかったのである。スミス自身が、市民社会形成原理、その登場の根拠ならびにその正当性を論証する原理を既述のように所有の増大に求めていたことも、この事実を傍証するものといえよう[137]。

(3)　スミスの公法論は以上のような内実をもつものであったが、これまで概観してきたような形で人として、家族の一員として、市民としての権利（の侵害）を考察してきた『講義』の「正義」論の基本的特色は、すでにみたように、観察者の共感を私法関係の正義＝法の基準とした上で、同じ原理の上に法の強制機関としての政府論を導いた点にあった。スミスは、『感情論』の共感と観察者の理論を全面的に『講義』に適用することによって、『感情論』の共感原理に基づく「法と統治（Law & Gov't. 法と、その強制機関としての政府）」の理論を具体的に展開しようとしていたのであるが、こうした特色をもつ『講義』の意義を一言に要約すれば、それは人間の法的関係を徹底して観察者の目でみることを通して、法の原理としての自然⇓法の内実を人間的＝経験的＝歴史的にとらえることを可能にした点にあるといえるであろう。スミスの『法学講義』の基本的意義は、これまでの考察から明らかなように、観察者の共感を鍵概念とする『感情論』理論によって、彼が注解の対象としたハチスンの『道徳哲学体系』ないし『道徳哲学綱要』に代表される自然法の論理を徹底して人間的・経験的・歴史的にとらえ直すことを可能とした点にあったのであるが、そのことを通してそこに再構成されたスミスの法理論をわれわれは観察者（spectator）原理に基づく法の理論形成の試みとみることができるであろう。スミスが『講義』で共感に基づく正義＝法の原理としたこの観察者概念は、スミス以前の法学においては全く欠落していた視点で、われわれが法の原理を構想する場合、一つの強力な原理たりうると考えられるが、スミス自身も、上述のような形での自然法の（道徳）感覚⇓経験化にさいして、その原理としての観察者の共感に基づく法の理論の確立を意図していたことは明らかである。しかし、スミスがこうした共感原理に基づく法の理論の確立を意図していたということは、『法学講義』の主題がホーコンセンの主張するような道徳判断原理としての観察者原理に基づく「規範的（normative）な」「あるべき法の一般諸原理」の確立による「法改革」のための「法批判」にあったことを意味するものではない。(138)『講義』の実態、とくに公法論の実態は、既述のように「あるべき法の一般諸原理」とはほど遠く、のちに第五章で論証するように、観察者の共感原理も貫徹していない。『講義』の主題、そこにおけるスミスの意図が、かりにホーコンセンの主張するような観察者原理に基づく法の一般理論の構築にあったとしたら、その意図はみじめに挫折しているといわざるをえない。しかし、『講義』の意義と独自性、そこにおけるスミスの意図は、既述の『講義』の主題と構造からも明らかなように、そのような点にあったのではない。スミス理解に『講義』が不可欠な所以は、こうした形での「自然法」の『感情論』的とらえ直しが、自然法の内実の徹底した経験的・歴史的把握を可能にした点にあり、そのことがスミスにおける経済学の生誕を導く契機になった点にある。ハチスン法学批判としての『法学講義』の最大の意義はそこにあるが、その次第を理解するためには、法学の方法としての『法学講義』の方法について改めて知るところがあらねばならない。

（1）Aノートの編別構成（展開順序）が、『講義』の編者も認めているように（LJ, p. 401 note）、ハチスンの方法＝自然法の方法と実質的には同じなのに、スミスがそれを「ローマ法学者」の方法に対する「自然法学者の方法」と呼ばずに、「他の人びと（the others）の方法」（LJ, Introduction, p. 8）と呼んだ理由の一つはここにあったのではないかと考えられる。スミスがこうした曖昧な表現を使ったことには、ハチスンに対する遠慮もあったであろうが、それだけだったら、ハチスンの名をあげずに「自然法の方法」といえばよかった筈で、彼がそう呼ばなかったのは、Aノートの方法が自然法＝ハチスンの方法に依拠しながらも、その前提そのものを否定する考え方に立脚していたためではないだろうか。

（2）この自然権と後天的取得権との区別は、編者の脚注（LJ, p. 8 note）にもあるように、プーフェンドルフとハチスンに基づくものであるが、Bノートでは、「財産《エステーツ》に対する人間の権利は、取得された（acquired）、すなわち、後天的取得権（iura adventitia）と呼ばれる」（LJ(B), 8）という言葉の示すように、acquired right と adventitious right とが同義的にとらえられている。

（３）ハチスンの前任者カーマイケルは、グロティウスやプーフェンドルフに従って、権利を事物の本性に由来する自然権と人間の側の行為に依存する外発権（adventitious rights）とに分け、後者に属する契約や所有権等を個人の外発権ないし外発社会の構成員の権利と呼んだが、プーフェンドルフとちがって、ロックに従ってそれらの後天的権利をも自然権としてとらえていたといわれる。　Cf. Moore, J. & Silverthorne, M.: Natural Sociability & Natural Rights in the Moral Philosophy of Gerschom Carmichael, pp. 7-8. スミスの論理の曖昧さは、こうした事情を反映した面もあるのではないであろうか。

（４）Hutcheson, F.: *A System of Moral Philosophy*, Vol. I, p. 298.

（５）Cf. *Ibid.*, I, p. 309.

（６）*Ibid.*, I, p. 293.

（７）*Ibid.*, I, p. 293.

（８）ハチスンは、「自然権は、人間のいかなる考案や制度、協約、営為の媒介なしに、自然それ自体の本質からもたらされる権利である」のに対し、「後天的取得権は、人間の制度、協約ないし行為から生まれる」（*Ibid.*, I, p. 293）ものであるとしているが、彼はこの両者を等しく政治社会形成に先立つ自然法上の権利としている。彼が所有権論を主体とする私法論を「市民政体」論に先立つ「自然法」論の主題とした所以はそこにある。彼は、政治制度の形成に先立つ「自由の状態」（自然状態）における労働・交換行為やそれに基づく契約関係や貨幣制度の存在を認めていたロックを前提していたため、所有権が自然の構造（the constitution of nature）そのものから生まれるものではなく、人間の行為や契約や制度を前提している点で「自然権（natural right）」と異なる「後天的な権利（adventitious right）」であるとしながらも、同時に、それらの営為や協約が（市民）社会形成の契約とそれに基づく政治制度の成立に先立って行われている限り、それはあくまでも自然法上の権利であると考えていたのである。これに対し、スミスは、プーフェンドルフに従って、「後天的権利」とは「家族または国家の一員としての人間にかかわる諸権利」（LJ(A), i. 12）であるとしている。この言葉を字義通りに解すると、後天的取得権は、自然法上の権利とはいえなくなる。しかし、上の定義は、プーフェンドルフに従って後天的権利の一般的規定をのべたもので、スミスも実際にはカーマイケルやハチスン同様、自然状態における契約や貨幣制度等の存在を認めていたロックに従って、取得権としての所有権も自然法上の権利と考えていたように思われる。なぜなら、スミスの主題は、後述のように、所有権の他人に対する qualitas moralis を同感原理（道徳感情）によって基礎付ける点にあり、所有権が後天的権利であるということは、所有権が政治制度を前提してはじめて成立することを何ら意味するものではないからである。

（9）ローマの市民法では、上の所有権（Dominiun）と地役権（Servitus）と質権（Pignus）の他に相続権（Haereditas）が対物権の一つにあげられており（LJ（A），i. 17 f.）、ハチスンもそれを第二種類の対物権としているが、スミスは、相続権が所有権と別種の、対人権から転化した対物権でありうるのは、相続権候補者が法定相続人になるかどうかが決まるまで、他の万人をその保有物から排除する排他的な権利についてだけであると考えたため、彼は相続権ではなく、排他的特権を第四種類の対物権としたのである（Cf. LJ（A），ii. 27 f.）。

（10）Cf. LJ（A），i. 17 f.

（11）Hutcheson: *System*, I, p. 324.

（12）ハチスンは、時効を占有の解消、占有の「共有状態への再復帰」と考えたため（*System*, I, pp. 335-6. *Short Introduction*, p. 160）、先占に基づく本源的所有権ととくに区別せずに、添付とならんで所有権の本源的な獲得方法のうちに入れて考えていたのである。

（13）『体系』では、第七章で所有権の本源的な獲得方法として先占、時効、添付が論じられたのち、派生的所有権（derived property）論と譲渡論が共に同じ第八章で論じられているが、『綱要』では、第六章で所有権獲得の本源的な方法が論じられ、第七章で派生的所有権が論じられたのちに、第八章で所有権の譲渡の問題が独立に論じられている。『綱要』の章別構成の方が『体系』よりも論理的になっていることは明らかであるといえよう。

（14）その次第は、彼が所持（Possession）以下の四つの対物権を「派生的所有権」ないし「派生的対物権」として論じていたことからも知られよう。

（15）ヒュームも、当然のことながら独自の所有権論を展開し、所有権獲得の五つの方法について論じている。彼の所有権論は、一言でいえば、①所持（Possession）から連合原理によって先占、時効、添付、相続を導き、その上に、その②譲渡⇒③契約を論ずるものである（Cf. Hume: *A Treatise of Human Nature*, Bk. 3, Pt. 2, Sect. III-V.）。ヒュームは、Possession から出発して、それを観念連合原理によって基礎付けることによって、所有権を統一的に説明しようとしていたのである。このヒュームの所有権論がハチスン所有権論の一つの批判的展開としてスミスに影響を与えていることは、後述の通りであるが、ヒュームの所有権論は、連合原理によって所有権を説明し、その上にその譲渡⇒契約を論ずる点に主眼がおかれているため、ハき直ちに明らかになることであろう。

チスンやスミスほどエステーツ論としては体系的ではなく、また、ハチスンとも『法学講義』とも直接、対応してもいない。スミスが直接注解の対象にしたのは、ヒュームではなく、あくまでハチスンであることは、三者のエステーツ論を対比すると

(16) ケイムズも、原始には、「相続の権利のようなものはなく、子供が親の場所につくのは正しくは相続ではなく、彼ら自身の所有の権原に基づく所持の継続であり、」(Kames: *Historical Law-Tracts*, p. 109)、「家族の若者は、父親の在世中さえ所持しているとされていた」(*ibid*., p. 180) としている。

(17) ただし、こうした感情原理に基づく相続論が全面的に展開されているのは、人間愛の観念が進んだ文明社会に一般にみられるようになった遺言に基づく相続 (succession ex testamento) (LJ(A), i. 149 f.) の場合で、それ以前の社会における遺言に基づかぬ相続 (succession ab intestato) (LJ(A), i. 90 f.) の場合には必ずしも『感情論』的説明はなされていない。その点に関連して、スミスは、遺言相続が法定相続に先行していたとの仮定の上に、法定相続は死者の想像上の意思に基づくとしていたグロティウスやプーフェンドルフを批判し (LJ(A), i. 90-91)、その仮定が歴史的事実に即さぬことを明らかにしているが、彼は、その根拠として、初期の共同体的社会における「共同労働」の関係を指摘し、そうした共同社会における遺言に基づかぬ相続の根拠は、死者の財産が家族全員の共同労働の産物であった点にあるとしている。ここでは『感情論』原理は使われておらず、あえていえば、ロック的な労働原理が復権しているかにみえる。ホーコンセンは、この事実に注目して、スミスは法定相続に関しては「観察者・労働所有論」(Haakonssen, *op. cit*., p. 110) を展開しているとしている。しかし、上述のスミスの理論は、近代以前の共同体的社会にみられた共同労働⇒家長所有の歴史的事実を踏まえた認識に基づくもので、必ずしもスミスが相続一般の根拠を労働に求めたことを意味するものではなく、相続一般の根拠はできるだけ感情原理《アフエクシヨン》で説明しようと意図していた点に『講義』の所有論の基本的特色があるといえよう。その上で、さまざまな相続の形態の歴史的状況による差異とその根拠を明らかにすることがスミスの相続論の中心主題であったのであるが、こうした『講義』の方法的特質については次章を参照されたい。

(18) Cf. Kames: *Historical Law-Tracts*, pp. 110-111.

(19) 『講義』の編者も、この言葉の出所として、ロックの『統治論』II、二七―二八節をあげている (Cf. LJ, p. 17 note)。

(20) LJ, p. 17 note. なお、「自分が狩り出した獲物を追跡して捕える権利」も、「自然的理性のうちに起源をもつ」排他的特

権であるというスミスの理論（LJ(A), i. 20）は、直接にはハチスンの『体系』（*System*, I, p. 325-6. Cf. Hume : *Treatise*, pp. 506-7 note.）の狩り（chase）の議論を対象にしたものと考えられるが、このハチスンの議論はロックの『統治論』II、三〇節の議論の継承にすぎないので、スミスはここでもハチスンを通して、ロックを批判の対象にしていたということができるであろう。

（21） ロックの所有権論は、グロティウスやプーフェンドルフのそれとちがって、事物に対する道徳的権能（*moral* faculty）としての所有権の成立根拠を人―物の対自然関係行為における物理的能力（physical faculty）に求めているかにみえる。ハチスンが、所有権は物理的能力に基づくものではないことを強調した‘*moral* property’論を展開し、スミスがロックの所有権論を批判の対象にした理由の一つは、そこにあったと考えられる。しかし、ロックも必ずしも人―物関係だけを考えていたのではなく、ロックの労働による所有の理論の真の意義と特色は、労働に基づく所有の創造性を強調することによって、事物に対する道徳的権能としての所有権の成立に他人の同意が必要でないことを主張した点にあることに注意されたい（この点、詳しくは、拙著『市民社会理論の原型』一七五―六ページ参照）。

（22） Meek, R. L. : New light on Adam Smith's Glasgow lectures on Jurisprudence, *History of Political Economy*, 8 : 4, 1976, p. 440. なお、アンダスン・ノートについては、Cf. do., *Smith, Marx, & After*, London, 1977, pp. 57-91. 時永淑訳『スミス、マルクスおよび現代』一〇五―一七四ページ参照。

（23） Meek : New light. . . ., p. 467（傍点引用者）。邦訳、一五三ページ。

（24） Cf. Haakonssen, *op. cit.*, p. 107. ただし、ホーコンセンは、ここでのスミスの議論の中心は、「労働」にではなく、観察者の共感の対象になる「苦痛」にあるとみているが、私は、アンダスン・ノートの特色は、ロック的な労働（⇒所有）理論に苦痛という感情原理が導入された点にあり、まだ問題が十分には『感情論』の論理によってとらえられていないとみる。

（25） にもかかわらず、一八世紀の商業社会論者が「ロックと彼の労働所有理論に言及しない」のは、ムーアとシルバーソーンによれば、彼らがカーマイケルを通してしかロックを知らなかったからで、彼らがロックの労働所有論の商業社会性（拙著『原型』参照）を認めないのは、カーマイケルがスコラ的な人間義務論に立脚していたからだといわれる。Cf. Moore, J. & Silverthorne : Gershom Carmichael and the natural jurisprudence tradition in eighteenth-century Scotland, pp. 82-83.

（26） Cf. Ibid., pp. 80-82.

（27） Hutcheson: *System*, I, p. 320.
（28） Cf. *Ibid.*, I, 319-322.
（29） *Ibid.*, I, 324.
（30） *Ibid.*, I, 325（傍点引用者）。
（31） Cf. *Ibid.*, I, p. 325.
（32） Cf. *Ibid.*, I, p. 306. なお、これは、ロックが労働⇒所有理論に課した制限条項の一つである腐敗制限（spoilage limitation）の思想に基づくものといえよう。
（33） *Ibid.*, I, pp. 328-9.
（34） 拙著『ジョン・ロック研究』第二部、第二―三章、とくに二二六ページ以下、二七三ページ参照。
（35） Hutcheson: *System*, I, p. 320.
（36） 板橋重夫「デヴィド・ヒュームの道徳哲学と社会観（II）」一五―一六ページ参照。なお、D・ステュアートも、ハチスン同様、所有権の基礎を労働に求めた上で、それを感情論的に基礎付ける思想を展開している。「労働者が彼自身の労働の果実を受けるに値するということの感情こそ、所有権の感覚の主な、唯一の基礎である。彼からそれを奪う試みは、すべての公平な観察者の憤慨を激発する一種の不正義である。」(Stewart, D.: *The Collected Works of Dugald Stewart*, ed. by W. Hamilton, Edinburgh, 1858, Vol. 7, p. 262.)
（37） ステュアートの証言によれば、スミスは、『法学講義』の所有権論がハチスンの講義から示唆されたものであることを、自身認めていたとのことである。Cf. Stewart, D., *op. cit.*, p. 263. Rae, J.: *Life of Adam Smith*, pp. 13-14, 大内訳、一六ページ。
（38） ヒュームが所有権を連合原理によって心理学的に基礎付けた点については、Cf. Hume: *Treatise*, pp. 503-513, & Haakonssen, *op. cit.*, pp. 27-8. Forbes, D.: Natural Law & the Scottish Enlightenment, pp. 195-6.
（39） Haakonssen, *op. cit.*, p. 27.
（40） ヒュームのコンヴェンション論の原型がハチスンにあることを明らかにしたすぐれた業績としては、板橋重夫、前掲論文、一五―一六ページ参照。

(41) ハチスンは、いまだスミスのようにこの感情を、事実上の所持者の合理的な期待と、それに対する観察者の共感のうちにみないで、所有物を奪われた被害者とそれをみた人びとの憤慨にみるだけにとどまっていたことに注意されたい。ハチスンが、人間の自然の感情そのもののうちに正義の原理を見出すことができずに、正義の原理は、不安定な感情のうちにではなく、効用にあるとした理由の一つはそこにあったといえよう。

(42) Hutcheson: *System*, I, p. 322（傍点引用者）。

(43) *Ibid.*, I, pp. 339, 353.

(44) Hume: *Enquiries*, p. 183.

(45) Haakonssen, *op. cit.*, p. 28.

(46) *Ibid.*, p. 102（傍点引用者）。

(47) Cf. *Ibid.*, p. 102.

(48) Cf. LJ(A), ii. 42 f.

(49) アンダスン・ノートでも、経済問題その他が契約論の中で論じられている（Cf. Meek, R. L.: *Smith, Marx & After*, pp. 83-85. 時永淑訳、一五六―一六〇ページ参照）。この事実は、このノートがスミスのものであるとすれば、スミスも五〇年代前半にはプーフェンドルフ⇒ハチスン的前提から出発していたことを示すものとして興味深い。

(50) Hutcheson: *Short Introduction*, Bk, 2, Ch. 9 の題名。

(51) Hutcheson: *System*, II, pp. 1, 2, 3.

(52) Cf. *Ibid.*, II, p. 5 f.

(53) Cf. Haakonssen, *op. cit.*, pp. 112-3.

(54) プーフェンドルフの思想のこうした性格については、拙著『原型』、とくに、一三七―八ページ参照。

(55) 近代の経済学がこのような所有の交換社会としての市民社会分析（その媒体としての契約理論）の中から成立してきた次第は、カンバーランド―プーフェンドルフ―ロック―ハチスン―スミスの理論をつなげて考えてみると、より明らかになることであろうが、こうした私の問題意識については当面、拙著『原型』第二部を参照されたい。

(56) 拙稿「治政論の出自と分業論の成立―経済学の生誕と『法学講義』その一―」一橋大学『社会学研究』23、一九八五年、五九―七二ページ参照。

(57)『感情論』のこの議論は、後述のように、ハチスンの『体系』第二巻第一五章の懈怠論を下敷にしたもので、TMS, II. iii. 2 のこの議論は、ハチスンの *System*, II. xv の批判を意図したものと考えられる。

(58) ハチスンは、パースン（身体・人格）の侵害の他に、Character（品性・評判）への攻撃、自由の拘束をもあげているが（Cf. *System*, II, p. 86）、これらは本質的にはパースンの侵害に含まれるので、ここでは省略した。

(59) Hutcheson: *System*, II, p. 86.

(60) Cf. *Ibid.*, II, pp. 331-340, esp., p. 335.

なお、スミスが TMS, II. ii. 3. 11 & LJ(A), ii. 92 で展開した有名な歩哨（ハチスンでは戦時における兵士の逃亡）の例にみられるような道徳感情に対する公益優先論の原思想は、この章（II, p. 334）で展開されたものである。

(61) Cf. Kames: *Historical Law-Tracts*, esp., Tract 1. スミスが『感情論』や『講義』で、正義論を懈怠論の中で展開していたのは、こうした背景によるといえよう。

(62) エクシュタインとグラスゴウ版『感情論』の編者は、TMS, II. ii. 3. 6 の功利主義的刑罰論批判の批判対象がヒュームであったとしているが（TMS, pp. 87-88 note）、この TMS, II. ii. 3. 6 f. のスミスの刑罰論の批判対象は、ヒュームよりも、ハチスンであったのではないかと考えられる。その根拠は、この II. ii. 3 全体（とくに初版の）が、ヒュームよりも、ハチスン批判としての構造をもち、ハチスン関連用語が使われている点にあるが、その論証には TMS 全体の詳しい内在分析を必要とするので、具体的論証は別の論考に譲りたい。

(63) Hutcheson: *System*, II, p. 87.

(64) Hutcheson: *Short Introduction*, p. 327.

(65) Cf. Hutcheson: *System*, II, p. 334.

(66) こうした自然権に対する犯罪の刑罰を重視している点にスミスの刑罰論の特徴があることは、ラファエルやホーコンセン等が一様に指摘している通りである。Cf. Raphael, D. D.: Hume & A. Smith on Justice & Utility, *Proceedings of the Aristotelian Society*, Vol. 73, p. 93. Haakonssen, *op. cit.*, p. 120.

(67)『感情論』では II. ii. 2. 2 で正義の法の内容がごく簡単に語られ、「最も神聖な正義の法」として、①「生命と身体」を守る法があげられ、次いで、②「所有権と所有物」と、③対人権を守る法があげられているが、②と③の基礎付けは具体的には行われていない。

(68) ハチスンが、所有権を後天的取得権と規定しながら、スミスとちがって所有の歴史理論を展開しなかった理由は、ここにあることに注意されたい。

(69) Kames : *Historical Law-Tracts*, p. 82.

(70) *Ibid.*, pp. 91-92.

(71) *Ibid.*, p.95.

(72) Hutcheson : *System*, I, p. 349. *Short Introduction*, p. 165.

(73) Hutcheson : *System*, I, pp. 349-350. Cf. *Short Introduction*, p. 168.

(74) ハチスンが対物権の一つとした限嗣相続権は、完全な所有権の譲渡としての相続とは異なり、所有権の一部分の制限（緩和ないし放棄）として、対人権が対物権化したものであることに注意されたい。

(75) Cf. Hutcheson : *System*, I, pp. 349-350.

(76) こうした限嗣相続権承認的性格は、『体系』よりも『綱要』の方がより濃厚であることに注意されたい。Cf. Hutcheson : *Short Introduction*, p. 168.

(77) Hutcheson : *System*, I, pp. 356-7.

(78) Cf. Kames, *op. cit.*, esp., pp. 129, 143.

(79) *Ibid.*, p. 129.

(80) たとえば、ケイムズの『法史考』（Kames, *op. cit.*, pp. 141-143）の議論をLJ（A）, i. 166-7と対比してみられたい。

(81) Hutcheson : *System*, II, p. 149.

(82) Cf. *Ibid.*, p. 149.

(83) Cf. Schochet, G. J. : *Patriarchalism in Political Thought*, Oxford, 1975.

(84) 拙著『原型』第二部第一章参照。

(85) Hutcheson : *Short Introduction*, p. 255.

(86) たとえば、スミスも、フィルマーやロックと同じく、人類の初期の段階には、父が妻や子に対して家父長的な権力をもっていたことを認めている。Cf.　LJ(A), iii. 7.
(87) 拙著『原型』第二部第一章、とくに、一一七―一二二ページ参照。
(88) Hutcheson : *System*, II, p. 159.
(89) Cf. *Ibid.*, II, pp. 163-165.
(90) Cf. *Ibid.*, II, pp. 191-193.
(91) Cf. *Ibid.*, II, pp. 199-200.
(92) Cf. *Ibid.*, II, pp. 201-3.
(93) Cf. *Ibid.*, II, pp. 203-210.
(94) Cf. Robbins, C. : When it is that colonies may turn independent, *The William & Mary Quarterly*, 3rd series, XI, 2, 1954, pp. 244-246.
(95) この「ヒストリー」の用語法については、第四章でも論及するが、詳しくは拙著『原型』第一部第二章を参照されたい。
(96) 拙稿「治政論の出自と分業論の成立」九八―一〇〇ページ参照。
(97) スミスの家族法論は、彼の作品の心理分析的解釈をするには便利であるが、彼の自然法学研究にはあまり意味がなく、「そこでは〃ポリス〃の法が事実上は正義の法を支配しており、」そのため「一般諸原理より事実史（factual history）にはるかに深くかかわらざるをえなかったのである」（Haakonssen, *op. cit.*, p. 124）というホーコンセンの解釈は、ハチスン家族法論批判としての『講義』の家族法論の主題と意図をとりちがえた解釈ではないであろうか。私法＝家族法＝公法論を一貫するスミスの主題は、第四章で詳論するように、共感⇒法の成立するケース―環境（circumstances）の歴史的解明による真の「自然」の確定、それによる行政《ポリース》批判にあったのであり、この基本姿勢は家族法論の場合にも一貫していることに注意されたい。
(98) 同様な用語がみられる個所として、Cf. Hutcheson : *System*, II, pp. 90, 95, 141, 142, 216, 272, 290, 322, 365.
(99) ハチスンの統治論は、プーフェンドルフとロックのそれにハリントンを野合させたものであるが、ロックの影響をつよく受けており、ロックの理論をそのまま継承している場合が多く、ハチスンの独自性をなす道徳感情用語も、第三巻の国家論では影をひそめている。その感はとくに『綱要』につよい。ロックと異なるのは、ハチスンでは法の目的を国家に対する効用に求める功利主義が顕著になっている点と、ロックにみられる歴史的起源論的視点が欠如している点である。

(100) スミスが、ホーコンセンも指摘しているように(Haakonssen, *op. cit.*, p. 137)、観察者を「想像上の公平な裁判者(supposed impartial judge)」(TMS, II. ii. 2. 4) と呼び、為政者(magistrate)を「公平な観察者の資格において行為する」(LJ(A), ii. 90) 存在としてとらえていたことも、『感情論』の主題がハチスン的国家論批判にあったことを示す一つの傍証といえよう。

(101) ハチスンの道徳哲学体系の第三巻第四章の標題は、『体系』では「市民政府を構成する諸動機」、『綱要』では「市民政府の起源(Origin)」となっているが、いずれも政治社会形成の動機を中心に語られており、内容的には大差はなく、その方法としての契約説は、第五章で展開されている。この第四―五章の議論は、ロックその他の自然法思想家が展開した市民政府の「正しい起源(proper origin)」論に照応するものといえよう。

(102) Ashcraft, R.: Locke's State of Nature: Historical fact or moral fiction?, *American Political Science Review*, LXII, 3, 1968, p. 899.

(103) ケイムズの契約説批判については、Cf. Kames: *Principles of Equity*, Edinburgh, 1760, pp. 59-60. Ross, I. S.: *Lord Kames and the Scotland of his Day*, Oxford, 1972, pp. 235-6.

(104) スミスが被征服国の統治形態を論じた個所(LJ(A), iv. 96-107)で、軍事独裁政権擁護論的議論を展開し、正規の政府であれば、自由な政府でなくともよいとしているのは、ヒュームのウォーレス批判とも関連する多分にイデオロギー的な議論と考えられる。なお、ヒュームの商業⇒自由論がウォーレス批判を中心にしていた次第については、坂本達哉「名誉革命体制評価をめぐるヒュームとウォーレス」(1)(2)(3)『三田学会雑誌』八一巻一・二・三号を参照されたい。

(105) スミスの統治起源論は、何よりも市民政府起源論であったことに注意されたい。なお、このような四段階論を根幹とするスミスの市民社会形成史論がインディアンのアメリカ認識を契機とするものであったことについては、Cf. Meek, R. L.: *Social Science & the Ignoble Savage*, Camb., 1976, esp., Ch. 2. このスミスのモデルとロックの市民社会形成史論との問題意識の基本的共通性については、拙著『原型』第二部第四章参照。この共通性・連続性は、本書では論証しえないが、ロックの『市民政府論』の問題意識を『講義』の歴史分析を通してみるとき、より深められた形で確証されうるであろう。

(106) Rae, *op. cit.*, p. 53. 大内訳、六七ページ。

(107) 近代自然法が所有論を根幹にしている点については、拙著『原型』第一部第一章、第二部第一―四章参照。

(108) スミスは、この他にも、'commerce & industry', 'trade & commerce', 'trade & manufactures', 'commerce & arts', 'arts & commerce', 'arts, manufactures & handicrafts', 'arts & sciences & manufactures' とか 'arts, manufactures & industries' の進歩、'arts & luxury' の導入、'wealth & luxury' の導入、等の言葉を縦横に使い、それらの言葉を事態転換を説明するための鍵概念として使っている。

(109) この点、詳しくは、拙著『原型』第二部第三―四章参照。なお、ハチスンも、「所有権、それも主として土地所有権が、権力のよって立つ自然的基礎であるという他の格率も、理性とすべての国民の経験から同じように確かである」(*System*, II, p. 245) として、統治形態を所有関係から説明しているが、ハチスンにはロック的な市民社会形成史論も、歴史的起源認識もなく、古典的な契約理論にとどまっている。その点ではハチスンはロックよりもむしろ後退しているといえるが、その理由については、第四章を参照されたい。

(110) 上の主題についてのスミスの考察は、ヨーロッパ諸国の市民政府の考察に続けて、固有の市民政府がない国での自由都市（ドイツの自由都市やオランダの United Provinces のような）の形成について論じた個所で、「われわれは次にこれらの政府で支配的に行われている一般公法について少しばかり考察しよう」（LJ(A), v. 51. 傍点引用者）という形で、名誉革命史論の前に挿入される形になっている。

(111) これは、既述のように『綱要』の表題で、『体系』の表題は「市民政府構成動機」論となっている。

(112) ハチスンは、世俗権力設立の契約には、社会形成の契約と、権力の移譲と、服従契約の三つの行為が含まれるとしている。
Cf. *System*, II, p. 227.

(113) Hutcheson: *System*, II, p. 231 note. この「暗黙の同意」を準契約とみる観念も、『講義』にあることに注意されたい。

(114) 最高権力を構成する三つの権力の展開順序がハチスンとスミスとでは逆になっていることに注目されたい。ハチスンが最高権力の構成を原理的に説明していたのに対し、スミスは権力の歴史的生成過程はむしろ逆であったことをいいたかったのではないであろうか。

(115) Cf. Robbins, op. cit., pp. 245-6.

(116) たとえば、ハチスンは、『体系』第三巻第八章の王位継承論の中で、自分の国の慣習に慣れた人は、国がちがうと慣習もちがうことを考えないで、それを「自然的」と考えるため、直系相続の慣習をも自然的と考えるとのべているが（*System*, II, p. 305）、これは『感情論』第五部、ないし、次章で展開する『法学講義』の方法の一つのヒントをなしたものとみることもできるのではないであろうか。

(117) Cf. Hutcheson : *System*, II, pp. 249-251. *Short Introduction*, pp. 296-7.

(118) Cf. *System*, II, p. 323 f. LJ(B), 334-8.

(119) Cf. *System*, II, pp. 325-6. LJ(A), v. 147.

(120) Hutcheson : *System*, II, p. 310.

(121) ハチスンは、別の個所でも「賢明な立法者（prudent legislator）」の役割を強調している。ウィンチやホーコンセンのいう「立法者の科学」という言葉がかりに妥当するとしたら、それはスミスよりハチスンにふさわしいといえよう。

(122) Cf. Hutcheson : *System*, II, pp. 312, 317. キャンベルは、ハチスンが一般市民の道徳感覚に信頼を寄せていたことを強調し、それを彼の急進主義の根拠にしているが（Cf. Campbell : F. Hutcheson : 'Father' of the Scottish Enlightenment, pp. 181-182）、ハチスンはスミスとちがって、自分で判断できる人間は、一〇〇人に一人しかいないという、徹底した人民蔑視のシヴィク的エリート主義に立脚していた（e.g. *System*, II, pp. 311-2）ことに注意されたい。

(123) ハチスンは、『探求』の副題の示すように、マンドヴィルに対してシャフツベリを擁護することから自らの思想を出発させていたが、この章でもマンドヴィルの奢侈論を否定する経済論を展開し（Cf. *System*, II, pp. 320-1. *Short Introduction*, pp. 321-2. Taylor, *op. cit.*, pp. 103 ff.）、シヴィク的な道徳・経済論を展開している。スミスがこうした考え方に否定的であったことは、改めて指摘するまでもあるまい。

(124) Cf. Hutcheson : *System*, II, p. 321. *Short Introduction*, pp. 322-323.

(125) シヴィクと重商主義とはイデオロギー的には対立しながらも、政策的には通じる面が多かったことに注意されたい。

(126) 「インダストリは、富裕の自然的鉱山であり、輸出のためのあらゆる用品の基金である。その剰余が一国民が輸入するものの価値以上になることによって、一国の富と力は増大するにちがいない。勤勉な農業は生活必要品とあらゆる工業製品のための材料を提供しなければならず、すべての職人の技倆は、それらのものの使用と輸出に備えるために奨励さるべきである。」

(Hutcheson: *System*, II, p. 318)。

(127) Hutcheson: *Short Introduction*, p. 334（傍点引用者）。『体系』では、これほどはっきり明言されてはいないが、同じような思想がみられる。Cf. *System*, II, pp. 350-351.

(128) Cf. Hutcheson: *System*, II, pp. 331-334.

(129) スミスは、統治論では「観察者」用語は使っておらず、代りにハチスンと同じ「公衆・世間（the public）」、「第三者（third person）」「調停者（arbiter）」等の自然法関連用語が多用されている。

(130) Cf. Haakonssen, *op. cit.*, esp., pp. 97, 136.

(131) 近代の社会契約理論も、実態的には、ロックの同意理論にもっとも端的に示されているように、契約による政治社会の設立を字義通りの形で考えていたというより、契約の擬制によって権力の正当性（*just* power）と、それへの服従の根拠を明らかにすることを主題とするものであったことに注意されたい。

(132) ケイムズも、ヒュームと同様に、服従を理性ではなく感情によって説明し、服従の義務の根拠を準契約に求めるハチスン的契約説に対して批判的な見解を展開している。Cf. Kames: *Principles of Equity*, pp. 59-60.

(133) Cf. Haakonssen, *op. cit.*, p. 129.

(134) 『講義』の基本主題は、ハチスンやヒュームのように効用を「道徳的是認の第一の、ないし、主たる源泉」とすることなく（D. Stewart: Account of the Life and Writings of Adam Smith, p. 289）、効用に依拠することなしに、どこまで共感原理によって自然の感情原理に立脚する法（自然⇒法）の可能性を論証しうるかをぎりぎりまでやってみようとした点にあるといえよう。もとより、『講義』でも、正義論と区別された狭義の行政、収入、軍備は、共感ではなく効用を原理としているばかりでなく、スミス体系においてもメタ原理としては効用原理が支配していることはキャンベルその他の指摘する通りである（Cf. Campbell: *Adam Smith's Science of Morals*, esp., pp. 217-220）。スミスにとっても、社会全体の福祉の実現こそ最高の課題であったのであり、ステュアートがいち早く指摘していたように、「スミスは功利の原理を自らの体系から完全には除外してはいない」（Stewart, *op. cit.*, p. 289）のである。しかし、このことは、何らスミスが効用を法の原理としていたことを意味するものではなく、『講義』の基本主題はあくまでも前述の点にあったことに注意されたい。

(135) ロックの同意論は、実際には必ずしもヒュームやスミスが批判の対象としたような人工的な「市民社会」設立理論ではなく、スミスのBノートと同じ既存の権力への「加入（incorporation）」の根拠論としての性格をもつものであったが、スミスの二つの原理とちがって、「加入」の対象となる権力が「どのようなものであるかを問わぬ」ものではなく、その権力がその「社会」に加入する人間にとって「正当で」あることを前提するものであること、その意味で、あくまでも「正しい権力」（just power）の正当化論であることに注意されたい。

（136）Locke, J.: *Two Treatises of Government*, II, 76, Laslett ed. p. 336.

（137）プーフェンドルフやハチスンは、「市民社会」形成原理を人間の邪悪さと自己偏愛性《パーシャリティ》に求めている。これに対し、スミスは、彼らが為政者にその担い手を見出していた「公平な（im-partial）観察者」の機能を個々の「内なる人」に求めることを可能とする論理を構築することによって、私人間の争いの「公平な裁判官」としての為政者の存在を必ずしも必要としない（自然状態における）人間の自立の可能性を論証したが、彼は、その上で改めて、権威と功利の原理に「社会」形成（enter into）の原理を求めたのであった。しかし、この二つの原理は、所詮何らかの既存の政府への「加入」の原理にすぎないものであって、彼がその政府論の中心主題とした「現存のさまざまな政府がどのようにして政府の本源的な形態から生まれてきたか」（LJ(A), iv. 3）という、彼自身が設定した課題に答えるものではない。この課題に答えうる原理は、あくまでも彼が四段階論を嚮導概念とする歴史分析の鍵概念とした所有概念であることに注意されたい。

（138）Cf. Haakonssen, *op. cit.*, pp. 136-147.

（初出　横浜市立大学紀要　一九八三年）

第四章 『法学講義』の方法

一 法学固有の問題

(一) ケース―環境分析と共感論

(1) Aノートは、このように、市民社会形成原理としての自然法に『感情論』の共感原理を適用することによって、共感原理に基づく法の理論を展開しようとしたものであった。しかし、『感情論』と異なる『講義』の意義と特色は、こうした形で法の問題に『感情論』原理を適用した点それ自体にあったのではない。共感原理に基づく正義の一般的諸規則としての法が具体的に規定された特定の（specified）法律となるためには、法の具体的前提ないし条件としての「人間本性とその環境（human Nature & its circumstances）」の考察が必要であり、法学固有の問題は何らかの原理に立脚する法の一般諸規則の妥当する諸ケースをその環境（circumstances）との関連において検討することを通して、具体的に規定された法を確定する点にあるからである。

こうしたケース―環境分析が法学固有の主題であることは、ケイムズがエクイティの原理をコモン・ローの徹底したケース—環境分析から導いていたことからも明らかであるが、[1] スミスもBノートの「緒言」で、グロティウスの書物は、「いかなるケースに戦争が正当化されうるかを決定するための……〔あらゆるケースの〕一種の決疑論的な書物である」とし、そこで「国家が……損害を蒙ったあらゆるケースに戦争が合法的であると規定」したことが「彼を自然に導いて諸国家の構成と市民法の諸原理、主権者と臣下の諸権利、犯罪、契約、所有権その他法の対象となる事柄の本性の考察に向わせた」（LJ（B）, 1—2. 傍点引用者）とのべている。この言葉はケース分析が法学固有の主題であることを象徴しているが、ケース—環境分析が法学において問題になることの一つの根拠としては、法の具体的適用のための環境分析の必要が考えられる。いわゆる情状酌量がこれである。裁判官は、個々のケース（訴訟事実）をその事情（環境）との関連において考察（判断）することによって、法の運用をする。スミスにも、こうした法の具体的適用（運用）のためのケース—環境分析の事例が全くみられないではない。しかし、スミスが後述のようにAノートでケース—環境分析に意をそそいだのは、こうした情状酌量のためでも、ケース分析（判例研究）が法学本来の方法であるためでもない。彼が『感情論』の第三部で展開した「一般諸規則」の経験的形成論は、スミスのケース分析の主題がこうした法の一般原則の適用論ではないことをはっきりと示している。スミスは、「正邪に関する人類の本源的な判断が、法廷の決定のように、最初に一般規則を考え、次に第二番目に、考察中の特定の行為が正しくその包摂範囲の中に入るかどうかを考察することによって形成された」（TMS, 1 ed., III. ii., p. 269）と考えるのは、根本的に間違っているとしているからである。その彼がAノートでケース分析に大きく関心したことの一つの背景としては、何よりもまず当時のスコットランド法学の伝統が考えられねばならない。

(2) 一七世紀のイングランドのローマ法学者、アーサー・ダック（Arthur Duck）によれば、「イングランド人は、彼ら自身の都市の法律だけで係争を処理しているのに、スコットランド人は、他のヨーロッパの諸国民と同様に〔ローマの」市民法を使っている」[2]といわれる。スコットランド法がこのようにローマ法を典拠としローマ法を組織的に導入することによって自国の係争を処理したのは、「ローマ法が多くの点において一八世紀のスコットランドの社会・経済環境に適用するのに適していた」[3]反面、スコットランド自体には自国の実態＝慣習に即した地域本来の土産の法・慣習（local, native laws & customs）としての成文法が欠如していたためであった。クレイグ（Sir Thomas Craig）が『封建法』の中で強調していたように、「多くの国々では、ローマ法は地域特有の法律（local law）では不十分な場合に参照さるべき残基的な法律とみなされているのに対し、スコットランドでは他国よりローマ法を参考にする機会が多く」[4]みられたのは、そのためであった。しかし、スコットランド人にとってもローマ法は、あくまでも自国の慣習以上の規則ではありえないため、スコットランド人も法の適用にあたっては、典拠としたローマ法と自国の環境との異同をつねに問わざるをえないことになったのであった。イングランドのようなコモン・ローの伝統がなかったスコットランドにローマ法の一般諸規則が妥当するかどうかをめぐって、さまざまなケース―環境分析が行われた最大の根拠はそこにあったのではないかと推測される。スコットランド人は、自国の風土、慣習に即した特定の法律（specified law）をもたなかったため、典拠としてのローマ法とスコットランドの現実とのギャップ、その間の差異を調整するため、後述のハチスンの法思想にもみられるように、法の解釈・適用にあたって、つねに一般諸規則がそのまま妥当する「通常のケース」か、それが妥当しない「例外ケース」かのケース―環境分析をする必要に迫られることとなったのである。合邦後、イングランドのコモン・ローの影響を受けるようになったスコットランドの法思想が、ステア（Lord Stair）その他の法思想にもみられるように、すぐれて経験的で、実定法の環境被規定性を認めていた次第を理解する一つの鍵はそこにあると推測されるが、イングランド法とスコットランド法に精通していたスミスの法[5]思想を考察する場合、こうしたスコットランド法の伝統が考慮されねばならないことは明らかである。スミスが、こうしたスコットランドの思想風土の下で、モンテスキューやケイムズその他の先行思想に影響されながら[6]、自らの法思想を形成していったであろうことは、否定すべくもないからである。とりわけケイムズが『法史考』や『衡平法原理』で展開したケース—環境分析の手法がスミスに大きな影響を与えたであろうことは想像にかたくない。

しかし、スミスがAノートで徹底したケース—環境分析を行うに至ったのは、こうしたスコットランド法の思想伝統やイングランドのコモン・ローの影響だけによるのではない。スミスがAノートでケース—環境分析を法学の方法とした最大の根拠は、何よりもそれこそが共感原理に基づく自然法の「特定の規則（*special* precept）」発見のための不可欠な条件であるためである次第が大きく注目されねばならない。スミスは、共感原理に基づく自然法の体系の具体的展開、とくに後天的取得権としての所有権を中核とする法と統治の理論を構築するためには、法が共感から導かれるさまざまなケースをその環境との関連において考察することが必要であると考えていたが、彼がそう考えた一つの根拠は、法と統治の理論の基礎をなす所有権が、既述のようにパースンの自然権とちがって、後天的取得権（adventitious or acquired right）として、歴史的環境によって規定されざるをえない点にあった[7]。しかし、スミスが、同じように所有権を後天的取得権と規定しながら歴史分析をしなかったハチスンとちがって、環境の考察を不可欠と考えた根本原因は、より以上に彼が法の原理とした共感の受動性・環境被規定性にあった次第が注意される要がある。

(3)　第一章で考察したように、スミス共感論の基底をなしていたハチスンの道徳感覚は、「対象の存在から必然的に何らかの観念を受け取る自然の知覚力」として、それ自体としては「受動的な力能」でしかない点にその基本的特性をもつものであった[8]。ハチスンの道徳感覚は、こうした「受動的力能」としての「内部感覚」に基づく自己の心内現象（内的経験）の内観（introspection）を通して、他人の行為や性向の道徳性を判断する道徳判断原理として構想されたものであったが、それはこうした道徳判断能力としての道徳感覚が人間の先天的な感覚であるとしていた点で、致命的な弱点をもつものであった。ヒュームとスミスの共感論は、このハチスンの道徳感覚を機能化し、その実体性を否定する一方、それを連合原理によって心理学的に精密化することによって、ハチスンの道徳感覚を自己の内的経験の内観を通して「他人の内的経験を認識」する認識・交通原理としての共感にまで高めたものであるが、[9] この共感は、その出自としての道徳感覚と同じく、それ自体としてはあくまでも受動的な「自然的知覚力」にすぎないものであった。[10] ハチスンに対するスミス共感論の積極性は、こうした受動的力能としての共感（道徳感覚）から行為者の側における仁愛動機を前提せずとも道徳感情が成立しうる次第を証明することによって、共感を道徳判断ならびに法の原理とすることを可能とした点にある。彼が道徳感情としての「適宜性の感覚」や「功績に価しうることの感覚」を共感（感覚）のみから導いていたのがその何よりの証左であるが、この道徳判断ならびに法の原理としての共感は、行為や感情の適宜点を個々のケース（そのときどきの個別的状況）に即して個別的に判定（判断）する感覚原理にすぎず、そのような感覚に基づく道徳ないし法の内実そのものを具体的に規定するものではないことが注意される要がある。道徳的な感覚ないし感情としての共感は、どのような行為や感情が適宜性や功績可能性をもちうるかを個々のケースに個々の当事者が置かれたそのときどきの具体的な《状況》の中で個別的に判定する受動的な感覚にすぎず、そのような感覚によって導かれる倫理ないし法の具体的内実、その「一般諸規則」は、さまざまな環境における共感⇓法のケース―環境分析を通して特定化される他ないからである。道徳感覚原理に基づく法の理論の構築（自然法の再構成）を意図したハチスン、ヒューム、スミスが一様に「人間本性とその環境」の具体的観察に基づく法の理論の形成を意図した理由はそこにある。

こうした人間本性とその置かれた環境の観察を通してその上に法を導く思想それ自体は、自然法の伝統に属するもので、一八世紀になってはじめて登場したものではない。一八世紀の啓蒙思想家はこの伝統を継承したものにすぎないが、ハチスンにはじまる道徳感覚学派の意義と特色は、こうした「人間本性とその環境」の考察に基づく法の原理の研究を、共感原理の妥当する個別的なケース—環境分析に即して行った点にある。道徳感覚ないし共感をライト(正義=権利)の原理とし、その上に倫理と法を導こうとした道徳感覚学派は、人間本性一般の理性的考察を主としていた一七世紀の自然法学者とちがって、道徳感覚ないし共感原理の妥当するさまざまなケースをその環境との関連において考察することを通して、その上に法の一般理論を構築しようとしていたのである。

スミスの法学はこうした道徳感覚学派の伝統を継承したものに他ならないが、この学派の創始者としてのハチスンは、既述のように、内部感覚としての道徳感覚に基づく道徳判断の道徳性を保障するため、行為者の側における仁愛動機を行為の道徳性の条件とし、公共の効用を道徳判断ならびに法の究極の基準ないし原理としたのであった。そうしたハチスン道徳哲学の仁愛論的性格をきびしく批判することから出発したヒュームも、感覚としての共感に基づく道徳判断の客観性を保障する道を共感感情それ自体のうちに見出すことができなかったために、逆にハチスン以上に徹底した功利主義に走らざるをえなかったのであった。ハチスンとヒュームは、スミスと同じく人間本性とその環境の共感原理に基づく個別的なケース—環境分析を意図しながらも、道徳判断の客観性の根拠を(道徳)感覚そのもののうちに見出すことができなかったために、結局は(道徳)感覚〔共感〕原理に基づく法の理論の構築の課題を中途で放棄せざるをえなかったのである。こうしたハチスンやヒュームの道徳感覚理論の主観性に反撥したケイムズも、道徳感覚を共通感覚化することによって、この矛盾を揚棄しようとしたため、常識による法批判にとどまらざるをえなかったのであった。

(4) こうしたハチスンとヒュームやケイムズの道徳感覚理論に対するスミス共感論の基本的特色は、共感に基づく道徳判断(moral evaluation)の原理を観察者が当事者の状況(situation)を考察した場合に「ついてゆく」ことができるかどうかに求めた点にあった。そうしたスミス共感論の特質を端的に示しているのが、「共感は、情念をみることからよりも、それをかき立てる状況をみることから生まれる」（TMS, I. i. 1. 10）という、有名な幼児の呻き声を聞く母親の例に象徴される思想である。共感は、表情観察（結果からの推理）からよりも、状況の考察（原因からの推理）から生まれるとするこのスミスの理論が、共感を原因からの推理と結果からの推理から導いていたヒューム共感論を批判的に継承したものとして、ヒュームを直接の批判対象としていたことは、新村聡氏やホーコンセンの指摘する通りである。[11] スミスは、ヒュームの共感論に「状況の論理」を導入し、共感の本質が「状況の考察」にあることを明らかにすることによって、感覚に基づく道徳判断の客観性の根拠を状況のうちに求めることを可能にしたのである。しかし、このことは、スミスが道徳判断の客観性の根拠を状況そのものに求める単純な環境説をとっていたことを意味するものではない。彼が共感の本質を状況の考察に求めたのは、共感に基づく道徳判断の客観性の基準、換言すれば、感覚としての共感が「適宜性の感覚」ないし「功績可能性の感覚」としての道徳感覚になる点を当事者の行為や感情の「状況に即した適宜性」に求めたためである。[12] このスミスの考え方は、道徳感覚原理に基づく道徳的「評価の合法性を、評価の背後の感情の表現に具体的形態を与える特定の社会的状況のうちに尋ねよう」[13]としながら、それに成功しなかったために、結局は評価の原理を効用に求めたヒュームの共感論に状況の論理を導入することによって、共感に基づく道徳判断の客観性の根拠ないし共感の主観性克服原理を当事者の行為や感情の「状況に即した適宜性」に求めることを可能にするものであった。彼が、当事者の置かれた状況（環境）を考察した場合に、観察者が当事者の行為や感情に「入ってゆき（enter into）」「ついてゆく（go along with）」ことができるかどうかを問題にし、それが可能な地点に道徳判断の客観性の根拠を求めた理由はそこにあったといえるであろう。

(二)『道徳感情論』と『法学講義』の関係

(1) スミスの共感論は、道徳判断の客観性の根拠を状況の論理に求めるものであったのであるが、道徳判断ないし法の原理が、ハチスンやヒュームの考えたような効用にではなく、行為や感情の状況に即した適宜性のうちにあるとするとき、共感に基づく道徳判断を導くためには何よりも当事者の行為や感情が適正であるかどうかを個々の個別的なケース―環境に即して観察することが必要になることは明らかである。スミスが『道徳感情論』以前にすでにこうした考え方をしていたことは、彼が『修辞学・文学講義』でも人間理解の鍵を共感に基づく環境の研究に求めていたことからも明らかであるが[14]、この認識を具体的に展開したのが『感情論』であることはいうまでもない。

『感情論』の共感論が「想像上の立場の交換(imaginary change of situation)」の論理を中核にしていることは周知の事実であるが、『感情論』を注意深く読むと、第一部の冒頭から、そうした立場(状況)の交換に基づく共感の具体的な方法として、「もしわれわれが彼のケースにいたとするならば」とか、「そのケースを自分のものとして考える(bring the case home to ourselves)ことによって[15]」というような、ケース用語が使われていることが注目される。スミスは、われわれが立場を変えて自分のケースに当てはめてみて、あるいは、自分を他人のケースにおいて、「そのあらゆる多様な環境を自分のものとして考えてみた場合[16]」に当事者の行為や感情についてゆけるかどうかを問題にし、それができれば、その行為や感情はその状況に即した適宜性をもち、従って徳性をもちうると考えたのである[16]。立場の交換とは、「われわれがわれわれ自身を彼のケースに置いて」(TMS, I. i. 1. 10)、彼の事情(環境)を考察することであったのであるが、適宜性の感覚としての道徳感情の客観性の根拠が既述のような「状況に即した適宜性」にあるとした場合、共感に基づく道徳判断を導くためには、当事者の置かれた環境をそれぞれの個別的なケースに即して具体的に考察することが必要になることは明らかである。『感情論』第一部から「状況」用語とならんで、「ケース」―「環境」用語が頻繁に登場していたのは、そのためであったのである。

しかし、このように立場をかえ、当事者のケースをわがものとして、その環境を考察した場合にわれわれが go along with した当事者の行為や感情が、当事者の置かれた状況に即した適宜性をもっていると真にいいうるためには、実際にはたんなる自―他の直接的な二者関係だけではなく、さまざまなケースの対比的考察が必要になるであろう。道徳感覚に基づく道徳判断の客観性の基準をハチスンやヒュームやケイムズのように効用や共通感覚に求めず、当事者の行為や感情の状況に即した適宜性に求める場合、われわれが「当事者のケースを自分のものとして考えた場合」(TMS, V. 2.5) についてゆけるだけでは必ずしも十分ではなく、共感に基づく道徳判断の客観性を保障するためにはさまざまなケースとその環境の対比的考察が不可欠になるからである。スミスが『感情論』の第一部からいち早く、「これらの諸ケースには」、「そのような諸ケースには」、「大抵のケースに」、「一方のケースには……他方のケースには」という形で、さまざまなケースの対比的考察を行った理由はそこにある。彼は、『感情論』で、当事者の「ケースを自分のものとして考え」、その環境を考察することからはじめて、さまざまなケースとその環境の対比的考察を行うことを通して、共感に基づく道徳判断の客観性を保障しようとしたのである。

(2)　共感の本質を状況の考察に求めるスミスの共感論は、このように共感⇒法の個別的なケース―環境分析の要請を内蔵するものであった。『感情論』の中心主題は、既述のように、こうしたケース―環境分析に媒介された(道徳)感覚原理に基づく倫理の根本原則(「適宜性の感覚」に基づく倫理学)の確立(第一部)の上に、行為の「功績可能性の感覚」に基づく正義=法の原理を提出する点にあったのであった。スミスは、『感情論』の第一部で、状況に即した適宜性の感覚に基づく道徳の原理を感覚としての同感から導くことによって、道徳感覚に基づく道徳判断の前提条件に行為者の側の仁愛動機を想定していたハチスン倫理学の根本観念（『体系』と『綱要』の第一巻）を批判した上で、第二部の正義論で、ハチスン自然法学（『体系』と『綱要』の第二巻）の仁愛論的前提そのものの積極的批判を行っていたのである。『感情論』がたんなる倫理学にとどまるものではなく、法学方法叙説としての性格を合せもっていると考えらるべき根拠はそこにある。しかし、このことは、必ずしも『感情論』が法の理論そのものの形成を意図したものであることを意味するものではない。『感情論』は既述のように共感原理に基づく法の原理を示すものであったが、にもかかわらず、それは共感原理に基づく法の具体的内実（具体的に規定された法）を示すものではないことが大きく注意される要がある。『感情論』は、観察者の共感を原理とするわれわれの胸中の「正義についての自然的感覚」（TMS, VII. iv. 36）に基づく正義の法がどのようなものであるかを二人の当事者と観察者の三者関係の個別的なケース―環境分析を通して明らかにする原理を示し、さらには、その具体例を〝例示〟したものではあるが、それはあくまでも原理の例示にすぎず、その原理の具体的展開として共感⇒法のさまざまなケース―環境分析の上に構築される具体的に規定（specify）された特定の法の理論そのものではないからである。[17] かりに、それが法そのものの理論であるとした場合、それはせいぜい法三章的な法の一般原理論、ないし、人間本性の一般原理に立脚しているだけで歴史的な規定性をもたない「普遍的自然法（*universal* laws of Nature）」にすぎないといえるであろう。

(3) その点に関連して、われわれは倫理学としての『感情論』と法学としての『講義』の本質的な性格のちがいに注目する要がある。倫理学としての『感情論』の主題は、共感原理に基づく道徳判断の客観性の根拠が「状況に即した適宜性」（換言すれば、観察者が自分を当事者のケースにおいてみて、その環境を考察した場合についてゆける点）にあることを明らかにすることによって、観察者の共感が倫理の根本原理たりうることを論証する点にあったのであった。彼がそのための具体的方法として展開したケース―環境分析は、こうした共感原理に基づく道徳判断の客観性を保障するための補助的媒体としての役割を果たすものにすぎず、そのようなケース―環境分析の上に特定の倫理の体系ないし一般規則を細かく規定することは、むしろ共感⇒倫理の根本精神に反するものとして、原理的に否定されていたのであった[18]。それが倫理学としての『感情論』のケース―環境分析の基本性格をなすものであった。

こうした『感情論』の基本性格は、ハチスン道徳哲学体系批判原理論としての『感情論』の中心主題をなす第二部の正義論でも同じで、第二部の正義論は、正義の徳がハチスンが想定していたような仁愛動機を前提せずとも、状況に即した適宜性をもった「適切な動機（*proper* motives）」に立脚しさえしていれば成立しうることを明らかにした上で、正義の原理が被害者の憤慨に対する観察者の共感のうちにあることを示したものであった。それは、共感原理に基づく正義の法の根本原理が、身体や財産を侵害された被害者の憤慨に対する観察者の共感の「状況に即した適宜性」のうちにあり、それが双方の当事者の置かれた状況についての個別的なケース―環境分析を通して認識されうることを明らかにしたものとして、スミス法学の根本原理をなすものであったが、ここでもケース―環境分析は上述のごとき憤慨⇒共感という感情原理に立脚する「正義の感覚」の客観性を保障するための手段として考えられていたにすぎないものであった。『感情論』第二部の正義論は、スミス法学の根本原理をなすものではあっても、人間本性とその環境の観察に基づく特定の法の理論の構築を主題とするものではなかったのである。『感情論』の正義論の基軸をなす第二部第一―二編に、第一部ですでに可成り頻繁に登場していた「環境」用語が全くみられない理由を理解する一つの鍵はここにあるといえよう[19]。

しかし、正義の徳は、他の諸徳とちがって、「それについては、一般的諸規則が、最大の正確さをもって、それが要求するすべての外面的行為を決定」（TMS, 1 ed., III. iii., p. 307―8）する要がある。社会の主柱としての正義の徳は、文法のごとく正確に、例外を許さずに遵守される要があるし、力で強制されうるが、そのためには具体的に規定された法律を制定する必要がある。『講義』の法学は、こうした他の諸徳と異なる正義の徳の要請に応えるものとして、彼が『感情論』でしたような抽象的・一般的な法の原理の構築にとどまることなく、国民全員を拘束する具体的に規定され特定化された法の一般理論の構築を主題としたものであるが、このように特定化された法の理論を構築するためには人間本性の発現をその環境との関連において考察する必要があることは、すでにみた通りである。とりわけ、後天的取得権としての所有権を基軸とする「法と統治」の理論形成のためには、その基盤をなす環境の研究が不可欠であることは明らかである。『講義』が、人間本性とその環境の観察に基づく共感⇓法の具体的なケース－環境分析を中心主題としていた理由はここにある。法は、人間本性の原理とその環境を素材とし、それによって規定されるものであり、共感⇓法のさまざまな個別的なケース－環境分析に媒介されてはじめて具体的に特定化（specify）されうるものであるからである。

しかし、このことは、スミスが、一七世紀の自然法学者と同じように、法を人間本性とその環境の観察から直接導いていたことを意味するものではない。道徳感覚学派、とくに『感情論』の原理に立脚するスミス法学の基本は、こうした具体的に規定された法の一般理論を共感⇓法の徹底した個別的ケース－環境分析の上に構築しようとした点にあったからである。観察者の共感を原理とする共感⇓法のさまざまなケース－環境分析を通して、法の「特定の内容」[20]を明らかにしようとするこうしたスミスの方法には、ケイムズの『衡平法原理』の方法に対する批判的意図もあったのではないかと推測されるが、こうした『感情論』原理に基づく特定の「法と統治」の理論の構築が、『感情論』と異なる『法学講義』独自の固有の主題であることは明らかである。『講義』は、『感情論』の共感原理に基づくものではあるが、共感原理に基づく法と政府の理論の具体的展開のためのケース－環境分析を基本とし、ケース－環境分析に基づく自然法の特定の内容の具体的確定を中心主題にしている点で、『感情論』とは決定的に主題を異にするものであったのである。第四節で具体的に検証するように、Aノートに『感情論』とは比較にならぬほど数多く「ケース」「環境」用語が登場し、さまざまなケースの対比的考察を通して法の理論が展開されている所以はここにあるといえるであろう。『法学講義』は、共感⇒法のさまざまなケースをその環境との関係において考察することを通して、自然法の特定の内容を確定しようとする試みであったのである。

(4)　『感情論』と『講義』は、このようにその基本性格を異にするものであったが、右の事実は必ずしも『感情論』には法の理論そのものは全く展開されていなかったことを意味するものではない。逆に、『感情論』でも第二部第三編の「人類の感情に与える偶然《フォーチュン》の影響論」では、「抽象的には」「何らかの行為に正当に与えられうるすべての称賛ないし批難、すべての是認または否認は、それがどんな種類のものであれ、心の意図または意向に、企図《デザイン》の適宜性または不適宜性、仁恵性または有害さに究極的には帰属するにちがいない」（TMS, II. iii. intro. 3）としても、「個々のケースになると」結果〔偶然〕に左右されるとして、ケース分析の必要が説かれ、第二部の第一―二編では一時的に消えていた「環境」用語が改めて登場し、ケース分析に基づく懈怠〔不法行為〕論が法の原理として展開されている。この第二部第三編の思想は、前章で詳説した『講義』の懈怠論の原型をなすものとして、『法学講義』序説としての『感情論』の基本性格を端的に示しているが、所詮は序説以上のものでないことは明らかである。こうした『感情論』の法の理論としての基本的限界をこえて、『感情論』の共感⇒法の原理に基づく法と政府の理論を具体的に構築するために、自―他の直接的な立場の交換をこえたさまざまな「ケースの事情《サーカムスタンス》〔環境〕を聞いて」（LJ（A）, iii. 48）、その環境に合った自然法の特定の内容を確定しようとしたのが『講義』である。

こうした『感情論』と『講義』の関係を一言に要約するとすれば、両者の関係は、法の原型と法の一般理論との関係に帰着するといえるであろう。『感情論』の意義は、「各人が自らの胸中にもち、他人のうちにも見出すことを期待する正義についての自然的感情」（LJ（A），v. 110）を観察者の共感理論によって深めた点にあるが、共感は文字通り正義・法の原理にすぎず、それが具体的に特定化された法と統治の理論となるためには、共感⇒法のさまざまなケースをその環境との関連において具体的に考察することを通して、与えられた環境に適合した自然法の特定の内容を確定する要があることは、すでにみた通りである。『講義』の主題は、こうした法学固有の主題である特定の「法と統治」の理論が、法の原理・原型としての観察者の共感からいかにして構築されてきたかを発生史的に考察することによって、共感原理に基づく法と統治の理論を展開しようとした点にある。『感情論』と『講義』の関係は、その意味では『感情論』の観察者の共感原理に基づく「正義の自然感情」がどのようにして長い歴史の間に具体的な法律の形態をとるに至ったかという価値形態論の展開という視角からもとらえることができるであろうが、その具体的展開が前章で詳説した『講義』の法理論であることはいうまでもない。スミスは、『感情論』で法の原理・原型が観察者の共感を原理とする胸中の「正義についての自然的感情」のうちにあることを明らかにした上で、改めて『講義』でそれが特定の法と統治の形態をとるに至った過程を発生史的に考察することを通して、市民社会の社会環境に即した適宜性をもたぬ法慣習を歴史的に批判しようとしたのである。

二　ハチスン法学の方法

(1)　このようなAノートの方法が自然法のそれと異なることは明らかであるが、こうしたケース―環境分析に基づく法の一般理論形成の意図は、必ずしもスミスの独創ではない。スコットランドの法学者たちは、既述のような理由で、典拠としたローマの市民法とスコットランドの実態や慣習との調整を図るためのケース―環境分析の必要に迫られていたばかりでなく、スミスが中心的な批判ないし注解の対象としていたハチスンや、スミスに先立ってスコットランドの法改革を主題としていたケイムズも、基本的にはスミスと同じ道徳感覚に基づくケース―環境分析を行っていたからである。[21] そこで次に、スミスの方法の意義と独自性を明らかにするため、一八世紀のスコットランド啓蒙思想家の共通の出発点をなしていたとみられるハチスン法学の方法について少しく関説しておくことにしよう。

ハチスンの法学は、既述のように、法を道徳感覚から導く一方、法の原理は公共の効用にあるとする点に基本的特色をもつものであったが、彼は、こうした道徳感覚原理に基づく法の理論の展開にあたって、法の認識原理としての道徳感覚の受動性と、その帰結としての道徳感情の多様性をはっきりと認めることから問題を出発させていたのであった。彼は、内部感覚としての道徳感覚が、人間に内在する普遍的原理であることを主張しながらも、外部感覚と同様、「対象から……観念を受取る受動的力能」[22] にすぎないため、それに基づく道徳判断は環境によって大きく変らざるをえないことをはっきりと承認していたのである。道徳感覚⇒法の理論の構築を意図したハチスンが、人間本性とその環境の考察をその自然法学の中心主題にした根本の理由はここにあったといえるであろう。彼は、「道徳感覚がどんなに均一であっても」[23]、環境がちがえば是認は異なるから、道徳感覚原理に基づく法の理論を構築するためには、何よりもまず環境の解明が必要であると考えたのである。[24]

自然法の道徳感覚化を主題としたハチスンが、スミスと同じ法のケース―環境分析に関心することとなった根本の理由はここにあるが、彼が『体系』の第二巻の自然法論の主題をその冒頭の第一章の表題が示すように行為の道徳性に及ぼす「環境（circumstances）」の考察からはじめているのも、こうした彼の考え方を象徴するものといえるであろう。ハチスンは、その『道徳哲学体系』の第二巻の自然法論の主題を、第一巻の人間本性論（倫理学）で明らかにした道徳感覚原理に基づく人間の行為の道徳性に及ぼす環境の影響を論じることからはじめ、それに続く第二―三章でそうした道徳感覚原理による人間の行為の具体的なケース—環境分析に基づく「行為の道徳性を判断するさいの一般諸規則（General Rules）」と、それに基づく「権利と法（Rights & Laws）の一般観念」を明らかにしたのち、はじめて第四章以下の自然法論に入っていたのである。[25] このようなハチスン自然法学の基本構成は、彼が自然法の問題を道徳感覚原理に基づく人間の行為の具体的なケース—環境分析の上に、その一般諸規則論として展開しようとしていたことを示すものといえるであろう。彼が第四章以降の自然法（私法）論で、道徳感覚に基づく法の「一般諸規則」としての自然法の「特定の規則（*special* precept）」解明のための具体的なケース—環境分析を行った理由はここにある。ハチスンは、自然法の根本原理は不易でも、「あらゆるケースにわれわれを拘束する……普遍的規則は存在しない」ので、われわれの生活の指針をうるためには具体的に規定（specify）された「特定自然法（*special* laws of Nature）」を発見しなければならないが、そのためにはさまざまなケースと環境の分析に基づく「人間の内面の構造（our inward constitution）」の考察が必要であると考えたのである。[26]

(2) このようなハチスンの思想がスミスのそれと基本的に同質的であることは明らかである。ただ、ハチスンの場合には、スミスのように観察者の共感を適宜性の判定基準とする視点が確立されていないため、環境が、公共の効用と共に、直接、行為の道徳性の判定基準の一つとされていることが注目される。彼が、慈善や施しの量も事情（環境）がちがえば異なるのは当然であるとして、行為の道徳性の判定基準を観察者の共感にではなく、環境そのものに求めていたのも、そうした考え方を示すものといえよう。[27] ハチスンは、いまだスミスのように観察者の共感を感覚原理に基づく道徳判断の客観性の原理とする視点を確立しえなかったために、行為の道徳性を環境分析を通して直接的に明らかにしようとしていたのである。しかし、われわれはすべての場合に妥当する〔推理の〕結論をみつけるために、「ありうるあらゆるケースと環境を観察することはできない」ので、「われわれはすべての通常のケースに善に役立つと考えることから一般規則ないし戒律を形成する」[28]ことが必要であると、彼は考えたのである。そこに形成されるのが、彼のいう「特定自然法（special laws of nature）」である。しかし、ハチスンは、こうした通常のケース（ordinary cases）の一般諸規則の制定に満足せず、「若干の稀なケース」におこる「例外も、一般規則と同様に、法の一部である」[29]として、「多くのケース（in many cases）」の原則が妥当しない例外ケースの分析にまで進んでいる。そうしたハチスンの思想を最も端的に表現しているのが、「何かの稀な必要から生まれる特別な権利（extraordinary Rights）」について論じた第二巻第一七章（『綱要』では第一六章）の理論である。彼はそこで緊急時における他人の所有物の使用や、多数者の生命を救うための殺人その他のケースまで、事細かく論じている。ハチスンは、「特定自然法」の義務の多くはすべての通常の場合《ケース》にわれわれを拘束するが、特別の必要のある場合《ケース》（extraordinary cases of necessity）には必ずしも妥当しないと考えたために、そうした例外ケースをも「法の一部」として考察しようとしたのである。

このようなハチスンの考え方が、観察者の共感に基づく道徳判断の「状況に即した適宜性」を明らかにするためのケース—環境分析を主題としていたスミスのそれとちがって、多分に決疑論的性格をもっていることは明らかである。周知のように、スミスは『感情論』の第六部（六版七部）の第四編で決疑論をきびしく批判しているが、ハチスンの議論はケイムズの『衡平法原理』のエクイティ論と同じくいまだこうした決疑論的なケース分析の枠をぬけ出ていなかったのである。スミスが『講義』で上のハチスンの第二巻第一七章の主題に論及しなかった理由の一つはそこにあると考えられるが、彼が『感情論』第三部で、一般諸規則の経験性を強調し、正義の一般諸規則と他の諸徳のそれとを区別し、後者は多くの例外を認めるのに、前者は一切の例外を認めないとしていたことも、こうしたハチスンの一般諸規則論を暗黙の批判の対象にしたものであったといえるであろう。[30]ハチスンは、法の一般原則の妥当する「通常のケース」と原則の妥当しない「例外ケース」とに分けてケースの異同を考察することを通して、正義とその他の諸徳を含めたあらゆるケースに適用されうる法（自然法）の一般理論を形成しようとする決疑論的な視点にとどまっていたのに対し、スミスは、正義の一般諸規則と他の諸徳のそれとを明確に区別し、正義以外の徳の規則は「厳密でなく、曖昧、不明確で」（TMS, 1 ed., III. iv., p. 310）、「一万もの例外を許容する」（*ibid.*, p. 306）ため、厳密には規定しえないことを明らかにすることによって、慈善や施しの量をも環境によって規定しうるとしたハチスンの一般諸規則論を批判したのである。彼が「ほとんどすべての徳の一般諸規則、慎慮や慈善や寛大さや感謝や友情の職分が何であるかを決定する一般諸規則は、多くの点で厳密でなく、不正確で、多くの例外を許容し、極めて多数の修正を必要とするので、一般諸規則への顧慮によってわれわれの行為を完全に規制することはほとんど不可能である」（*ibid.*, p. 305）とのべたとき、スミスがケイムズとならんでハチスンを思い浮べていたことは確かであるといえよう。

(3)　ハチスンのケース論で注目すべき点は、こうした欠陥にもかかわらず、彼が上述のような行為の道徳性に対する「環境」分析の重要性の認識から市民社会分析を導いていた点にある。既述のように、ハチスンは『体系』の第二巻自然法論の主題を行為の道徳性に影響する事情《サーカムスタンス》（環境）の問題から説きはじめていたが、彼はそのような環境論の一環としての第二巻第四章の自然状態論(31)で、われわれの利己的な欲求や情念の激しさを抑えるには「外的事物に関する人類の環境を正しく考察すること(32)」が必要であるとして、市民社会の環境分析に入っている。彼はそこで人間の生存維持に必要な外的事物を獲得するための「アーツと労働（arts & labor）と仲間の好意的助力(33)」の必要から説きおこして、相互助力と分業に基づく協業（joint labor）の長所《メリット》認識にまで進んでいる。

このハチスンの思想は、全体として、われわれの生存と生活の便宜のための社会生活と仲間の助力の必要性から説きおこし、その上に「市民社会」形成の必要根拠を基礎付けたカンバーランドとプーフェンドルフの思想を基軸にしたものであったが、彼らよりはるかに分業認識が進んでいることが注目される。『講義』の「行政《ポリース》」論の経済分析、とりわけ、その基礎をなす分業論は、このハチスンの市民社会論（と、その原理としての『体系』第二巻第五―八章の所有論とその交換・契約に伴う問題としての第一二―一三章の経済論）をベースにして、その上に展開されたものであった。[34] ハチスンは、カンバーランドとプーフェンドルフに従って、人間相互の社会的交通の場としての市民社会が所有の交換・分業関係から成り立っていることをはっきりと認識していたのであるが、スミスの経済学―その中核をなす彼の分業論は、ハチスンの経済理論そのものよりも、その基底をなしていた市民社会理論の伝統の中から、その批判的展開として登場してきたものであったのである。スミスの行政（経済）論のベースをなしていたハチスンの分業論が、『体系』の第二巻第一二章の経済章においてではなく、第四章の市民社会論の中で展開されていたことも、この事実を傍証するものといえるであろう。

ハチスンとスミスの相違点は、ハチスンがカンバーランドに従ってこうした相互助力関係から成り立っている分業・交換社会としての市民社会の秩序を維持するためには、尽力（good offices）の交換―そのための相互仁愛（mutual benevolence）が必要であるとしていた点にある。このハチスンの思想がケンブリッジ・プラトニスト以来の仁愛⇒市民社会論の系譜を継承したものであったことは第一章で明らかにした通りであるが、スミスが『感情論』の第二部で展開した「相互尽力（mutual good offices）」[35]批判（TMS, II. ii. 3. 1―2）は、このような伝統に立脚したハチスンの仁愛理論を批判の対象にしたものであった。『講義』の経済《ポリース》論は、こうした『感情論』のハチスン仁愛市民社会論批判を踏まえた上で、改めて、ハチスンの市民社会論をより社会科学的にとらえ直そうとしたところに成立したものであったのである。

スミスの経済学は、行為の道徳性を判定するための外的環境分析としてのハチスンの市民社会分析を契機として成立したものであったのであるが、ハチスンは、こうした道徳感覚に基づく外的環境分析としての市民社会分析の上に、スミスが『講義』で注解の対象にした第二巻第五章以降の私法論を展開していたのであった。道徳感覚分析と市民社会分析とはこのように密接に結びついていたのであるが、こうした道徳感覚原理に基づく「環境」分析と市民社会分析との関連は、ヒュームがスミスよりもより直接的な形で、上述のハチスン理論を下敷にして、それに対する批判として、その正義論と市民社会論を展開していた点にも示されているといえるであろう。近代の社会科学は、道徳感情原理に基づく法の理論確立のためのケース―環境分析を一つの契機として成立したのである。

(4) ハチスンの道徳感覚理論は、このように「人間本性とその環境」の観察・研究を通して、法学から経済学に至る道を歩みはじめていたのであるが、にもかかわらず、ハチスンにおけるケース分析の実態は、既述のようにスミスのそれとちがって多分に決疑論的な性格をもったものでしかなかったのであった。ハチスンが道徳感覚原理に基づく法の一般諸規則の構築を意図し、そのためのケース―環境分析を行いながら、ハチスン法学の内実が、実際には前章でみたように自然法的理性主義の継承にとどまっていただけでなく、スミスとちがって、歴史的経験性を欠如していた理由を理解する一つの手掛りはここにある。しかし、ハチスンのケース理論がこうした限界性をもったものでしかなかった理由を理解する最大の鍵はやはり、彼が法の認識（導出）原理とした道徳感覚の客観化の原理を見出すことができずに、法の原理を公共の効用に求めていた点にある。スミスのように、道徳感覚（感情）原理に基づく法の客観性の根拠が「状況に即した適宜性」に求められる場合には、それを発見するための徹底したケース―環境分析が必要になるが、公共の効用が法の究極の原理であれば、個別的なケース―環境分析は、公共の効用を判断基準とする一般原理の適用における情状として以上の意味はもたなくなり、徹底したケース―環境分析は必ずしも必要ではなくなるからである。ハチスンがあらゆるケースの決疑論的な分析を意図しながら、その内実が「一般諸原理」の妥当する「通常のケース」と「例外ケース」の決疑論的な分析でしかなかった所以はここにある。こうしたハチスン理論の実態は、彼が道徳感覚に基づく「正直な心の内奥の感情（inward feelings of an honest heart）」を「一般諸原理の個々のケースへの適用」者、そのさいの「最後の拠り所（last resort）」[36]と考えていたことにも示されているといえよう。ハチスンも、スミスと同じように、個々のケースに何が「自然的であるか」を問い、さらには慣習が「自然」視されることを知りながら、後述のスミスのように、そこに含まれている問題をほり下げて考究することなく、公益を究極の基準として物事を判断する超越批判にとどまっていた根本の理由はそこにある。ハチスンは、自然法の道徳感覚化を主題とし、そのためのケース―環境分析を意図しながらも、その内実はローマの市民法をスコットランドの環境に適応させる必要に迫られていた当時のスコットランドの法学者たちのケース―環境分析のレヴェルを超えるものではなかったのである。

三　法の歴史的批判の論理

(一)　効用理論の非歴史性

(1)　前述のスミスの理論が、こうしたハチスン法学や同じ主題をより歴史的に展開したケイムズの方法を継承しながら、その限界をのりこえようとしたものであったことは今や明白である。しかし、こうした形でハチスンの方法を批判的に継承したのは、スミスが最初ではない。既述のように、ヒュームは、ハチスンの道徳感覚をより機能化し、それを観念連合原理によって心理学的に精密化することによって、行為者側における仁愛動機を前提しない感覚としての共感に基づく法の理論構築のための人間本性とその環境の経験的観察をその道徳哲学の主題としていたのであった。ヒューム理論にみられる経験的・歴史的社会認識の契機が、こうしたヒュームの問題意識に照応していることは明らかである。にもかかわらず、ヒュームも、ハチスン同様、道徳感覚原理に基づく道徳判断の客観化の原理を感覚それ自体のうちに見出すことができないままにとどまっていたのであった。

スミスの『感情論』の第四部がヒュームを批判対象にしていたことは、内外の多くの研究者が指摘する通りであるが、第四部の効用批判は、こうしたハチスン批判の先駆者としてのヒュームの矛盾・不徹底さの批判を主題としたものであった。彼が第四部の冒頭部分で「なぜ効用が喜びを与えるか（why utility pleases）ということの原因もまた最近独創的で人を満足させる一人の哲学者によって指摘された」（TMS, IV. i. 2）として、「なぜ効用が喜びを与えるか」という題名をもつヒュームの『道徳原理研究』の第五節や『人間本性論』[37]の思想を念頭においた議論を展開していることも、この事実を傍証するものといえよう。スミスはそこで、「効用が美の主要な源泉の一つである」（TMS, IV. i. 1）ことを認めながら、人びとを落着かせ、人びとに喜びを与えるのは、効用ではなく、適宜性であることを明らかにした上で、全体の効用よりも手段の適宜性を求めることから生まれる目的―手段の転倒論に進んでいる。[38]『感情論』第四部の最も魅惑的な論点が、こうした効用批判の視点から効用主義の帰結としての目的因の論理を批判したいわゆる欺瞞理論を展開した点にあることは周知の事実であるが、この欺瞞理論は、ヒュームの効用正義論を批判した「自然法」論に続く「自由と必然」論の中で欺瞞理論を展開していたケイムズの影響によるものであった。[39]スミスの効用理論批判がケイムズのヒューム批判の継承・展開であったことは、こうした照応関係からも窺い知られるが、スミスのヒューム批判の中心論点は、彼がこうした形でケイムズの影響下に作用因の論理を展開した点よりも、むしろ、「人類の諸行為や行動を抽象的で哲学的な見方で（in an abstract & philosophical light）考察する」「哲学者」（TMS, IV. 2. 2）の視点がこうした効用主義と深く結びついている次第を批判した点にある。彼はそこで是認の原理を効用から生まれる美の知覚に解消する哲学者は、人間の行為を「抽象的で一般的なやり方（abstract & general manner）」で考察するため、「不可避的に個々の人物がそれぞれ個々のケースにその職分を果す状況（situation）や文脈を無視する」ことになるが、共感はつねに個別的であり、行為の「傾向や効果の一般的考察は後から考えることにすぎない」[40]という趣旨の議論を展開している。この議論が、ヒュームを対象にしていることは明白である。ヒュームが考えたような効用を原理とする「公平で一般的な観点（impartial & general point of view）」に立つ場合、「抽象的で哲学的な見地」からみた現状の効用（公益）が唯一の判断基準となり[41]、スミスが共感⇒法の客観性の条件としていたその時々の状況に即した適宜性のいかんは本質的には問題にならなくなり、個別的なケース－環境分析に基づく法の一般諸規則の形成は必ずしも必要がなくなるからである。ヒュームが、ホーコンセンの指摘するように、その正義論の中で正義の歴史的形成の観念を展開していたにもかかわらず、「その理論を『政治論集』や『イングランド史』において一般的社会哲学にまで進める」[42]ことができなかったのも、そのためであったといえるであろう。

(2)　スミスの効用理論批判は、こうしたヒューム的功利主義に伴う抽象的一般的視点のもつ個別的事例無視の危険性を明らかにしたものであったが、スミスがこのように『感情論』第四部でヒュームを意識的な批判対象にしていたということは、必ずしもそこでのスミスの効用理論批判の対象がヒュームにのみ限定されていたことを意味するものではない。第二章でみたように、『感情論』も自然法的功利主義を究極の批判対象にするものであったが、ヒュームがスミスと同様にハチスンの目的因説や体系思想をきびしく批判していたことは、スミスの批判対象が実際にはヒュームよりもむしろ彼らの共通の批判対象であったハチスンや自然法的功利主義者であったことを示しているからである。スミスは、『感情論』の第四部でも、ヒュームだけでなく、自然法学者やハチスンの効用理論をも念頭においてそれらの総体批判を意図していたため、ヒュームがすでにハチスンを対象として行っていた目的因の論理批判のための作用因の論理を積極的に展開したのである。そのスミスが第四部でヒュームを主たる批判対象にしたのは、そうした文脈の中で、ハチスン批判の先駆者としてのヒューム思想の問題点を明らかにし、ヒューム的功利主義もハチスン的目的因説と変らない次第を示すことが必要であると考えたために他ならないといえるであろう。

『感情論』以来のスミスの主題は、道徳感覚主義の本来の精神と矛盾する結論に陥っていたハチスン、ヒューム的効用主義批判の上に、共感（感覚）のみを原理とする法の理論を展開する点にあったのであるが、『感情論』でその方法原理を明らかにしたスミスは、その具体的展開としての『講義』では、既述のような形で共感⇓法の徹底したケース—環境分析を行うことによって、市民社会の環境に即した特定の法の内容を歴史的に確定しようとしたのである。ハチスンの道徳哲学体系の注解としての『講義』が、ハチスンの『体系』や『綱要』とちがって徹底して歴史的・経験的性格をもっていた根拠を理解する一つの鍵がここにあることは明らかである。[43] しかし、歴史理論としての『法学講義』の意義は、たんに以上の点につきるものではない。むしろ、その本当の意義と特色は、上述のような共感原理に基づく個別的なケース—環境分析を通して導かれる法が実際にはその時々の歴史的状況によって規定された特定自然法でしかない次第を明らかにすることを通して、法の歴史的批判への道を拓いた点にある。

（二）特定自然法論の展開と慣習批判

(1) すでにみたように、自然法の原理としての共感は、それぞれの個別的状況における人間の行為や感情の適宜性ないし功績可能性の成立する点を指示するものにすぎず、法の具体的内実は、人間本性とその環境の観察を通して導かれるものであるため、実際にはすべて何らかの歴史的状況に制約されざるをえないものであった。『講義』の主題は、こうした歴史的状況に制約される所有権その他の自然法の特定の内容を歴史的に明らかにする点にあったが、このことは、共感に基づく法がすべて歴史的には相対性をもたざるをえないことを示すものに他ならない。ということは、必ずしも、こうした共感原理に基づく法が法としての客観性をもたないことを意味するものではない。『感情論』の意義と特色は、むしろこうした共感原理に基づく道徳判断や法の客観性の根拠を観察者の共感の「状況に即した適宜性」のうちに見出した点にあったが、スミスが共感⇓法の客観性の原理としたこの観察者の共感の状況に即した適宜性は、あくまでも何らかの所与の歴史的状況の枠の中での適宜性でしかなく、従って、歴史的状況がちがえば、適宜性ないし功績可能性の感覚自体が異なってくることは明らかである。ある時代、ある社会で有徳と認められる行為や感情が、他の時代、他の社会では悪徳視される場合があるのは、そのためである。この事実は、必ずしもそれらの感情や観念が一切の客観的妥当性をもたないたんなる流行ないし慣習でしかないことを意味するものではない。問題は、それらの感情や観念も、その時代・その社会においてはそれなりに適宜性ないし功績可能性をもちうるにもかかわらず、その根拠としての状況に即した適宜性の観念自体（従ってまた、そうした状況に即した適宜性や功績可能性の感覚に基づく倫理や法）が、歴史的には相対性をもたざるをえない点にある。彼が『講義』で制度や法や道徳感情のちがいの原因解明のための状況の歴史的分析を行った理由はここにあるが、この事実は、スミスが法の原理とした「正義についての自然的感覚」も歴史的には相対性をもたざるをえないことを示すものといえるであろう。周知のように、スミスは、『感情論』の結論部分で、観察者の共感を原理とするわれわれの「正義についての自然的感覚が指示するであろう諸規則」（TMS, VII. iv. 36）としての法の理論の展開を約束していたが、彼がそこで法の原理としたこの胸中の「正義についての自然的感情」は、それ自体としては無規定な法の原理・原型にすぎず、決して《歴史》に対立する《自然》としての超歴史的な普遍性をもつものではないことは明らかである。

これまでのスミス解釈の最大の難点の一つは、こうした共感原理に基づく自然法の歴史的相対性が明確に自覚されることなく、逆に、彼が上の『感情論』の結論部分で「すべての実定的な制度から独立した正義の自然的諸規則」が「正義についての自然的感覚」によって「指示」されるとしていたことから（TMS, VII. iv. 36―37）、観察者の共感を原理とするわれわれの胸中の感情としての自然的正義感がそのまま超歴史的な実定法批判原理として無規定的に定立され、それに合わぬものはすべて《自然》に反する《歴史》として切りすてられてきた点にある。(44) たとえば、これまでのスミス解釈の通説的見解においては、実定法の批判を通して実現さるべき法の理念としての自然法があたかも人びとの「正義についての自然的感情」から直接導かれうるかのごとく考えられ、それがそのまま実定法批判原理たりうるかのごとく解されているが、上の『感情論』の結論の展開としての『講義』の主題は、こうした法の原理・原型としての胸中の感情によって直接実定法を批判する点にあったのではない。実定法批判は、後述のように、『講義』の論理によれば、われわれの胸中の「正義についての自然的感覚」――その原理としての観察者の共感――そのものに基づいて直接的に行われるのではなく、共感に基づくケース―環境分析の帰結としてのそれぞれの歴史的状況に即した自然法の特定の内容、ハチスンのいう「特定自然法」を確定することを通して、それを批判原理として行われるものである。これまでのスミス解釈が実定法批判原理を胸中の「正義についての自然的感覚」そのものに求めてきたのは、こうした『感情論』と異なる『講義』の論理構造そのものが認識されていなかったためであったと考えられるが、スミスが『講義』で意図したことは、こうしたわれわれの胸中の「正義についての自然的感覚」、その原理としての共感がそれ自体としては超歴史的な普遍性をもつにもかかわらず、それに基づく自然法の具体的内容は、環境によって規定されたものでしかなく、歴史的には相対性をもたざるをえない次第を明らかにする一方、そうしたそれぞれの時代環境に即した自然法の特定の内容を歴史的に確定することによって、それを基準としてそれに反する実定法を批判する点にあったのである。(45)

(2)　スミスが『講義』でこのようなアプローチをした根拠は、こうした自然法の歴史的相対性がはっきりと自覚されずに、人びとの「正義についての自然的感覚」がそのまま自然法の原理とされるとき、「自然（法）」の名による現状肯定に陥る危険がある点にある。その典型が、慣習の自然視である。慣習とは、ある歴史的状況に生まれた自然法がいつまでも行われることであるが、慣習の問題点は、状況の歴史的変化に伴う（特定）自然法の変化に気付かずに、いつまでもそれを〝自然〟視して、慣習的に墨守する点にある。観察者の共感に基づく自然法が実際には特定自然法でしかなく、法の原理・原型としての胸中の「正義についての自然的感覚」も、未開社会と文明社会とではちがうことを忘れて、それを超歴史的な実定法批判原理であるかのごとく考えることがきびしく批判されねばならぬ所以はここにある。

この問題を理論的に解明しようとした最初の試みが、『感情論』第五部の論理である。スミスはそこで、美的感覚や道徳感情に対する慣習や気紛れな流行の影響を認めた上で、それらの慣習や流行も必ずしも事物の〝自然〟に即した適宜性をもたぬものではなく、それらが生まれた最初の状況ではその「状況のすべての環境に適切に適合した」(TMS, V. 2. 5)「状況に即した適宜性」をもつ特定自然法としての「自然的適宜性」(TMS, V. 2. 14) をもつ場合があることを明らかにした上で、それがちがった状況になってもそのまま墨守され慣習化される場合、公益の名において「行為の自然的適宜性」に反する慣習が是認されるに至る次第を解析している。スミスの主題は、不変の《自然》によって《慣習》を批判する点にあったのではなく、慣習にもはじめにはそれなりの状況に即した適宜性があることを論証することを通して、それをいつまでも〝自然〟視することの誤りを批判する点にあったのである。彼は、その次第を『感情論』ではギリシア時代の「捨て子、すなわち、新生児殺害」(TMS, V. 2. 15) の慣習の例で説明しているが、この主題を四段階のそれぞれの状況の歴史分析を通してより具体的に展開したのがAノートである。

『感情論』第五部の論理は、このように『感情論』の主題を『講義』の歴史分析につなぐための媒介的役割をもっていたのであるが、スミスは『講義』では、人間の〝自然〟観念が国や時代によってちがう次第をいくつもの具体的実例を通して明らかにしている。たとえば、彼は、ローマの最初の諸時代には、最も親しい友人に相続をして貰うのが「そのような〔子のない〕状態の人間にとっては自然的であった」(LJ(A), i. 152. 傍点引用者)としている。また大法院が設立されるまでのイギリスでは、「契約の明確な遂行のための訴訟は、契約の侵犯に対する損害賠償の訴訟についてだけ認められたが、それは市民政府の最初の段階(first stages)には十分自然的であるようにみえる」(LJ(A), ii. 75)とのべている。同様に、家族法論でも、「父の子に対する権威は、すべての初期社会では全く絶対的であったが、そのことを自然的ならしめていたようにみえる多くの理由がある」(LJ(A), iii. 78)とのべている。彼は、このような自然観念の歴史的相対性認識の上に、こうした〝自然〟観念自体の差異(変化)をもたらす状況の変化に気付かず、前の段階《ステージ》に「自然的適宜性」ないし「自然と適宜性」(TMS, V. 2. 10)をもっていたことを絶対視し、慣習的に墨守することの誤謬をいくつもの具体的なケースに即して批判している。その典型が既述の私法論における長子・限嗣相続批判である。スミスは、それらの反自然的慣習も、それが生まれたときにはその社会の本性に基づく根拠をもつことを認めながら(e.g. LJ(A), i. 133―4)、それをいつまでも墨守することを批判したのである。彼が「今日では社会に有害な組合《コーポレーション》の排他的特権も、各組合の諸個人にとっては最初(at first)は極めて便利で、全面的に必要であったかも知れない」(LJ(A), ii. 39)ことを粉ひき場(milne)[46]その他の例をあげて明らかにした上で、それが慣習化⇒特権化されることの有害性を指摘したのも、こうした考え方に基づくものに他ならない。状況の差異を歴史的に分析することを通して、道徳感情や慣習のちがいの根拠を明らかにするというスミスの手法は、このような認識に基づくものであったのであるが、スミスはこうした歴史的批判の論理によって封建体制と重商主義、さらには、その批判者としてのシヴィク的徳性主義のアナクロ性を批判しようとしたのである。

(3)　しかし、こうしたスミスの分析手法の基礎をなしていた《自然》観念の歴史性認識は、別にスミスの独創ではない。ヒュームも、「共感は極めて変化しやすいので、道徳に関するわれわれの感情も同一の変化を認めねばならないと考えられるかも知れない」[47]として、共感に基づく道徳感情が状況によって変化しやすいことを認めている。ヒュームは、フォーブズその他も指摘するように、自然観念の歴史性をはっきりと認識していたのであるが[48]、しかしヒュームもこうした見解の創始者ではなく、ヒュームとスミスはいずれもハチスンの問題提起を継承したものにすぎない。

ハチスンは、既述のような道徳感覚の普遍性と道徳感情の環境被規定性の認識から、是認が国によって異なることを認めていただけでなく、その原因の一つとして技術と勤労《インダストリ》に基づく改善《インプルーブメント》を知らぬ未開人と文明国民（more civilized nations）との間に徳の観念のちがいがあることを指摘している[49]。このようなハチスンの見解が誰の影響によるものであったかはそれほど明確でなく、私はモンテスキューよりもむしろ評判法の観念に集約されるロックの思想のうちにそのルーツがあったのではないかと考えるが[50]、いずれにしても、このハチスンの思想のうちには『感情論』第五部の論理、その未開―文明論の原型がみられるということができるであろう。『感情論』第五部の論理、その未開―文明論は、このようなハチスンやそれを継承したケイムズの思想を前提していたのであるが、ハチスンは、このように道徳感情が国や時代によって大きく異なる場合があるにもかかわらず、人びとは自国のそれだけを自然視する傾向があることすら、すでにはっきりと見抜いていたのであった。彼は、「われわれがみな自国の市民法を知っている上、長年の慣習でそれに慣らされているため、それが自然的なものであると思いがちである[51]」ことや、「自分の国の慣習に慣れた人は、異なった国民に受容れられている慣習には大きな多様性があることを反省したり考察したりしないで、自分の国のそれを自然的であるとごっちゃに考える[52]」傾向をもつことさえ指摘していたのである。しかし、ハチスンは、この認識からスミスのように法の歴史的批判の論理を展開することなく、逆に、こうした道徳感覚（感情）原理に基づく自然法の相対性克服の道を自然法の原理としての公共の効用に求めたのであった。彼が《自然》観念の歴史的相対性を認め、さらには慣習が自然視されることを知りながら、スミスのように道徳感情（感覚）原理に基づく自然法の歴史的相対性認識を十分に展開することなく、逆に、第三章でみたような抽象原理論ないし歴史的状況を無視した超越批判論にとどまっていた根本の理由はここにあったといえるであろう。ハチスンは、すでに繰返し指摘したように、道徳感覚原理に基づく法の理論の構築を意図しながらも、公共の効用を法の根本原理とし、それを法の客観性の基準としたため、結局は自然法の原理としての公益を基準としてそれに反する法慣習を批判したり、逆に、公益の名において現状を肯定したりするだけで[53]、スミスのように慣習の根拠を問うことを通してそれを歴史的に批判することはなしえなかったのである。

ハチスンの自然法論が当時の現実に対し具体性をもたぬ抽象論理でしかなかった所以はここにあるが、こうしたハチスンの限界をのりこえて法の歴史的批判の論理を展開したのがケイムズであったことは、第一部第二章で論究した通りである。ケイムズは、そこでふれたように、長子相続や限嗣相続制が封建体制の自然に基づくものとしてそれが生まれた時点ではそれなりに根拠をもっていたことを認めた上で、今日の商業社会では妥当性を失い反って有害になっている次第の論証を『法史考』の主題としていたのである。しかし、ケイムズは、スミスとちがって歴史的批判の原理としての道徳感覚を実体的にとらえていたため、その根拠を社会科学的に解明することができないままにとどまっていたのであった。

(4)　『感情論』第五部は、こうしたハチスンやケイムズの限界をのりこえて、徳の原理としての「適宜性の感覚」や法の根本原理としての「正義についての自然的感覚」が、上流人の徳と下層民の徳（TMS, V. 2. 3）や未開国民と文明国民（TMS, V. 2. 8 f.）の例にみられるように、環境によって大きく異なるにもかかわらず、それぞれの環境ではそれなりの「自然的適宜性」をもつ次第を明らかにすると共に、慣習や特権が批判されねばならぬ根拠が歴史的状況の変化にある次第を論証したものであった。しかし、第五部の論理は、あくまでも彼が『感情論』の第一―三部で展開した共感原理に基づく法の客観性の原理とした「状況に即した適宜性」の概念自体の歴史的相対性の自覚（認識）にすぎず、その自覚に基づく自然法の歴史的批判の論理を具体的に展開したものではなかったのであった。

　こうした『感情論』の認識に基づいて、この主題を意識的に展開したのが『法学講義』である。『講義』は、すべての国の統治形態の徹底した歴史的分析を通して[54]自然法の特定の内容の「国のちがいによるちがい」（LJ（A）, v. 91）を明確化することによって、この主題に接近しようとしたものに他ならない。スミスが法学の目的は、「さまざまな国のそれぞれちがった統治体系の基礎を示すことである」（LJ（A）, i. 1）とし、「あらゆる国民とあらゆる時代における」（LJ（A）, ii. 93）ケース分析を意図した理由はここにある。しかし、その目的は、すべての国の統治体系のそれ自体としての解説や、それぞれの国の間のたんなる差異の探求にあったのではない。スミスがAノートでこうした国による統治体系のちがいの基礎の探求を意図したのは、時代や国による差異（difference）の根拠の個別的なケース―環境分析を通して、それぞれの時代（段階《ステージ》）や社会の（特定）自然法を確定することによって、それに反する慣習や実定法やポリス規制を批判するためであった。彼は、こうした法の歴史的考察を通して、長子相続制度や限嗣相続制度のような封建社会の本性から生まれた封建的慣習や、それに寄生する重商主義的特権や独占、さらにはそれらに対するイデオロギー的批判者としてのシヴィク的徳性主義のアナクロ性を歴史的に明確化しようとしたのである。

　こうしたスミスの方法がケイムズの理論的推測的歴史の方法の批判的展開であることは明らかである。スミスは、商業化を阻害する封建慣習を批判したケイムズの法改革の主題を批判的に展開することによって、スコットランドの歴史的現状を批判することを『法学講義』のかくされた主題の一つとしていたのであるが、こうしたスミスの方法の特色を一言に要約すれば、それは、彼が共感原理に基づく法の客観性の根拠とした状況に即した適宜性の感覚自体の歴史的相対性の自覚から、逆に、その歴史的相対性を意識的に明確化し、それぞれの状況のちがいを明らかにすることを通して、それぞれの歴史的状況における真の「自然」を確定しようとする方法であったということができるであろう。よりウェーバー的にいえば、スミスは、それぞれの国や時代の自然法の前提状況を意識的に明確化し、その歴史的相対性を明らかにすることを通して、逆にその相対的客観性を確保しようとしたのである。『講義』の主題は、まさしくこうした形での法の自然性の歴史的検証に基づいて真の自然（それぞれの歴史的状況に即した特定自然法）を確定することによって、それに反する慣習・特権その他を批判する点にあったのである。スミスの特徴的な手法といわれる「ある一定の環境または状況から出発し、次いでその状況の枠内で活動を許されるいくつかの発展要因がその状況を究極的には侵害するようにならざるをえないその仕方を吟味するという研究形式[55]」は、このような構造をもつものであったのであるが、彼はこうした形でそれぞれちがった時代や国の（特定）自然法を明らかにすることを通して、商業社会の現実に適応しない封建的慣習や重商主義的特権を批判しようとしたのである。スミスが『講義』や『国富論』で自然法の名による慣習や特権批判を行った根拠はここにあるが、その批判の方法は、上述のような自然法の歴史的相対性の自覚に基づくもので、通説のいうごとき超歴史的な《自然》によって《歴史》を裁断するものではなかったのである。しかし、スミスが法の歴史的批判をした意図は、たんにこうした封建的慣習や重商主義的特権批判にのみあったのではない。彼は、こうした法の歴史的批判を通して、その帰結として登場してきた第四段階の「自由の体系[56]」（LJ（A）, v. 5）が、第四段階の（特定）自然法でしかないとしても、第四段階では「自然法」であることを証明することによって、「自由の体系」の歴史的正当性を論証する一方、こうした商業⇒自由の必然性を認めないシヴィク思想や俗流ウィッグの誤謬・アナクロ性を暴露しようとしたのである。

(5)　『講義』は、このように共感原理に基づく法の歴史的批判によってケイムズの意図した法改革の主題をより理論的に遂行しようとしたものであったが、そのために彼が採用した方法が次節で論及する歴史的起源（origin）論である。この歴史的起源論は、近代自然法の発生史的方法を道徳感情（感覚）―状況（MS―Situation）分析によってより歴史化したものであるが、その嚮導観念としてスミスがＡノートで使用したのが既述の四段階論である。[57] この四段階論は、彼が『感情論』ですでに展開していた未開―文明の対比的考察をさらに段階化したものであったが、彼が『講義』で展開した狩猟⇒牧畜⇒農耕⇒商業の四段階論を嚮導概念とする歴史的起源論の方法こそ、スミスがＡノートで具体的に展開しようとしていた感情―状況分析に基づく法の歴史的批判の中核をなすものであった。市民社会史論としての『講義』独自のライトモティーフが生まれた基盤もそこにあったといえるであろう。

(6)　Ａノートは、このように①法学固有の主題である自然法の「特定の内容」の確定に基づく「法と統治」の理論の構築を共感原理に基づく法のさまざまなケース―環境分析を通して行う一方、②その歴史的相対性の自覚から既存の法や慣習の歴史的批判を行うことを主題としたものであったが、こうした『法学講義』の主題とそのために彼が採用した方法こそ、スミスにおける経済学の生誕への道を拓くものであったことが大きく注意される要がある。既述のように、スミスの直接の先駆としてのケイムズは、道徳感覚原理に基づく法の歴史的批判を展開しながらも、実際には社会認識と道徳感覚理論とが分裂したままにとどまっていたのであった。自然法の道徳感覚化を意図したハチスンの主題と方法をより純粋に継承・展開しようとしたヒュームも、法の原理としての共感の主観性認識から本質的にはハチスンと同じ効用主義に回帰したため、スミスのしたようなケース―環境分析を十分には展開しえないままにとどまっていたのであった。これに対し、スミスは、ハチスンやヒュームやケイムズとちがって、徹底して道徳的感覚にのみ内在し、共感の主観性克服の道を《状況》の分析のうちに見出していたばかりでなく、道徳感情の歴史的相対性の自覚から法の歴史的批判への道を歩むこととなったが、そのことが別稿で詳論したように、スミスにおける経済学の生誕を可能ならしめることになったのであった。[58] われわれはそこにスミスに先立ってハチスンを批判しながら、結局はハチスンと同じ功利主義にとどまったヒュームはもとより、ヒュームやスミスと同じハチスンの道徳感覚主義から出発しながら、常識哲学への道を歩んだケイムズ、リード、D・ステュアートらに代表される常識哲学者たち、さらには、道徳感情の感覚としての受動性・状況依存性に基づくその不安定性・歴史的相対性認識から、こうした環境によって変化する経験的原理はアプリオリな道徳原理たりえないとして、一切の経験性を捨象した超越法への道を歩んだカントとスミスの決定的な方向のちがいを見出すことであろう。[59] カントは、こうした道徳感情の主観性（受動性・状況依存性）認識から、いかなる経験にも依拠せず、悟性によってのみ認識される「普遍意志の規則」を善の究極とみる考え方に移行していったのに対し、[60] スミスは、同じ道徳感情（感覚）の相対性認識から、逆に、既述のように道徳感情の差異の原因としての環境分析に進んでゆくことを通して、社会科学への道を歩むこととなったのである。ハチスンの思想的影響から出発した一八世紀の思想的巨人たちのうち、スミスだけが経済学の創始者たりえたのは、偶然ではなかったのである。[61]

四　計量思想史的証明

(1)　『法学講義』が上述のような方法に立脚していたことを証明する一つの手掛りとして、次にA・B両ノートの鍵用語解析を通して、『講義』の手法を検討してみることにしよう。

別表の鍵用語頻度表は、カードを取りながら読んでゆく過程で思いつくままに記録したものを集計しただけのごく大雑把なもので、必ずしも厳密でないだけでなく、鍵用語の選定も十分網羅的ではなく、文字通り問題考察のための目安的なものにすぎないが、その登場ページ数（回数ではない）は表示の通りである。

一見してみられるように、『講義』では『感情論』固有の用語の使用頻度は予想外に低く、D群の用語の登場ページ数は一桁台にとどまっている。『感情論』用語で二桁台のページにわたって使われているのは、正義論と所有権論ならびに家族法論の鍵用語であるC群の「憤慨」、「期待」、「愛着」の三語だけである。これに対し、圧倒的な頻度で使用されているのは、A群の用語で、その中でもとくに「ケース」用語は、五ページに三ページ弱の割合で登場し、「環境」―「理由」（reason）用語とセットをなして使われている場合が多い。このケース―環境用語は、『感情論』でも可成り頻繁に使われているが[62]、その使用頻度はやはり『講義』の比ではない。『感情論』と『講義』を対比すると、両者に共通して数多く使用されている「自然」用語は別にして、全体として、A群とC―D群の用語の使用頻度が逆になっているといってよいが、これらの用語は、いずれもスミス独自のものではない。これらの鍵用語と同じ用語は、表の数字からも明らかなように、ハチスンにもみられる。しかも、『講義』とハチスンの『体系』を『体系』の第一巻の人間論を除外した第二―三巻の自然法⇒国家論で比較するか、逆に、『感情論』と『講義』をワンセットにしてハチスンの『体系』全体と対比すると、これらの用語の使用頻度は、全体的にみてほぼ同じ比率になるようにみえる。唯一の相違点は、ハチスンでは「起源」用語が少なく、代りに「職分」用語がA群に入ることと、ハチスンにはスミス共感論の鍵概念をなす「ついてゆく」「適宜性」用語がみられない点だけである[63]。

ハチスンとスミスが共に最も数多く使用しているのは、表の数字の示すように「ケース」用語であるが、ハチスンでも第一巻の人間論ではケース用語は少ない。それが圧倒的な頻度で出てくるのは、第二―三巻の自然法論と国家論

別表4　鍵用語頻度表

① A 群

case　<225>≪36≫〔167〕

reason　<118>≪33≫〔58〕（ほかに cause, because 等）

origin（originally）<38>≪13≫〔3〕, at first <80>≪33≫〔18〕,
　ほかに，LJ では origin, original, beginning 等も多用）

nature（natural, naturally）<120>≪多数≫〔多数〕

office　<少数>≪少数≫〔93〕　good offices <少数>〔36〕

---

② B 群

circumstance　<38>≪19≫〔60〕

consent　<46>≪24≫〔多数〕,（ほかに，agreement, trust 等の政治用語）

custom　<35>≪12≫〔多用〕

---

③ C 群

expectation　<21（16-1-4）>≪8≫〔7〕

affection　<22（6-15-1）>≪8≫〔多数〕

　attach, detach　<6（5-0-1）>≪2≫〔　〕

resentment　<23（18-1-4）>≪13≫〔22〕

　indignation　<4（1-1-2）>≪1≫〔24〕

propriety　<9（2-0-7）>≪3≫〔0〕

the public　<16>≪9≫〔25〕

---

④ D 群

sympathy　<4（2-1-1）>≪5≫〔18〕

　compassion　<2（0-2-0）>〔25〕

　enter into　<7-（4-1-2）>≪5≫〔0〕

　go along with　<10（5-4-1）>≪4≫〔0〕

spectator　<6（6-0-0）>≪3≫〔17〕

　observer　<2>〔8〕

imagination　<3（2-1-0）>≪2≫〔使用〕

situation　<5（0-2-3）>≪5≫〔多用〕

approbation　<3（1-0-2）>≪1≫〔多数〕

partial-ity　<4（0-1-3）>≪2≫〔11〕

　impartial-ity　<3（0-0-3）>≪0≫〔3〕

general rules　<5（3-0-2）>≪1≫〔9〕

注：1）<　>カッコ内の数字はAノート（390 p.），≪　≫カッコ内のそれはBノート（158 p.），〔　〕カッコ内のそれはハチスン『道徳哲学体系』（738 p.）における当該鍵用語の登場ページ数を示す。

2）（　）カッコ内のハイフォンで区切った数字は，私法論―家族法論―公法論におけるそれぞれの登場ページ数を示す。

においてである。[64] この事実は、それ自体ケース—環境分析が法学固有の問題であることを示しているが、ハチスンがケース—環境分析を法学の基本とした理由は、すでにみたように、自然法の「一般的規則（*general* precept）」は永遠・不変でも自然法の「特定の〔具体的に特定された〕規則（*special* precept）」は必ずしも不変ではなく、あらゆるケースにわれわれを拘束する「普遍的規則」は存在しないため、われわれの生活を規制する「特定自然法（*special* laws of nature）」を発見するためには法の妥当するあらゆるケースの異同をその環境との関連において明らかにする必要があるとされたためであった。ハチスンはそこでこうした「特定自然法」を発見し、それに基づく法と統治の理論を構築するため、われわれの道徳感覚によって知られる法の一般諸規則がそのまま妥当する「通常のケース」と、それが妥当しない「特別のケース」の対比を基本にしたさまざまなケースの比較・分析を通して、契約[65]その他の自然法の内容を具体的に確定しようとしたのであった。このハチスンのケース分析の手法は、既述のように、ローマの市民法を典拠として、法の一般諸規則の妥当するケースとその原則の妥当しない例外ケースを中心に考えた当時のスコットランドの法学者たちの手法を超えるものではなかった。にもかかわらず、ハチスンが上述のような形でケース用語を多用したことの背景には、やはり彼が法を理性や公共の利害で割切るだけでなく、正義《ライト》の究極の基準は公共の効用に求めながらも、その原理を個々の個別的ケースに適用するさいの拠り所を個々人の道徳感覚に求めることを通して、[66]法を道徳感覚によって主体的にとらえ直そうとする意図があったことが注意されねばならない。ハチスンが、さまざまなケースの環境分析による一般諸規則の合理性の解明を意図し、何が正しく合理的であるかをそれぞれのケースに即して分析していたのは、その一つの証左をなすものといえよう。のみならず、こうした道徳感覚原理に基づく法の個別的なケース—環境分析は、それに基づく特定自然法の確定要因が環境そのもののうちにあることを意味するものとして、環境それ自体の客観分析の契機を含むものであった。

(2)　ハチスンの市民社会論が既述のように環境分析を契機として展開されたのはそのためであったが、スミスもAノートではハチスン以上に「ケース」―「理由」―「環境」用語を意識的に多用してケース―環境分析を行っている。(67) とくに、ケース関係用語は、事実上毎ページに一回位の割合で登場し、第一のケース、第二のケース、このケース、前のケースには、あるいは、多くのケース、大抵のケース、普通のケースには……なのに、他のケースには……であるとか、ローマでは……、ブリテンでは……、狩の社会では、牧畜国では……商業の発達した文明社会では……という形で、豊富な史実に基づく古今東西のさまざまなケースが問題にされ、そのそれぞれのケースの異同⇓その理由＝根拠が問われている。こうしたスミスのケース分析に対する関心の背景をなすものとしては、既述のような法学そのものの基本性格やスコットランド法学の特性の他に、ロックの「事象記述方法」の影響などが推測されるが、(68) Aノートには「ケースは同じである」とか、「同じことが、次の差異（difference）を伴って起った」とか、「相違点（difference）は……である」、「理由は……である」というような特徴的な用語法が数多くみられ、『法学講義』が何よりもケース分析の理論として、さまざまな国と時代における道徳感情と法のちがいを明らかにすることを目的とするものであることを示している。

　スミスはそこでさまざまなケースの比較・異同の考察を通して、それらの共通原理の発見に努める傍ら、(69) ケースがちがう場合には、その相違の根拠・理由（reason）・原因（cause）の分析・解明を道徳感情（感覚）分析と環境分析を通して行っている。「理由」関係用語が、ケース―環境用語とならんで数多く使われているのはそのためであるが、スミスのケース分析の特色は、ケース（判例・ヒストリー）分析をたんなる事例研究にとどめることなく、交換・分業概念を根幹とする四段階理論で分類・整理・理論化している点にある。スミスは、前述の特徴的な用語法の示すように、さまざまなケースの比較・分類を通して、それぞれのケースの異同を問い、その根拠・理由・原因について「記述

(account)」を与え、「説明（explain）」し、その根拠を道徳感情―状況―四段階論によって社会科学的に分析することによって、それぞれのケースの真の（自然的な）理由をその環境との関連において明らかにしようとしていたのである。

このようなスミスのケース分析の手法が、ハチスンやケイムズのエクイティ論のそれと性格を異にしていることは明らかである。すでにみたように、ハチスンやケイムズのケース分析は多分に決疑論的な性格をもつものであった。それは、観察者の共感の有無ではなく、「正しい」かどうかを問題にし、一般原理に合ったケースか例外ケースかを問うことを通して、あらゆるケースの規則を決疑論的に規定しようとしたものであった。スミスの理論は、こうした決疑論的ケース分析⇒法の理論に対し、個々人の個別的共感を法の原理たらしめようとした点に基本的特色をもつものであった。スミスが『感情論』の結論部分で決疑論をきびしく批判し、またBノートの冒頭でグロティウスの書物を「一種の決疑論的書物である」（LJ（B），1）と決めつけていたのも、こうしたスミスの考え方を傍証するものに他ならない。にもかかわらず、スミスは、『法学講義』、とくにAノートにおいて、既述のようにハチスンの二倍以上もケース用語を多用し、ハチスンやケイムズよりはるかに徹底したケース―環境分析を行っている。これは一見矛盾しているようにみえるが、その然らざる所以は、前節で詳論した『講義』の主題と方法を想起するとき、おのずと了承されることであろう。スミスは、ハチスンやヒュームとちがって、法の原理を公共の効用や一般的利益に求めることを拒否して、感覚と感情にのみ内在しながら、共感原理に基づく法の理論を構築しようとしたため、逆に、その具体的内実とその客観性を確保する必要上、ハチスンやケイムズ以上に徹底したケース―環境分析を行う必要に迫られることとなったのである。決疑論的ケース分析を批判し、観察者の共感⇒法を主張したスミスが、さまざまなケース―環境の徹底した歴史分析を行った根拠はここにある。スミスの共感論は、その感覚主義の論理的帰結として、ハチスンやケイムズ以上に徹底したケース―環境分析を必要としていたのである。

(3)　こうしたハチスンとスミスの主題と方法の異質性をより明確に示しているのが、ハチスンには少ない「起源」用語をスミスが多用している点である。このように事象の「起源」を問い、「起源」における事物の「自然」のうちにライトの基準を求める思想がすぐれて一七世紀的であることは第一部でみた通りであるが、Aノートの起源論の一つの特色は、起源（＝自然）の内実を道徳感情によって説明している点にある。たとえば、彼は、対人権が契約から生じることを指摘した個所で、「この権利の起源は、約束をした人が彼の引受けたことを遂行するであろうという期待が約束をされた人に生まれる点にある」（LJ（A）, i. 21. 傍点引用者）とのべている。このような考え方が事物の起源ないし自然を極力道徳感情理論によって説明しようとする意図に立脚していることは明らかである。スミスは、『感情論』の共感理論によって事物の自然＝起源を感情論的にとらえ直そうとしていたのである。しかし、スミスの起源論の真の意義と特色は、むしろこうした形で起源における事物の本性《ネイチュアー》（自然）を明らかにすることを通して、逆にそのような起源からの「自然」の歴史的変化・発展を問題にしている点にある。そうしたスミスの思考法を典型的に示しているのが、「最初は（at first）」、「本源的には（originally）」、あるいは「はじめに（in the beginning）」または「最初構成されたときには（in the first constitution）」……であるが、「しかし、今日は（But, now or, at this day）」、または「しかし、時がたつにつれて（But in time, or But, in progress of time）」……となるという用語法である。この用語法が、フレッチャー以来のスコットランド思想、とりわけ、ケイムズのそれと同じであることは第一部で論証した通りであるが、スミスも『講義』、とくにAノートでは繰返しこれらの用語法を使用している。たとえば、粉ひき場がはじめて設立されたときには……しかし、今日では……という論法である。alter, change, time, progress 等、変化と進歩をあらわす用語が登場してきているのも、この事実に照応するものといえよう[70]。スミスは、さまざまな国と時代における共感⇒法のちがいを、ライトの原理としての起源における事物の自然からの歴史的状況の変化ないし社会の「自然的進化《プログレス》」（LJ（A）, iv. 19）のうちにみてゆくことを通して、その成立の起源《オリジン》にはそれなりに根拠のあった法や慣習も、状況がちがえば《自然的》でなくなる次第を論証することによって、封建体制や重商主義とシヴィク的徳性主義のアナクロ性を批判しようとしたのである。彼が「政府の起源とその進化」（LJ（A）, iv. 19）の説明を『講義』の中心主題とした所以はそこにあったのである。

起源―歴史的変化の理論は、『講義』の主題の本質を示す方法原理としての性格をもつものであったのであるが、こうした歴史的ケース分析、それらの異同の根拠・理由・原因を明らかにするための環境分析に概念的枠組を提供したのが既述の四段階論である。こうした起源論と四段階論との関連は、彼が「統治の起源、その本源的な形態であると思われるものと、現存のさまざまな政府がどのようにしてそれから発生してきたかを説明する」（LJ（A）, iv. 3）ために四段階論を展開していることからも傍証されるが、彼はこの四段階論を手掛りにして、既述のように、所有の増大に伴う法と政府の発生の自然史的考察を行っていたのであった。彼が封建政府の歴史的批判を行うと共に、それにとって代って登場した市民政府と「自由の体系」の歴史的正当性を主張したのも、この方法に基づくものであった。スミスは、人類史の起源からのさまざまな社会における人間生活のケース―環境の四段階的歴史分析を通して、そのそれぞれの環境に即した（特定）自然法を明らかにすることによって、自然の名において旧習を墨守したりそれを特権化する現状を歴史的に批判したのである。スミスの経済学は、こうした『講義』の主題と方法の中から、その帰結として誕生したものであったのである。

（1）Cf. Kames: *Principles of Equity*, 1760. 本書第一部第二章三節参照。
（2）Stein, P.: The Influence of Roman Law on the Law of Scotland, *Juridical Review*, Vol. 8, 1963, p. 205.
（3）Ibid., p. 243.

（4） Ibid., p. 219.

（5） Cf. Stein, P.: Legal Thought in Eighteenth-Century Scotland, *Juridical Review*, Vol. 2, 1957, pp. 5-8.

（6） モンテスキューの環境説が、一八世紀のスコットランド啓蒙思想に大きな影響を与えたことは紛れもない事実であるが、モンテスキューの環境説が影響を与えたことについては、それを受入れる側にそれを必要とする事情があった次第が留意さるべきであろう。

（7） 普遍的自然法（universal laws of nature）は、人間本性一般の根本原則に立脚する法の根本原理ではあっても、そのままでは法の理論たりうるものではない。後天的取得権としての所有権を基軸とする法と統治の理論は、歴史的環境をはなれてはありえず、それぞれの社会の社会環境によって規定された特定自然法（special laws of nature）の確定こそ、法と統治の一般理論の基礎をなすことに注意されたい。ウィンチも、「自然的正義の理論は、……法の一般諸原理の規範的基礎を提供する」が、「正義の諸規則……は、抽象的に知られ布告されうるものではなく、」所有の形態は歴史的に変化するので、正義の理論は社会発展の歴史に媒介されねばならぬとのべているが（Cf. Winch, D.: Adam Smith's 'enduring particular result', p. 261）、それ以上の分析はしていない。

（8） Hutcheson: *Inquiry*, p. 75.

（9） 渡部峻明「ヒュームにおける同感について」一橋論叢、六〇巻六号、とくに五七―五九ページ参照。

（10） スミスも、『感情論』第三部第三編で、「われわれの道徳的力能は、人間本性の諸原理を対象とする一種の感覚として考えられるかも知れない」（TMS, I ed., III. iii, p. 281）とのべている。

（11） Cf. Haakonssen, *op. cit.*, pp. 45-47. 新村聡「共感概念の発展」東京大学経済学研究、二三号、四―一〇ページ参照。

（12） スミス共感論の核心をこの「状況に即した適宜性（situational propriety）」の論理に求めたのはホーコンセンの創見で（ただし、萌芽的には Bagolini, L.: The Topicality of Adam Smith's Notion of Sympathy and Judical Evaluations, in *Essays on Adam Smith*, ed. by A. S. Skinner & T. Wilson, Oxf., 1975 にも、同様な思想がみられる）、彼の『感情論』解釈にはみるべきものがあるが、にもかかわらず、ホーコンセンの理論は共感の客観性の基準を状況の分析に求める単純な環境説に陥っており、スミスにおいては行為や感情の状況に即した適宜性を明らかにするための環境分析が、共感⇒法の徹底したケース分析に媒介されて行われている点についての認識が欠落している。しかし、スミス法理論の基本は、後述のように、あくまでも観察者が当事者のケースを自分の身にあてはめてその環境を考察した場合についてゆけるかどうかについてのさまざまなケース－環境分析を通して、自然法を特定しようとした点にあり、共感⇒法の具体的なケース分析こそスミス法学の基本をなしていると考えられる。ホーコンセンの理論には、ケース用語への論及を含めて、この視角が全く欠如しているが、これは後述の「起源」論の欠如と共に、彼の分析の根本的欠陥をなすものではないであろうか。

(13) Haakonssen, *op. cit.*, p. 1.

(14) Cf. Smith, A.: *Lectures on Rhetoric and Belles Lettres*, ed. by John M. Lothian, 1963, pp. 65, 71, 90-91. 宇山直亮訳『修辞学・文学講義』一六八、一七九、二一〇ページ参照。Haakonssen, *op. cit.*, pp. 186-188.

(15) TMS, I. i. 1. 2, 4, I. i. 3. 1, 9, II. i. 2. 5, II. i. 3. 3, II. i. 5. 3, II. i. 5. 6, 11, III. 1. 2, V. 2. 5, etc.

(16) Stewart, D.: op. cit., p. 281.

(17) ホーコンセンの『法学講義』解釈の基本的難点の一つは、『感情論』と『講義』のこうした原理的相違点を無視して、『感情論』の論理で『講義』を切っている点にあることに注意されたい。彼が『講義』の法理論の説明原理をひたすら『感情論』に求めているのがその何よりの証左であるが、これは『感情論』と『講義』の連続性のみをみて、『講義』固有の問題を見落とした見解ではないであろうか。

(18) Cf. TMS, III. iv, VII. iv. なお、『感情論』第三部第二編（初版）の一般諸規則論は、法と道徳の一般規則を細かく規定し、それによって個々の行為を判定しようとしたハチスンの一般諸規則論やケイムズのエクイティ論批判としての性格をあわせもつことに注意されたい。(Cf. TMS, 1 ed., III. ii, pp. 266-269.)

(19) 「環境」用語は、『感情論』第一部では二三回使用されているが、第二部では、後述の第二部第三編になってはじめて登場し、そこで五回使われている。

(20) Skinner, A. S.: Introduction to Smith's *Wealth of Nations*, Bk. I–III, Penguin Books, 1970, p. 28. 川島信義ほか訳『アダム・スミス社会科学体系序説』五三ページ。

(21) フォーブズの指摘するように、ハチスンが主として依拠していたプーフェンドルフも、法を環境との関連においてとらえていたが（Cf. Forbes: Natural Law and the Scottish Enlightenment, p. 189）、ハチスンがケース－環境分析を行ったのは、やはり既述のような当時のスコットランド法学の当面していた思想風土の下で、自然法の道徳感覚主体化を主題としたことによる点が大であったといえよう。

（22） Hutcheson : *Inquiry*, p. 75.

（23） Hutcheson : *Short Introduction*, p. 27.

（24） ただし、『探求』では、道徳感情の多様性の根拠が環境にあるとの視点がいまだ必ずしも十分には確立されておらず、人びとの意見のちがいその他の原因に求められている。Cf. Hutcheson : *Inquiry*, pp. 183-191.

（25） このハチスン自然法学の基本構成は、道徳感覚（共感）⇒ケース―環境分析⇒一般諸規則⇒自然法という構成になっている点で、本質的には『感情論』と同じ構造になっていることに注目されたい。

（26） Cf. Hutcheson : *System*, I, p. 273, II, p. 119.（傍点引用者）

（27） Cf. *Ibid*., I, pp. 305-6. なお、スミスは、『感情論』第三部第四編で、慎慮や慈善の一般諸規則は曖昧で、不正確で、多くの例外を認めるので、それへの顧慮によって行為を規制することはほとんど不可能であるとしているが、これはハチスンの上述の思想を暗黙の批判対象としていたのではないであろうか。

（28） Hutcheson : *System*, II, pp. 119-120.

（29） *Ibid*., II, p. 120.

（30） スミスが『感情論』で決疑論者の代表者としてあげていたのは、キケロ、プーフェンドルフ、「そして、誰にもまして、大抵の場合に決してゆるやかな決疑論者ではなかった、故ハチスン博士」であった（TMS, VII. iv. 11）ことを想起されたい。

（31） ハチスンは、「自然状態」という言葉は使わず、「自由の状態」または「自然的自由」と呼んでいるが、内容は同じである。

（32） Hutcheson : *System*, I, pp. 286-7.

（33） *Ibid*., I, p. 287.

（34） 拙稿「治政論の出自と分業論の成立」（一橋大『社会学研究』23）、一、二、四節参照。

（35） 『感情論』における「尽力（good office）」用語の使用例としては、Cf. TMS, I. ii. 4. 1, II. i. 2. 4, II. i. 3. 2, II. ii. 3. 1, 2, II. iii. 1. 4, II. iii. 3. 3 etc. 「返報（return）」用語の使用例、II. i. 1. 4, 6, II. i. 2. 4, II. i. 3. 2, II. i. 5. 3.

（36） Hutcheson : *System*, II. p. 140（傍点引用者）。なお、スミスが『感情論』第三部の一般諸規則論の中で、一般諸規則の経験性を強調し、「何人かの極めて卓越した著述家たち」が、「正邪についての人類の本源的判断が、法廷の諸決定のように、最初に一般規則を考察し、次に二番目に、考察上の特定の行為がその包摂範囲の中に正しく入るかどうかを考察することによって、形成される」との想定の上に、彼らの体系を作成したのは誤りである（TMS, 1 ed., III. ii, pp. 269）としたとき、彼が上述のようなハチスンの思想をも暗黙の批判対象にしていたことは明らかである。

(37) Cf. Hume : *Treatise*, II. ii. 5, III. iii. 1. Selby-Bigge ed., pp. 363-5, 576-7.

(38) この『感情論』第四部第一編の作用因の論理による目的因の論理の批判に基づくいわゆる欺瞞理論の展開は、第二部第三編の仁愛動機論批判を前提していることに注意されたい。

(39) Cf. Kames : *Essays on the Principles of Morality & Natural Religion*, Edinburgh, 1751, Part 1. Forbes, D.: Natural Law & the Scottish Enlightenment, p. 200.

(40) Haakonssen, *op. cit.*, p. 69.

(41) 拙稿「同感論におけるヒュームとスミス」『思想』七三年一一月号、とくに八〇―八五ページ参照。

(42) Haakonssen, *op. cit.*, p. 37.

(43) 『講義』の歴史的経験性の一つの根拠は、スミスがハチスンやヒュームとちがって、ケース―環境分析から効用原理を追放した点にあることに注意されたい。ただし、かくいうことは、スミスにはメタ原理としての効用観念も存在しないことを意味するものではない。

(44) たとえば、ホーコンセンは、歴史を超えた永遠の自然法の存在を想定し、その視点から《歴史》を裁断しているが、スミスは、こうした超歴史的な《自然》を想定してはいない。その点は、後述のようにハチスンやヒュームも同じで、彼らの思想の共通の特色はむしろ、彼らが一七世紀の合理主義的自然法観の（道徳）感覚理論によるとらえ直しを主題としたことから、逆に、《自然》観念自体の《歴史》性が問われざるをえなくなった点にある。ホーコンセンにはこうした《自然》観念の歴史性認識はなく、《歴史》は《自然》の検証例＝暴力としてしかとらえられていないが、こうした自然と歴史の固定的な対立観では、カッシラーやディルタイがいち早く問題にしていた一八世紀啓蒙思想の歴史性の問題はとらええないのではないであろうか。

(45) スミスが『感情論』の結論で展開を約束した「法と統治の一般的諸原理」が個々の被害者の憤慨に対する観察者の共感を原理とする「自然的正義の諸規則」を基本にするものであることは明らかであるが、この「自然的正義」の原理としての観察者の共感の適正感は、それぞれの時代環境によって左右され、また慣習や流行によって影響されざるをえない。従って、何が真にあるべき「自然的正義」であるかは、現実の法と統治の発生史的考察（「法学の歴史」の研究）を通して、それぞれの歴史的状況（段階《ステージ》）において、それらが〃自然的〃と考えられた根拠＝その原理を明らかにすることを通して行う他はない。それによってはじめてそうした〃自然〃法としての状況に即した適宜性をもたぬ実定法や慣習の批判も可能になることであろう。スミスが、通説のいうように、実定法の批判を通して実現さるべき法の理念としての自然法を考えていたとしたら、それは、こうした発生史的・状況分析に基づく「特定自然法」の確定を通してであって、個々の被害者の憤慨に対する観察者の共感に基づく人びとの「正義についての自然的感情」そのものを直接無媒介的に実定法批判基準としていたことを意味するものではない。少なくとも、法学固有の問題は、そこでは成立しないことに注意されたい。

（46） この例の素材をなしている feudal thirlage（水車利用隷農制）については、Cf. Stein, P.: The Influence of Roman Law on the Law of Scotland, p. 230.

（47） Hume: *Treatise*, pp. 580-581.

（48） Cf. Forbes, D.: *Hume's Philosophical Politics*, Cambridge, 1975, ch. 4.

（49） Cf. Hutcheson: *System*, I, p. 92.

（50） 『体系』の執筆時期が三〇年代であったことを想起するとき、ハチスンの未開―文明観が、モンテスキューの環境説によるものであるとは必ずしも断定しがたい。その出自はむしろ、徳の観念の国や時代（環境）による差異を強調したロックの評判法の観念か、その影響下にあったと考えられるマンドヴィルあたりにあったと考えることもできるからである。ハチスンがロックの認識論に依拠していたことを考えるとき、この推測は必ずしも見当外れとはいえないであろう。

（51） Hutcheson: *System*, II, p. 288.

（52） *Ibid.*, II, p. 305.

（53） スミスは『感情論』第五部の結論部分で、公共の効用の考慮から既成の慣習に基づく悪習を支持したギリシアの哲学者たちの学説を批判しているが（TMS, V. 2. 15）、この批判は限嗣相続を支持したハチスンに対しても妥当するであろう。

（54） たとえば、スミスは「私は、何らかの記録がある限り、今日まで世界に存在したすべての統治形態をくまなく調べてきた」（LJ（A）, iv. 113）とのべている。

（55） Skinner, A. S.: *A System of Social Science, Papers to Adam Smith*, 1979, p. 185. 前掲邦訳、二三九ページ。

(56) スミスは、『国富論』ではAノートの歴史的接近の帰結ないし結論としてのこの「自由の体系」を一般化して、「自然的自由の体系」と呼んでいる。この一般化は、『法学講義』から『国富論』に至るスミスの基本主題が商業⇒自由の歴史的必然性の論証にあった次第を示すと同時に、彼も文明社会については歴史的批判の視点を放棄して、第四段階の（特定）自然法を歴史をこえた自然法として永遠化するブルジョア文明史論の立場に立って、名誉革命体制を護持しようとしていたことを示すものといえよう。Cf. Forbes, *op. cit.*, ch. 5.

(57) フォーブズも、スミスの段階論が「自然法原理の特定環境への適用問題を単純化」したものに他ならないとしていることに注目されたい。Cf. Forbes : Natural Law and the Scottish Enlightenment, p. 201.（傍点引用者）

(58) 拙稿「治政論の出自と分業論の成立―経済学の生誕と『法学講義』その一」、「『法学講義』治政論の主題と構造―経済学の生誕と『法学講義』その二」（一橋大『社会学研究』23・24）参照。

(59) カントがハチスンから出発しながら、ハチスンを否定するに至った次第については、浜田義文『カント倫理学の成立』参照。

(60) 前掲書、一三二ページ参照。

(61) 等しくハチスンの道徳感覚理論から出発したヒューム、スミス、常識哲学者、ならびにカントの道徳感覚の主観性の問題に対する対処の仕方の対極性に大きく注目されたい。この問題への対応の仕方のちがいが彼らの思想の科学性の差異を生み出した一つの根源をなしているのではないであろうか。

(62) 『感情論』におけるケース―環境用語の登場頻度は次の通りである。「ケース」用語は、第一部＝二五ページ、第二部＝二三ページ、第三部（初版）＝一六ページ、第四部＝一ページ、第五部＝三ページ（第六部と六版六部は除外）、計六八ページ（一―五部）に登場。「環境」用語は、第一部＝二三ページ、第二部＝五ページ、第三部＝一〇ページ、第四部＝〇、第五部＝五ページ（第六部と六版六部は除外）、計四三ページに登場。

(63) ハチスンも、被害者や観察者の憤慨感情を問題にし、そこに正義の基礎を求めているが、スミスとちがって、観察者が被害者の憤慨感情に「ついてゆく」ことができるかどうかは問われていない。ハチスンに上の用語がないのは、そのためである。

(64) 『体系』第一巻では、一二二ページ、二九個所、第二―三巻では一四五ページにわたり二一六回登場、計二四五回使用。

(65) ハチスンの契約論の叙述は、全体がケース分析の展開といえるような内容になっているといえよう。

（66）Cf. Hutcheson : *System*, II, p. 140.

（67）たとえば、「ケース」用語の登場頻度は、『体系』では四ページに一ページ弱なのに、Aノートでは五ページに三ページの割合になっている。

（68）スミスのケース論の一つの背景にシドナム―ロックの事象記述方法（"histories" method）の伝統を想定するのは、ロックとハチスンの認識論的関係とハチスン―スミス関係を考える場合、必ずしも、とっぴな推測とはいえないであろう。それぞれの臨床ケースについて、記述（account）を与え、説明（explain）する。これが医学研究を通してシドナムから学んだロックの「事象記述の平明な方法（historical plain method）」の基本であるが、スミスの方法の意義と特色は、ハチスンにならってこの「歴史的方法」を社会現象に適用した上、さらにヒストリーを科学にまで高めた点にあるのでないか。そのさい、天文学史その他の初期著作にみられる科学の方法が大きな役割を果したことはいうまでもないが、スミスの科学観はこのような視点からもさらにほり下げて検討される要があるのではないであろうか。

（69）たとえば、彼は、刑罰に関するさまざまなケースについてふれた個所で、「さて、あらゆるケースに、懈怠者に対して科さるべき刑罰の尺度は、被害者の憤慨に対する公平な観察者の共感（concurrence）である」（LJ（A）, ii. 89. 傍点引用者）とのべることによって、刑罰の尺度が共感にあることを主張しているが、このようなスミスの考察方法が「天文学の歴史を主題として提供することよりも、それに関説することによって哲学的探求を導く原理を説明する」（Campbell, R. H. & Skinner, A. S. : *Adam Smith*, London, 1982, p. 86）ことを目的としていた『天文学史』の方法の具体化であることは明らかであるといえよう。

（70）フォーブズは、「進歩の観念がスミスのすべての著作の中心的統一シェーマである」としているが（Forbes, D. : "Scientific" Whiggism : Adam Smith and John Millar, *Cambridge Journal*, VIII, pp. 643-70）、これは上述のごとき『講義』の思想に基づくもので、『感情論』の場合には上述のごとき『講義』の方法を生み出す母体としてしか妥当しないのではないか。

（初出　横浜市立大学紀要　一九八三年）

第五章　共感法学の破綻

一　『法学講義』正義論の主題と方法

(1)　スミスの処女作『道徳感情論』と、『感情論』の公刊から間もない一七六二―六三年にスミスがグラスゴウ大学で行った法学講義の『Aノート』は、既述のように、文字通りワンセットのハチスン批判として、ハチスンの道徳哲学体系の批判を共通主題とするものであった。スミスは、『感情論』で「道徳感覚」原理に立脚したハチスンの「道徳哲学」をその中核をなす「法学」の方法をも含めて批判し、それに代るより経験的なライト（倫理と法）の原理を明らかにしたのち、『法学講義』でハチスンの法と統治（政府）の理論の批判的注解を行ったのである。Aノートがハチスンの『体系』の第二巻（第四章以下）―第三巻と基本的な照応性をもっていたのはそのためであるが、こうしたハチスン『道徳哲学体系』の注解（commentaries）としてのAノートの正義論は、ハチスン自身が道徳感覚原理を武器として遂行しようとしていた近代自然法の感情論的経験・主体化をその中心基本主題とするものであった。彼がAノートの正義論を共感原理による所有権の基礎付けからはじめて、私法―家族法―公法関係を『感情論』の観察者の共感理論によって統一的に説明しようとしていたのはそのためであるが、Aノートの公法論は、第四段階《ステージ》の商業社会における「自由な政府」（free Government）登場の歴史的必然性を「自由の体系（a system of liberty）」（LJ(A), v. 5）成立の歴史叙述を通して明らかにすることを主題とするものであった。こうした『法学講義』正義論の主題が、『国富論』の主題をなす富裕（opulence）の実現の前提条件としての「正義」の「法と統治」（Law & Government）の道徳感情論的基礎付けにあったことは明らかである。スミスは、良く統治された社会の確立による一般的富裕の実現という近代自然法の課題を継承しながらも、そのための法と統治の根拠を共感原理に基づいてより経験的＝歴史的にとらえ直すことを基本主題にしていたのであるが、スミスの『法学講義』は同時に、上述のような自由の体系の下での富裕の実現を妨げる封建的慣習と重商主義的特権や独占、その批判者としてのシヴィク的徳性主義のアナクロ性の歴史的批判をも隠された主題とするものであった。

(2)『法学講義』正義論の隠された主題の一つがこの点にあったことは、彼が正義論の随所で過去の自然法を絶対視し、それに固執する慣習・特権や実定法を批判していることからも明らかであるが、そのために彼が『講義』の正義論で採用した方法が前章で詳論した「歴史的批判の論理」であった。スミスは、共感原理に基づく法の個別的なケース―環境分析を通して、共感原理に基づく法の「特定の内容」が環境によって異なる次第を論証することによって、過去の自然法を慣習化し特権化・実定法化することが「自然」の原理（自然法）に反することを明らかにしたのであるが、スミスは、この歴史的批判にさいしてその嚮導概念ないし作業仮説として、いわゆる四段階理論を使用していたのであった。『講義』の公法論は、第四段階の商業社会における商業⇒自由の歴史的必然性論証をその中心主題とするものであったため、第四段階《ステージ》論としての『国富論』とちがって、社会経済発展の段階論的歴史分析を主としているが、スミスがこの四段階歴史分析（市民社会形成史）の鍵概念として使用したのは、第三章の叙述からも明らかなように、所有と、所有の増大に伴う交換・商業、それらに対応するアーツとマニュファクチュア等の概念であって、スミスが法の原理とした観察者の共感ではないことが注意される要がある。

『講義』は、『感情論』の共感理論を法の世界に適用し、「人間本性の不変の諸原理」に立脚する正義の法の特定の内容を具体的に確定することを主題とするものであったが、共感によって知られる法の具体的内実は、「人間の外的状況の諸事情(circumstances)」によって規定されるものとしての歴史性をもつものであった。こうした共感原理に基づく倫理ないし法の「特定の内容」の歴史性は、等しく共感を原理とする倫理ないし法の具体的内容が国により時代により可成り大きく異なっていることからも知られるが、共感それ自体がこうした環境によって異なる倫理や法の差異の原因解明の中核概念でありえないことは明らかである。共感は、所与の環境における人―人関係の正義《ライト》(倫理・法)の判定原理にすぎず、環境の差異の原因解明には役立たないからである。そうした共感理論の性格は、ハチスンがすでにいち早く指摘していたように、人々が所与の環境における人間の自然の共感感情から生まれた自分の国の慣習を「自然」視し絶対視する傾向をもっていることにも示されているといえるであろう。[2]『感情論』第五部と『講義』の主題は、むしろ、こうした道徳感情の歴史的相対性を明らかにする点にあったが、スミスはこうした道徳感情の差異解明の鍵概念を所有＝交換＝分業概念に求めていたのであった。たとえば、彼はBノートで未開社会と文明国の徳性のちがいを分業＝交換(商業)概念で説明している。[3]スミスが歴史的批判の論理展開のトゥールとして四段階論を展開した理由も、実はそこにあったのであった。こうした歴史的批判のトゥールとしての四段階歴史分析における共感のインポ性は、彼が『講義』の正義論の一つのかくれた中心主題としていた商業社会における「自由の体系」成立の歴史的必然性論証が、後述のように共感概念のみではなしえないことにも示されているといえよう。スミスが『講義』の正義論で意図していた共感原理に基づく「法と統治」の理論構築の主題は、文字通り法の道徳感情(MS)論的基礎付けにすぎず、自然法の論理にとって代りうるものではなかったのであるが、その次第を次にスミス自身の論理に即して、より具体的に検討してみることにしよう。

二　私法論の実態

(一) 共感私法論の問題点

(1) 第三章でみたように、スミスは、『講義』の私法論で先占その他の所有権の起源ないし根拠を事物の所持者《ポゼッサー》の「正当な期待」(reasonable expectation)に対する観察者の共感理論を中核とする『感情論』原理で説明している。彼がそこで展開していた所有権論は、所有権の根拠を仮空の同意や労働投下に求めていたプーフェンドルフやロックとちがって、自ら手に入れたものをいつまでも持ち続けたいと願う人間の自然の感情と、それに対する観察者の共感という、人―人関係の感情原理によって基礎付けようとしたものであった。スミスの所有権論が他人に対する「道徳的資格ないし関係(moral quality or relation)」[4]としての所有権の本質をそれなりについた見解と考えられる所以はここにあるが、このスミスの所有権論は既述のように、所有権の起源ないし根拠を他人の労働の果実を奪い取ることの非道徳性と観察者の憤慨に求めていたハチスンと、事実上の所有物(de facto possession)に対する所持者の愛着を連合原理によって正当化したヒュームの所有権論、さらには、所有権の成立を感情原理で基礎付けた上で問題をより歴史的に考察したケイムズの理論[5]を継承したものであった。スミスは、所有権の起源ないし根拠を感情原理によって解き明かそうとしたハチスンとその継承者としてのヒュームやケイムズの所有権論を前提し、その上に自らの理論を構築しようとしていたのである。にもかかわらず、スミスは、ハチスンとちがって、なぜか所有権の基礎付けに憤慨理論を使っていないことが、ハチスンとの相違点として大きく注目される。

(2)　スミスの師ハチスンの所有権論は、既述のように「各人が自分の労働の果実に対してもつ所有権（the right of property）」の根拠をそれらの労働の産物の享受を妨げることの非道徳性と、[6] それが妨げられる場合に「われわれが感じる深い憤慨」に示されるような「われわれの胸中のこれらの強い諸感情のうちに見出そう」[7] としたものであった。こうした考え方をより明確に展開していたのが、スミスの伝記作家であったD・ステュアートである。彼は、「労働とその果実の排他的享受の権利との間には道徳的なつながりがあり」[8]「他人が彼の勤労《インダストリ》の果実を損なう場合には、われわれの不満と憤慨（indignation）はさらに一層増大する」が、そこから生まれる「労働者は彼自身の労働の果実を受けるのが当然であるというこの感情こそ、所有権の感覚の主な……唯一の基礎であり、彼からそれを奪う試みは、あらゆる公平な観察者の憤激をまきおこす一種の不正義である」[9] とした上で、スミスその他の「何人かの後の哲学者たちも、所有権の基礎を占有者がすでに手に入れたものや彼が最初の発見者であったものを妨げられずに享受することについて彼が形成した合理的期待に対する人類の一般的共感と、この合理的期待が破られたことを知ったときに公平な観察者が感じる憤慨とに求めていた」[10] としている。

このようなハチスンやステュアートの考え方は、彼らがいずれもロックと同様に、所有の権原を労働に求めながら、その成果の享受が妨げられた場合に所有者や観察者が感じる憤慨感情のうちに、他人に対する道徳的資格ないし関係としての所有権の基礎を求めていたことを示しているといえるであろう。[11] ハチスンやステュアートは、ロックの労働⇒所有理論を前提しながら、それはいまだ「人びとの行為から産み出される物理的な属性ないし関係」[12] にすぎないため、それを他人に対する道徳的な属性（権能）たらしめるもの（「各人が彼自身の労働の果実に対してもつ所有権」の根拠）を、労働の果実の享受が妨げられたさいに「われわれが感じるつよい憤慨（deep resentment）」[13] と、それに対する観察者の共感のうちに求めたのである。『講義』の所有権論が、こうした「他人の無辜の計画をぶちこわすことの非道徳性[14]」の感覚と、そこから生まれる観察者のつよい憤慨に「人々の行為から生み出される物理的な属性ないし関係」と異なる他人に対する道徳的な資格《クワリタス モラリス》としての所有権の起源を求めたハチスンの所有権論によって示唆されたものであることはレーの指摘の通りである。[15] にもかかわらず、スミスは、対物権の場合はもとより、二人の当事者と観察者の三者関係からなる対人権の場合にも、契約・準契約については、「義務を設定するのは、約束をしてもらった契約者の合理的期待であったことは以下のことから可成り明白であるように思われる」(LJ(A), ii. 49)として、契約遵守の義務の根拠を契約者の「合理的期待」とそれがみたされぬ場合の失望(disappointment)(LJ(A), ii. 49, 57–60)に求めているだけで、スミス自身が正義論の根本原理としていた憤慨論は使っていない。[16] スミスがハチスンと同じ憤慨―共感論を展開しているのは、侵害に基づく義務が問題になる delinquency(他人の怠慢による損害回復権)(LJ(A), ii. 88 f.)の場合だけで、彼は対人権論の最後の懈怠論(刑罰・正義論)になってはじめて、「義務を怠った人間に科さるべき刑罰の尺度は、あらゆる場合に被害者の憤慨(resentment)に対する公平な観察者の共感(concurrence)である」(LJ(A), ii. 89)として、『感情論』の正義論と同じ憤慨―共感論で刑罰を基礎付け、所有の正義を説明している。スミスは、ハチスンやステュアートとちがって、所有権の権利としての成立の根拠を所持者の期待(ないし失望)に対する観察者の共感理論で基礎付けた上で、エステーツの侵害にからむ問題をもパースンの侵害の問題と同様に『感情論』の憤慨―共感論で処理していたのである。このスミスの論理がハチスンの所有権論と似て非なる内実をもっていることは明らかであるが、スミスはなぜハチスンとちがってこのような論理を展開したのであろうか。

スミスがハチスンやステュアートとちがって所有権を期待への共感理論一本で基礎付け、憤慨論を所有権論から排除した理由は、所有権の根拠が所有権を侵害された人間の憤慨に求められる場合、それに対する観察者の共感は、当事者のおかれた状況によって異なるため、憤慨⇓共感を原理としたのでは、所有権の絶対性が維持しえなくなるためであったのではないかと推測される。ヒュームが、こうした共感の個別性と正義の絶対的普遍性要求とのギャップの認識から所有権の共感論的基礎付けを放棄して、「正義〔すなわち、所有権法〕の唯一の起源」を「公共の効用」に求めていたことは周知の事実であるが、スミスも、ヒュームと同様、所有権は当事者のおかれた状況の如何にかかわらぬ絶対性をもつことを認めていたため、所有権の基礎付け理論から憤慨―共感論を排除して、所有権を期待への共感理論で基礎付けた上で、その侵害に関する問題を憤慨―共感論で説明することによって、パースンの侵害に関する問題と所有権の侵害に関する問題を共感理論で統一的に基礎付けようとしたのである。[17] [18] スミスの所有権論が、そのかぎりハチスンとヒュームの両面批判としての意図と性格をもっていたことは明らかである。彼は、ハチスンが曖昧に、感情論的に基礎付けていた所有権を期待への共感理論で基礎付けることによって、共感の個別性と所有権の絶対性との矛盾を回避した上で、『感情論』の憤慨―共感論でパースンの侵害とプロパティの侵害を統一的に説明することによって、パースンの侵害にからむ問題を正義論の主題から除外していたヒューム正義論の限界を乗り越えようとしたのである。彼が解怠論で、パースンの侵害にからむ問題はもとより、プロパティの侵害にからむ問題をも極力憤慨理論で基礎付けようとしていたことも（LJ(A), ii. 148-180）、彼の所有権論がヒュームを意識していたことを示すものといえるであろう。スミスは、『感情論』の共感理論を所有権論にも適用し、その上に統一的な法理論を展開することによって、ヒューム正義論のジレンマを克服しようとしたのであるが、『感情論』の共感理論で所有権を基礎付けようとしたスミスの意図がどこまで貫徹していたか、ということになると問題は別である。

(3)　スミスの共感論は、前章で詳説したように、大なり小なり主観性をもたざるをえない共感に基づく道徳判断の客観性の根拠を観察者の共感の「状況に即した適宜性」（Situational Propriety）に求めるものであったが、スミスが所有権の根拠とした期待への同感の場合には、所持者の期待の正当性（reasonable expectation）を客観化する状況の論理が必ずしも十分には機能しえないことが注意される要がある。

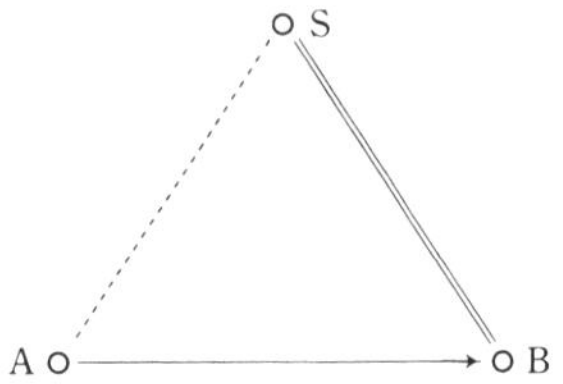

　スミスは、「占有」論の中で観察者（S）と所持者（B）との間に成立する共感の原因は、Bの期待への共感にあり、「所持者〔B〕が手に入れたものを奪おうとする人〔A〕に対して彼が自らを防衛し、実力でそれを取り返そうとするのを正当だと観察者〔S〕に心の中で思わせるのは、この期待である。観察者は、彼の期待についてゆくが、最初の所持者から財を奪おうとする人間〔A〕の意図には入ってゆけない。それゆえ、最初の所持者が抱く正当な期待が占有によって所有権が獲得される基礎をなす」（LJ(A), i.37）とのべている。この言葉は、スミスが所有権の根拠をAによって期待を侵害されるさまざまなBたちの状況を考察するさいにSが感じるBの期待への共感に求めていることを示している。その限り、この理論も『感情論』の共感⇒正義論と同様、A―B二人の当事者と観察者からなる三者関係（における直接的共感と間接的共感の二重共感論）を前提しているかにみえる。しかし、この場合の観察者の共感は、Aに侵害されるおそれのあるBの所持者としての立場を考察した場合に生まれるBの期待に対する共感にすぎず、そうしたBの期待を侵害する側のAの個別的事情や動機は問われている訳ではない。[19] Bの期待に対するSの共感を原理とするスミスの共感⇒所有権論は、むしろ、こうした他方の当事者であるAの立場や動機の分析をさけて、S―B関係だけに焦点をしぼったところに普遍的権利としての所有権の根拠を求めたものであるが、こうした形で基礎付けられた所有権が個々の具体的状況においてその絶対性を主張しうるだけの道徳性をもちうるか否かは疑問である。

　こうした所有権の基礎付け理論としての期待への共感理論の矛盾が露呈するのが、所有権の侵害の場合である。この場合には、観察者はAの動機の不適宜性とBの憤慨の適宜性をそれぞれの状況に即して考察（共感）することが可能になるであろうが、このように共感に基づく功績（Merit）判断が行われる場合には逆に、スミスが期待への共感理論によって正当化しようとした所有権の絶対性は必ずしも擁護しえないことになってしまうであろう。たとえば、飢えにひんした貧乏人が大金持の所有物を盗んだとしても、その状況を考えたら、その行為をきびしく罰することに観察者は必ずしも共感（go along with）しえない場合があることであろう。にもかかわらず、われわれが処罰に同意するのは、スミス的に考えれば、市民社会のすべての構成員が大なり小なりおかれている所有者Bの立場に立った場合に観察者Sが感じるBの期待への共感理論によって所有権の絶対不可侵性があらかじめ基礎付けられているためだということになるであろうが、A―Bのおかれた状況（事情）を個別的に考察した場合には、SはむしろAの動機に go along with する場合もあることであろう。そうした場合にもなおかつわれわれが処罰に同意するのは、所有権の絶対性を否定したら社会秩序が成り立たぬと考えるためであろうが、その場合には共感ではなく、効用が原理になっていることは明らかである。もとより、刑事訴訟の場合には、所有の侵害をめぐる問題についても情状が問われるので、その限り侵害に及んだAの動機や事情が何がしか酌量されるであろうが、所有権法の基本をなす民事訴訟の場合には、共感原理は原理的には機能しないといわざるをえない。なされた侵害に対する被害者の損害回復権に基づく損害賠償訴訟の場合には、被害者自身が加害者の立場に同情してその要求を引き下げないかぎり、状況に即した適宜性の論理の働く余地はないからである。スミス自身が、刑事では憤慨への共感が上手く機能しうるのに、民事では上手く機能しないため、陪審が嫌われることを認めていたのも[20]、この事実を傍証するものといえるであろう。同様に、憤慨―共感論が正義=法の原理として機能しうる刑事訴訟の場合でも、前述のエステーツの侵害にからむ問題の場合には、状況の考察は所詮情状の対象でしかないことは明らかである。個々のケースの環境に即した適宜性に基づいて刑量を決定していたら、所有の正義は維持しえないからである。ヒュームが所有の正義の共感論的基礎付けを断念し、効用判断を共感判断に優先させたのはそのためであったが、所有権の侵害に伴う刑罰の場合には、共感原理より公共的利益の原理の方が優越するのは、戦場における歩哨の場合と同じではないであろうか。

(4) こうしたヒューム的な疑問に対し、スミスは、懈怠論でパースンの侵害はもとより、窃盗、強盗その他の所有権や対人権の侵害にからむ問題をも一貫して憤慨―共感論で説明し、[21]「被害者の憤慨」に見合わぬきびしい刑罰が科される場合には、「それを必要ならしめる事情（circumstances）がある」（LJ（A）, ii. 157）としている。たとえば、「窃盗がわれわれの憤慨をかき立てるのに適しているよりは、むしろ軽蔑され蔑まれるもののようにみえる」のに、「被害者の憤慨が要求しないような」「きびしい刑罰が科されるようになったのは」（LJ（A）, ii. 149）、「極めて容易に安全に罪を犯すことができたため、大変きびしく罰する」（LJ（A）, ii. 151）必要があった「自由保有地政府と封建政府の特性に基づく」（LJ（A）, ii. 150）ものであったといわれる。同様に、ある種の詐欺行為がかつて被害者の憤慨が要求しないほどきびしく罰せられたのは、「それを必要ならしめるいくつかの事情（circumstances）がある」（LJ（A）, ii. 157）からであるという。スミスは、共感原理に基づく法の妥当する状況と環境の考察を通して、一見自然の感情（MS原理）に合わない法や慣習もそれなりの根拠があることを明らかにすることによって、すべての法が憤慨―共感原理で説明されうることを証明しようとしたのであるが、このスミスの考え方が多分にヒュームを意識していたことは明らかである。スミスは、共感と現実の法とのギャップを社会秩序の維持の必要という効用原理で説明していたヒュームに対して、両者のギャップを生み出す環境（事情）を明らかにすることを通して、ヒュームのジレンマを克服しようとしていたのである。このようなスミスの思想がスミスにおける社会科学の形成を導く上で決定的な意味をもっていたことはのちに詳しく論証する通りであるが、しかし、このことは、スミスがヒュームの当面したジレンマを乗り越えていたことを意味するものではない。なぜなら、ヒュームの問題は、個別性を本質とする共感と所有の正義の普遍性・絶対性要求とのギャップにあり、このギャップは所有の正義の本質が個々の状況をこえた所有権の絶対性の維持にある限り、状況の考察によって埋められるものではないからである。

状況の考察に基づく観察者の共感理論が最もよく妥当するのは、パースンの侵害にからむ刑事訴訟（criminal law）の場合である。スミス自身も、生死の問題にかかわる刑事訴訟の方が所詮は金銭《カネ》の問題にすぎない民事の場合より審理に時間がかかる筈なのに、実際はその逆であるのは「刑法全体が被害者の憤慨に対するわれわれの同胞感情に基づいている」（LJ(A), v. 18. Cf. LJ(B), 65）からであるとしている。このスミスの考え方は、『感情論』の憤慨―共感論が民事より刑事によりよく妥当することをスミス自身が事実上肯定していたことを示しているといえよう[22]。

『感情論』の憤慨―共感―正義論は、このようにスミス自身がはっきりと承認し、ラフィルがいち早く指摘していたように、本来「刑法を主として念頭においていた」[23]もので、その原理を所有権法に適用し、所有権を共感原理によって基礎付けることによって、自然権と取得権の問題を統一的に説明しようとした『法学講義』の論理には本来無理があったのである。ラファエルも、「スミスの適宜性（公平な観察者による共感的是認）の理論は、所有権に適用された場合には何ら真実の説明力をもつとは私は思わない」とのべ、「これに対し、刑罰の場合には、スミスは、功績の感覚の本質を成している二重共感論を使っている……ので、よりつよい感銘を与える」[24]としている。これらの事実は、『感情論』の共感⇒正義論を正義の法の理論たらしめるための前提条件をなす『講義』私法論の論理が、所有権の基礎付け理論としては必ずしも『感情論』のような説得力をもたなかったことを示すものといえるであろう。

㈡　所有の歴史理論の鍵概念

(1)　スミスの私法論はこうした基本的難点をもつものであったが、スミスは前述のような『感情論』原理による所有権の基礎付けとならんで、道徳感情原理の妥当する状況（Situation）の分析に基づく所有権の歴史的位相の解明を行っている。スミス私法論の基本的特色は、第三章でみたように『感情論』原理による所有権の原理的基礎付けとならんで、所有権法の内実がその歴史的環境に即して歴史的に考察されている点にあったのであるが、スミスが『講義』の私法論でこのような所有の歴史理論を展開したのは、取得権としての所有権の「特定の内容」確定による慣習批判のためであった。そのための概念装置として彼が使用したのが四段階仮説であったが、スミスはこうした道徳感情原理に基づく所有の歴史理論展開にさいして、道徳感情理論とならんで、既述の『感情論』原理に基づく所有権の基礎付け（moral property 論の展開）のさいには批判の対象にしていたロック的な物理的所有（physical property）概念を使用しているだけでなく、状況の歴史的差異分析のさいには、後者により規定的な役割を与えていることが大きく注目される。その次第は、本源的様式の所有権の成立過程の四段階分析自体が、所有物の増大とそれに伴う所有の交換・分業関係の発展を鍵概念にしてなされていることからも窺い知られうるが、その傾向は、所有権獲得の「二次的または派生的方法」を論ずる個所により明確に示されているといえるであろう。

たとえば、彼は相続法論の中で、「遺言によらない相続（succession ab intestato）」ないし「法定相続（successio ex lege）」の根拠をそれらの事物が「家族全員の結合労働によって」（LJ(A), i.93）獲得された「共通の財産（communio bonorum）」（LJ(A), i.105）である点に求める一方、長子相続権の根拠を土地の細分化が危険であった封建的土地所有関係に求め、それが分業・交換関係の発展を阻んでいた次第（LJ(A), i.116 f.）を明らかにしている。これに対し、遺言相続の成立と信託遺贈の限嗣相続への転化過程は、私有財産の拡大と一般化、その帰結としての商品交換と社会的分業の展開によって説明している。同様に、譲渡・契約の歴史的位相も、社会的分業と商品交換の展開に直接規制されるものとして、未開社会から商業社会に至る社会史の四段階的発展過程における所有物の価値の増大と、それに伴う分業・交換・「商業の拡大」のうちに契約の拘束化の根拠が求められている（LJ(A), ii. 47-55）。

スミスは、このように所有の交換・分業概念を手掛りにして人―人関係原理としての所有権の歴史的位相の解明をしていたのであるが、この議論が前節の所有権論でスミス自身が否定していた物理的な所有概念を前提していることは明らかである。スミスは道徳感情原理に基づく所有権の歴史的位相の解明をロック的な労働＝所有＝交換＝分業概念をテコにして行っていたのである。この議論が前節の議論とトーンを異にしているのはそのためであるが、この事実は必ずしもスミスの論理の矛盾を示すものではない。その次第を明らかにするため、スミスが私法論で展開していた所有権の道徳感情論的基礎付け理論の実態を再度考察してみることにしよう。

(2)　既述のように、スミスは、『法学講義』の私法論で労働自体に所有《プロパティ》の権原を求めるロックの労働⇒所有（権）論を批判していただけでなく、『国富論』でも労働自体を「労苦と煩労（the toil and trouble）」（WN, I. v. 2）という感情原理でとらえているが、彼が否定していたのは、労働という対自然関係行為がそれ自体で他人に対する道徳的な資格（権利）の根拠たりうるということだけで、所有の本源的形態が労働ないし先占に基づくことは、スミスもロックやハチスン同様はっきりと認めていたのであった。スミスが批判の対象としたハチスンやケイムズは、カーマイケルに従ってロックの労働による所有の理論をはっきりと前提した上で、その所有権（moral property）化の根拠を感情原理で説明していたのであるが、スミスもハチスンやケイムズ同様、ロック的な労働理論から出発しながら、所有権の本質はあくまでも人―人関係のうちにあると考えていたため、ロックに対しより批判的な態度をとっていたのである。彼が『国富論』で労働投下を労働者の「労苦と煩労」という感情原理でとらえたのも、それに対する観察者の共感という共同主観的関係を想定することによって、対自然関係行為であると同時に社会的行為でもある「労働」を交換価値という社会原理にまで高めようとしたものとも考えられる[25]。しかし、そのことは彼が「労苦と煩労」という感情原理で表現した「労働」の実体が抽象的人間労働の支出・交換であることを何ら妨げるものではない。彼が『講義』で「労働の自然価格」を投下された労働時間で量り、[26] 文明社会の「手職人たちが何ら彼〔金持〕に恩義があると自分では考えない」のは、「彼らが彼から受取ったものに等しい時間と労働（time & labour equivalent to what they have received of him）を彼に与えていた」（LJ(A), i.118）からであるとのべていたのが、その何よりの証左である。スミスは、他人に対する道徳的な資格ないし関係としての所有権の基礎付け、「労働」生産物の交換「価値」としての社会的承認を意図していたため、ハチスン同様、労働＝所有概念をすぐれて『道徳感情論』的に解していたのであるが、彼も「所有（権）《プロパティ》の起源は労働のうちにあり、[27]」交換価値（商品価格）の実体はパースンの活動としての人間労働に他ならないことを認めていたのである。「最初の所持者が抱く合理的期待が先占によって所有権（the right of property）がえられる根拠をなす」（LJ(A), i.37）ことを主張した個所で、スミスがその根拠を「私がすでに〔そこに〕行って、その果実を手に入れるのに私の時間と労苦（my time & pains）を投下していた」（LJ(A), i.37）点に求めていたことも、この事実を示すものといえよう。スミスの主題は、ロック的な労働投下の交換価値としての承認にあったのである。スミスが『国富論』では『講義』の観察者視点の所有権論とは一見異なるロック的な労働所有論と、それに基づく生産的労働概念を復活させているかにみえる謎をとく鍵もそこにあるといえるであろう。[28]

スミスは、カーマイケル以来のスコットランド啓蒙思想の伝統に従ってロック的な労働⇒所有概念を前提しながら、その社会的承認根拠の『道徳感情論』的基礎付けを『講義』と『国富論』の共通主題としていたのであるが、彼がMS-Situation 分析に基づく所有権法の歴史的位相（所有権の特定自然法）確定の手掛りにしていた所有概念も、まさしくこのようなロック的な労働⇒所有概念であった。スミスは、ロック的な physical な所有概念を前提しながら、それによって moral な所有権の「特定の内容」を明らかにしようとしたのである。スミス所有権論の真の意義と特色はむしろこの点にあったと考えられるが、この事実は、スミスの共感⇒所有権論が、必ずしも『講義』の編者のいうようなロック的な労働⇒所有理論に対する代替理論ではなく、(29)あくまでもロック的な労働⇒所有理論を前提したものとして、自然法の論理を前提せずには成り立ちえないことを示すものといえるであろう。

こうしたスミス理論の構造は、スミスの法学体系が近代自然法の論理の補完・完成に他ならないことを示しているが、それは文字通り補完・完成であって代替ではなく、かりにそこにおけるスミスの意図が道徳感情原理のみによって「法と統治」の問題をすべて統一的に説明する点にあったとすれば、その試みはあえなく失敗していたといわざるをえない面をもっていたのである。

三　公法論の難点

(一) 権威の原理の意図と実態

(1) スミスの公法論は、こうした「正義」の「法」(私法)の強制機関としての「政府」の形成原理と政府と人民との間の権利・義務関係の確定を主題としたハチスンの政府論の注解として展開されたものであったが、スミスは『感情論』の「歓喜への共感」感情に基づく「権威の原理」を公法論の中核原理とすることによって、統治(政府)の原理そのものを道徳感情論的に基礎付けようとしたのであった。スミスの公法論は、第三章で論証したようにハチスンの契約説を直接の批判の対象にしたものであったが、彼はヒュームと同様、契約説の虚構性・抽象性を明らかにするため、政府の形成過程を歴史的に跡付けることを通して、政府が契約に基づくものではなく、権威か功利の原理に基づくことを強調している。スミスの公法論が契約説批判を最大の主題とするものであったと考えられる所以はそこにある。しかし、この事実は『講義』の公法論の主題が、こうした感情（MS）原理に基づく契約説の虚構性批判それ自体にあったことを意味するものではない。公法論におけるスミスの意図はむしろ、政府が契約によってではなく、歴史的に形成されてきた過程《プロセス》を明らかにすることを通して、正規の政府の下における商業⇒自由の可能性を歴史的に論証することによって、ウォーレス的な俗流ウィッグ主義とフレッチャー的なシヴィク歴史観を批判する点にあったことが注意される要がある。

　スミスは公法論の中で「自由の体系」成立の歴史過程を叙述しているが、『講義』ではフレッチャー以来のスコットランド思想の伝統にならって、その登場の例外的偶然性を強調している。スミスは、イングランドに自由の体系が実現されえたのは、常備軍を必要としない島国英国の地理的環境と、英王室の財政事情によるところが大きかったと考えていたのである。[30] 公法論におけるスミスの歴史叙述の意図が、より普遍的な所有の原理論が展開されていた私法論とちがって、あたかも「イングランドにおける政治的自由の達成が例外的環境に基づく例外的出来事であった[31]」次第を強調する点それ自体にあったかにみえる所以はそこにある。しかし、この例外的偶然性の強調は、イングランドにおける「自由の体系」の成立を可能にした環境の例外的特殊性（exceptional circumstances）の指摘にすぎず、第四段階の商業社会における自由の体系登場の歴史的普遍性を必ずしも否定するものではないことが注意される要がある。[32] イングランドにおける自由の体系の成立に至る公法論全体の歴史叙述が、四段階論を基軸とする「事物の通例の自然的進歩（the ordinary & natural progress of things）」（LJ（A）, iv. 75）認識を前提していることや、[33] アーツと製造業、トレードと交易の発展の帰結として成立する都市が、古代ギリシャのそれをはじめとして、本質的に自由であった次第が強調されていることも、この事実を示すものといえるであろう。スミスは、イングランドにおける自由の体系（商業

⇒自由）の成立を可能にした事情（環境）の例外的特殊性の強調にもかかわらず、第四段階としての商業社会におけるその登場の歴史的必然性を認め、自由な政府、ないし、その象徴としての自由の体系の成立を段階論的にとらえていたのである。

『講義』の公法論に対応する『国富論』第三編の歴史叙述に自由の体系の例外性の指摘がみられないのは、その点象徴的である。『講義』のケース－環境分析は、既述のごとくモンテスキュー的環境説とちがって、モンテスキュー的環境説をのりこえる契機をはらむものであったが、にもかかわらず、なおかつ『講義』では、モンテスキュー的環境説のより直接的な影響下にあったため、(34) フレッチャーやヒュームの『イングランド史』その他の影響もあって、英国に独自な自由の体系を可能にした環境の例外的特殊性を強調したいわば例外環境説が表面に出ていたのに対し、『国富論』では、『講義』で強調されていた自由の体系の例外性の主張は影をひそめ、ヨーロッパの諸都市における自由獲得の歴史叙述がなされている。『講義』の公法論の主題の継承・展開としての『国富論』第三編のこうした内実は、『講義』の公法論の中心主題が自由の体系の例外性の主張それ自体にあったのではないことを示すものといえるであろう。スミスが『講義』で批判の対象にした契約説の主題が「自由な政府」（自由⇒商業）の理論的弁証にあり、スミスの主題がその虚構性・抽象性批判にあったことも、この点を傍証するものに他ならない。スミスは契約説の虚構性・非歴史性を明らかにするため、自由の体系成立の歴史過程を詳しく分析し、その例外性を強調したが、『講義』の公法論におけるスミスの契約説批判、その例証としての歴史叙述の主題は、決してたんなる例外的偶然性の指摘にとどまるものではなく、四段階仮説に立脚する「理論的・推測的歴史」としてのスミスの歴史叙述の本来の意図は、あくまでも第四段階としての商業社会における自由な政府登場の歴史的正当性を明らかにすることによって、それを阻害する体系を歴史的に批判する点にあったからである。(35)

(2)　スミスが契約説を批判し、権威と功利の原理によって政府を基礎付けたことは、こうした展望をもつものであったのであるが、彼が公法論の中核原理とした権威の原理は、実際にはすでに第三章で論究したように、既存の政府への服従の根拠論ないし既成の社会への「加入」の原理論にすぎず、公法論の主題をなす政府生成の根拠や「自由の体系」の正当性を論証しうるものではないことは明らかである。なぜなら、権威の原理は既存の権威＝政府の存在を前提するものに他ならず、かりに人類の「最初の諸時代」の社会にみられた家族国家のように、家長の権威に対する家族の構成員の自然の尊敬の感情から「自然的国家」が形成されることはあるとしても、そのような権威の原理だけでは政府形成の必然性は証明しうるものではなく、ましてやスミスが『国富論』の前提としての『法学講義』において論証しようとした第四段階の商業社会における「自由な政府」登場（商業⇒自由）の歴史的正当性は論証しうるものではないからである。憤慨・共感原理と権威と功利の原理とによってガヴァメントを基礎付けようとしたスミスの理論は、自然法的契約⇒国家論批判として登場したものであったが、それは実際には自然法の論理に『感情論』の共感原理を挿入することによって、自然法の論理を歴史的経験化したものにすぎず、人間論から直接、国家論を導いたホッブズやR・カンバーランドの理論と同様、[36] それだけでは自由の体系登場の歴史的根拠の論証はおろか、政府形成の必然性すら説明しうるものではなかったのである。[37] スミスが、権威と功利の原理を政治社会形成原理としての契約説にとって代る政府の形成原理としながら、公法論では共感原理に基づく政府の基礎付けを事実上放棄しているのも、決して偶然ではないといえよう。

(3)　スミスは、しからば、どのようにして、政府形成の必然性と自由の体系の歴史的正当性を論証していたのであろうか。その鍵概念としてスミスが使っていたのが、物理的所有概念である。既述のように、彼は、所有権法の歴史的位相解明のための環境分析の鍵概念にロック的な労働＝所有＝交換＝分業概念を使っていたが、公法論でも、既述のように所有関係概念を鍵概念として四段階歴史過程の差異を明らかにすることを通して、政府の形成と自由な政府の登場が物理的な所有の増大と、それに伴う分業・交換関係の展開に基づく次第を明らかにしていたのであった。彼が所有の存在しない狩猟社会では政府は必要ないとしていたのも、そうした考え方に基づくものであったといえよう。スミスも、ロックと同様、「市民社会」の形成が所有の増大に基づくことを認めていたのであり、段階《ステージ》のちがいを説明する嚮導概念を物的所有概念に求めていたのである。「所有《プロパティ》と市民政府は密接な相互依存関係にある。所有《プロパティ》（権）の保護と所持物の不平等が最初に政府を形成したのであり、所有（権）の状態は政府の型態に従ってつねに変化するにちがいない」（LJ(B), 11）というBノートの正義論の序説の言葉も、彼が所有《プロパティ》（権）と政府の関係の不可分性をはっきりと認めていたことを示している。スミスは、既述のように、自然状態の人間の行動原理を（道徳）感情で説明することを通して、「最初の政府（original gov't）」の形成原理を（道徳）感情原理によって基礎付けようとしていたが、彼も実際には市民社会分析が（物理的）所有概念に媒介されずに成立しえないことを認めていたのである。スミスがAノートの正義論を所有権論から出発させ、所有権法の歴史的位相分析を行った根本の理由もそこにあったといえるであろう。

　公法論の基礎をなす「法と統治」の発生史的考察は、このように私法論以上にロック的な労働⇒所有概念に立脚していたのであるが、『国富論』における権威の原理の実態も、政府形成の必然性論証が物的所有概念を前提せずには成り立ちえないことを示しているといえよう。

　たとえば、彼は、『国富論』でも『講義』と同様に、「自然的に従属をもたらす諸原因ないし諸事情（the causes or circumstances）」（WN, V. i. b. 4）として、①人間的資質の優越性、②年齢、③財産、④出生をあげている。この分類は基本的には『講義』と同じであるが、『国富論』では、①②が「権威と従属の唯一の基礎」をなす狩社会では「権威も従属も存在しないか、わずかしかなく」（WN, V. i. b. 7）、「人々の間の権威と従属」を主に生み出す二つの事情は③④であることを明らかにした上で、④は③に基づくことを認めている[38]。この『国富論』の叙述は、①②③④を多分に並列的にとらえていたAノート（LJ（A）, iv. 41-43, v. 129-131）より、より明確に「権威」の感情そのものが物理的な所有の大小に由来することをスミス自身が認めていたことを示している。彼が『講義』や『国富論』で、（物的）所有こそが「権威と支配権」の起源をなすものであり、「財産《プロパティ》の存在しない、少なくとも二―三日分の労働の価値をこえるものは何もないところには、市民政府はそれほど必要でない」（WN, V. i. b. 2）ことを認めていたことも、政府の起源と原理を道徳感情原理で説明しようとしたスミスの理論が自然法の論理ぬきには成立しえず、その感情論的補完者でしかなかったことを示すものといえよう。

(二) 観察者原理の非妥当

スミスの公法論はこのような難点をはらむものであったが、こうした公法論の弱点は、スミスの共感法学の鍵概念をなす観察者原理が公法論では妥当しない点にも示されているといえるであろう。観察者理論が『感情論』と『国富論』を一貫するスミスの方法原理をなしていることは今日ではすでに周知の事実であるが[39]、『法学講義』も既述のように観察者の共感を法の原理とするものであった。スミスによれば、「被害者の憤慨に公平な観察者が共感」し、「ついてゆくことができる」かどうかが、「あらゆる場合に刑罰の尺度」をなし（LJ（A）, ii. 89）、法の原理をなすものであったのである。ホーコンセンが、「スミスの理論に統一性を付与しているのは、観察者視点であり[40]」「この観察者の調停こそ、政府の本来の、最も重要な機能の一つであり、従ってあらゆる法の起源である[41]」とのべているのも、そのかぎりでは決して誤りではない。『講義』の法理論の最大の特色は、このように『感情論』の観察者理論が法

（ライト）の原理とされていた点にあったのである。しかし、公法論の対象をなす人民と政府の関係ではすべての人間がどちらかの当事者であらざるをえないため、法の根本原理としての観察者の共感が機能しえないことは明らかである。スミス自身も、「臣下に対する主権者の義務を扱う公法論の第二部門」（LJ（A），v. 102）では「主権者が臣下に対し何をすることができ、何はすることができないかについての争いについては、誰もかつて公平な観察者ではありえなかったし、少なくともそのようなものとしては誰もこれまで認められなかった[42]」ため、両者の関係について何かの決定がなされても、「それらは冷静で公平な法廷の判決のような重みをもつものでは決してありえない」（LJ（A），v. 104）ことを認めている。「この種のあらゆる争いが腕力と暴力で決定されてきた」（LJ（A），v. 104）のはそのためであるが、「臣下に対する主権者の義務」を扱う「公法のこの部門が、万民法の場合と同様、臣民同士の間の私法や、主権者に対する臣下の義務を包含する公法の他の部門の場合のような正確さを主張しえない性質をもっている」（LJ（A），v. 102）のも、この事実に照応するものといえるであろう。法の原理としての観察者の共感は、本来、対等の市民相互間の関係の規制・判断原理にすぎず、当事者以外の第三者の存在しえない政府と人民との間の支配―服従関係や、第三国が強制力をもちえない国際関係（TMS, III. 3. 42）では、十分には機能しうべくもないものであったのである[43]。共感は、もともと同等市民間のコミュニケーションの原理にすぎないからである。もとより、主権者と人民との間でも、「歓喜への共感」感情に基づくいわゆる垂直的共感は成立するが、それは何ら法《ライト》の原理をなすものではなく、服従の正当化論にすぎないことは、すでにみた通りである。ホーコンセンは、既述のように、観察者原理を公法論を含めたスミス法学の中心基本原理とし、『法学講義』におけるスミスの意図は観察者原理に基づく法体系を構築する点にあったとしているが[44]、『感情論』の公平な観察者理論が政府―人民関係で機能するのは、政府（為政者）が市民（私人）相互間の私法関係の「公平な審判官（impartial judge）」（LJ（A），iii. 16, 104）として、私人相互間の争いを調停し決定する第三者的立場をとりうる点にある。「為政者が侵害された人間の代りに、公平な観察者の資格で行為する」（LJ(A), ii. 90）とされたのは、そのためであるが[45]、それはあくまでも私法関係上のことで、主権者と人民との間のタテの関係では観察者原理が十分機能しえないことは明らかである。スミスが、政府と人民との間の権利—義務関係を論ずる公法論では、観察者用語を使っておらず、代りに公衆（the public）、第三者（third person）、調停者（arbiter）等の自然法関連用語を使っていることも[46]、上の事実を傍証するものに他ならない。それ以外の『感情論』関連用語も、公法論では第四章第四節の鍵用語頻度表の示すように、登場回数が減り、ときには全く姿を消しているのも偶然ではないといえよう。

　これらの事実は、『感情論』の共感原理によって法学を基礎付けようとした共感法学の意図が、公法論では事実上破綻していたことを示すものに他ならない。しかし、破綻していたのは、公法論のみではない。私法論でも、既述のように民事に関しては全く同じであり、私法の内容を具体的に規定するのは、共感ではなく、自然法の論理であった。近代自然法の〈道徳〉感覚化というハチスンの主題を批判的に継承したスミスは、『感情論』の共感原理に基づく法の体系を構築しようとしたが、彼はその原理としての「Sympathy の論理を貫きえなかった[47]」のである。

四　道徳感情分析の社会科学分析への転変の弁証法

(1)　共感は自然法の論理にとって代りうるものではありえず、『感情論』の共感原理によって法を基礎付けようとしたスミスの共感法学は自然法の経験・主体化論にすぎなかったのであるが、ということは、いかなる意味でも、共感がスミスの思想体系の基礎をなしていなかったことを意味するものではない。ましてや、スミスが共感理論を放棄したことを意味しない。共感が、人―人関係の根本原理として、『感情論』から『国富論』に至るスミスの思想体系の中核原理をなしていることは、改めて指摘するまでもない事実である。スミスの人間は、人―人関係のうちに生きる共感主体であり、彼の社会科学はそうした共感主体の行為や感情の道徳感情（感覚）原理による考察を主題とするものであった。そのような考え方に基づくいわゆる「共感的方法」がスミスの社会認識の方法であることは、高島善哉氏や内田義彦氏らによってつとに明らかにされた通りであり、こうした共感的方法が『法学講義』でも縦横に使われていることは、『講義』の論理展開、とりわけ家族法論の例示の示す通りである。『講義』の特色は、歴史の主体としての人間の行動や心理―それに基づく歴史事象が徹底して共感原理に基づく感情分析によって解き明かされている点にあり、『講義』の歴史叙述の特色が共感概念に基づくヴィヴィドな人間描写にあったことはすでにみた通りである。同様に、そうした共感主体の作り出す事物の自然法の解明を主題とする『国富論』の世界でも、共感感情に基づく「人間の自然的性向」が事物の秩序の「推進者」として生きているばかりでなく、『講義』の主題であった事物の論理の共感論的基礎付けの意図は、『国富論』の世界でも一貫していることは明らかである。[49] スミスは『国富論』においても共感原理による事物の論理の道徳感情（感覚）論的把握を意図していたのであり、共感が人間の自然的性向によって動かされる事物の論理認識の根本原理とされている点に『国富論』の自然法とケネーやステュアートとの差異があることは明らかである。

(2)『道徳感情論』から『国富論』に至るスミスの思想は、このように一貫して『感情論』の共感原理に立脚するものとして、共感を自然の法の認識の根本原理とするものであった。スミスの自然法が、共感原理に基づく自然法として、共感を倫理と法の根本原理とするものであったと考えらるべき所以はここにある。問題は、そのような共感原理に基づいてスミスが『講義』で展開した共感法学が、法学としてはその原理を貫きえずに挫折していた点にある。

スミスの自然法学の意義は、むしろ、こうした欠陥をはらんでいたにもかかわらず、こうした共感原理に基づく自然法の（道徳）感覚＝経験（主体）化が逆に共感（感覚）原理に基づく法の妥当する環境の徹底した歴史的客観分析を可能とし必要ならしめた点にある。こうした自然法の（道徳）感覚＝経験（主体）化の帰結としての歴史分析、さらには、それを契機とする経験的客観分析の成立こそ、『感情論』⇒『法学講義』⇒『国富論』を貫くスミス思想のタテ糸をなすものであったのであるが、その根拠が共感原理に基づく法の認識におけるケース―環境分析の不可欠性にあったことは明らかである。共感は、「人間本性の不変の諸原理」に立脚する自然法の根本原理をなすものであっても、その「特定の内容」はその環境に即して明らかにされねばならないからである。共感原理に基づく自然法の内面主体化が、共感（感覚）原理による事物の論理そのものの歴史的経験的客観分析に転変するという逆説的関係が生まれる根拠はここにある。事物＝自然（の）法の論理は、共感（感覚）に媒介されることによってその経験性を確立するが、共感（感覚）は事物の論理を規定しうるものではなく、逆に共感に基づく道徳感情は環境によって規定されるため、共感原理に立脚する倫理や法の「特定の内容」を明らかにするためには、（道徳）感覚に基づく状況（環境）の客観分析が必要になるからである。道徳感情や法が共感原理に基づく次第の論証よりも、道徳感情や法を規定する環境それ自体の社会科学的分析が『法学講義』において支配的になってきた根拠はそこにある。その例証をわれわれは「正義」論後半における歴史的客観分析の圧倒的支配化のうちにみることであろう。たとえば、家族法論の中の夫婦論や親子論では、愛着（affection）その他の『感情論』用語に基づく道徳感情（MS）分析が盛んに行われているが、主従論では、道徳感情分析よりも客観分析の方が主になっているばかりでなく、純粋の経済学的分析すらみられる[50]。公法論でも、「自由の体系」の確立に至る歴史叙述を通して、より純粋な歴史的客観分析が行われている。そこには、共感原理に基づく自然法解明のための状況ないし環境の感情分析から、その根拠をなす状況ならびに環境それ自体の客観分析への力点の移行と共に、彼が『講義』の基本主題としていた法の共感論的基礎付け＝観察者原理に基づく法の原理の確立から、道徳感情や法の差異を生み出した環境それ自体の歴史的客観分析への主題の変化がみられる。

(3)　『法学講義』の特色は、こうした歴史的客観分析が四段階分析として行われている点にあるが、この四段階論的歴史的状況分析の鍵概念は、既述のごとく共感（感覚）ではなく、所有概念を基軸とする近代自然法の論理であった。第三章で論証したように、スミスは四段階《ステージ》変化の鍵概念をアーツ、商業、奢侈等の概念に求めていたが、それらは彼がAノートの私法論で論証の主題とした moral な Property 概念に基づくものではなく、労働⇒所有⇒交換＝分業概念を中核とする近代自然法の論理に基づくものであった。スミスは、こうした近代自然法の論理を支柱とする「アーツと商業」概念による状況の歴史分析を行っており、こうしたアーツ、商業、奢侈等の概念による状況の歴史的客観分析こそ『講義』の歴史叙述の特色をなすものであったが、それはその当然の前提として、労働⇒所有⇒交換＝分業関係の存在・発展を想定すると共に、その必然的帰結として、経済分析の展開・深化をもたらすものであった。

たとえば、彼は奴隷制度の不便を論じた個所で次のようにのべている。「事物の現状においては、」金持が社会の富を一手に壟断しても、「彼は普通の農夫より大きな胃袋をもっていない」（LJ(A), iii. 135）ため、その富は社会のすべての人々に自然に還流されてゆき、人々に「その価値を大きく増大するのに必要な仕事や製作の機会を大量に提供する」（LJ(A), iii. 137-8）ので、「事物の現状においては、そのような巨大財産の増大を妨げても国家に何の利益にもならないであろう」（LJ(A), iii. 138）が、奴隷制が支配していた「古代では事情（環境）がちがう」ため、金持は社会に有害であった。古代ローマで土地均分法や借金帳消し要求が行われた所以はそこにあると（LJ(A), iii. 134-142）。

この議論はフレッチャー以来のシヴィク思想を念頭においたものであるが、公法論でも同様に、貴族の没落、それに代る借地人の独立の原因が「アーツ、商業、奢侈の導入」（LJ(A), iv. 157）にあったことにふれ、「富の漸次的な傾斜とその度合の従属〔連続〕性が存在」する場合には、奢侈の恩恵が社会の各階層に行きわたり、「アーツと製造工業と産業の進歩が最下層にまで容易に貫流する」のに、「財産が一足飛びに大きく累進する場合には、アーツと商業と奢侈はそれに徐々についてゆくことができない」(LJ(A), iv. 161) 次第を解明している。(51)

これらの議論が『感情論』の欺瞞理論の継承・精密化であることはいうまでもないが、『講義』においては『感情論』の議論がはるかに精密化され、『国富論』の原型をなす経済学的分析にまで深められているといえるであろう。スミスが『講義』で共感原理に基づく法の具体的認識のための手段とした四段階—状況分析は、経済分析へ移行する契機を含むものであったのであるが、(52) スミスにおける経済学の生誕の契機をなすものとしては、さらにスミスが『講義』の正義論で展開した限嗣相続権や封建法、重商主義的特権・独占やその批判者としてのシヴィク的徳性主義に対する歴史的批判の正当性の理論的論証の必要があったことが注意される要がある。『法学講義』は、ハチスンに化体された(あるいは、ハチスンの中に残存する) シヴィク思想と重商主義の歴史的批判を隠された主題とするものであったが、その正当性は理論的に論証されねばならない。その論証を『講義』正義論における歴史的批判の論理をなしていた特定自然法論の理論的展開を通して行ったのが、『法学講義』第二部の主題をなす「行政《ポリース》」論であるが、その論証は、本書とは別の論考に譲らざるをえない。(53)

(1) Stewart, D.: *Biographical Memoir of Adam Smith*, Kelley rep., 1966, p. 34.

前章で詳説したように、共感は「人間本性の不変の諸原理」に立脚する倫理と法の根本原理ではあるが、それ自体は受動的な感覚原理でしかないため、共感を原理とする倫理や法の「特定の内容」(ないしハチスンのいう special laws of nature) は、「人間の外的状況の諸事情」によって規定されたものであらざるをえないことに注意されたい。スキナーも、スミスが「『道徳感情論』の議論では、ただの一度もこれらの〔一般的〕諸規則が普遍的な妥当性をもつ、ある特定の内容を有しているとはいっていない」(Skinner, A. S.: Introduction to Smith's *Wealth of Nations*, Book I-III, Penguin Books, 1970, p. 28. 川島信義ほか訳『アダム・スミス社会科学体系序説』五三ページ）ことを認めている。

（2） Cf. Hutcheson, F.: *A System of Moral Philosophy*, II, pp. 288, 305.

（3） Cf. Smith: LJ(B), 326-333.

（4） Cf. Hutcheson, *op. cit.*, I, p. 318.

（5） ケイムズは、ロックの労働理論を認めた上で、「人間と彼の勤労の果実との間には特有のつながりがあり（Kames: *Essays on the Principles of Morality & Natural Religion*, 1751, p. 105）、「それに対する彼の愛着（affection）は所持の時間と共に増大する」（*ibid.*, p. 108）として、所有権を感情論的に説明しているが、所有の侵害は本人に「苦痛」を与え、不正義感をもたせるだけでなく、みる人も正義《ライト》に反すると考える（*ibid.*, p. 109）とするだけで、所有の侵害に対する憤慨理論は使っていない。このケイムズの所有権論は、ハチスンよりスミスに近いといえよう。

（6） Cf. Hutcheson, *op. cit.*, I, p. 318.

（7） *Ibid.*, I, p. 320.

（8） Stewart, D.: *The Collected Works of Dugald Stewart*, ed. by W. Hamilton, Edinburgh, 1858, Vol. 7, p. 261.

（9） *Ibid.*, p. 262.

（10） *Ibid.*, p. 263（傍点＝原文、○点＝引用者）。なお、ステュアートは、スミスがこの見解の代表者であったとしているが（*Ibid.*, p. 263）、スミスが所有権の根拠を憤慨に求めていたというのは、後述のように、げんみつには誤りである。

（11） ハチスンやステュアートは、他の啓蒙思想家と同様、ロック的な労働⇒所有理論を前提しながらも、それはいまだ「人々の行為から生み出される物理的な属性ないし関係」にすぎないとして、それを他人に対する道徳的な資格（moral quality, qualitas moralis）たらしめるものを人―人関係の感情原理に求めていたのである。ハチスンやスミスがロックの所有論を批判したのはそのためであるが、ロックは必ずしも所有権が道徳的な関係であることを知らなかったのではなく、自然の共有物の分割の場合と異なる人→物の労働の生産（創造）性のうちに、他人の同意という人―人関係の承認を必要としない、社会的な権利としての所有権の根拠を求めていたのである（拙著『市民社会理論の原型』第二部第三章参照）。ロックの労働による所有の理論が批判されながらも、一八世紀の所有権論の基礎をなしえた根拠はそこにあるといえよう。

（12） Hutcheson, *op. cit.*, I, p. 318.（傍点引用者）

(13) *Ibid.*, p. 320.（傍点引用者）

(14) Stewart, *op. cit.*, pp. 317-319.

(15) Cf. Rae, J.: *Life of Adam Smith*, London, 1895, Kelley rep., pp. 13-14. Stewart, *op. cit.*, p. 263.

(16) 憤慨（resentment）用語は、対人権論でも、LJ(A), ii. 45, 58 等にみられるが、そこでは規定的な役割は果していないことに注意されたい。

(17) Hume, D.: *Enquiries concerning Human Understanding and concerning the Principles of Morals*, ed. by Selby-Bigge, 2nd. ed., Oxford, 1962, p. 183. Cf. Haakonssen: *The Science of a Legislator*, p. 28.

(18) ヒュームに対するスミス理論の特色の一つがこの点にあることについては、Cf. Haakonssen, *op. cit.*, p. 102.

(19) 対物権論では、ラファエルの指摘するように、「功績の感覚の本質を成す二重同感論」(Raphael, D. D.: Hume and Adam Smith on Justice and Utility, *Proceedings of the Aristoterian Society for the Systematic Study of Philosophy*, LXXIII, 1972-73, p. 99）は妥当しないことに注意されたい。

(20) Cf. LJ(A), v. 38-39. LJ(B), 73.

(21) Cf. LJ(A), ii. 148-150, 155-157, 169-180.

(22) Cf. LJ(A), ii. 63, v. 18, 19, 38. LJ(B), 65, 73.

(23) Raphael, op. cit., p. 93.『感情論』の正義論が、刑法論で正義論を展開していたケイムズの『法史考』の刑法論を下敷にしていたことも、上の引用の事実と関連があるといえよう。

(24) Ibid., pp. 98-99.

(25) 交換価値は、人—物関係において成立する使用価値とはちがって、人—人関係において承認されるモーラルな社会原理であり、労働価値説が成立しうるためには、「抽象的人間労働」の支出が各人の「労苦と煩労」という感情原理とその相互承認という社会原理に媒介される必要があることに注意されたい。スミスが『国富論』の第一巻第五章で、「すべての事物の真実価格、すなわち、事物がそれを得ようと欲する人に対して真に費やさせるのは、それを得るための労苦と煩労である。すべての事物が、それをすでに得ていて、それを処分するか、他の何かと交換しようと欲する人にとって真に値いするのは、彼自身に対して節約することを可能とし、他人に対して課することのできる労苦と煩労である」（WN, I. v. 2. 傍点引用者）として、労働の真実価格を人―人関係においてとらえているのも、このことを示すものといえよう。なお、『国富論』の労働価値説の根拠を『感情論』の論理に求める以上の発想は、横浜市大大学院における市岡義章氏の報告からヒントをえたものである。

（26）Cf. LJ（A）, vi. 59–63. LJ（B）, 224-5.

（27）Haakonssen, *op. cit.*, p. 107.

（28）Cf. *Ibid.*, pp. 106–107.

（29）Cf. LJ, editor's Introduction, p. 33, Text, p. 17 note.

（30）Cf. LJ（A）, iv. 168 f., v. 1-2. LJ（B）, 61-63.

（31）Forbes, D.: *Hume's Philosophical Politics*, Camb., 1975, p. 308.

（32）イングランドにおける政治的自由の達成の偶然性を強調するフォーブズは、スミスやミラーの「思想における〝自然的改善〟と自由との間のいかなる必然的関連の存在」（*Ibid.*）をも否定しているが、私は以下の理由でこの見解はとらない。

（33）スミスは、『講義』ではいまだ『国富論』にみられるような「進歩の自然的過程（natural course of progress）」認識には到達していなかったが、『講義』でもすでに四段階論を基底とする「事物の自然的進歩」（LJ（A）, iv. 75, 88）認識と「事物の自然的過程」（LJ（A）, iv. 168, vi. 54, 92, 97）観念はもっていた。彼が『講義』でこうした観念を抱いていたことの一つの背景は、自然法観念を基軸にした四段階歴史認識にあったと考えられるが、これらの事実は、「英国においてだけ事物の自然的過程から〔他の諸国と〕異なった政府が確立された」（LJ（A）, iv. 168）という英国に独自な自由の体系の実現の例外的環境とその偶然性の主張にもかかわらず、彼が第四段階としての商業社会における自由な政府の登場の段階的普遍性（歴史的必然性）を認めていたことを示すものではないであろうか。「スミスが、ヒュームと同様、〝自由な政府〟を〝専制〟政府や絶対主義政府より選好し、……それをより優れたものと考えていた」（Forbes: Sceptical Whiggism, Commerce, and Liberty, in *Essays on Adam Smith*, ed. by A. S. Skinner & T. Wilson, Oxford, 1975, p. 198）ことも、この事実を傍証するものといえよう。

（34）『講義』と『国富論』の相当個所を対比した場合に認められる両者の微妙な相違点の一つとして、『講義』では距離その他の地理上の位置や状況等に集約される単純な状況論だけで説明されていた論点に、『国富論』では他の事情（環境）も導入され、問題がより一般化された形で考察されていることが注目される。たとえば、『講義』では、古代ギリシャにおける共和制の起源（LJ(A), iv. 57 f., LJ(B), 30-33）やヨーロッパの小共和国の起源（LJ(A), v. 46-50. LJ(B), 77）、イタリアにおける商業の成立（LJ(A), iv. 111）がいずれも距離や位置によって説明されているのに対し、『国富論』では、第三編第三章の一一、一四節にみられるように、地理上の要因以外の論点がつけ加えられている。スミスが『講義』でとっていた例外的環境説が『国富論』では背景にひっこんだ一つの理由は、こうした点に関する彼の認識の進展とも関係があるのではないであろうか。

（35）一九世紀の歴史主義と異なる「理論的・推測的歴史（Theoretical or Conjectural History）」としての一八世紀の歴史叙述は、こうした社会経済発展の四段階仮説を前提するものとして、それに基づいて、例外的偶然性に還元されない一般理論を提示しようとした点にその意図と特色があることに注意されたい。

（36）周知のように、ホッブズは、「人間」論から直接「国家」論を導いている。ホッブズのように、人間性悪説を前提すれば、それなりに国家形成の必然性を論証しえないことはないが、それでは自由な政府登場の歴史的必然性は論証しえない。逆に、カンバーランド的相互仁愛論では、政府形成それ自体の必然性がなくなってしまうであろう。人間性善説を前提しながら政府形成の必然性を論証するには、後述のように所有論《プロパティ》の媒介が不可欠なのであるが、それをやったのがロックである。その点、詳しくは拙著『原型』第二部を参照されたい。

（37）『講義』の公法論が政府形成の「必然性」の論証を主題としていたとする表現に読者は抵抗を感じるかも知れないが、正義の法の執行・強制機関としての政府の形成原理の探求を基本主題の一つとする公法論は、政府形成の必然性の論証をその基本主題の一つとしていることに注意されたい。

（38）Cf. WN, V. i. b. 4-12.

（39）Cf. e.g., Macfie, A. L.: *The Individual in Society*, Lond., 1967, p. 107. 水田洋ほか訳『社会における個人』一四六ページ参照。

（40）Haakonssen, *op. cit.*, p. 136.

（41）*Ibid.*, p. 99.

（42）*Ibid.*, p. 128.

（43）共感の等市民性・無階級性といわれる問題がこれである。スミス自身も「われわれの共感を最も刺激し、われわれの共感感情を最も動かしやすいのは、われわれ自身に最も似ている人々で、差異が大きくなればなるほど同感によって影響されることは少なくなる」（LJ（A），iii. 109）とのべている。

（44）Cf. Haakonssen, *op. cit.*, p. 136.

（45）ホーコンセンも、「公平な観察者の性格と裁判官の性格との間の親密な関連」を強調し、「スミスの法学研究が彼の公平な観察者観念の形成と発展に影響を及ぼしていたかも知れない」（*Ibid.*, p. 137）可能性を指摘しているが、スミスの法学と『感情論』の論理との間に密接な関連があることは第二章で論証した通りである。

（46）第四章第四節の「鍵用語頻度表」参照。third person, arbiter については、LJ（A），iv. 34, v. 21, 100, 106, 108等をみよ。

（47）小林昇氏の私宛私信の用語。

（48）「人間の自然的性向によって推進（promote）される」「事物の秩序」（WN, III. i. 3）が経済世界の自然法であり、スミスのいう「事物の自然的過程」は、人間の自然的性向という歓喜への同感感情に promote されるものとして、それを動因とすることに注意されたい。

（49）スミスは、『国富論』においても、事物の論理＝自然法の論理に道徳感情論を導入することによって、共感を動因（promoter）とする事物の運動の論理を明らかにしている。そうした主・客の自然法を展開した点に『感情論』原理に立脚するスミス自然法の特色があることは、内田義彦氏が『経済学史講義』の中で明らかにした通りであるが、そのことは必ずしも酒井進氏の主張するように交換性向論が『国富論』の論理の基軸をなしていることを意味するものではない。

なお、最近の研究は、『国富論』の経済分析の方法の特色を㋑共感＝心理的方法と㋺歴史的方法の結合に求めているが（たとえば、渡辺恵一「『国富論』第三・四編の関連についての一考察」経済学雑誌八〇—三、九六ページ参照）、両者の結合の論理は必ずしも明らかにしていない。渡辺氏は、上の両者の結合の論理を歴史の教訓性に求めているが（同上、九九—一〇〇ページ）、第四章で論証した共感⇒法のケース—環境分析の論理こそ、スミスの共感＝心理的方法と歴史的方法の結合、ないし、前者の後者への転化の論理をなすものではないであろうか。ヒュームやスミス、ジョン・ミラーらの共通の基本主題であった「人間本性の諸原理」に関する哲学的研究と「人間の外的状況の諸事情」に関する歴史的・経験的研究（Cf. Stewart: *Biographical Memoir of Adam Smith*, p. 34）の結合の論理も、まさしくこの点にあったことに注意されたい。

（50）Cf. LJ（A），iii. 126-130, 134-141.

（51）上の二つの議論を『感情論』（TMS, IV. 1. 10）と対比した場合、『講義』では同じ論理がはるかに具体的に展開されていることを見出すことであろう。『感情論』では、地主や金持の貪欲が反って人々を養い、富の平等分配を可能にするという上の原型をなす議論が欺瞞の例証としてあげられているのに対し、『国富論』では、この議論は姿を消し、商業の拡大と製造業の改善以前の社会の未開状態では、大収入のある人間はできるだけ多数の人間を養う他ないが、商業国では奢侈についやすことができるので、多数の人間を直接養う代りに、彼の買う商品の価格を支払うことによって、間接的により多くの人間を養うという議論になっている。上の『講義』の議論は、いまだ『国富論』のように精密化されてはいないが、『感情論』のように欺瞞理論の基礎付けにも使われていない。この事実も、スミスが『講義』段階では、四段階論に媒介された経済分析の進展に伴い、問題をより経済学的にとらえ直す方向に進んでいたことを示すものといえよう。

（52）状況分析を四段階対比的に行うと、おのずから経済分析になることに注意されたい。

（53）この主題は、本書の姉妹編をなす『経済学の生誕と『法学講義』』でも詳しく展開している。

（初出　横浜市立大学論叢　三六巻一号　一九八五年）

索　引

さ　行

た　行

な　行

は　行

ま　行

や　行

ら　行

わ　行

著者紹介
田中　正司（たなか　しょうじ）
1924年　東京に生まれる
1949年　東京商業科大学（現、一橋大学）卒業
現　在　横浜市立大学名誉教授、経済学博士
一橋大学・神奈川大学元教授
専　攻　社会思想史

主要著書
『ジョン・ロック研究』（未来社、1968年）
『市民社会理論の原型』（御茶の水書房、1979年）
『ジョン・ロック研究』（共編、御茶の水書房、1980年）
『現代の自由』（御茶の水書房、1983年）
『アダム・スミスの自然法学』（御茶の水書房、1988年）
『スコットランド啓蒙思想研究』（編著、北樹出版、1988年）
『アダム・スミスの自然神学』（御茶の水書房、1993年）
『市民社会理論と現代』（御茶の水書房、1994年）
『アダム・スミスの倫理学』（上・下）（御茶の水書房、1997年）
『アダム・スミスと現代』（御茶の水書房、2000年）
『経済学の生誕と『法学講義』』（御茶の水書房、2003年）
『現代世界の危機とアダム・スミス』（御茶の水書房、2009年）
『増補版 アダム・スミスと現代』（御茶の水書房、2009年）
『アダム・スミスの認識論管見』（社会評論社、2013年）
『アダム・スミスの経験論』（御茶の水書房、2016年）
『増補改訂版 アダム・スミスの倫理学』（御茶の水書房、2017年）

増補第三版　アダム・スミスの自然法学《しぜんほうがく》
――スコットランド啓蒙《けいもう》と法学《ほうがく》の近代化《きんだいか》の帰結《きけつ》――
発　行――2019年11月15日　増補第三版第1刷発行
著　者――田中正司
発行者――橋本盛作
発行所――株式会社御茶の水書房
〒113-0033　東京都文京区本郷 5-30-20
電話　03(5684)0751
印刷・製本――モリモト印刷株式会社
ISBN978-4-275-02112-0 C3012　Printed in Japan

田中正司著作案内

アダム・スミスの倫理学 増補改訂版
――『哲学論文集』・『道徳感情論』・『国富論』
A5判 五二〇頁 価格 八二〇〇円

アダム・スミスの経験論
――イギリス経験論の実践的範例
A5判 一二〇頁 価格 一八〇〇円

アダム・スミスの自然神学
――啓蒙の社会科学の形成母体
A5判 三一〇頁 価格 四二〇〇円

アダム・スミスの自然法学 第3版増補
――スコットランド啓蒙と法学の近代化の帰結
A5判 四〇六頁 価格 七二〇〇円

経済学の生誕と『法学講義』
――アダム・スミスの行政原理論研究
A5判 二五〇頁 価格 二八〇〇円

ジョン・ロック研究 新増補
A5判 四五〇頁 価格 六〇〇〇円

市民社会理論の原型
――ジョン・ロック論考
A5判 三四〇頁 価格 四八〇〇円

市民社会理論と現代
A5判 三二〇頁 価格 四二〇〇円

現代世界の危機とアダム・スミス
――現代の思想課題と近代思想の再解読
A5変 二九二頁 価格 三六〇〇円

アダム・スミスと現代 増補版
A5変 二二〇頁 価格 二八〇〇円

現代の自由
――思想史的考察
四六判 三六〇頁 価格 二四〇〇円